LES HAUTS PHÉNOMÈNES
DE
LA MAGIE.

PARIS. — TYPOGRAPHIE HENRI PLON, RUE GARANCIÈRE, 8.

LES HAUTS PHÉNOMÈNES

DE

LA MAGIE

PRÉCÉDÉS DU

SPIRITISME ANTIQUE

PAR LE CHEVALIER

Gougenot DES MOUSSEAUX

AUTEUR DU LIVRE : DIEU ET LES DIEUX ; ETC., ETC.

ET

QUELQUES LETTRES ADRESSÉES A L'AUTEUR.

> Les livres de MM. de Mirville et des Mousseaux sur le monde supra-sensible des esprits offrent une lecture extrêmement curieuse et intéressante, non-seulement par les faits, mais encore par le talent et, ce qui pourra surprendre, par le BON SENS de ces écrivains..
> (*Gaz. médicale,* 25 févr. 1854.)
>
> Ce que l'on peut dire sans risque de se tromper, c'est que MM. de Mirville et des Mousseaux sont à la tête, s'ils ne sont pas les seuls, de ces écrivains qui déroulent une page d'histoire catholique, et constatent que les phénomènes étranges dont ils sont les témoins ne sont point des illusions.
> (*Revue médicale française et étrangère,* 31 mai 1861.)
>
> « De même que l'œil malade supporte tout, excepté la lumière, de même l'esprit malade de la maladie de l'orgueil admet tout, excepté la vérité. »

PARIS

HENRI PLON, IMPRIMEUR-ÉDITEUR

RUE GARANCIÈRE, 8

—

1864

(Tous droits réservés.)

LETTRES ET AVIS.

Mon éditeur ayant désiré, pour la satisfaction des lecteurs catholiques auxquels il offre mes pages, des lettres qui en garantissent l'orthodoxie, sa pensée me parut excellente. Je lui livrai donc en toute simplicité quelques-unes de celles qui s'appliquent à mes deux ouvrages : *la Magie au dix-neuvième siècle, ses agents, ses vérités, ses mensonges,* et *les Médiateurs et moyens de la magie,* qui porte pour sous-titre *les Hallucinations et les savants, le fantôme humain et le principe vital.*

A la suite de ces lettres, et en tête du volume actuel, se placera naturellement celle qui concerne ce nouvel ouvrage. Je la dois au bénévole examinateur à qui mon livre vient d'être communiqué feuille à feuille, au fur et à mesure de l'impression. Religieux aussi connu que vénéré, ce juge est le R. P. Voisin, des missions étrangères à Paris, docte théologien, l'un des vétérans de nos missionnaires à la Chine, et savant aussi distingué que modeste. Cet athlète intrépide *et rudement éprouvé*, que d'opiniâtres études familiarisent avec les diverses branches des connaissances humaines, est devenu, par son expérience personnelle des pays idolâtres et livrés à la puissance du démon, l'un des juges les plus compétents en fait de magie, d'arts et d'illusions démoniaques.

Lettres relatives aux livres de la MAGIE *et des* MÉDIATEURS.

« Archevêché de Bordeaux.

» Monsieur le chevalier, les occupations sans nombre de la charge pastorale m'ont à peine laissé quelques courts instants pour prendre connaissance de votre excellent ouvrage *les Médiateurs et les moyens de la magie,* etc.

» Je ne puis qu'applaudir, monsieur, au courage persévérant et à la force de raison avec lesquels vous poursuivez et combattez *une des plus graves maladies de notre siècle,* la magie, quels que soient le nom qu'elle se donne et le masque dont elle se couvre.

». Étranges contradictions de l'esprit humain quand il s'abandonne à ses propres forces ! Dans le siècle qui a précédé le nôtre, un *matérialisme* abject et grossier était hautement enseigné par plusieurs philosophes en renom ; aujourd'hui, une nouvelle doctrine a surgi, elle a écrit sur son drapeau : spiritisme. Malheureusement, elle ne s'est pas tenue au dogme de la spiritualité des âmes et de l'existence des esprits ; mais, dépassant toutes les bornes, se laissant entraîner aux aberrations de la magie, elle en a renouvelé sous nos yeux le hideux spectacle. Déjà, monsieur, vous aviez, dans votre livre de *la Magie au dix-neuvième siècle,* examiné la magie moderne dans son principe ; vous l'aviez dégagée des travestissements que lui font subir les grands prêtres du magnétisme et du spiritisme ; vous en aviez démontré les caractères sataniques, et vous aviez relégué parmi les chimères tous ces fluides multiformes dans lesquels la superstition démoniaque abrite ses ténébreuses menées.

» Aujourd'hui, dans votre ouvrage *des Médiateurs et des moyens de la magie,* vous allez plus loin. D'une part, vous entrez au cœur de votre sujet pour y prendre sur le fait les médiums et leurs moyens d'action ; d'autre part, vous saisissez corps à corps la fausse science physiologique et médicale ; et, à la triple lumière de l'histoire, de la religion et de la philosophie, vous fouillez dans leurs profondeurs les fondements de la magie.

» Continuez, monsieur, à combattre l'erreur sous quelque

forme qu'elle se présente, et à mettre au service de la vérité catholique votre zèle et votre savoir; vous ne sauriez en faire un plus digne usage. Qu'en serait-il du monde, si nous n'avions pour nous éclairer et nous conduire le phare lumineux de l'Église catholique? elle peut dire, comme son divin Époux : « Je suis la lumière du monde, je suis la voie, » la vérité et la vie [1]. » En dehors de la sainte Église, quel abîme s'ouvre de toutes parts! les abominations de l'idolâtrie, les stupides croyances de la magie, l'incertitude et les fluctuations des doctrines, le dévergondage de l'impiété et de la corruption des mœurs.

» Au milieu des innombrables erreurs qui signalent notre époque, nous avons la consolation de voir la vérité planer au-dessus de toutes ces divagations. Encore une fois, monsieur, continuez à défendre la vérité, à désabuser les peuples, et l'on pourra vous appliquer les belles paroles de l'Écriture : « *Qui erudiunt multos quasi stellæ in perpetuas* » *æternitates.* »

» Je suis, etc., etc.

» † FERDINAND, CARDINAL DONNET,
» Archevêque de Bordeaux.

» 26 juillet 1863. »

Deux mois après cette date, S. Ém. le cardinal archevêque de Besançon traçait de sa main pastorale les lignes suivantes, aussi nettes que remarquables de bienveillance et de précision :

« Besançon, 9 octobre 1863.

» Monsieur, avant de vous répondre, j'ai voulu accomplir le vœu de votre lettre, et je puis vous assurer que non-seulement vos ouvrages sont très-orthodoxes, mais encore qu'ils sont très-attachants et très-complets, autant qu'on

[1] Joan., XIV, 6.

peut l'être en une matière qui est infinie. Il est certain que le danger du spiritisme est grand, et qu'on ne saurait trop unir ses forces contre un mal qui étend partout ses ravages.

» Veuillez, etc.

» † CÉSAIRE,
» Cardinal-archevêque de Besançon. »

Ces lettres avaient été précédées de celle qui va suivre :

« MONSIEUR ET EXCELLENT AMI,

« Satan, a dit Voltaire, c'est le christianisme; pas de » Satan, pas de christianisme. »

» On peut donc dire que le chef-d'œuvre de Satan, c'est d'être parvenu à se faire nier.

» Démontrer l'existence de Satan, c'est rétablir un des dogmes fondamentaux qui servent de base au christianisme, et sans lesquels il n'est qu'un mot. Telles sont les pensées que m'a d'abord suggérées la lecture de votre livre *la Magie au dix-neuvième siècle, ses agents, ses vérités, ses mensonges.*

» Mais magie, mesmérisme, magnétisme, somnambulisme, spiritisme, hypnotisme... ne sont que satanisme.

» Mettre cette vérité en lumière, c'est démasquer l'ennemi ; c'est montrer l'immense danger de certaines pratiques réputées innocentes, c'est bien mériter de l'*humanité* et de la religion !

» Je ne saurais donc trop vous féliciter de vous être consacré à cette noble tâche. Dans un temps d'ignorance et de négation universelles, il y a du courage dans une telle entreprise, monsieur le chevalier.

» Vous avez traité votre sujet en maître.

» Votre vaste savoir, votre immense érudition mettent en évidence l'incontestable réalité des faits. Votre impitoyable logique en démontre le caractère surnaturel et la nature démoniaque.

» Enfin, votre livre fera justice à la fois de cette tourbe niaise (car *niais* vient de *nier*) qui, dans son incomparable aplomb, ose contester des faits admis par l'humanité tout entière; et de *prétendus savants* qui, respirant à pleins poumons l'Absurde, nous gorgent d'interprétations aussi contraires à la véritable science qu'elles le sont au plus vulgaire bon sens.

» Parfaitement ORTHODOXE, vous avez su éviter les erreurs de Görres, dont le livre, trop facilement accepté par quelques ecclésiastiques, fourmille d'hérésies religieuses et scientifiques, et fausse du même coup la science et la foi.

» J'ai lu avec un intérêt particulier le quatrième chapitre, qui renferme vos études sur le rôle mystique du sang. Ainsi, depuis les temps Homériques jusqu'au meurtre du P. Thomas en 1840, tout se lie par une chaîne ininterrompue; l'histoire moderne explique l'antiquité, comme l'histoire ancienne donne la clef des modernes sacrifices.

» Un vieux proverbe de votre nation dit : Noblesse oblige; et personne mieux que vous, monsieur, ne mit en pratique cet axiome. Par votre dernier ouvrage, *la Magie au dix-neuvième siècle*, vous venez de conquérir de nouvelles lettres de noblesse dans l'Église qui vous imposent de nouvelles obligations. Les temps ne sont que trop opportuns! ne vous arrêtez donc pas en si beau chemin. Dieu bénira vos efforts; et la vénération et la reconnaissance des âmes vraiment catholiques honoreront un jour votre mémoire et votre tombeau.

» Agréez, monsieur le chevalier et cher ami, l'expression de ma haute estime et de mes sentiments les plus affectueux.

» LE P. VENTURA DE RAULICA,
» Ancien Général de l'ordre des Théatins, Consulteur de la Sacrée Congrégation des Rites, et Examinateur des Évêques et du Clergé romain. »

Nous passons sous silence tant d'autres lettres pour transcrire celle du R. P. Voisin ci-dessus indiquée et relative à l'ouvrage actuel :

« Paris, missions étrangères, 3 novembre 1864.

» Monsieur le Chevalier,

» J'ai lu avec le plus vif intérêt votre excellent ouvrage sur *les Hauts phénomènes de la magie, précédés du Spiritisme antique*, et peut-être bien surpasse-t-il ses aînés : *Dieu et les dieux*, la *Magie au dix-neuvième siècle*, les *Médiateurs et moyens de la magie*, qui chacun traitent si pertinemment de faits et de questions de la plus haute importance.

» Je suis loin d'être surpris du vif intérêt que le congrès de Malines a manifesté lorsque vous avez développé dans son sein des matières d'une actualité si émouvante, et je m'étonne peu de la sollicitude que vous avez excitée en démontrant que le spiritisme actuel n'était que la résurrection et la transformation de l'ancienne magie.

» Dans ce nouvel ouvrage, vous démontrez tout d'abord la haute antiquité de la magie, et vous faites passer sous les yeux du lecteur ses différentes évolutions, reconnaissables dans le culte de la pierre-dieu, de l'arbre-dieu, du serpent-dieu, du phallus-dieu, de la source divine, etc.

» Vous traitez ensuite à fond le sujet du transport aérien des corps, du voyage des âmes, de la bilocation, de l'effet répercussif des coups portés aux esprits ou aux fantômes, des vampirismes, de la lycanthropie ou plutôt des métamorphoses. Enfin, dans le dernier tiers de votre livre se déroule l'immense question de l'incube et du succube.

» En signalant les voies nouvelles par où tant d'imprudents se précipitent à leur insu vers le dédale le plus ténébreux, vous rouvrez un horizon fermé ; vous y appelez les regards des hommes les plus graves; vous les entraînez à une série d'observations qui sont partie indispensable et intégrante de la science ecclésiastique et de la physiologie; vous répondez aux exigences impérieuses des temps, et l'on ne peut vous accuser d'être téméraire.

» Partout vous avez été à la hauteur de votre sujet, et, toutes les questions que je me borne à nommer, vous les appuyez de preuves solides; partout vous avez supérieurement réfuté l'incrédulité; partout vous lui démontrez ses hallucinations, et partout vous vous présentez en philosophe sagace et d'une parfaite orthodoxie; distinguant avec précision ce qui est divin de ce qui est diabolique.

» Je vous félicite de votre bel et bon livre, œuvre utile non-seulement aux séculiers, mais encore à bon nombre d'ecclésiastiques, et non-seulement aux gens simples, mais encore aux savants. Continuez donc votre rôle de champion chrétien et d'apologiste orthodoxe.

» Agréez, etc.

» P. VOISIN. »

Les lignes suivantes, extraites de *la Revue médicale française et étrangère*, offrent un certificat d'orthodoxie scientifique à l'une des parties fondamentales de mon œuvre, celle qui s'est déroulée sous le titre de *Fantôme humain et de principe vital;* je soumets donc ce paragraphe de fin d'article au lecteur que, sur des sujets si délicats, il m'importe au plus haut point d'édifier.

« .....Certes, l'importance méritée de l'école de Montpellier devait donner à l'histoire du principe vital un intérêt tout particulier. Nous remercions M. G. des Mousseaux de l'avoir tracée avec son crayon d'érudit et de philosophe, de manière à nous la faire mieux connaître que n'aurait pu le faire un livre de médecine, dont les auteurs n'aiment pas d'ordinaire à remonter si haut pour savoir l'origine des choses, même de celles qui importent le plus. » (*Revue médicale française et étrangère*, numéro de février 1864, fin de l'article sur mon livre *des Médiateurs et moyens de la magie.*)

CAUSERIE AVEC LE LECTEUR.

Du haut de la tribune catholique du congrès de Malines, il y a quelques semaines, et en présence du magnifique auditoire qu'étaient accourus former, de tous les points du monde, plusieurs milliers d'hommes de science et de talent, appelés par leur dévouement aux grandes vérités de la civilisation vers un point libre et central de l'Europe, il me fut donné de jeter le cri de la vedette qui signale la présence et les manœuvres de l'ennemi. Je signalais la magie sous son nom moderne, ses sourdes évolutions, sa marche rapide, demi-silencieuse, demi-triomphale, et que rien n'arrête ! Une longue et imposante acclamation répondit à mon cri d'alarme; j'étais compris [1].

[1] Le congrès ayant décidé, dans sa séance préparatoire, la non-publication des discours qui seraient prononcés sur le spiritisme et la magie, je me borne à reproduire *la Correspondance de Belgique* relative à notre séance. Répétée dans un grand nombre de journaux belges, on la trouvera dans le journal français *le Monde*, 11 septembre 1864, page 1. On y verra que la question, annoncée dans le programme du congrès pour être traitée par MM. de Mirville et des Mousseaux, fut *nettement* posée, et de quelle sorte elle fut accueillie. Le lecteur saura défalquer des éloges et de l'appréciation du correspondant ce que nous ne devons évidemment qu'à sa gracieuse bienveillance et à l'excessive indulgence de l'assemblée.

« À la réunion préparatoire des membres des bureaux des sections, réunion qui a eu lieu la veille de l'ouverture du congrès, l'honorable secrétaire général M. Ducpétiaux a fait connaître le programme des séances particulières qui seraient données à certaines catégories de membres de l'assemblée.

» Il a annoncé, entre autres, un discours à huis clos sur le spiritisme, sur la magie, etc., par M. le chevalier Gougenot des Mousseaux, que devait accompagner son savant ami M. le marquis de Mirville. M. de Mirville s'étant trouvé indisposé à Malines, c'est M. des Mous-

Aujourd'hui, sur le pavillon que j'arbore et que je livre au vent de la publicité, j'inscris ces simples paroles : *Hauts phénomènes de la magie.* — Mais quelle raison de les dévoiler, ces phénomènes, et que sont-ils ? — C'est là ce que nous devons énoncer au moment où, une fois de plus, et sous le jour aussi radieux qu'inattendu de l'évidence, la magie, étalant à l'improviste ses chatoyants et sinistres prestiges, porte défi de toutes parts à la science moderne.

Cette science, qu'il faut bien se garder de toujours confondre avec la science réelle, s'était vantée de dissiper la magie de son souffle et de la percer de ses rayons, ainsi que les rayons d'un soleil splendide percent et dissipent un brouillard épais et malsain. Et ses représentants avaient dit à l'Église : La chimère que l'on a nommée magie est pour vous une réalité ; votre ignorance est donc incurable ? Non, vous ne savez rien ; ce que vous prétendez savoir est néant ; votre croyance est celle que professent les vieilles femmes dans les hameaux écartés. Les monstres contre lesquels vos Écritures

seaux seul qui s'est chargé de ces intéressantes communications[*]. Seulement, au lieu d'un auditoire de quarante à cinquante personnes que désirait cet éloquent orateur, il s'est trouvé en présence de plus de trois mille catholiques, tous également impatients d'entendre sa parole et de profiter de ses études.

» Après un discours général sur la matière, M. des Mousseaux a bien voulu se mettre à la disposition de l'assemblée pour répondre, autant que les circonstances du lieu et du temps le permettaient, aux questions que l'on voudrait lui poser sur les phénomènes principaux du spiritisme. Interpellé par différents membres distingués, M. des Mousseaux s'est tiré avec un tact parfait de cette position délicate et difficile, et ses réponses, non moins que le discours dont nous parlions plus haut, ont été souvent interrompues par les applaudissements enthousiastes de l'auditoire. Somme toute, cette séance intéressante et tout à fait neuve pour la Belgique, a été l'une des plus instructives de toutes les réunions du soir au congrès catholique, et l'une de celles qui ont eu le plus de succès. »

[*] M. de Mirville publia depuis, chez M. Vrayet, son discours, qui avait les mêmes proportions que celui de M. des Mousseaux ; mais celui-ci se trouvant avoir double part de temps, en profita pour sa conférence, et put occuper la tribune au delà d'une heure et demie au profit de la thèse antispirite.

et votre rituel prémunissent le monde ne sont que de vains fantômes, épouvantail de têtes faibles et de cerveaux malades. Voilà votre science ! et votre sagesse ne saurait en dépasser le niveau. Arrière donc, arrière ; vous trompez les peuples ! De tout ce que l'on admirait chez vous dans les siècles de barbarie, il ne vous reste plus que votre morale ; et cette morale si vantée jadis ne peut émaner que de vos croyances, c'est-à-dire que, trop souvent, elle n'est que follement puérile ou rigide. Elle est loin, par cela même, de valoir la morale du siècle, car celle-ci, toute pratique et créée de toutes pièces par la raison, varie avec les temps, et s'adapte au milieu dans lequel les hommes sont appelés à vivre. Vous tourner le dos, c'est donc vous rendre justice.

Oh ! devant ce langage triomphal, ou, si l'on veut, devant ce triomphe de langue, quelle déconvenue, quel déconcert résulte des faits brutaux dont le défilé nous a surpris, et que nous voyons se répéter à l'impitoyable et affreuse dérision de ce que l'idiome d'une partie des habitants de ce siècle appelle la *science moderne,* si différente quelquefois, et nous le répétons, de la science réelle !

Pour avoir raison de ses adversaires et de leur raison, de la science *sui generis* dans laquelle ils se sont retranchés et de leurs moyens, il a donc suffi de tout temps à l'Église, il lui suffira toujours de savoir attendre. Celui qui mesure les jours, les mesure pour elle. Et là même où les beaux esprits se raillaient des ignorances de l'Église ; là même où les prudents et les sages selon la sagesse du siècle n'éprouvaient que pitié pour les faiblesses d'esprit de l'Église ; là même où la plupart de ses amis déconcertés, prenant les défaillances de leurs lumières et de leur foi pour les défaillances de l'Église, n'osaient l'avouer et la soutenir ; là même, disons-nous, est une science, là même est une sagesse incomparable, et que, pour sa part, la magie nous révèle en revenant à la vie !

Puisque la magie se fait affirmer, puisqu'elle refleurit sous une certaine variété d'aspects, entre lesquels domine aujourd'hui celle du spiritisme, est-ce que, par ce fait unique et dès lors, la foi catholique ne cesse point d'être boiteuse, estropiée, difforme? Tandis que, si la magie n'eût été que chimère, adieu les anges rebelles qui troublent le monde, c'est-à-dire, ici-bas, plus de démons. Et, plus de démons, plus de Sauveur, car de qui nous eût sauvés ce Sauveur? plus de Rédempteur, car de qui nous eût rachetés ce Rédempteur? plus de christianisme donc! Tel est le sens limpide de l'évangéliste saint Jean; suivons le fil rapide de sa parole, elle s'adresse aux insidiateurs de l'époque actuelle :

« Qui est menteur, si ce n'est celui qui nie que Jésus soit le Christ. Celui-là est un antechrist qui nie le Père et le Fils. » — « Qui est celui qui est victorieux du monde, si ce n'est celui qui croit que Jésus est le Fils de Dieu? » — « Plusieurs imposteurs se sont élevés dans le monde qui ne confessent point que Jésus-Christ est venu dans la chair; celui qui ne le confesse point est un séducteur et un antechrist. » — « Ne croyez point à *tout Esprit*, mais éprouvez si *les Esprits* sont de Dieu; car plusieurs faux prophètes se sont élevés dans le monde. Voici à quoi on connaît qu'un Esprit est de Dieu : tout Esprit qui confesse que Jésus-Christ est venu dans une chair véritable est de Dieu, et tout Esprit qui détruit Jésus-Christ, celui-là n'est point de Dieu, et c'est là l'Esprit de l'Antechrist. » Or, pourquoi ce Christ, ce Fils de Dieu, ce Rédempteur, ce Sauveur, est-il venu? Est-ce pour combattre et dompter des chimères? Non; et rien de plus clair : « *C'est pour détruire* LES OEUVRES *du diable que le Fils de Dieu est venu en ce monde* [1]. »

---

[1] Epit. I, saint Jean, ch. III, ẙ 8; — ch. II, ẙ 22; — ch. v, ẙ 25; — épit. II, chap. unique, ẙ 7; — épit. I, ch. IV, ẙ 1-2-3. — Bible Vence, Drach, Paris, 1829, t. XXIII.

Mais comment, mais par quel procédé faire adopter à la plèbe des savants le diable, le démon, un Esprit supérieur à l'homme et vainqueur de l'homme? Comment plier, soumettre, discipliner l'esprit du savant vulgaire à cet excès de croyance[1]? Car pour la plupart de ces fils bâtards de la science, le surnaturel, le surhumain, le mystère, voilà le scandale éternel de la raison : oui, le mystère, ce divin et inaccessible pavillon de ténèbres au sein duquel se retranche Celui qui est la Lumière, voilà qui suscite sans mesure et

---

[1] Le sujet de l'incube, par exemple. — En abordant ce sujet tout démoniaque, je me suis engagé sur un terrain semblable à celui de ces volcans insulaires où ruissellent des boues immondes et d'où s'échappent des flammes infectes. Cette marche en avant est-elle témérité? Non; plus j'y réfléchis, et mieux je me figure le contraire; un mot en va dire la raison. Le lecteur intelligent voudra bien cependant observer mes soins à rester, au milieu des hardiesses de mon sujet, fort au-dessous du niveau que se tracèrent les docteurs et les Pères de l'Église, lorsqu'ils se firent un devoir de traiter ouvertement cette question dans l'intérêt de la religion et des mœurs. Ou bien, il remarquera que, lorsque les circonstances l'exigent, leurs propres termes sont ceux que j'emprunte, et que je ne les répète ni pour les envoyer frapper l'oreille de trop imberbes jeunes gens, ni pour éveiller la futile curiosité de femmes oisives. Que si, néanmoins, aidées de l'indiscrétion d'autrui, mes paroles franchissaient les barrières destinées à leur servir de limites, chaque juge éclairé ne pourrait-il encore se rappeler que nous avons atteint une époque où, dans le domaine des mœurs, l'homme expérimenté ne signalerait qu'à peine à la plupart de nos jeunes garçons de quinze ans un écart qui leur fût inconnu? Les esprits moroses, et disposés à nier les progrès du siècle, ne s'aviseraient guère eux-mêmes de pousser l'injustice jusqu'à méconnaître la rare précocité de cette génération naissante! Et s'il m'arrivait d'attribuer à de trop nombreuses maisons de jeunes personnes une science proportionnelle à celle de la jeunesse masculine, peu de gens initiés aux choses de ce monde se hasarderaient à me trouver excessif... On exceptera sans doute, et je m'empresse d'excepter moi-même quelques enceintes sévères, et surtout des établissements religieux, où la jeunesse des deux sexes rencontre un asile à peu près inviolable.

Devant un état de choses malheureusement si notoire, et en plein essor de spiritisme, aboutissant, d'après ses propres annales, au mal abominable que signalent mes pages, trop de silence, trop de réticences et de pruderie dans le langage, ne serviraient qu'à laisser progresser le fléau, tantôt dans l'ombre, tantôt sous les voiles et les gazes plus ou moins diaphanes dont il se couvre et se pare!

sans fin les soulèvements et les révoltes de l'orgueil. La science moderne admettre des ténèbres qu'elle ne saurait percer? ah bah! L'esprit de ceux qu'elle nourrit s'élèverait-il assez haut pour entrevoir que si la religion était sans mystères elle se trouverait à l'instant même fausse et absurde, car elle offrirait à nos adorations un Dieu qui serait à la fois infini et moins grand que l'homme ; car, si le mystère n'était incompréhensible à l'homme, c'est que l'homme pourrait comprendre Dieu tout entier; c'est qu'il pourrait embrasser, contenir l'immensité, la sagesse et la science sans bornes.

Mais puisque nous venons de nommer le miracle et le mystère, ne devons-nous point saisir l'occasion de laisser étinceler quelques-uns des traits du langage dont le R. P. Félix émerveilla naguère le monde philosophique et savant?

« Un mot célèbre est prononcé contre nous pour confondre le progrès par le christianisme : la *science*. Telle est la formidable évocation dont on essaye de nous faire peur: A tout ce que nous pouvons dire pour fonder le progrès par le christianisme, des hommes ont une réponse toujours prête : cela n'est pas *scientifique*. Nous disons : la révélation. — La révélation n'est pas scientifique. Nous disons : le miracle. — Le miracle n'est pas scientifique.

» Ainsi l'antichristianisme, fidèle à ses traditions, et aujourd'hui plus que jamais, prétend nous tuer par la science. Principe des ténèbres, il nous menace de la lumière: il se proclame lui-même la lumière.

» ...... Cent fois je me suis demandé : Quelle est donc cette science terrible qui s'apprête à nous dévorer?... Serait-ce la science mathématique?... Mais nous avons, nous aussi, nos mathématiciens. Serait-ce la physique? l'astronomie? la physiologie? la géologie? Mais nous comptons, dans la catholicité, des astronomes, des physiciens, des géologues, des physiologistes qui font quelque figure dans le monde savant, qui ont leur place à l'Académie et *leur nom dans l'histoire*. A ce qu'il paraît, ce qui doit nous pulvériser, ce n'est pas cette science ou cette autre, c'est *la Science* en général.

» Et pourquoi nous annonce-t-on la fin du christianisme par la science ? Écoutez, voici le point central de l'objection scientifique : *nous devons périr par la science, parce que nous enseignons des mystères;* et que les mystères chrétiens sont l'antagonisme radical de la science moderne.

» Il s'agit donc de montrer que les mystères chrétiens non-seulement ne sont pas en contradiction avec les données de la science, mais qu'ils sont pour elle des principes d'illumination; qu'ils se justifient devant la science qui les nie, et qu'ils éclairent la science qui les admet.....

» L'antichristianisme dénature nos mystères. Il en change les termes, les rapports, l'essence; il y crée à sa fantaisie l'absurdité et la contradiction, et il dit aux intelligences trompées : Vous le voyez bien, le mystère est la négation du sens commun; la science le repousse, la science le condamne; elle lui dit : Anathème.

» Ah ! vous avez raison; si le mystère chrétien est ce que vous le proclamez, il faut, au nom de la science, lui jeter l'anathème. Rien n'est antipathique à la science comme l'absurde et le contradictoire. Mais, gloire à la vérité ! tel n'est pas le mystère dans le christianisme. S'il en était ainsi, il vous resterait à expliquer le plus inexplicable de tous les mystères : comment, depuis bientôt deux mille ans, tant d'intelligences supérieures et *tant de rares génies* ont embrassé nos mystères sans se croire obligés de répudier la science et d'abdiquer la raison. Vous avez beau parler de la science moderne, de l'esprit moderne, du génie moderne, il y eut des savants avant 89. Si nos mystères sont si manifestement absurdes et contradictoires, comment tant de vastes génies ne s'en sont-ils pas même doutés? Évidemment il y a ici, comme sur d'autres points, entre la doctrine chrétienne et la science antichrétienne, quelque fâcheux malentendu; il y a quelque préjugé malheureux, et ce préjugé et ce malentendu ne peuvent s'évanouir que devant *la vraie notion* du mystère.

» ..... Mais, Dieu me garde d'insister pour vous montrer que le mystère n'implique rien de contradictoire avec la science ! Ce serait trop ménager la susceptibilité de l'erreur. A quoi bon vous démontrer par des abstractions métaphysiques que la science peut se concilier avec le mystère, alors que toutes *les réalités* de la création démontrent avec éclat que le mystère partout s'impose à la science? Vous demandez qu'on vous montre directement que la science, à la rigueur, peut admettre le mystère : je vous dis résolûment qu'elle n'y peut échapper. Le mystère *est la fatalité de la science.*

» Ici, nous n'avons d'autre embarras que celui de choisir. Et d'abord, regardez dans le monde purement matériel, depuis le plus petit des atomes jusqu'au plus vastes des soleils. Là, si vous essayez de rassembler dans l'unité d'une même loi tous les corps et tous leurs mouvements; si vous cherchez le mot qui explique, dans ce vaste panorama du monde, cette harmonie prodigieuse, où tout semble obéir à l'empire d'une même force, vous prononcez une parole *qui se donne* pour la révélation de cette force; vous dites : *Attraction!...* Oui, l'attraction, voilà le sublime abrégé de la science des corps. Vous dites que les corps à travers l'espace se reconnaissent et s'attirent; vous dites qu'ils s'attirent dans la proportion de leur masse et en raison inverse du carré de la distance. Et, en effet, jusqu'ici rien n'a démenti, et tout a confirmé cette formule qui règne maintenant en souveraine *dans l'empire de l'hypothèse,* et désormais a conquis la gloire d'une invincible certitude.

» Messieurs, je rends de toute mon âme mes hommages scientifiques à la souveraineté de l'attraction. Ce n'est pas moi qui voudrais essayer d'obscurcir dans le monde des corps une clarté qui rejaillit sur le monde des esprits. Donc l'empire de l'attraction est palpable; il est souverain; il s'impose dans l'évidence.

» Oui, mais qu'est-ce que c'est que l'attraction? qui a vu l'attraction? qui a rencontré l'attraction? qui a touché l'attraction? Comment ces corps muets, *intelligents*, insensibles, exercent-ils à leur insu les uns sur les autres cette réciprocité d'action et de réaction qui les tient dans un équilibre commun et dans un accord unanime? *Cette force,* qui attire un soleil vers un soleil, un atome vers un atome, est-ce un médiateur invisible qui va de l'un à l'autre? et, dans ce cas, qu'est ce médiateur? d'où lui vient à lui-même cette force de médiation et cette puissance d'étreinte, à laquelle le soleil ne se dérobe pas plus que l'atome? Cette force, au contraire, n'est-elle autre que les éléments eux-mêmes qui s'attirent? Mais alors, comment ces atomes et ces soleils, qui ont des limites tracées par le doigt de Dieu, franchissent-ils leurs frontières pour aller à travers la distance embrasser d'autres corps dans une sorte d'embrassement fraternel? Mystère! mystère!

» Oui, messieurs, l'attraction qui resplendit avec éclat dans tout le monde matériel, vous demeure dans son fond un insondable mystère. Le mot qui la désigne *ne vous la montre pas,* il ne fait que la constater: il est la formule d'une force qui éclate dans la lumière de ses propres effets, et qui se voile à la science en se retirant elle-même dans l'abîme de son mystère.

» Eh bien! à cause de son mystère, nierez-vous sa réalité,

qui vous touche, et sa domination, qui vous subjugue?..

» Non, non, en acceptant le mystère vous ne conspirez pas contre l'esprit humain. Car le mystère n'est pas seulement la fatalité et la nécessité de la science, il en est le progrès. Proclamer le progrès de la science par la foi au mystère, c'est, je le sais, énoncer une vérité inattendue de vous. Cette affirmation étonnera le préjugé, mais elle n'étonnera pas la vérité; elle est la plus simple formule du vrai.

» Et d'abord, veuillez le remarquer, le mystère est tellement à l'origine de toute science que, si vous vouliez en supprimer le mystère, force vous serait de supprimer la science elle-même. Imaginez telle science que vous voudrez, suivez le cours magnifique de ses déductions....., lorsque vous arrivez à l'origine, vous vous rencontrez face à face *avec l'inconnu*. Dieu nous donne de plonger au beau fleuve de la science; il laisse notre intelligence se baigner avec ivresse dans ses eaux les plus profondes, mais il nous en dérobe les origines.

» Comme ces grands fleuves qui poussent leurs flots sous le soleil, et réfléchissent dans le mirage de leurs eaux les merveilles de la terre et du ciel, tout en nous laissant ignorer les sources d'où ils s'épanchent, ainsi toutes les sciences passent devant notre intelligence en y réfléchissant la lumière de la vérité; mais elles laissent pour nous dans une ombre impénétrable le mystère de leur propre naissance. Chose remarquable, ce sont les points de départ, les axiomes, les principes qui, dans la science, servent à tout éclairer; mais, en même temps, *ce qui nous éclaire nous demeure mystérieux*. C'est la suprême loi de la science.

» Ce qui répand le plus de clarté au dehors demeure le plus obscur au dedans; ce qui fait naître la connaissance en tout ordre de choses se voile et nous demeure inconnu. La génération de la science est comme la génération des êtres; elle est en elle-même inexplicable.

» Qui a pu pénétrer la formation d'un corps, la génération d'un atome? Qu'y a-t-il, je ne dirai pas au centre d'un soleil, mais au centre d'un atome? qui a sondé jusqu'au fond l'abîme d'un grain de sable? Le grain de sable, messieurs, depuis quatre mille ans la science le regarde, elle le tourne et le retourne; elle le divise et le subdivise; elle le harcèle de ses expériences, elle le tourmente de ses calculs pour lui arracher le dernier mot de sa constitution intime; elle lui demande avec une curiosité qui ne parvient pas à se satisfaire : Te diviserai-je à l'infini? Et, suspendue sur cet abîme, la science hésite, elle trébuche, elle s'éblouit elle-même, elle prend le vertige, et elle dit à la fin : *Je ne sais pas.*

» Et si vous ignorez fatalement la genèse et la constitution intime d'un grain de sable, comment auriez-vous l'intuition de la génération d'un seul être vivant? Où est, dans l'être vivant, le point de départ de la vie? le commencement de la vie? le principe de la vie? . . . .
. . . .

» Oh! qu'est-ce que ces Voyants nouveaux qui estiment se faire du visible une armé contre l'invisible? Qu'est-ce que ces génies retournés et à contre-sens qui, même dans l'éclat du phénomène, *osent nier la réalité qui se dérobe aux regards?* Oh! ceux-là, j'en prends à témoin la science même, ce ne sont pas les vrais savants. Esprits heurtés à la matière palpable, acharnés à nier tout ce qui ne se laisse ni voir, ni mesurer, ni toucher; annonçant que leur science vient anéantir, avec les mystères de Dieu, les mystères du monde et les mystères de l'homme, non, ceux-là ne seront jamais la gloire de la science. Leur sagesse n'a qu'un nom, c'est la sagesse folle! *stulti facti sunt!* leur science n'a qu'un nom, c'est la science aveugle; c'est la science en enfance et en décrépitude [1]. »

Ainsi donc ne procède que trop souvent le savant dégénéré, le champion de la science moderne. Quelle que lui soit, en effet, la facilité de saisir et d'atteindre *les faits,* sa curiosité l'abandonne sur le terrain du Merveilleux; il les redoute, les fuit ou les nie, parce qu'ils le ramènent forcément à *leur cause;* et que, devant une telle cause, il ne sait que crier mystère : mot que, dans la puérilité de son orgueil et de son entêtement, il se glorifie d'interpréter par néant. Il niera donc, avec le miracle et le prestige, l'existence des Esprits par lesquels s'opèrent le prestige et le miracle. Toute obscurité que son propre esprit ne veut ou ne sait couvrir de lumière; tout brouillard que les préjugés du domicile paternel, de l'école ou de l'amphithéâtre lui signalent comme impénétrable, voilà pour lui la borne infranchissable, voilà les éternels confins du possible.

Cependant, que notre sévérité se réprime et se retienne en face de ce pionnier de la science; car il est ce qu'à sa place eût été tout homme déshérité du secours de la foi chrétienne, à moins que le génie ne l'eût couronné de sa lumineuse auréole. La force ascendante de son esprit ne saurait d'elle-même l'élever vers les hauteurs d'où le mystère, enveloppé de la pompe de ses nuages, laisse échapper les rayons qui proclament ses réalités et sa gloire. L'expérience nous le prouve chaque jour, et si la magnifique éducation qui nous est brassée par les hommes du progrès révolutionnaire dispose et prépare notre enfance à l'acquisition de la science profane, en quelle maison vouée par eux à la formation de la jeunesse une bouche enseignante nous apprend-

---

[1] *Le Mystère et la Science,* première conférence du P. Félix à Notre-Dame, 1863. — En mutilant cette magnifique conférence, je dois inspirer le désir de la lire. — Voir, *id.,* les *Conf. sur le miracle.*

elle quelque chose au delà *des trois seuls règnes académiques de la nature :* le règne minéral, le règne végétal et le règne animal ? Qui jamais porta notre attention réfléchie sur le glorieux isolement du règne humain, ou spirituocorporel, destiné à nous initier, par la plus merveilleuse des transitions, aux magnificences du règne supérieur, ou purement spirituel, dont les splendides hiérarchies s'élancent échelon par échelon de l'homme à Dieu? En quel pays, et saurai-je assez le redire, l'existence et la classification hiérarchique des Anges, la nature et les attributions des Esprits célestes sont-elles pour le néophyte de la vie scientifique un léger sujet d'études? Bagatelle que ces leçons, à côté de celles qui nous déroulent les replis de l'histoire des reptiles, ou qui pénètrent les profondeurs de l'histoire des poissons! Lors donc que le savant du dix-neuvième siècle n'a ni le bonheur d'être chrétien, ni la gloire éphémère de sentir les éclairs du génie s'échapper de son front, comment ne nous point empresser de le couvrir de nos excuses? et de quel droit nous étonner si, dans le registre des actes de l'état civil de la science, il refuse d'admettre au nom des êtres vivants le démon ou l'ange?... Ces Esprits seront pour lui ce qu'est aux yeux clairvoyants sa science philosophique : simple néant; d'où résulte que dans sa pensée l'action du néant, l'action de l'ange ou du démon, ce sera l'absurde.

Mais Dieu condamne l'ouvrier scientifique, lorsqu'il est incrédule, à ramer sur une galère qui conduit au port ce qu'en langage parlementaire on appela la vérité vraie; et tel est, par exemple, le spectacle que viennent coup sur coup de nous offrir quelques docteurs, dont la science et le zèle protestèrent contre la nature et la signification du récent épisode de Morzine. Entre ceux-ci, M. le Dr Chiara nous rend compte des phénomènes de cette localité, parmi lesquels il est juste de faire un choix, mais en passant au crible les incidents sérieux pour les distinguer de ceux que vicient le charlatanisme et la ruse, et non point en poussant à l'écart pour les éliminer ceux dont la signification serait acquise au surnaturel. Eh bien, quelle est, d'après la science moderne, la *maladie* de Morzine, puisque ainsi s'attachent nos docteurs à qualifier le mal qui sévit? Ce désordre organique est-il une œuvre démoniaque, et le but de cette dénomination est-il de justifier l'évangéliste saint Luc, qui, dans des cas analogues, nommait le démon Esprit de maladie : *Spiritus infirmitatis?* — Oh! non; car pour le Dr Chiara, le démon n'est qu'un mythe. — Cet état morbide est-il donc une affection de l'utérus, des organes secrets, que sais-je? — Non, non, pas le moins du monde; car l'état de ces organes, doctoralement étudiés, fut trouvé parfait; il se maintint excellent, et des observations constatent que d'importants caractères distinguent et séparent de l'hystérie le mal des épidémisés de Morzine.

Mais que sera donc ce mal; car, s'il existe, s'il est *sui generis*, c'est-à-dire d'une espèce à part, il a droit à porter un nom spécial qui le décrive et le définisse. Ce nom, messieurs, vous ne perdrez point de temps à l'attendre ![1] Atta-

---

[1] Lire un récit abrégé de ces faits dans mon livre des *Médiateurs et moyens de la magie*, page 428, et un récit beaucoup plus détaillé dans le livre des *Esprits* de M. de Mirville. Ces deux récits ne contiennent point tous les faits, mais l'on y trouve ce qui suffit pour trancher la question. Morzine est un gros bourg de la Savoie, où, depuis 1857, un nombre assez considérable d'habitants offrent dans leur personne les caractères que la science théologique et le bon sens attribuent à la possession démoniaque. Je m'exprime en homme qui tint dans ses mains les procès-verbaux et les *autographes*, aussi précis que clairs, des principaux témoins ecclésiastiques, médicaux et laïques. Parmi ces témoins figurent des hommes d'une éducation distinguée et des prêtres qui visitèrent Morzine, animés d'abord d'un très-vaillant et singulier esprit d'incrédulité. A ces phénomènes se mêlèrent, dit-on, des actes de charlatanisme et de ruse dans lesquels la *science moderne* prétend noyer les faits démoniaques. J'admets de confiance ces mensongères imitations, et leur inspirateur ne reste que trop dans ses mœurs en les

chant peu d'importance, et pour cause, aux dénominations, dont l'importance en pareil cas est suprême, M. le Dʳ Chiara l'appelle hystérodémonie.

O stupeur! ni l'utérus ni le démon ne seraient, pourquoi que ce soit au monde, intéressés dans ce mal, et le mot scientifique qui le définit nous dira qu'il a pour cause le démon et l'utérus! Pourquoi donc cette bizarre contradiction entre le nom et la chose? — Pourquoi? C'est que devant de pareils faits la science négative est impuissante, ahurie, abasourdie! C'est qu'alors le démon, qu'elle ne veut voir nulle part, obsède et *possède jusqu'à sa langue!* Ainsi la force-t-il à le reconnaître et à le nommer par le terme même qui prétend le nier [1].

Et pour notre complète édification, devant le même écueil du promontoire infernal, M. le Dʳ Constans, inspecteur général du service des aliénés, vient briser avec grâce son élégant esquif.

Hystéro-démono-pathie, hystéro-démonie, oui, les mots adoptés, mais non point inventés par MM. les Dʳˢ Calmeil et Chiara, lui semblent parfaits; il n'en cherchera point d'autres, et suivons avec intelligence cet intelligent praticien. Car le voici constitué par le gouvernement, dans l'intérêt de la civilisation et de la santé publique, arbitre et suprême ordonnateur de Morzine. Sous l'inévitable empire de son *éducation scientifique* et de ses convictions primordiales, il étudie avec persévérance et conscience le terrain qu'il foule et refoule; la force publique l'accompagne et devient, au signe de sa main, l'auxiliaire de ses décisions médicales.

suscitant. Il est celui de qui l'on dit : Jamais il ne montre la tête sans cacher sa queue, *et vice versa*. Son but éternel est de confondre le vrai et le faux; mieux vaut d'ailleurs à ce suprême insidiateur être nié qu'adoré.

[1] *Les Diables de Morzine*, par M. le Dʳ Chiara, 1861, p. 28-30.

Or, les croyances, nous dit M. le Dr Constans, sont la cause du mal de Morzine; et le tort du curé de cette paroisse, ce fut de favoriser par ses prières et ses actes religieux une foi superstitieuse aux possessions démoniaques.

Une conclusion logique s'imposait à la suite d'une telle sentence, c'était de changer ces dangereuses croyances, et par conséquent le curé, dont les convictions en étaient le soutien. Ainsi fut fait; mais à quoi bon? car voici revenir les mêmes croyances avec les nouveaux prêtres de la même Église. Force sera donc à la science moderne de changer la foi de Morzine, si peu qu'elle tienne à la guérison de ses malades. Car, au sens des habitants de ce bourg, l'épidémie morzinaise fut une possession démoniaque semblable à celles que la plupart des sectes hérétiques reconnurent aussi nettement que l'Église; tandis que, froidement retranché derrière les remparts de la science moderne, M. le Dr Constans applique au mal de Morzine ces paroles célèbres de la médecine incroyante : Le démon n'y figure que pour néant (*A dæmone nulla*).

Que si, toutefois, nous désirons lui faire perdre l'équilibre sur son terrain et l'y vaincre par les armes de son choix, permettons-lui de nous affirmer que cette maladie est semblable à toutes celles qui se firent un nom dans l'histoire; aux époques où, selon les termes de l'Écriture, s'ouvrait le puits de l'abîme : à celle de Loudun, à celle des Nonnains jadis, à tant d'autres où le catholicisme ne parvint guère à voir d'autre action que celle de l'Esprit malin[1]. Un dernier trait d'ailleurs, s'échappant de la plume de M. le Dr Constans, est à lui seul toute une réfutation de sa doctrine. Car un des intéressés aux phénomènes qu'il médicamente vient de

---

[1] Tout le monde cite le fait de Loudun et d'Urbain Grandier, mais si peu l'ont étudié! Renvoyons simplement le lecteur à l'*Histoire des possédés de Loudun*, par M. l'abbé Leriche, un petit volume in-12, Plon, 1859.

visiter le bourg de Morzine, et ce visiteur nous avertit que « l'épidémie est semblable à celle qui sévissait en Judée du temps du Christ ». Or, « C'est bien possible ! » reprend aussitôt M. le Dr Constans, donnant au mot épidémie son sens physique et médical [1].

C'est bien possible ! Derrière ce mot, aussi modeste qu'audacieux, voilà, se retranchant comme derrière un rempart, toute la foi de la science moderne, et l'esprit tout entier de la brochure de M. le Dr Constans. Qui donc se vantera de savoir énoncer en français moins violent et plus clair cette proposition : que l'Évangile doit se tromper et dire faux lorsque chacune de ses pages nous décrit le spectacle des possessions et des possédés démoniaques ?

Et pourtant, louons Dieu de cette énormité de nos docteurs, et applaudissons-nous de les voir trancher si nettement à contre-sens de leur incrédulité la question démoniaque ; à l'instant où nos pas s'engagent au milieu des plus déroutants phénomènes de la magie. Car, si les épidémisés de Morzine, semblables à ceux de Loudun et semblables à ceux que soulagèrent les exorcismes de l'Église, furent des malades atteints du mal même que guérissait le Christ en étendant la main sur ceux que l'Évangile appelait et appelle des possédés, quel catholique, quel homme dont les préjugés auront respecté l'intelligence, voudra que ces malades ne soient point aujourd'hui ce qu'ils furent alors : les misérables jouets du démon ?

Eh quoi ! le Christ, un homme de cette époque arriérée et si distancée par la nôtre ; un Juif d'il y a dix-huit cents ans ; un Galiléen qui n'avait habité ni le siècle du progrès, ni les amphithéâtres ou les cliniques ; l'élève d'un maître

---

[1] *Relation sur une épidémie d'hystéro-demono-pathie*, par le Dr A. Constant, inspecteur général du service des aliénés, 2e édition, p. 129. Paris, 1863.

unique, d'un simple charpentier, ce Jésus, a su d'un mot, sur-le-champ, et sans jamais faillir, guérir ces inguérissables, rendre au sens et à la santé les hommes torturés d'esprit et de corps que l'Évangile et l'histoire, de leur voix de tous les siècles, ont appelés des possédés! Ce fait est constant, nul ne le conteste; mais, ô prodige! dès que la science moderne, animée d'une philanthropique jalousie, réclame comme son bien ces possédés, les appréhende au corps et se les approprie; dès qu'elle impose autour d'elle à chacun la négation de toute influence surhumaine sur l'origine de leur mal; dès qu'elle se donne la peine d'en changer le nom et d'emprunter à la Grèce antique son plus fin métal pour lui en forger un nouveau, voilà que tout change! voilà que les guérisons restent en l'air, voilà que tout un sénat d'hommes de mérite sent sa vertu doctorale atteinte et défaillante! voilà que M. le Dr Constans, par exemple, est contraint d'avouer sa défaite et l'impuissance de son art, malgré le soldat de ligne ajouté au docile gendarme, malgré la toute-puissance administrative ajoutée à la toute-puissance médicale, malgré les curés remplacés par d'autres curés, malgré les malades enfin, enlevés [1]

[1] Les intentions excellentes de qui que ce soit : gouvernement, administrateur, médecin, doivent être pour nous indubitables, et nous n'apprécions ici que le fait. M. le Dr Constans eut la toute-puissance à Morzine et voulut y faire le bien. Il nous semble voir dans tout son écrit un homme droit et sincère, mais finalement dominé par l'invincible tyrannie de ses préjugés. Il se fait dès lors l'homme de la devise *suaviter in modo, fortiter in re*, c'est-à-dire gant de velours et main d'acier. Cette maxime, dès qu'il prenait son point de départ dans les convictions médicales que ses pages accusent, était l'expression de son devoir : il n'y a point failli.

Sa manière de dire est d'un homme d'esprit, de bon goût et distingué. M. Constans a, dans ses réfutations, des passages où peu s'en faut qu'on ne le suppose victorieux. Un enfant, par exemple, a fait sur la cime aiguë d'un pin d'une effrayante hauteur des tours d'agilité qui tiennent du prodige. M. le Dr Constans interroge les témoins de cet exercice un à un. — Sur quel arbre avez-vous aperçu l'enfant, vous? — Sur celui-ci, tout en face de vous, monsieur. — Et vous, brave homme? — Sur cet arbre à votre gauche, monsieur. — Est-ce sur ce

et transportés aux quatre points cardinaux de la France! Voilà, voilà que nos hommes de science moderne et de progrès, *tous ensemble*, deviennent inhabiles à guérir un de ces malades, un seul de ces épidémisés que guérissait un mot du Christ! voilà que ce mal leur rit au visage; voilà que *ses restes* leur portent défi [1]... Le Christ! oh! qui nous rendra ce sublime ignorant, ce guérisseur dont la bouche s'armait d'une parole si simple et si sûre? Oh! qui nous délivrera, qui délivrera nos bons docteurs eux-mêmes de ce progrès médical et des grands mots de la science moderne, si dignes de compassion devant les grandes choses de cette science divine?

Fort hostile au catholicisme, mais infiniment supérieur en sens pratique à la plupart de nos docteurs, un célèbre magnétiste réfute en ces termes, *au nom de l'expérience*, les négateurs des phénomènes de la possession : « Je suis convaincu, nous dit-il, que des agents d'une grande puissance existent en dehors de nous, qu'ils peuvent entrer en nous, nous opprimer et faire mouvoir nos organes... C'était, du reste, la croyance de nos pères. Toutes les religions admettent la réalité des agents spirituels [2]. »

même pin que vous l'avez vu, ma bonne mère? — Non, c'est sur cet autre, auquel nous tournons le dos, là-bas. — Ainsi Daniel a-t-il vaincu les vieillards corrupteurs de Susanne!..... Mais, M. le docteur ignore sans doute que plusieurs enfants accomplirent sur plus d'un arbre leurs singulières prouesses. Voici donc que les témoins qui nous semblaient pris en défaut redeviennent des témoins dignes d'occuper notre oreille.

Certes, nous ne saurions douter que la ruse et le mensonge ne se soient copieusement mêlés aux faits de Morzine; mais il est évident que le dernier mot touchant ce drame, encore inachevé peut-être, est celui même que prononce M. le Dr Constans et que j'accepte de sa bouche, non dans un sens médical, mais dans son sens historique et chrétien; je veux donc le répéter : Cette épidémie est du genre de celle qui sévissait du temps du Christ en Judée! (Brochure de M. le Dr Constans, 2e édit., p. 129, 1863.)

[1] Lire la brochure de M. le Dr Constans, p. 107-108, etc.

[2] Dupotet, *Journal du magnétisme*, n° 177, p. 598, 1853. — *Id.*; le Dr Ordinaire, n° 179, p. 9; décembre 1854.

Le mot des spirites convulsionnaires du jansénisme est bien vieux :

> De par le roi, défense à Dieu
> De faire miracle en ce lieu.

Un peu plus tard, d'autres prohibiteurs s'imaginèrent, et quelques-uns non sans une certaine bonne foi, que le miracle avait fait son temps, et rien de plus curieux que leur langage. Écoutons.

Il y a quelque cinquante ans, en Belgique, l'opposition du clergé, nous dit M. de Laveyle, « se manifesta même par *de prétendus miracles* » qui irritaient vivement l'empereur. La situation des esprits ressort clairement de la lettre confidentielle suivante adressée au préfet du département de l'Escaut et conservée aux archives de Gand :

« Je suis informé, Monsieur, que l'idée d'un prétendu miracle, qui se serait opéré dans le village de Haesdonck, près de Termonde, a attiré dans ce lieu une affluence si prodigieuse d'individus, au diocèse de Gand, que ce n'est pas l'exagérer en l'évaluant à cent mille personnes. Je ne puis concevoir, Monsieur, que vous ayez souffert cette jonglerie, faite pour entretenir parmi les peuples de vos contrées les idées de Merveilleux et de superstition auxquelles ils se montrent déjà si enclins. Les ministres de Sa Majesté devraient-ils être obligés de tracer aux autorités éloignées la marche qu'elles ont à suivre dans des circonstances semblables !... Je vous invite, Monsieur, à donner des ordres pour qu'on fasse disparaître sur-le-champ *jusqu'à la dernière trace de ce prétendu miracle*, et à faire en sorte que des mystifications de cette espèce ne se renouvellent pas dans votre département. — *Paris, 3 mai* 1811. Le duc de Rovigo [1]. »

---

[1] *Revue des Deux-Mondes*, n° du 1er août 1864, p. 646. — *La Belgique et la crise actuelle, le parti libéral et le parti catholique*, par M. Émile de Laveyle.

Aujourd'hui, le vent semble tourner, et, le matérialisme ayant perdu quelque terrain, le démon ne se croit plus intéressé à faire le mort; il reparaît de tous côtés et se donne tantôt pour l'âme de ce grand homme qui nous dicte sa prose, tantôt pour l'âme de cet enfant ou de cette mère dont nos larmes ont baigné les froides reliques. Sur la ligne opposée à celle du spiritisme, l'Angleterre et la France, qui recommencent à croire, parce que les merveilles renaissent à l'envi, réimpriment l'immense collection des Bollandistes [1], ce merveilleux, cet étincelant tissu de miracles, ce chef-d'œuvre historique dont nul être sensé ne saurait révoquer en doute l'authenticité parfaite s'il ne nie à la fois les règles les plus sûres de la critique, du témoignage et du bon sens humain. Nous profitons de ce retour; et cependant, loin de nous la pensée de crier à tout propos au miracle, car le vulgariser ce serait le tuer. Il n'en serait point tout à fait ainsi du simple prestige démoniaque, et pourtant, *hors des pages où nous rassemblons les faits de cet ordre,* on ne nous verra point céder à la maladie de voir le démon partout; nous savons trop combien de fois l'homme qui guette et se figure découvrir cet insidiateur ne surprend à sa place que son propre esprit en voie de le décevoir [2]. Nous serons donc habiles à nous garder du rôle de ce personnage de comédie qui, saisissant dans sa poche et de son bras droit son poignet gauche, se prend à crier au voleur.

Mais aussi, lorsque le spiritisme progresse, lorsqu'il marche à front découvert et que ses œuvres foisonnent, c'est-à-dire en temps d'épidémie démoniaque, nous n'oublions point que la présence et l'action des mauvais esprits prennent rang

---

[1] Palmé, éditeur, 22, rue Saint-Sulpice.
[2] Lire à ce propos *le très-important* passage de l'un de nos plus profonds ascètes, le P. W. Faber, *Progrès de l'âme,* p. 181-2. — Paris, 1856.

au nombre des phénomènes d'une fréquence exceptionnelle et quelquefois extrême. Or, ce mal épidémique sévit autour de nous de toutes parts; et serait-il téméraire, en le signalant, de nous figurer que l'Amérique du Nord pourrait aujourd'hui servir d'exemple et de terrible avertissement au vieux continent qui la contemple? N'avons-nous point observé que, cette immense contrée s'étant ouverte, il y a quelques années, aux conciliabules et aux assemblées spirites, nous l'avons vue presque le moment d'après couverte de cadavres et de sang, ainsi que le fut la terre des Chananéens lorsque Dieu *jura l'extermination de ses habitants?* Serment implacable et sans autre cause que la fureur avec laquelle ces peuples se livraient aux arts magiques et à la consultation des esprits, c'est-à-dire au crime de spiritisme, si souvent et si précisément décrit dans les Écritures [1]!... Devant le spectacle que nous offre l'Amérique, ou du moins devant le souvenir des Chananéens et de tant d'autres peuples frappés de la main de Dieu, tous nos efforts ne doivent-ils point tendre à repousser du milieu de nos familles et ces crimes, et les conséquences hideuses, et les fléaux vengeurs qu'ils provoquent, au moment où l'Europe commence à s'aventurer dans cette voie maudite d'un pas dont la rapidité nous épouvante?

Les ouvrages de longue haleine du spiritisme, ses livres de doctrine, sa presse périodique et quelques-unes de ses trop sérieuses statistiques suffisent à dire, dès qu'on se prend à les interroger, si les alarmes que nous inspirent sa renaissance et ses progrès sont raisonnables ou d'une absurde vivacité. Nous nous bornerons, pour le moment, à reproduire, à titre d'échantillon, quelques fragments de l'une des nombreuses feuilles périodiques dont cette religion, renou-

---

[1] Lire le *Deutéronome*, ch. XVIII, ✝ 10, et dans les premiers livres de la Bible tout ce qui concerne les Chananéens.

velée des temps antiques, couvre et empeste le monde.
Le journal *l'Avenir* s'intitule le moniteur du spiritisme, et, dans les pages où il nous annonce son éclosion, il exprime en ces termes la mission qu'il s'est imposée : « L'*Avenir* ne vient prendre la place de personne; il vient occuper le poste qui lui était réservé et que nul n'a pu occuper; il vient prendre son rang de bataille pour défendre les intérêts qui lui sont confiés. D'autres l'ont précédé dans la carrière, et il se plaît à leur rendre la justice qui leur est due.

» C'est pourquoi nous disons à la *Vérité* de Lyon et à la *Ruche bordelaise*, qui, les premières, sont venues se grouper autour du maître : Sœurs vaillantes et bien-aimées, après notre premier hommage à Allan-Kardec, à vous notre premier salut fraternel! Au *Sauveur des peuples* et à la *Lumière* de Bordeaux, aux *Annales du Spiritisme* de Turin, aux *Revues spirites* de Palerme, d'Anvers et de Naples, qui sont venues grossir la phalange sacrée, nous offrons notre salut le plus amical. Enfin, au *Spiritual Magazine* de Londres, au *Herald of progress* de New-York et au *Banner of light* de Boston, nous tendons une main cordiale [1]. Et, nous adressant à tous ces vaillants pionniers de l'idée nouvelle, nous leur disons : Amis, un frère vous est né... » (7 juillet 1864.)

« Le poëte a raison : les individus et les peuples passent toujours, à un moment donné, sur le *chemin de Damas*. Et nous spirites, qui, comme saint Paul, avons été terrassés par la clarté d'en haut, nous avons traversé cette voie triomphale. Hier, qu'étions-nous pour la plupart? des athées, des incrédules, des matérialistes, et aujourd'hui nous sommes les adeptes les plus convaincus de l'idée de Dieu, de l'im-

---

[1] En Amérique et en Europe, des centaines de revues et de journaux spirites propagent ardemment *la doctrine*. Lire, par exemple, sur ce point, *la Voix d'outre-tombe*, 7 août 1864, etc., etc.

mortalité de notre âme et de l'immense destinée qui attend chacun de nous dans l'avenir. Appelons donc à nous tous ceux qui doutent, tous ceux qui souffrent, tous ceux qui luttent, parce que *seuls nous pouvons leur donner l'espérance et la certitude qui leur manquent.* » (*L'Avenir*, 1er septembre 1864.)

Aux sarcasmes des petits journaux et aux mépris des savants, nous répondrons avec Victor Hugo : « La table tournante et parlante a été fort raillée. Parlons net, cette raillerie est sans portée. Remplacer l'examen par la moquerie, c'est commode, mais peu scientifique. Quant à nous, nous estimons que le devoir étroit de la science est de sonder tous les phénomènes ; la science est ignorante et n'a pas le droit de rire. Un savant qui rit du possible est bien près d'être un idiot.

» Le phénomène du trépied antique et de la table moderne a droit comme un autre à l'observation. La science psychique y gagnera sans nul doute. Du reste, on le voit, le phénomène toujours rejeté et toujours reparaissant n'est pas d'hier.

» Le rôle de l'*Avenir* ne sera certes pas sans utilité. Les spirites et les groupes nombreux qui se forment incessamment ont besoin d'être tenus en haleine et mis fréquemment en rapport avec le foyer de la doctrine. Il est utile, il est nécessaire qu'ils sachent ce qui se passe, ce qui se fait, ce qui se dit pour ou contre le spiritisme en France et à l'étranger ; ce sera là une partie essentielle de notre tâche, et nous ouvrirons nos colonnes à la discussion sur les points controversés de la doctrine, parce que nous serons très-heureux d'être éclairés, si nous sommes par hasard en dehors de la vérité. » (7 juillet 1864.)

« Certes le moment de tenter de nouveaux efforts est venu ; ce n'est plus comme au début, où l'on se contentait du phénomène naïf et de quelques réponses insignifiantes; aujourd'hui, c'est grave et sérieux; l'*évocation* (ce crime religieux par excellence) *se fait religieusement,* et les communications ont un caractère d'élévation et de profondeur qui commande le respect et l'attention. Point de charlatanisme, point de mise en scène; tout se fait simplement. C'est là un cachet de grandeur devant lequel s'inclinent les indifférents eux-mêmes. Aussi plus d'un savant, dans son cabinet, a-t-il tenté dans son scepticisme d'expérimenter la médianimité, et PLUS D'UN PRÊTRE, AU SORTIR DU SANCTUAIRE, a-t-il essayé la même expérimentation. Si quelques-uns ont échoué dans leurs tentatives, d'autres ont complétement réussi. C'est pourquoi nous ne cesserons de répéter aux matérialistes et aux négateurs du phénomène : Essayez par vous-mêmes et vous arriverez cinq fois sur dix à la victoire. » (L'*Avenir,* 7 juillet 1864.)

« Ce qui est avéré, c'est que les médiums se multiplient; il en surgit au fur et à mesure des besoins; il en est dont les facultés sont si remarquables qu'elles contraignent pour ainsi dire la conviction. Nous avons vu en maintes circonstances des révélations inopinées foudroyer brusquement des incrédules. *Nous avons vu des ecclésiastiques songer profondément et sentir,* pour ainsi dire, LE VIDE SE FAIRE DANS LEURS ANCIENNES CONVICTIONS. Nous avons assisté, dans le groupe de la rue Moreau, à une scène émouvante. Un savant docteur de la Faculté de Paris, venu par hasard ou par curiosité, jusqu'alors très-sceptique à l'endroit des manifestations spirites, M. B..., parfaitement sûr d'être inconnu du médium, ayant fait une simple évocation mentale, se mit à pleurer à chaudes larmes en reconnaissant les expressions familières d'une jeune fille qu'il avait perdue. *Aussi affirmerons-nous, sans crainte d'être démenti,* que *la France entière,* malgré les graves préoccupations du moment, et que Paris lui-même, jusqu'alors presque indifférent, SONT MINÉS, pour me servir d'une expression à la mode, PAR LES TERMITES SPIRITES.

» C'est pour donner hebdomadairement des nouvelles de ce grand mouvement spirituel et moralisateur qui s'opère dans la société que nous avons fondé l'*Avenir*. Toutefois, ce n'est pas sans de longues méditations et sans une hésitation de plusieurs mois que nous nous y sommes décidés. C'est sur l'invitation formelle et réitérée de notre excellent guide Éraste (Éraste est un esprit), et d'après les conseils et les encouragements de nos amis terrestres, que nous avons pris cette détermination. » (7 juillet 1864.)

Nous terminons ces fragments, que nous sommes réduit à tronquer, malgré leur haute importance, en laissant le *Moniteur du Spiritisme* nous transcrire *un mot* de la doctrine que des myriades de canaux répandent au sein de toutes les familles. Je donnai le nom de Catéchisme de l'Antechrist au livre des Esprits du pseudonyme Allan-Kardec, le grand apôtre du spiritisme, et je répétai ce terme au congrès de Malines (1864). Un abrégé substantiel de cet ouvrage, du prix de quinze centimes, pénètre aujourd'hui jusque dans les chaumières, et le mot que nous allons entendre n'est qu'un de ses échos :

Le spiritisme « nie les peines éternelles en proclamant la justice de Dieu..... Il affirme que *tous les cultes et toutes les religions* qui ont pour but la moralisation de l'homme, son instruction et son développement intellectuel, sont *également bien accueillis du Tout-Puissant*. Il enseigne que *la réincarnation* successive de la pluralité des existences est une loi de nature, et qu'elle est un moyen de châtiment, d'épuration, d'épreuve et de perfectionnement pour l'humanité. Il prouve que le monde des esprits est en incessante communion avec le monde des vivants. Enfin cette doctrine professe *la tolérance la plus étendue*, puisqu'elle permet à chacun *de croire ou de ne pas croire*, selon sa conscience ou sa raison. » (L'*Avenir*, 1ᵉʳ septembre 1864.)

L'Évangile spirite, si flatteur pour l'orgueil et les sens de l'homme, est plus à redouter que ne se plaisent à le supposer bien des chrétiens trop amoureux d'une vie paisible. Et de tristes statistiques nous ont convaincus que, chaque jour, si notre zèle se ralentit, nous verrons les grands docteurs de la religion nouvelle, les Esprits, remplacer de mieux en mieux l'Église, à qui le Christ a dit : Allez et enseignez toutes les nations!..... Puissions-nous conjurer à temps ce fléau [1].

Il y a quelques semaines, et je le redis, invité que j'eus l'honneur d'être au congrès de Malines, j'y courus jeter le cri d'alarme au milieu des catholiques de toutes langues, et puisse-t-il retentir au loin. Mais ce cri n'est point une insulte aux innombrables et malheureuses victimes du spiritisme. Ma parole ne flagelle que la doctrine qui les perd, parce que, étant celle du plus affreux désordre, elle est l'œuvre évidente du mauvais esprit. Veuille Dieu décupler le bruit du tonnerre pour en donner un instant l'éclat à ma voix; pour la faire rouler en longs échos contre le Maudit,

---

[1] Cette foi des spirites perce et se manifeste dans tous leurs actes. Écoutons :

« On nous écrit de Naples que M. Michel Solimène, conseiller d'État, professeur de droit constitutionnel et international, vient de mourir à l'âge de soixante-neuf ans; c'était un fervent et sincère Spirite. L'année dernière, nous avons eu le bonheur de lui serrer la main. C'était un des hommes les plus éminents de la grande cité napolitaine qui, à l'époque où nous l'avons connu, l'avait envoyé au congrès de Gand, pour représenter sa Société littéraire et artistique. Naples perd un de ses plus grands citoyens, et nous un vaillant et solide lutteur. Que dis-je ? *Nous ne le perdons pas, car il concourra aujourd'hui*, comme sur la terre, *à la propagation de nos communes convictions.* ». (1ᵉʳ septembre 1864, *ibid.*)

Chaque époque a ses saints; voilà ceux de l'Italie délivrés du joug et de l'ignorance des prêtres!

que Proudhon appelle le béni de son cœur, et pour réveiller à côté des victimes ceux qui pourraient ou prévenir leur chute ou les relever, mais que possède le plus cruel et le plus cataleptique des sommeils. Puisse, en un mot, le glaive ardent de saint Michel flamboyer un instant dans ma parole et tracer en traits de feu la vérité devant laquelle il est temps que le monde tressaille et avise.

Oui, la magie renaissante pénètre au sein de nos familles; elle les envahit, et menace la terre d'un sinistre débordement. Oui, sous quelque nom, sous quelque aspect qu'elle se produise ou se déguise, la magie, qui se nomme pour le moment le spiritisme, ment à ses doucereuses apparences et se reforme en source intarissable de corruption religieuse et morale, de dépravation intellectuelle et physique. S'inclinant avec un faux et perfide respect devant le nom du Dieu dont elle abhorre et détruit la loi, elle redevient au jour le jour ce qu'elle fut jadis, c'est-à-dire la racine et la consommation des plus monstrueuses iniquités; car elle est dans son essence la plus complète des séparations entre la créature humaine et son Dieu. Elle est donc l'horreur la plus parfaite du vrai bien, et l'amour superlatif du mal extrême; elle est le mal élevé au niveau des affections et des facultés de l'ange rebelle.

L'homme dépravé la recherche; il sait, devine et bénit ses infernales aspirations. Mais l'imprudent, le téméraire qui la rencontre sur sa route et qui subit le charme de sa caressante parole, est loin de pénétrer ses artifices. Ardent et droit, fougueux et simple, nourri quelquefois de la moelle d'une vague et nébuleuse religiosité, nous le voyons, à mesure que sa volonté le livre, aspirer à se livrer un peu plus, et bientôt sans mesure. Commençant son noviciat par les pratiques curieuses et les œuvres béates d'une dévotion spirite, il cède par degrés et s'applaudit de céder aux vertigineuses fascinations qu'exerce sur lui le maître subtil qui le domine et le dompte. De chute en chute, et plus rapide que l'oiseau qui, de branche en branche, saute et se précipite dans la gueule du reptile dont les yeux le captivent et le lient, il s'abaisse et tombe, heureux si tôt ou tard il ne se prostitue, en couronnant sa *dévotion* par les délices de l'incube [1]. Car le terme final de la loi qu'il subit est le code sacré des habitants de Sodome et de Gomorrhe, des peuples satanisés de Chanaan et des cultes nombreux voués à la célébration des grands mystères.

O vous qui, dans votre imperturbable repos, aimez à vous nourrir de vos doutes et qui, peut-être, vous êtes béatement engraissés d'ignorance, ouvrez un livre, ouvrez la Bible, et lisez; lisez non plus en enfant, mais en homme dont l'expérience ouvre l'esprit et l'éclaire. Lisez l'histoire des peuples maudits, et que la miséricorde de Dieu *ne put épargner, même en ce monde!* Lisez, et dites-nous si, dans ces cités, si chez ces peuples, victimes d'un spiritisme effréné [2], ces réalités immondes, que l'imagination la plus hyperbolique de l'homme isolé de l'inspiration démoniaque semble ne pouvoir atteindre; le sacrifice humain mille fois répété, la communion anthropophagique (Bible; *Sagesse*, XII, 5), les scènes orgiaques et sabbatiques des mystères, furent ou ne furent point l'œuvre d'une religion spirite, le fruit du culte de ces Esprits *qui souvent se donnaient* et qui recommencent à se donner pour des âmes, pour les âmes de vos pères ou de vos filles!

Les plus endormis et les plus endormeurs de nos optimistes se persuaderont-ils que les mêmes causes produiront, dans l'exclusif intérêt de leur quiétude, des effets différents et amoindris? Et *s'il est vrai* que jamais doive apparaître en

---

[1] Voir les faits, au dernier chapitre.
[2] *Dei gentium dæmonia*, ps. 95, ⱴ 5. Les dieux des nations sont des démons, or *démon signifie Esprit*.

ce monde celui que les Écritures sacrées s'accordent à nommer l'Antechrist, — ce monstre auquel il est possible que succèdent non point la ruine immédiate du monde, mais de longs jours de triomphe pour l'Église; — et s'il est vrai, d'après le langage des mêmes Écritures, que ce dominateur doive être l'homme de la toute puissance par les prestiges et dans le crime, nous figurons-nous que son règne éclate avant l'arrivée d'un précurseur, avant que des hommes de transition, avant qu'une époque de décadence morale et de dépravation préparatoire ait préinstallé dans les intelligences, dans la religion et dans les mœurs, cette orgueilleuse époque de débordements et de monstruosités, où, selon la parole du Christ, la foi chrétienne aura presque cessé d'être? (Saint Luc, XVIII, 8.)

Or, si peu que reste en nous cette croyance aux écritures les plus canoniques de l'Église, daignons donc croire à ce retour *nécessaire* d'un mal que nous *sommes créés pour éloigner* et pour combattre, si mieux nous n'aimons en subir les ardentes prémices et le laisser se ruer avec fureur sur les héritiers de notre sang, dont la voix ne tarderait point à s'élever en accusations amères. Car les moins coupables d'entre ceux-ci ne sentiront que trop devoir à notre apathie cette malédiction suprême dont nous aurons laissé s'avancer le temps et les fléaux, loin de les repousser par l'activité de notre vigilance et de les amoindrir par nos œuvres [1].

---

[1] Deux ouvrages remarquables ont paru depuis que mon livre est sous presse : *le Traité du Saint-Esprit*, par Mgr Gaume, confirmant un grand nombre de mes expositions antérieures : 2 vol. in-8°; et *le Culte du serpent et du phallus*, brochure de M. le Dr Boudin, médecin en chef de l'hôpital militaire de Saint-Martin, savant distingué, observateur de premier ordre, officier de la Légion d'honneur, commandeur de, etc., etc., etc., chez Victor Rozier, Paris.

LES HAUTS PHÉNOMÈNES

DE

LA MAGIE

LES
HAUTS PHÉNOMÈNES
DE LA MAGIE.

CHAPITRE PREMIER.

SPIRITISME ANTIQUE.

PREMIÈRE DIVISION.

Un mot sur la magie, dès qu'il en est parlé après le déluge. — Papyrus retrouvés, ou chapitre d'histoire confirmant la Bible à l'endroit des plaies de l'Égypte, et constatant la foi des peuples anciens à la magie. — Les fléaux. — « Les enchantements sont pour le peuple de Moïse comme son pain. » — L'engloutissement de Pharaon et de son armée. — Moïse magicien est irrésistible. — Papyrus Sallier et Anastasi. — Passage du livre de la Sagesse confirmatif de l'Exode et des papyrus égyptiens. — Sabbat des éléments et des bêtes, ouverture des abîmes de l'enfer. — La magie digne de risée; déchaînement épouvantable des agents de la magie.

Des aperçus de la plus haute importance, et des surprises aussi encourageantes que nombreuses, naissent à chaque page du premier chapitre de ce livre; et ni l'histoire, ni la tradition, ne nous dévoilent ailleurs plus de faits singuliers, plus de symboles attachants et de mystères. S'engager dans ses feuillets, s'y aventurer, ce sera pour la plupart des lecteurs, se lancer dans les immensités d'un monde inconnu. Mais j'y craindrais pour le grand nombre; et je dois l'avouer, une tension d'esprit de nature à diminuer la joie des découvertes et le bonheur des heureuses rencontres.

Que tout lecteur qui ne sent point en lui le goût de ces recherches californiennes, où le marteau risque de lasser le bras qui frappe la pierre pour la changer en or, veuille bien franchir cette première étape, et je l'en supplie dans notre commun intérêt. Non, chaque pas, chaque page, ici, ne peut charmer ses trop rares ou nonchalants loisirs, gratifier sa curiosité sans ardeur; l'attirer et l'entraîner en le berçant ainsi que le flot des grands fleuves lorsqu'il soulève et caresse la barque d'écorce, et faire à son esprit paresseux ou fatigué les plus infatigables avances. — Le livre, pour celui qui l'ouvre dans ces dispositions, ne commence qu'au second chapitre, et qu'il veuille bien ne le point oublier; jusque-là l'intérêt du conte ou du roman ne se mêle pas encore aux réalités. Mais la fin du volume, lu de la façon que j'indique, le ramènera, je l'espère, au commencement; tandis que le commencement, s'il s'y engage, risquerait de l'éloigner de la fin.

Disons, en tout cas, que la première division de ce chapitre explique la magie par elle-même; elle nous la montre en action; ou du moins, et dès l'origine des temps les plus anciens à partir du déluge, elle nous fait voir le résultat de son action sur l'esprit des peuples les plus sages. Entre elle et le spiritisme, nous ne voyons guère d'ailleurs d'autre différence que celle qui se montre entre la chose et son germe. Or, comment les premiers hommes la virent-ils éclore et s'introduire dans le monde? où de quelle sorte le spiritisme eut-il son principal et plus historique avénement au milieu de la race humaine?

L'*histoire*, et notons bien le mot, aussitôt qu'elle nous offre ses premiers feuillets, nous représente du côté de la Bible, que nous négligerons parce qu'elle est dans tous les souvenirs, la magie en plein exercice; et, du côté des papyrus, elle dit la croyance des peuples admettant l'existence de la magie. Cet art démoniaque apparaît, marche, agit, opère : donc il existe; et, devant le témoignage ou le spectacle que nous offrent les annales humaines, telle est la conclusion logique et rigoureuse qui se formule et s'impose à notre esprit. — Le fait de cette existence une fois hors de doute et reconnu, grâce à quelques-uns des documents les plus précieux que la science des antiquités ait jamais mis et pu mettre à notre portée, nous nous hâterons de décrire en pages succinctes les causes ou les occasions *du mal*, c'est-à-dire de ce spiritisme pratique des temps anciens.

Deux peuples limitrophes, si nous ne consultons que l'espace, sont placés aux antipodes l'un de l'autre lorsque nous les envisageons par le côté de la foi religieuse. L'un des deux passe, entre les races idolâtres, pour l'un des plus savants et des plus sages de la terre. L'Égypte est sa terre paternelle; et, quelque implacable que se soit montrée l'œuvre dévastatrice des siècles, la parole de l'Égyptien nous arrive aujourd'hui *dans toute sa fraîcheur;* car ses tombeaux créés pour défier le temps, et pour assurer aux corps l'immortalité dans le sein même de la mort, nous cèdent au jour le jour le secret de leurs tristes reliques, les mystères de leurs écritures sacrées.... Le second peuple, le peuple limitrophe, est celui qu'il plut à Dieu de se consacrer, afin de conserver à la vérité religieuse, sur la surface entière du vieux monde, un asile, un coin de terre où reposer sa tête.

Déterminé que nous nous déclarions tout à l'heure à ne point fatiguer le lecteur par la répétition *des faits bibliques* les plus connus touchant le pouvoir et la défaite des magiciens de Pharaon luttant contre la verge sacramentelle de Moïse, nous ne porterons guère notre attention que sur *les papyrus* nouvellement découverts, où l'Égypte, décrivant les actes de ce ministre d'un Dieu justement vengeur, ne reconnaît dans le pouvoir qui l'écrase que des forces magiques ; à tel point que, *dans l'opinion des peuples* de ce pays, *la magie non-seulement existe*, mais domine toute science et tout pouvoir.

En parcourant ces feuilles antiques, et providentiellement retrouvées comme un témoignage de l'inaltérable vérité de l'histoire du peuple juif, observons quel admirable accord règne, au milieu de la plus violente irritation, entre Moïse et les mages ses antagonistes, lorsque, celui-ci dans le livre biblique de l'Exode, et ceux-là dans leurs papyrus, ils décrivent la plus longue et la plus terrible série de merveilles qui jamais ait décidé des destins d'un peuple : merveilles tantôt démoniaques et tantôt divines, mais, remarquons-le de rechef, qualifiées par le vaincu du nom de magie. Comment mieux prouver que par l'affectation même à répéter *le mot*, non-seulement quelle réalité, mais quelle puissance attribuaient à *la chose* qu'il exprime des masses d'hommes sensés, habitués au spectacle toujours étrange, quoique presque quotidien, de ces prestiges.

Nous voici donc aux temps de Moïse, et nous allons, avec les chercheurs d'or scientifique de notre siècle, reconnaître ce grand homme lui-même. Les papyrus, ou manuscrits, de la poudre desquels nous l'exhumons, sont tirés de la collection du Musée britannique, et c'est à M. Heath, ainsi qu'à M. Lenormant père, que nous sommes redevables, en l'an 1857, de la traduction de ces pièces. L'un et l'autre y reconnaissent « des morceaux *relatifs à l'Exode*, et qui apportent à la véracité, à l'authenticité des livres saints, la plus éclatante et la plus irréfragable des confirmations ».

Nous possédons deux pièces de ce premier morceau, dont le texte nous redit, avec plus de détails que la Bible elle-même, les plaies de l'Égypte, que frappe la verge de l'homme de Dieu. L'une est le manuscrit Sallier numéro 1 ; la seconde est le manuscrit Anastasi numéro 3. « Ceci, — dit le scribe, — a été écrit l'an VII, le deux du mois de payni, sous le règne *du soleil* directeur de justice, *fils du soleil*, Ramsès, aîné d'Ammon, vivant à toujours comme son père le soleil [1]. »

« Au reçu de cet écrit, — dit celui qui le trace, — lève-toi, mets-toi à l'ouvrage, prends sur toi le ministère des champs. — Viens, mets ta tête en travail à la nouvelle du désastre des paysans, aussi terrible qu'une inondation détruisant une énorme quantité de grains. Le hefmou les détruit en les mangeant et les dévorant ; les greniers sont percés, les rats sont en masse dans les champs, les puces sont en tourbillons ; les scorpions dévorent, les blessures des moucherons sont innombrables et désolent le peuple ; ils couvrent les ânes qui servent au commerce de cette terre misérable. Les ouvriers des ateliers de construction des barques volent leurs surveillants. — Le cheval meurt à la charrue (*sic*). Le scribe (c'est-à-dire le mage, le savant, Moïse), *est parvenu à son but* de détruire une masse énorme de grains. Les gardiens des portes brisent les serrures. Les maudits sont livrés aux visions [2] ! *Les enchantements sont pour eux comme leur pain*; il n'y a pas d'avilissement comme le leur. (Leur chef) les enchaîne à sa suite et les entraîne vers sa loi impure, en les courbant sous le joug de l'erreur. Sa femme tremble devant son autorité ; ses enfants sont dans la condition la plus vile, mais ses compagnons sont pour lui le premier peuple du monde. Le scribe est le premier des hommes dans l'art d'exalter les femmes ;

---

[1] Publié par le *Correspondant*, fév. 1858, p. 280.
[2] Voir à quelles visions terribles sont livrés les Égyptiens. L'historien suppose, ou veut supposer, que les Hébreux partagent ce fléau. — Lire ce que nous allons rapporter à ce propos.

dans l'art d'écrire il n'a pas d'égal ! » — Et quel égal pouvait avoir celui que Dieu même inspire ?

« Ce récit de fléaux terribles, tombant à la fois sur l'Égypte et l'accablant, rappelle tout d'abord à l'esprit la manière dont le livre de l'Exode raconte les plaies envoyées de Dieu à la prière de Moïse, pour châtier l'orgueil et la mauvaise foi de Pharaon [1]. »

« Le papyrus — dit M. François Lenormant, — parle d'un animal qui dévorait les grains jusque dans les greniers; le texte égyptien le nomme hefnou, ce qui signifie proprement serpent destructeur. Mais observons que les Grecs désignaient la sauterelle par le même mot que le serpent, ὄφις, et, pour en citer un exemple relatif à l'Égypte, il est probable que les fameuses troupes de serpents ailés que dévoraient les ibis dans le désert, entre l'Égypte et la Syrie, et dont on trouve la mention dans un passage d'Hérodote, n'étaient autres que des nuées de sauterelles [2]. »

« La lettre de ces manuscrits doit être antérieure aux deux dernières plaies que la Bible ajoute après celle-ci : les ténèbres et la mort des premiers-nés. Elle ne parle pas non plus des eaux changées en sang, ni de l'invasion des grenouilles, mais on voit par le langage de l'Exode que ces deux prodiges, imités par les magiciens de l'Égypte, n'avaient pas dû produire une grande impression sur les esprits [3]. »

« En désignant du nom de *magie* la puissance de Moïse, ils ne s'en devaient émerveiller qu'autant qu'elle surpassait *la leur*, et, dans leur bouche, le sens de ce mot pouvait bien n'être pas injurieux. Le texte égyptien ajoute beau-

---

[1] Lire la Bible, Sagesse, chap. XVI, l'Exode, chap. VII, etc. — Lenormant, p. 287.
[2] *Id.*, p. 289-290.
[3] Page 289.

coup d'autres fléaux à ceux dont parle la Bible. Nous n'avons vu tout à l'heure figurer ni les puces, ni les rats, ni les scorpions. Mais nous avons suivi dans notre traduction (à côté de ce morceau) le texte de la Vulgate; et, si l'on remonte au texte hébreu, on rencontre plusieurs expressions douteuses, sur lesquelles les commentateurs ont beaucoup varié. Les traditions conservées parmi les juifs, en dehors des livres de Moïse, et rapportées par les rabbins à l'occasion de ces passages difficiles, offrent des points de rapprochement très remarquables avec le récit de notre lettre égyptienne. Ainsi, au lieu des mouches des Septante et de la Vulgate, Josèphe et l'auteur du *Thargum*, suivis en cela par tous les rabbins, parlent d'une multitude d'animaux nuisibles de tout genre, et le mot du texte hébraïque se prête beaucoup mieux à cette traduction. Une tradition rapportée par le rabbin Salomon fait figurer parmi ces animaux les serpents et les scorpions dont parle notre papyrus hiératique. Salomon de Lunel, c'est-à-dire le rabbin Jarchi, y ajoute les chacals et les panthères. Quant aux voleurs qui forcent les portes des maisons et dérobent dans les ateliers où ils travaillent, une circonstance analogue n'est pas difficile à retrouver dans le récit de l'Exode. Le Seigneur dit à Moïse : « Vous direz à tout le peuple que chaque homme demande à son ami, et chaque femme à sa voisine, ses ustensiles d'argent et d'or... Ainsi dépouillèrent-ils les Égyptiens. Ceux-ci qui ne connaissaient pas les desseins de la Providence, et au préjudice de qui se faisaient tous ces détournements, devaient considérer les Israélites comme des voleurs [1]. »

Outre ces rapprochements, il nous reste à noter « la mention si remarquable de cet homme, qui triomphe au milieu du désastre universel! Quel personnage, si ce n'est Moïse,

---

[1] Lenormant, p. 290.

pouvait être désigné par l'auteur égyptien sous les traits de ce scribe si puissant sur les imaginations du peuple, habile dans l'art d'écrire, qui seul est dans la joie au milieu des malheurs dont est frappée l'Égypte : malheurs *qu'il a amenés par la puissance de ses sortilèges!* de ce scribe qui veut arracher une race maudite au culte des dieux de l'Égypte, et lui faire adopter une loi impure aux yeux des fils de Mitsraïm[1] »?

« Si des doutes peuvent rester encore dans des esprits plus difficiles, sous le rapport des circonstances racontées dans l'Exode et dans la lettre que nous avons traduite, il ne peut pas y avoir d'hésitation quant au morceau suivant que nous extrayons du papyrus Sallier n° 6 : »

« Le chef des gardiens des livres de la chambre blanche du palais, Amenemani, au scribe Penténhor : Quand cet écrit te sera parvenu, (et quand on l'aura lu) de point en point, livre ton cœur à l'agitation la plus vive, semblable à la feuille devant l'ouragan, en apprenant le désastre accompli, déplorable, et fait pour toucher ton cœur par *les calamités de la submersion dans l'abîme*. Malheureuse fut la pensée du souverain, et fatale pour lui, de prendre les esclaves en commisération au jour du fléau! L'esclave, le serviteur, est devenu le chef d'un peuple qu'il tient en sa puissance. L'obstacle à sa rébellion est détruit par derrière, de même qu'en avant l'obstacle à ses déportements. — C'est à peine, si l'on travaille à porter de l'eau ou à moudre pour du pain. Ses gardes (du roi) sont comme mutilés dans leur cœur : leur voix est sans force. — Le puissant triomphait dans son cœur en voyant s'arrêter l'esclave. Son œil les touchait, son visage était sur leur visage; sa fierté était au comble. Tout à coup, le malheur, la dure nécessité s'empare de lui.... — l'assoupissement *dans les eaux* fait du glorieux un objet de

---

[1] Lenormant, p. 294.

pitié! Dépeins la jeunesse moissonnée dans sa fleur, la mort des chefs, la destruction du maître des peuples, du Roi de l'orient et du couchant! — Quelle nouvelle peut-on comparer à celle que je t'envoie!¹ »

« La déclamation suivante, reproduite à la fois dans les manuscrits Sallier n° 1 et Anastasi n° 5, montre à quel degré Moïse préoccupait les esprits des Égyptiens, et renferme les allusions les plus précieuses et les plus certaines aux circonstances de sa vie. Cette composition porte, dans le papyrus Anastasi, ce titre écrit au-dessus de la page en grands caractères : — *Ambition, magie, puissance*. — « Par la lumière de la face d'Horus! cet homme est un magicien², *car toutes ses volontés sont irrésistibles*. Qu'il est habile à enchaîner le misérable peuple de Sem! qu'il est habile à lui tracer sa loi! Il met le puissant parmi les répudiés, l'opprimé parmi les puissants. C'est l'enfant qui n'a dû son existence qu'à ceux qui l'ont sauvé dès le sein de sa mère. Il s'élance pourtant, pour faire des hommes ses instruments. » — ... C'est toujours, dans ce morceau comme dans les autres, *la même admiration pour un homme détesté*³ ».

Dans une autre pièce, « on est frappé de la dureté avec laquelle Moïse traitait le peuple soumis à ses ordres : « *Tu les frappes comme des ânes!* » Et la sévérité des châtiments infligés dans certaines circonstances par Moïse, pour les transgressions du peuple d'Israël, motive suffisamment un pareil langage dans la bouche d'un étranger. Mais dans

---

¹ Le lecteur n'a qu'à reprendre les chapitres xiv et xv de l'Exode et les relire à côté du texte égyptien pour voir comment l'écrivain sacré et les scribes de Thèbes ont raconté ce même fait, l'engloutissement de Pharaon dans la mer Rouge, c'est-à-dire identiquement et avec les mêmes circonstances. — Lenormant, p. 294.
² Ces deux premières phrases manquent dans le papyrus Anastasi.
³ Lenormant, p. 292.

le papyrus Anastasi n° 3 nous lisons : « N'attirant pas la haine (d'Israël) sur lui, montre-le *transformant l'action de son autorité en un amour de nourrice.* » — Ces deux impressions désignent les deux côtés du caractère de Moïse, et les deux faces de sévérité redoutable et de tendresse divine qui sont empreintes dans la loi ancienne[1]. »

« Enfin, dans le papyrus Anastasi n° 5 il est dit : « N'es-tu pas Mosou, c'est-à-dire celui qui a entraîné ces maudits enfants de Sem[2] ? »

L'Égypte idolâtre a donc clairement reconnu l'existence et les exploits de la magie ! son unique inexactitude se borne à en exagérer la puissance, à la confondre avec le don des miracles que la main de Moïse accomplit au nom de Dieu. Tel est le fait indubitable, et que nous démontrent ces papyrus, conservés comme pour confirmer à notre siècle, par le mot à mot de leur texte, la véracité des Écritures bibliques. O le singulier spectacle, vraiment, que celui de ces cryptes, de ces momies que *la Science,* si souvent acharnée contre le catholicisme, fouille, remue, profane, éventre pour que tout à coup en jaillisse la vérité dont l'éclat la couvre à la fois de lumière et de confusion !

Mais après avoir assisté à cette résurrection du témoignage d'un peuple infidèle, faisons halte sur le même terrrain et prêtons l'oreille un instant au peuple que Dieu s'est choisi. Tout à l'heure, en effet, lorsque nous allons exposer et proposer à la croyance de nos lecteurs les hauts phénomènes de la magie, il ne sera point inutile d'aider notre foi du souvenir de ces récits de l'Égypte, non plus que de ce formidable

---

[1] Lenormant, p. 294-296.
[2] Si on se refusait à reconnaître dans ces morceaux l'histoire de l'Exode et Moïse, lisons le fragment d'un rapport fait par un fonctionnaire d'un ordre élevé sur une mission diplomatique remplie par un de ses subordonnés dans le papyrus Anastasi n° 5 : « Lorsque j'envoyais le capitaine des archers *Janni,* etc., etc., etc. »

sabbat des éléments et des bêtes, que les historiens d'Israël nous décrivent, et que, dans la colère de sa justice, Dieu permet au ténébreux auteur de la magie de susciter contre les magiciens, contre le peuple assez insensé pour se fier en leur pouvoir !

Deux chapitres de l'Exode nous ont décrit les œuvres et la puissance des magiciens de Pharaon luttant contre Moïse, et réduits à s'humilier devant la supériorité de l'homme de Dieu. Ils changent leurs verges en serpents; ils convertissent en sang l'eau du fleuve; les grenouilles apparaissent et couvrent la terre à leur parole; mais, parvenus à ce point, Dieu les arrête et les oblige à confesser la toute-puissance de son doigt : *digitus Dei est hic*[1] ! Maintenant, ouvrons la Bible un peu plus loin, et demandons au livre de la Sagesse le supplément ou le détail des plaies que nous énumère l'Exode; ou, plutôt, demandons ce que sont ces visions terribles qui désolent les fils de l'Égypte, et dont l'historien de l'un de nos papyrus semble croire que les Hébreux partagent le fléau.

« Ceux qui sont les ennemis de votre peuple et qui le dominent, ô notre Dieu, sont superbes, malheureux, et insensés plus qu'on ne saurait dire ! parce qu'ils prennent pour dieux des idoles, parce qu'ils adorent jusqu'aux derniers et aux plus infimes des animaux, ceux dont la vue n'inspire que dégoût ou horreur, et qui se sont dérobés à la louange et à la bénédiction de Dieu. » *Car le démon s'incarnant dans ces animaux, et les pythonisant, comme il a pythonisé nos tables magiques ou parlantes, donnait à ces bêtes le pouvoir de séduire les sages, et de les abaisser au-dessous d'elles-mêmes*[2]. « C'est pourquoi ils ont été désolés par ces sortes d'animaux, et exterminés par

---

[1] Chapitres VII, VIII.
[2] Voir plus bas aux statues animées, etc.

une multitude de bêtes. Vous avez fait voir à nos ennemis que c'est vous qui délivrez de tout mal; car ils ont été tués par les seules morsures des sauterelles et des mouches, tandis que jusqu'aux dents empoisonnées des dragons (serpents) perdaient leur venin pour vos enfants! »

Les impies ont refusé de vous reconnaître, c'est pourquoi votre bras les a frappés; des pluies, des grêles, des orages inouïs ont fondu sur eux; ils ont été consumés par le feu. Mais quel feu! l'eau qui éteint toute ardeur attisait la sienne ne faisant qu'exciter sa rage.

Ou bien il s'adoucissait de lui-même pour ne point brûler les animaux envoyés contre ces impies, afin que, voyant cette merveille, ils reconnussent le jugement de Dieu.

Quelquefois même, surpassant ses propres forces au milieu des eaux, il y redoublait de fureur, dévorant de là hommes, bêtes et plantes, c'est-à-dire tout ce que produisait cette terre injuste : *Ut iniquæ terræ nationem exterminaret*[1]. Vos jugements sont grands, Seigneur, et ces méchants, s'étant imaginé qu'ils pourraient dominer la nation sainte, ont été liés par une chaîne de ténèbres; ils ont langui dans cet état, saisis d'un terrible effroi et frappés d'un profond étonnement. Les lieux retirés auxquels ils avaient demandé un abri ne les défendaient point de la crainte; car il s'élevait des bruits qui les effrayaient, et des spectres affreux apparaissaient qui les remplissaient d'épouvante. Il ne se trouvait de feu si violent qui pût leur donner la moindre clarté. Cependant l'éruption de formidables éclairs leur laissait entrevoir des fantômes, et redoublait leur terreur par la pensée de ce qu'ils ne pouvaient découvrir. C'est alors que *tout l'art des magiciens* ne fut plus que chose digne de risée, et que leur sagesse fut honteusement convaincue de fausseté. Car, tandis qu'ils faisaient profession de bannir le

[1] Chapitres xv, xvi.

trouble et la crainte chez les âmes abattues, l'épouvante les abattait eux-mêmes. Et lors même que rien de prodigieux n'apparaissait qui pût les troubler, les bêtes qui passaient, et les serpents qui sifflaient, les mettaient hors d'eux-mêmes et les faisaient mourir de peur... Puis, étant assoupis du même sommeil, dans *cette nuit* effroyable qui survenait *des plus profonds abîmes de l'enfer,* ils tremblaient devant les spectres qui leur apparaissaient, et la défaillance de leur esprit les livrait à des terreurs soudaines et imprévues...

Et si quelqu'un venait à tomber, que ce fût un paysan, un berger, un homme adonné aux travaux des champs, il demeurait, quoique exempt de chaînes, enfermé comme dans une prison et lié par les ténèbres.

Le chant mélodieux des oiseaux sous la ramée, *inter spissos arborum ramos avium sonus suavis* [1], qui se jouaient tandis que les eaux se précipitaient avec fureur, que les pierres s'écroulaient avec fracas, et que le hurlement des bêtes cruelles faisait retentir les échos, voilà devant quels phénomènes ils défaillaient d'effroi dans cette nuit profonde dont ils étaient accablés; tandis que, partout ailleurs, une lumière pure éclairait le monde [2]. Et, Seigneur, tandis que cette vive lumière éclairait vos saints, les Égyptiens entendaient leur voix, et ne pouvaient découvrir leur visage [3] !

Ainsi parlent les Écritures bibliques; ainsi disent les papyrus de l'antique Égypte! ainsi donc l'histoire, écrite, contrôlée, livrée aux siècles successifs par deux peuples ennemis l'un de l'autre, nous retrace-t-elle une série de miracles et de prestiges, ou de fléaux démoniaques, les uns magiques,

---

[1] ⅴ 17.
[2] Chapitre xvii.
[3] J'ai cité, je citerai plus tard des faits étranges et démoniaques qui nous aident à comprendre les bizarreries de ces phénomènes, où le contraire semble arriver à la fois et dans le même lieu pour diverses sortes de personnes.

les autres opposés à ceux des magiciens et provoqués par le crime de magie dont ils sont le châtiment. Ceux-ci frappent la personne de l'homme par la vue et le contact d'êtres et d'*objets* réels : ce sont les phénomènes *objectifs;* ceux-là, différents des premiers, n'agissent peut-être que sur l'imagination, émouvant les humeurs du corps et les sens de manière à susciter dans l'organisme des hallucinations de l'ordre extranaturel. Plus fréquents, et d'une nature moins facile à constater que ceux qui sont sensibles pour le public, ces derniers phénomènes n'ont rien de réel au dehors; ils ne s'accomplissent que dans le *sujet* humain, et c'est pourquoi le nom de *subjectif* les distingue. Quoique les uns et les autres soient de facture également démoniaque, il est donc de la plus haute importance, pour quiconque veut les juger en expert, de ne jamais les confondre. Mais ce qui nous reste démontré dès les plus antiques feuillets de l'histoire, c'est l'existence et l'étendue des arts magiques chez les Égyptiens, c'est-à-dire chez le peuple le plus illustre de l'antiquité, parmi ceux qui reçurent de l'Asie, pour les transmettre à l'Europe, les traditions et la pratique de ces néfastes moyens de puissance. En Égypte, donc, telle est la foi de quiconque foule le sol de la patrie; grands et peuple croient sans exception à ces arts détestables, parce qu'ils en ont sous les yeux le spectacle fréquent. Mais comment de telles pratiques et de tels enseignements s'étaient-ils répandus au milieu des hommes? — C'est aux pages suivantes de nous donner une réponse.

DEUXIÈME DIVISION.

L'existence de la magie est un des premiers faits que nous apprennent les premières histoires et les plus antiques traditions des peuples. Son premier nom pouvait être celui que ses nouveaux adeptes lui donnent aujourd'hui : le spiritisme. — Le spiritisme magique est

CHAPITRE PREMIER.

enseigné par les esprits. — Occasions et origine, malheurs résultant de ce crime. — Culte de la pierre et de l'arbre-dieu; la pierre figure Dieu, elle est le Christ, et Beth-el. Jacob et Luza ; on y offre le sacrifice eucharistique, et on y adore la trinité dans l'unité. — La synagogue frappe la pierre, et sous ses coups sort la source d'eau vive. — Elle remplace au besoin l'arche sainte ou *oraculaire* — Elle a sept yeux ou *sept esprits*: — Importance de la pierre devant les Écritures et l'Église. — Le Christ est cette pierre que l'antiquité Greco-Romaine, Celte ou Américaine imite en l'appelant du même nom : Bétyle, Both-al ou Théo-cali, etc., etc.

Deux mots vont nous offrir d'abord, et mettre à notre service, la clef des divisions du chapitre qui déroule le fait immense de l'éclosion et de la diffusion du spiritisme.

La pierre brute, et vierge de toute atteinte du ciseau, érigée dès l'origine des temps en témoignage des apparitions de Dieu est appelée par les patriarches d'Israël *Beth-el*, c'est-à-dire maison de Dieu. Elle représente Dieu, mais surtout la personne du Sauveur, le Rédempteur lui-même, et saint Paul est un de ceux qui nous l'affirment ; la pierre, nous dit-il, c'était le Christ[1]. Elle est donc celui qui est le pain mystérieux. A ce titre, elle reçoit de ceux qui savent la grandeur de son rôle symbolique les libations du vin, par où se complète en elle le symbole eucharistique ; et des mains inspirées la consacrent par une onction qui la fait Christ, ou Messie ; car ces deux mots signifient oint.

Or la pierre sacrée, sous ses diverses formes et usages, est un témoin, elle est un symbole, elle est un oracle, elle est un prophète qu'anime un esprit ; ce qui dans un instant nous sera démontré. Mais nous savons que, partout où se dessine, partout où point dans son moindre relief la ligne d'un phénomène d'ordre divin, le démon s'empresse de tracer au-dessous de cette ligne sa parallèle impure et ténébreuse. La pierre fétiche ou démoniaque, appelée par les idolâtres pierre divine ou animée, se multipliera donc aussitôt qu'ap-

[1] *Petra autem erat Christus.* Corinth., I, x, 4.

paraîtront, que se multiplieront les pierres sacrées d'Israël, partout où le démon saura se créer des adorateurs. Devenue comme le domicile et la maison des esprits, elle introduira dans le monde le culte *spirite*, ou *démoniaque*, car ces deux mots ont un sens identique. Nos tables spirites ou pythonisées, malgré l'incohérence de leur langage et la légèreté de leurs mœurs adaptées à un siècle incrédule et railleur, nous donnèrent une idée de l'éclosion et de la diffusion de ces phénomènes! Le lecteur, à qui nous indiquons ces points capitaux de repère, va juger, en remontant avec nous le fleuve des âges, si nous en justifions l'existence.

Ce fut, jadis, à la suite des manifestations et de l'enseignement des mauvais esprits, dont la puissance vient de nous être révélée, que l'homme renonçant à la loi douce et sérieuse de son Dieu, se laissa séduire par le fol appât de l'orgueil et des plaisirs. Ce fut alors que, s'engageant dans la voie des arts magiques, il s'égara dans les labyrinthes d'une idolâtrie dont les principes et la raison d'être ont presque cessé d'être connus des chrétiens eux-mêmes depuis l'époque où la science, s'attachant au contre-pied de l'évidence historique et du bon sens, refusa de croire à l'existence ou à l'action de ces agents *spirituels*. De nos jours, enfin, c'est cette même idolâtrie que l'enseignement et les œuvres prestigieuses de nos spirites ramènent en triomphe, lui promettant un long stage dans notre monde placé sur le plan d'une déclivité fatale! Chacun de nous aura jeté sans doute quelques regards sur le spiritisme moderne, dont la vitalité croissante ne cesse de solliciter notre vigilance. Il est donc opportun, en se laissant aller au courant de nos pages, de contempler à la fois, et dans tous les siècles, l'un des spectacles les plus étranges qui se puissent imaginer : celui des conséquences de ces premiers faux pas, c'est-à-dire le spectacle des hauts phénomènes de la magie. Mais, avant de jeter ce coup d'œil, n'importe-t-il point de se former une idée des causes, des occasions et des origines du spiritisme antique? Comment en effet ne point étudier ce système d'erreurs préliminaires et préparatoires, dont les agents inspirateurs conduisirent et conduiront l'homme déchu, de la foi divine, au plein cœur de la foi spirite ou démoniaque[1], c'est-à-dire, ainsi que nous le verrons tout à l'heure, au delà du seuil des derniers et des plus dégradants excès.

Quelques savants de haut mérite ont remonté le cours de la magie, et suivi ses traces effrayantes jusque dans les temps antédiluviens, mais sans rien nous apprendre de ses origines, si ce n'est qu'une forte chaîne de traditions la liait, par les descendants maudits de Cham, aux descendants maudits de Caïn. A des crimes inouïs, dont elle rendit les hommes coupables[2], la science des plus profonds docteurs attribua la ruine du monde, le déluge. Aux crimes énormes qui fleurirent et se multiplièrent sous ses auspices, lorsque les descendants de Cham eurent remis en honneur une partie de ces traditions des fils détestables de Caïn, l'Écriture attribue les épouvantables malheurs qui fondirent sur les peuples de Chanaan, effaçant jusqu'à leur nom de la place où leur redoutée puissance s'était assise et fondée. De nos jours enfin, c'est à sa recrudescence au milieu de nous que la sagesse de quelques-uns des grands docteurs du christianisme attribue l'explosion des maux préparés, il faut le reconnaître, par des fautes antérieures et graves, nous voulons dire les effroyables et fraternels égorgements dont la démocratie américaine épouvante le monde civilisé. C'est à des enchaînements de causes semblables qu'elle attribue les malheurs qui déjà sévissent contre une partie de notre Europe, la plaçant d'un bout à l'autre de son territoire sous

---

[1] Démon, ou δαίμων, signifie esprit.
[2] Voir *passim* mes livres *Magie* et *Médiateurs*.

le coup des plus terribles menaces. Un peu plus tard, qu'il me soit permis de le dire en m'inspirant de l'Écriture et des analogies, elle nous jettera dans les bras de l'Antechrist tout parés et engraissés pour le triomphe que le sacrificateur accorde à la victime avant l'heure du sacrifice. Mais ne nous égarons point dans ces digressions et laissons à quelques pages rapides et pleines d'intérêt le soin de rappeler comment, à la voix des esprits du spiritisme antique, le monde se laissa pousser après le déluge jusqu'aux absurdités de l'idolâtrie. Voyons en même temps, et faisons remarquer à quel point sont plus apparentes que réelles ces absurdités, pour quiconque envisage au jour du bon sens humain, sevré des lumières de la foi, les prodiges incontestables qui donnèrent naissance aux faux cultes : absurdités criminelles et entraînantes dont nous rapproche, au delà de ce que nous pouvons nous imaginer, le commerce de nos contemporains avec ces esprits qu'il leur plaît d'appeler les âmes des morts.

CULTE DE LA PIERRE, DE L'ARBRE, ET DE LA SOURCE; PIERRES-DIEUX, ARBRES-DIEUX, SOURCES DIVINES; TRADITIONS ET ORIGINES MAGIQUES DE CES DIEUX [1].

Aussitôt que la plus ancienne de toutes les histoires, aussitôt que la Bible nous permet de certifier quelque vérité, LA PIERRE BRUTE se présente dans le catholicisme antique, ou judaïque, comme le symbole positif, précis et invariable d'un Dieu seul et unique, envisagé dans la personne du Christ.

---

[1] Lire sur les bethel et les bétyles ma brochure *Beth-el*, seconde édition, que le savant orientaliste Drach cite, et dont il transcrivit des passages dans son *Harmonie entre l'Église et la Synagogue*, vol. II, p. 445-6, année 1844. « Les réflexions et les investigations de M. des Mousseaux, dit-il, jettent une grande lumière sur cette matière si intéressante. » Voir, depuis, mon travail bien autrement complet et complexe *Dieu et les dieux*, édité dix années plus tard chez Lagny, 1854, 4 vol. in-8°, 596 pages. Il y a donc *plus de vingt ans* que j'émis la plupart des idées qui vont suivre.

Aussi la pierre brute et non taillée, celle dont le simple aspect nous dit : *Je n'ai point été faite de main d'homme,* celle dont la substance indique la solidité, la durée ; cette pierre en un mot que rejetèrent ceux qui bâtissaient, est devenue la tête de l'angle, la clef de voûte de l'édifice religieux et social! Ce trait d'histoire, si longtemps d'avance écrit par les prophètes, s'accomplit au moment où la pierre devient vivante, était remplacée par celui dont elle était la figure, et qui, ne conservant d'elle que le nom pour le transmettre à son vicaire, subit dans la chair, au jour de la passion, les insultes du fer que maniait la main de l'homme.

La pierre qui représente le Christ, ou plutôt qui est le Christ, si nous nous reportons aux paroles et aux temps des Écritures [1], est devenue la pierre de l'angle! et si grand qu'il soit désormais, PEUPLE OU HOMME, quiconque se heurte contre elle se brise!... Elle-même, au besoin, se détache de la montagne; elle s'élance comme la foudre pour renverser à son heure tout colosse [2] dont s'enorgueillit l'humanité, où devant lequel les nations tremblent; et, sous les coups qu'elle lui porte quand elle se meut, tout colosse n'a que des pieds d'argile. Mais laissons parler l'histoire, qui tout à l'heure va déchiffrer à notre profit une magnifique énigme.

Jacob a dormi près de Luza, la tête appuyée sur une pierre. Dieu visite son sommeil par un songe; un ange lui apparaît. Cet ange, qui n'est point séparé de l'essence divine, mais qui est Dieu, lui dit : Je suis le dieu Beth-el, c'est-à-dire maison de Dieu [3]. Et Jacob, offrant *du vin* sur cette pierre, qui représente celui qui est *le pain,* la fait

---

[1] *Petra autem erat Christus,* saint Paul, I Corinth., x, 4. — *Tu es Petrus, et super hanc petram ædificabo Ecclesiam meam, et portæ inferi non prævalebunt adversus eam,* saint Matthieu, xvi, 18.
[2] Daniel, ii, 34.
[3] Drach et explication, *Harmonie,* Paris, 1844, vol. II, p. 431-2, etc.

Christ, ou *Messie*, c'est-à-dire *oint ;* car il répand sur elle une huile sainte, et la nomme Beth-el [1].

Tel sera désormais le nom de cette localité, jusqu'à ce jour appelé Luza. Ce nouveau culte, ce sacrifice manifestement eucharistique s'y continue; et, plus tard, les Écritures elles-mêmes nous en fournissent la preuve, car nous entendons Samuel dire à Saül : « Vous rencontrerez près du chêne de Thabor *trois* hommes allant adorer Dieu à Beth-el, l'un portera trois chevreaux », c'est le sacrifice sanglant; « l'autre TROIS tourteaux de pain, l'autre UNE bouteille de vin. » Et ces deux dernières offrandes, qui suivent celles de la chair et du sang, sont le sacrifice non sanglant, qui sous les espèces eucharistiques nous rappellent l'unité dans la trinité [2]. Or, cette pierre que j'ai érigée en un monument, *monimentum,* dit Jacob, est la pierre schetya, c'est-à-dire fondamentale. Elle existait avant la création du monde ; le monde a été fondé sur cette pierre, et le temple saint fut bâti sur elle [3]. C'est de l'assistance du Puissant de Jacob que vient le pasteur, *la pierre d'Israël,* celui *qui est* la manne, *le pain de vie* [4]. Et qui donc est cette pierre ointe ? s'écrie saint Augustin après Jacob, si ce n'est le Christ, chef et source de l'humanité : *lapis unctus, caput viri, Christus* [5].

Tournez les yeux vers elle, et le salut viendra. Voyez : le peuple de Dieu meurt altéré dans le désert, mais la pierre va le sauver. Or, qui donne cette pierre à son peuple ? *une Marie, vierge* et prophétesse, sœur d'Aaron et de Moïse. Et comment cette pierre sauve-t-elle le peuple lorsqu'elle est frappée par celui qui représente la synagogue, qui frappera

---

[1] Genèse, XXVIII, 11-18, et XXXV, 14-15.

[2] Rois. I, ch. x, v 3. — *Alius tres tortas panis, alius portans lagenam vini,* Bible Vence, 1828-9, Paris.

[3] Zohar, p. 1, f. 54, col. 213.

[4] Drach, *ib.*, p. 426-432-3, etc.

[5] *Faust,* Manich., liv. XII, 16. Drach, *ib.*, 432.

le Christ au Calvaire ? Sous les coups, elle laisse jaillir les eaux du salut ; et, suivant désormais les Hébreux dans leurs pérégrinations, cette pierre de vie va leur offrir ses sources d'eau vive [1]. La tradition enseigne, en effet, que cette pierre ne les a jamais quittés. La pierre symbolique les accompagnait donc en tous lieux ; et, quand l'arche sainte manquait dans le sanctuaire, il y avait à sa place une pierre déposée depuis ces jours des premiers prophètes ! Aussi Philon l'Hébreu dit-il : Jéhova a fait sucer à son peuple le miel de la roche et l'huile du plus dur rocher [2].

La vigilance de cette pierre ne connaît point le sommeil ; elle a sept yeux ; ce sont les sept yeux, les sept esprits, les sept anges de Jéhova, qui parcourent toute la terre et qui se tiennent toujours en sa présence [3] ! Répétez, répétez son nom, elle est le Christ. Et nous venons de le dire, mais redisons-le de nouveau : le Christ, avant de nous quitter, laisse debout ce nom de pierre, auquel nous voyons quelle symbolique importance toutes les Écritures ont attachée ; il le passe expressément à celui qui va désormais le représenter et devenir la tête, le chef visible et le nerf, la force de son Église militante. Ces notions préliminaires doivent suffire à nous guider sur le terrain que se partagent les religions polythéistes et la magie ; car nous savons maintenant quel est ce dieu Beth-el, ou *Dieu-maison-de-Dieu*, que nous allons rencontrer à chaque pas sur toute la surface de la terre ; nous savons quelle est cette pierre *temple-et-Dieu*, que l'antiquité gréco-romaine imite en la nommant bétyle, que l'Irlande druidique appellera both-al, et l'Amérique téo-

---

[1] *Consequente eos petra,* saint Paul, Corinth., x, 4. *Hœc est aqua quœ, de comite petra, populo defluebat.* Tertul. *in baptis.,* IX. — Drach, *ib.,* p. 446, 423, 435-6.

[2] Drach, *ib.,* 424, 434.

[3] Drach, *ib.,* p. 438-9.

calli [1]; l'Asie, l'Europe et l'Amérique se trouvant d'accord pour lui donner des noms dont les consonnances diverses renferment un sens identique.

TROISIÈME DIVISION.

Pluralité des dieux-esprits ou démons. — Ces esprits-dieux imitent en tous lieux le beth-el israélite, qui, habité par eux, est dit beth-aven, ou maison du mensonge. — Ils semblent s'incarner dans la pierre. — Pausanias et Tacite nous disent que, par une raison mystique, les plus anciens dieux étaient des pierres. — Ce culte envahit l'Europe et l'Asie, les Indes et l'Amérique, où la pierre était venue d'Égypte. — La pierre étant dieu, et les astres dieux, on la voit tomber d'en haut sous forme d'étoile filante, et on se dit que ces aérolithes sont les dieux-astres : le culte de la pierre vivante s'unit de la sorte au culte des astres, c'est-à-dire au sabéisme. — Phénomènes d'immenses aérolithes, dont les unes tombent et les autres remontent. — La plus petite peut représenter le plus grand dieu. — Jurer par Jupiter-pierre est le plus redoutable des serments. — Jupiter étant pierre, voilà pourquoi Saturne croit le dévorer en dévorant un caillou. — Cette même pierre qu'il avala se voit près de Delphes. — Ces beth-el, ou bétyles, sont des pierres prophétiques ; elles ont quelquefois le don de la parole. — La pierre sidérite donnée par Apollon prédit la chute de Troyes. — Moyens insultants de forcer la pierre à prophétiser. — La pierre, en Amérique, recueille en elle l'âme du mourant qui la serre de ses lèvres. — Quelquefois le dieu de la pierre apparaît. Hommes saisis et sacrifiés sur elle par des invisibles. — On allume des torches pour l'honorer. — Les capitulaires de Charlemagne témoignent du même usage dans les Gaules. — Ces pierres divines tiennent non-seulement du beth-el, mais des autres pierres oraculaires, telles que l'urim, le thummim, etc., par lesquelles Israël se gouvernait, les dieux de ces pierres étant les singes de Dieu. — L'Égypte avait ces mêmes pierres consultantes. — La coupe divinatoire de Joseph et magie divine.

BETH-AVEN, PLURALITÉ DES DIEUX. — Au milieu des peuples de la terre, si nous exceptons Israël, que la verge terrible de Jehova retient seul sur la pente qui l'entraîne à la magie et à l'idolâtrie, il ne reste du seul et vrai Dieu que le nom défiguré, que la tradition souvent informe. Les nations, les

---

[1] Carli, *Lettres améric.*, Paris, 1792, p. 46, vol. II. Du mexicain Theut calli, θεοῦ χαλιά.

gentils, *gentes*, se distinguent du peuple élu par la pluralité des dieux, et par des cultes au fond desquels se retrouvent invariablement le sang humain et la crapule. Car ces dieux, qui pullulent et naissent l'un de l'autre, sont les esprits de l'abîme, et qui les nombrera [1] ?

Or les pierres beth-el, que nous venons de nommer, élevées par les patriarches dans les lieux où Dieu parlait et se montrait aux hommes, ont témoigné chez Israël de l'apparition de Dieu et se sont appelées sa maison. A peine donc se sont-elles dressées sur la terre, que l'Ange de révolte, c'est-à-dire le singe de Dieu, — c'est l'expression de Tertullien et de Bossuet, — trace devant elles sa trompeuse et infatigable parallèle. Les mains qui le servent sont nombreuses; ce sont celles des prêtres-magiciens, patriarches de la religion du mensonge, et, par cela même, premiers *medium* du spiritisme antique. Des pierres semblables au beth-el Israélite s'élèvent donc sous la direction de ces hommes, en Chanaan, chez les fils de Cham; et bientôt, avec la fourmilière des dieux nouveaux, elles apparaissent de toutes parts. Mais la pierre, cette fois, n'est plus seulement *le témoin*[2] de l'apparition du vrai Dieu. Elle devient, pour exprimer littéralement son nom de beth-el, la maison même et le *temple vivant* du dieu. Un dieu l'anime et lui donne le mouvement; la parole rend par elle ses oracles, et s'incarne en elle. La pierre est devenue divine, elle est dieu, mais dieu menteur. C'est pourquoi, contemplant ces phénomènes de l'œil du mépris, Israël laisse tomber le nom de *beth-aven* sur cette génération nouvelle de beth-el. Ce mot ne veut donc point dire la maison de Dieu, il signifie *la maison du mensonge*, qui se la donne pour domicile. L'art aidant, et le symbole perdant de sa valeur, elle devient par degrés statue,

---

[1] *Dii gentium dæmonia*, Ps. 95, ⱽ 5.
[2] *Monimentum*, Matzéba.

et celui qui est le mensonge ne cesse point d'y résider. Sous mille noms génériques ou particuliers, les beth-el Israélites, dits both-al en Irlande, et devenus beth-aven ou dieux menteurs, couvent le monde ancien, non moins que le monde postérieurement découvert auquel reste le nom d'Amérique; et les régions de la Grèce ou du lointain Orient qui les nomment bétyles se prosternent devant elles. Autrefois en effet, avant l'usage des statues, dans les temps les plus reculés, on honorait les dieux sous la forme de pierres brutes [1]; et ce culte, nous dit Tacite, avait une raison d'être toute mystique [2]: Pausanias, entre ces nombreuses divinités déchues qu'il a retrouvées, nomme Cupidon, le dieu des appétits érotiques, et l'appelle le plus ancien des dieux [3]. Plusieurs de ces pierres conservées dans des églises d'Allemagne, s'y voient encore suspendues aux voûtes [4]; et, dans les grandes Indes, le célèbre voyageur Pierre de la Vallée rapporte qu'un nombre considérable de divinités sont adorées sous la forme d'une simple pierre. Dans une multitude de pagodes, la pierre, encore et toujours, revêtant comme les bétyles grecs la forme brutalement impudique du lingam, est adorée sous le nom de Maha-Déva, c'est-à-dire de grand Dieu : μέγας Ζεύς [5]. Au Pérou, chaque village voyait s'élever à son centre une grande pierre, pareille à nos men-hir druidiques, et que les Indiens proclamaient le dieu tutélaire de la localité [6]. Le Mexique enfin adorait des dieux-pierres; et, dans les États Guatemaliens, la cité sainte d'Utlalan renfermait un temple où, près de *la fontaine sacrée*, se trouvait une pierre à

---

[1] Τὰ δὲ ἔτι παλαιότερα καὶ τοῖς πᾶσιν Ἕλλησι τιμὰς θεῶν ἀντὶ ἀγαλμάτων εἶχον ἀργοὶ λίθοι. Pausanias, Phares, Achéens.

[2] *Ratio in obscuro*, liv. II, Hist.

[3] Ἔρωτα ἀργὸς λίθος σφίσιν ἄγαλμα παλαιότατον. Pausanias, Béotie.

[4] Creuzer, t. I, p. 7.

[5] Pierre de la Vallée, t. IV, p. 84; — *Dieu et les dieux*, p. 109-295, etc.; — Abraham Roger, p. 22, etc., Amst.

[6] Drach. *Harm.* 2ᵉ, p. 447.

laquelle chaque année les peuples accouraient rendre leurs hommages et offrir leurs sacrifices. Fuentès veut que cette pierre, VENUE D'ÉGYPTE, ait suivi les ancêtres de la nation Quichée... de même que la pierre miraculeuse suivait les Israélites : *consequente eos petra* [1]. La pierre magique Chananéenne, après s'être dressée comme en Israël, en témoignage des apparitions d'un Dieu; après s'être ouverte aux Esprits divins appelés à s'y incarner, prit bientôt un caractère plus céleste. Se liant, s'identifiant avec les astres qui sont eux-mêmes, chez les nations à plusieurs dieux, la maison, le vêtement ou le corps de divinités puissantes, il sembla bientôt que la pierre sacrée descendît véritablement du ciel, comme s'il s'agissait pour elle de légitimer par l'évidence de cette origine la grande et presque universelle idolâtrie du sabéisme [2]! Eh quoi! mais n'était-elle point elle-même un astre complet et divin? Qui donc osera le nier parmi ses adorateurs? Sera-ce la multitude de ceux qui la virent voltiger en l'air, et quelquefois, malgré *l'énormité* de sa masse, pendant des heures, des jours, ou des mois entiers, ce dont Pline, Aristote et Plutarque nous ont laissé le témoignage? Ainsi se balançait dans notre atmosphère, en dépit de son énorme poids, une immense aérolithe qui se décida le 9 décembre 1858, après un certain temps d'arrêt, à se précipiter à terre dans le voisinage d'Aussun (Haute-Garonne). Ainsi le Connecticut vit-il une de ces pierres vivantes et aériennes, offrant à l'œil un diamètre de dix-huit cents pieds, braver les lois physiques de la pesanteur, lancer, comme un essaim d'enfants sortis de son sein, des myriades de menues pierres sur une zone immense, et non pas tomber cette fois, mais remonter triomphalement vers son point de départ [3].

[1] Voir ci-dessus et *Mexique, Amérique centrale,* Brasseur de Bourbourg, Paris, 1857, p. 124.
[2] *Zaba*, troupe armée des cieux.
[3] Lecouturier; Babinet, etc., cités dans M. de Mirville, t. II,

Le vulgaire qui ne juge des astres, comme de toute chose, que parce qu'il en voit, voyait ces parcelles scintillantes, ces pierres étoiles, se détacher du firmament; rien ne lui semblait plus naturel qu'un spectacle sans cesse renouvelé, dans ces belles nuits d'Orient créées pour le charme des plus pacifiques loisirs; et dès lors on se répéta de bouche en bouche, on se montra du doigt l'un à l'autre que les étoiles filaient, s'arrêtaient, se balançaient, se promenaient en l'air, selon l'expression de Damascius [1], s'agitaient, pullulaient, remontaient ou prenaient pied sur notre globe. On courut, on ramassa sans trop d'étonnement des pierres brûlantes, ou en ignition, à la place que marquait la chute de ces astres. Venez-voir, s'écriait-on; accourez et portez témoignage : cette incandescence, cette chaleur que vous sentez en elles n'est-ce pas le feu primordial et divin, n'est-ce pas le feu sacré ? quoi de plus manifeste ? Et qui donc eût osé dire que ces visiteurs célestes s'abaissant jusqu'à nous, tombant, remontant, violant à leur gré les lois inviolables de la pesanteur, n'étaient point des dieux ? Fallait-il méconnaître dans les pierres aérolithes animées la présence divine, parce que le dieu renfermé dans la pierre daignait se dépouiller de ses splendeurs sous les yeux mêmes de l'humanité, comme pour ménager la faiblesse humaine ? C'était donc avec raison que, chez les infidèles, les genoux les plus fiers pliaient humblement en sa présence.

Ces pierres que tout le monde a vues se mouvoir en l'air, ces pierres que l'on dit vivantes, ἐμψύχους, on les appelle du nom grécisé de bétyles : βαίτυλους. Elles succèdent au Beth-el primitif, à la Matzéba, que les Grecs familiarisés aux prodiges de la magie ont nommée Mysibate, et qui, plantée

---

p. 25, etc., 1863. — Lire des Mousseaux, *Beth-el*, 2ᵉ édition, 1845; — *Dieu et les dieux*, 1854, chap. VII, etc.

[1] Drach, *Harm.* 2ᵉ, 446.

tantôt par le dieu Uranus, tantôt par quelque autre patriarche du ciel ou de la terre, rend aux hommes ses oracles [1], prouvant sa divinité par le don de prophétie, par le mouvement, la parole et la puissance.

Portative, menue, remplissant à peine quelquefois le creux de la main, elle est si grande par sa substance, qu'elle représente, jusque sous cet exigu volume, les dieux de premier ordre les plus terribles; ou plutôt, en la voyant, vous voyez ces dieux. Tels sont Vesta, Cybèle, Jupiter; et le plus grand, le plus auguste des serments, ce sera Jupiter pierre [2]. Oh! si votre bonne foi n'est point sûre d'elle-même, si jamais elle risque de chanceler, gardez-vous de jurer par cette pierre. Elle est le maître des dieux, et lorsque Saturne son père croit dévorer Jupiter en avalant un caillou, ne vous récriez point. Cet acte, qui semble de prime abord plus convenable pour une autruche que pour un dieu, n'étonne que l'ignorance. Car, la pierre étant la substance habituelle des dieux, quoi de surprenant si les dieux enfantent la pierre [3]?

Damascius, entre autres témoins, a vu de ses yeux un bétyle se promenant en l'air; j'étais persuadé, s'écriait-il, que le bétyle a quelque chose de divin! Isidore le disait plutôt démoniaque ou spiritisé, ajoutant : C'est un esprit

---

[1] Τὰ Μισύβατα μανεῖον λίθον. Th Lebas, *Revue des Deux-Mondes*, et Drach, *ib.*, 442; Ἐπενόησε θεὸς Οὐρανὸς βαιτυλία λίθους ἐμψύχους. Eusebe, liv. I, x; Fourmont, t. I, xvi, etc.

[2] *Jovem lapidem jurare. Noctes att.*, liv. I. xxi, etc.

[3] Lire pour ces passages et les suivants, avec les détails innombrables que j'omets, et les autorités qui les prouvent, mes *Be h-el*, 2ᵉ édit., 1845, mais surtout *Dieu et les dieux*, Paris, 1854. — Voir sur ce travail le savant rabbin converti Drach, ancien bibliothécaire de la propagande, *Harmonie*, 2ᵉ éd., p. 445-6, note, etc. — Mon ami M. de Mirville a souvent cité mon livre *Dieu et les dieux*, qui est un de ses livres favoris: Voir ce qu'il en dit vol. I, chap. vii, p. 225-6, 3ᵉ édit., et autres volumes. — Ce volume de *Dieu et les dieux* aide à comprendre un grand nombre de passages de la Bible, et résout, par des monuments et des faits, un grand nombre d'énigmes mythologiques dans le monde gréco-romain, celte, scythe, américain, etc.

qui lui donne *le mouvement*[1]. Cette expression marquait la décadence du culte, et les bétyles eurent en effet leur éclipse. L'un d'eux, et des plus anciens sinon des plus grands, le vrai sidérite donné par Apollon au Troyen Hélénus, *avait le don de la parole;* il lui prédit la ruine de Troie. Lorsqu'il refusait de parler, on feignait de vouloir le lancer au loin. De même, au sixième siècle de l'ère chrétienne, le bétyle que porte dans son sein le médecin Eusèbe, ami d'Isidore, s'entête-t-il dans son silence, vous le fichez dans un trou de muraille. Humilié, ravalé à la condition des pierres communes, il s'exprime alors d'une voix sifflante et rappelle ainsi le nom du bétyle *ophite,* c'est-à-dire de la pierre divine et serpent. Chaque bétyle a donc, suivant les temps, son dieu, son génie ou, comme nos tables oraculaires, jusqu'à son âme! car, si vous observez l'initié américain, issu des compagnons Chananéens, ou serpents, de quelque Cadmus[2], vous le verrez placer entre les lèvres de son ami moribond une pierre; elle sera toute simple s'il est pauvre, mais précieuse s'il peut se la procurer. Le moribond venant alors à expirer, c'est la pierre qui reçoit son âme : elle y entre, et l'ami trouve ainsi le moyen tout spirite de la recueillir.

La pierre après tout, non contente de prophétiser, se transforme quelquefois et disparaît; ou plutôt, elle se manifeste sous les traits du dieu qu'habituellement elle couvre et dissimule. Ainsi la pierre de Tohil fait entendre *sa voix,* que le peuple écoute avec une religieuse terreur.... Les prêtres aussitôt tirent du sang de leurs veines pour en oindre cette pierre, et lui sacrifient de nombreuses victimes humaines... Tout à coup, trois jeunes gens sont devant eux;

---

[1] Εἶναι γὰρ τινὰ δαίμονα τὸν κινοῦντα αὐτόν. Vita Isid. apud Photium, Drach, *Harm.*, 446.

[2] *Dieu et les dieux,* chap. xv; et plus bas, chap. L, Cadmus.

cette trinité sortie de l'unité parle, et sa parole est un enseignement salutaire[1].

Une autre pierre d'une énorme grandeur, et semblable à celles de nos monuments druidiques, était tombée du ciel non *loin* de Cencalco ; et près d'elle une vieille était apparue, du plus effrayant aspect! Qui veut acheter ces banderoles? s'écriait-elle en agitant des bandes de papier. Et quiconque avait le malheur de recevoir une de ces bandes était saisi par des mains invisibles, et sacrifié sur la pierre..... Dans l'Amérique centrale, les traditions Toltèques signalent les fréquentes apparitions nocturnes de cette femme, assise sur une grosse pierre. Empressés de l'apaiser, les Indiens se rendent auprès d'une roche dans le voisinage de Babinal, à l'angle d'un carrefour. On y allume aussitôt un certain nombre *de chandelles;* et, jusqu'à ce qu'elles soient consumées, chacun marmotte des invocations étranges [2]. Placés dans les mêmes circonstances, les survivants du culte Celto-Chananéen ou druidique des Gaules avaient, jusque sous Charlemagne et au delà, conservé le même usage ; et coup sur coup, les capitulaires sévissent contre ces retardataires de la démonolâtrie : « Que nul ne s'avise de consulter les devins ou d'observer les augures ; que nul n'interroge les pythonisses, ou ne se fasse sorcier ou charmeur : qu'il ne se rencontre plus ni faiseurs de ligatures, ni excitateurs de tempêtes ou magiciens ; que partout où ces gens sont saisis on les mène à correction, ou qu'on les condamne. Ainsi soit dit des arbres et

---

[1] Lire *Mexique*, Brasseur, p. 574, 135, etc.

[2] *Ib.*, p. 382. — Hélas ! dans ses précieuses recherches et dans celles même qui concernent le Nagualisme, M. l'abbé Brasseur nous a dit n'avoir examiné aucune de ces questions au point de vue sérieux de la magie. Bien que nos phénomènes modernes le trouvent passablement incrédule, nous nous sommes permis d'attirer pour l'avenir son attention sur les parties de son ouvrage où le Merveilleux se trouve en relief. Son témoignage d'historien nous est d'autant plus précieux, jusqu'ici, qu'il ne le porta point pour les besoins de la cause !

des sources; ainsi des pierres devant lesquelles des insensés viennent dresser des luminaires, ou pratiquer leurs observances. Ordre absolu de déraciner ces détestables coutumes, Dieu les exècre [1]. »

Dieux et oracles chez tous les peuples spirites, — car ainsi pouvons-nous dénommer, d'après le langage même des saintes Écritures, les adorateurs des dieux-esprits [2], — ces pierres, grâce à l'esprit prophétique dont elles sont douées, obéissent à la loi du parallélisme qui maintient sans cesse au-dessous de la ligne divine la ligne de l'ordre démoniaque; et non-seulement elles forment le pendant de la pierre beth el proprement dite, mais elles se rapprochent singulièrement des pierres oraculaires établies à l'usage du peuple que Dieu s'était élu pour le servir selon les rites que fixa Moïse; rites beaucoup plus anciens peut-être que ce prophète lui-même.

Ainsi, par exemple, l'urim et le thummim, que la Vulgate confond avec les théraphims ou les séraphins prophétiques, sont des pierres ou des statuettes que le grand prêtre d'Israël porte au-dessus du rational [3]. Or l'urim et le thummim parlent; ils tiennent, par des signes qui se manifestent en eux, un langage intelligible. Ainsi s'expriment elles-mêmes les douze pierres qui forment la plaque du rational, et qui se placent en manière de cuirasse sur l'éphod, ou tunique supérieure, que l'ancien rabbin et savant orientaliste Drach appelle l'habit de cérémonie du souverain pontife. Ces douze pierres représentent les douze

---

[1] Lire dans le magnifique recueil des *Capitulaires de Charlemagne*, LXIII, ann. 789, t. I, p. 235. Nemo sit... Pythonis consultor... incantatores, tempestarii, obligatores, *conculatores* non fiant et *cauclearius, cauculator*... Voir Ducange. — *Calculator* est ce que les Romains du temps de Tibère appelaient les mathématiciens, c'est-à-dire les devins.
[2] Dii gentium dæmonia, ps. 35, v 5. Daïmon ne veut dire qu'esprit.
[3] Voir Bible Drach, v 17; Osée, chap. III, v 4, Paris, 1829-1832.

tribus du peuple saint ; et, d'après l'illustre interprète Cornélius à Lapide, elles rendent de divins oracles par les mobiles nuances de leurs splendeurs, ou par une transposition surnaturelle s'opérant sous les yeux de ceux qui ont droit à les consulter... C'est aussi par l'éclat nuancé dont il brille que s'exprime l'urim ; et Philon le définissait : une image manifestant la vérité sur le rational. — Mais le langage du thummim est articulé ; c'est celui d'une voix ; et sans cesse nous voyons, dans les livres bibliques, le grand prêtre avoir recours à ces moyens divins et publics d'interroger le Seigneur, qui veut *gouverner son peuple par lui-même*. Quelquefois, cependant, cet oracle résiste. Mais l'éphod, un éphod qui est nommé le vaisseau de l'oracle, avait aussi son langage prophétique. L'éphod se tait, dit Saül au grand prêtre. Qu'on demande donc au Seigneur quel est le pécheur qui cause le silence de l'éphod... Et, depuis deux cents ans, dit Joseph, les pierres du rational ont cessé de luire, les prévarications en sont le motif... Observons que ces deux siècles rentrent dans l'époque où les prophètes eux-mêmes avaient perdu la parole ; où ce silence inaccoutumé, ce grand silence, annonçait la proximité du grand prophète, la nécessité du Christ !...

Or, le démon étant le singe de Dieu, le plagiaire des vérités saintes, et des institutions salutaires qu'il corrompt en les tournant à son profit, nous ne nous étonnerons point d'entendre Clément d'Alexandrie nous avertir que les rites et le culte des Égyptiens sont d'une similitude singulière avec ceux des Juifs ; et sur ce point, Élien nous rapporte que le grand prêtre des temples égyptiens portait également à son cou une image de pierre de saphir, qu'on appelait la vérité, parce que la manifestation de la vérité s'y rendait évidente [1].

[1] Sur ces pierres et théraphims, voir, outre la Bible et Drach, aux

C'est par la même raison que chez certains peuples de l'Amérique ces pierres-oracles étaient si vénérées et si communes. L'une d'elles était d'un brillant extraordinaire, et de couleur noire. C'était celle que les ancêtres de la nation Quichée *avaient apportée d'Égypte.* Lors de l'arrivée des Espagnols à Mexico, le roi du Quiché la fit consulter par ses prêtres, pour savoir quel serait le sort de son royaume. Le démon, ajoute l'historien, s'y montrait comme dans une glace [1].

Moïse ne blâme chez les Hébreux ces pratiques divinatoires qu'autant « qu'elles émanent d'une source impure », et, dès avant son époque, nous les voyons admises par les patriarches eux-mêmes. « Dieu se manifeste par des apparitions, dans des visions, et par diverses sortes de miracles; mais il défend de s'adonner aux superstitions, et les communications divines deviennent d'autant plus rares que la piété s'affaiblit. Dieu, qui se met en rapport avec de saints personnages, n'entre pas indifféremment en commerce avec tout le monde. » L'analogie nous fait comprendre que Joseph ait eu « sa coupe divinatoire... que Samuel ait fait retrouver à Saül ses ânesses égarées, qu'on devinât par l'éphod, par l'urim et le thummim »; car ceux qui recouraient à ces moyens sacramentaux, que Dieu, sans doute, avait sanctionnés ou inspirés, « étaient chers à Dieu qui daignait leur répondre. Mais, lorsque l'homme devint criminel, Dieu se tut [2] »; et lorsque le crime abaissa l'homme jusqu'à le faire user des moyens sacramentels du démon, Dieu ne cessa de le maudire.

Une science sacrée, un spiritisme angélique et pur, une

endroits cités, Bizouard, Rapports, v. I, p. 267, ann. 1863; des Mousseaux, dans *Dieu et les dieux*, p. 46-49 et autres, ann. 1854; de Mirville, *Esprits*, t. III, p. 258, etc., ann. 1863, etc., etc.

[1] Lire *Mexique*, Brasseur, p. 184, Paris, 1857.
[2] Bizouard, Rap., p. 267, v. 1.

magie divine et dont l'histoire laisse à peine subsister au milieu de nous quelques vestiges, s'était donc élevée, *comme une lumière exceptionnelle*, au-dessus de la science naturelle pour laquelle Dieu avait si richement orné l'intelligence des premiers chefs de la famille humaine. Les anges de Dieu sont des « esprits qui tiennent lieu de serviteurs et de ministres, dit saint Paul, étant envoyés pour exercer leur ministère en faveur de ceux qui doivent être les héritiers du salut[1] ». Ils avaient sans doute enseigné cette magie supérieure aux élus, qui, pénétrés des insuffisances de la sagesse humaine, recherchaient et imploraient le secours surnaturel de Dieu, dans l'humble simplicité de leur cœur. Et le singe de Dieu, le chef des esprits de révolte et de ténèbres, marchant sur leurs traces, avait enrichi l'Église démoniaque d'un trésor analogue, digne d'un tel copiste !

QUATRIÈME DIVISION.

La pierre ointe ou Christ; ses formes impudiques. — Christ et Messie signifiant oint, la pierre israélite, qui est le Christ, reçoit l'onction caractéristique. — Toute pierre dieu-démoniaque recevra donc l'onction d'huile ou de sang. Exemple : la pierre-Jupiter que Saturne avala, etc., etc. — Mais les dieux sont générateurs, l'homme, poussé par ces immondes inspirations, donnera donc pour forme aux dieux-pierres celle des organes générateurs; il les fera phallus et ctéis ou yoni-lingam. — Cette forme de la pierre-dieu devient la clef des mystères orgiaques et des lubricités du sabbat. — Les dieux-lumières du sabéisme et ces dieux nature-naturante ne font plus qu'un. — L'homme finit par faire les dieux à son image. — Métamorphoses des dieux progressant de la pierre brute et atteignant les formes grecques les plus exquises.

Que si, continuant à suivre de l'œil nos pierres oraculaires et sacerdotales, nous interrogeons leur histoire au point

---

[1] Hébreux, ⅴ 14. Exemples : la coupe divinatoire de Joseph, qui était comme son Urim, Genèse, chap. XLIV, ⅴ. 5; Daniel établi chef des mages et des enchanteurs, chap. v, ⅴ 14 à 18, chap. vi, ⅴ 3. Or ces prophètes devinant, avec l'aide ou sans l'aide d'un objet, et constitués « chefs de mages, d'enchanteurs et d'augures », chap. v, ⅴ. 14; étaient les amis de Dieu !

de vue de la manie d'imitation démoniaque que déjà nous avons signalée, nous la verrons s'accuser fortement encore dans le cérémonial essentiel des onctions. En effet, Christ, ou Messie, signifie oint; et la pierre ointe est pierre Christ. Je l'ai dit lorsque j'ai cité tout à l'heure la pierre symbole et monument religieux, représentant celui qui est *le pain*, sur laquelle Jacob offre *le vin*, et que l'huile répandue de ses mains a sacrée Christ. Or le démon, ce fallacieux imitateur, suivra la même marche; d'un bout à l'autre du monde il aura ses christs, sans cesse rajeunis par l'onction qui sera tantôt l'huile et tantôt le sang[1]. Toute pierre, ayant titre de dieu, boira donc cette onction sacrée; approchez-vous d'elle lorsqu'elle s'en est imprégnée, et que votre genou fléchisse, car alors elle a reçu son sacre; elle est ointe, c'est-à-dire Christ ou Messie, et, par là même, elle est Dieu légitime et complet; bientôt elle en fournira les preuves.

Avant d'avoir embrassé la religion chrétienne, Arnobe nous apprend qu'il adorait en toute sûreté de conscience toute pierre ointe de l'huile sacrée. Voici ses paroles : Je lui adressais mes vœux, mes humbles suppliques, et je sollicitais d'elle des bienfaits!... *Si conspexeram lubricatum lapidem, et ex olivi unguine sordidatum, adulabar, offabar, beneficia poscebam*[2].

Arrêtons-nous cependant avec Pausanias, dans le voisinage du temple de Delphes, devant une de ces pierres de faible dimension; chaque jour elle reçoit sa ration d'huile

---

[1] Toutes ces questions et celles de sacrifices humains, d'anthropophagie sacrée, etc., sont traitées dans *Dieu et les dieux*.

[2] *Contra gentes*, liv. I, p. 11, Paris, 1666. — Une autre pierre était terrible, redoutable, et loin d'accorder des bienfaits, elle ne servait qu'à l'exécution de maléfices... Nous avons cru devoir consacrer un chapitre à part à ce scopélos, dans notre traité encore inédit *De la sorcellerie*.

sainte, l'onction qui la sacre est renouvelée, et là, tremblez mortels, car ce dieu, c'est Jupiter, c'est celui même que Saturne avala [1] !

Toute pierre ointe d'huile devait être adorée, nous répète dans ses *Stromates* Clément d'Alexandrie [2]. A ce signe, vous la reconnaîtrez pour bétyle, c'est-à-dire pour pierre divine, s'écrie tout idolâtre; gardez-vous de braver le Dieu qui l'anime!... Et, lors de la chute des dieux, au moment où s'évanouissait la puissance de ces faux christs devant le Christ verbe de Dieu, le philosophe Lucien constatait encore la puissance de la pierre ointe, bien qu'en la saluant d'un ton demi-railleur [3]. Toute pierre prophétise et rend des oracles, pourvu que l'huile ait coulé sur elle!

Quelle forme, quelle configuration, cependant, devait avoir la pierre divine des idolâtres, c'est-à-dire la pierre spirite ou divine? — Aucune! aucune dans le principe : la pierre Beth-el primitive représentant celui qui n'avait point été fait de main d'homme. Mais, bientôt, lorsque cette pierre, considérée d'abord comme simple témoin au moment de la visite du dieu, fut prise pour sa maison, puis pour sa chair, et que le contenant devint le contenu, tout changea... Le dieu qui tombait d'en haut, et qui se détachait de la grande armée des cieux ou des astres (Zaba) pour visiter la terre, étant à la fois un corps et un esprit céleste, le culte du dieu, qu'on disait être pierre et Beth-el, s'identifia promptement au culte des astres, au sabéisme... puis quelque temps après au naturalisme... Car les dieux étant de leur essence générateurs, les fondateurs et modificateurs des faux cultes, ou de la magie sacerdotale et ido-

---

[1] Θύ μεγας, liv. X, chap. XXIV.
[2] Πάντα λίθον λιπαρὸν προσκυνοῦντες, vii, 713, Paris, 1629.
[3] Πᾶς λίθος χρησμοδεῖ ὡς ἂν ἐλαίῳ περιχυθῇ. Lire le chapitre VIII de *Dieu et les dieux*.

latrique, déclarèrent d'assez bonne heure que la forme des organes de la génération, mâle et femelle, devait être naturellement celle de la divinité. L'image, la forme de ces organes, devint ainsi de la manière la plus positive l'image du dieu qu'il fallait adorer. Quiconque, cherchant à s'emparer de la clef des mystères de l'antiquité, voudra savoir la cause des mystères orgiaques du paganisme, et des lubricités du sabbat de la magie, devra poursuivre avec quelque soin cette triste mais importante étude, à laquelle il nous parut essentiel de nous adonner avec quelque constance!

D'un bout à l'autre du monde idolâtre, alors surtout et aujourd'hui même, la pierre démoniaque, ce qui signifiait à cette époque la pierre divine ou esprit, revêtit donc cette configuration brutalement naturelle, ou quelquefois adoucie et symbolique. — Et comme, presque en tous lieux, les dieux-lumières du sabéisme s'identifiaient avec le dieu du naturalisme, les deux se mirent assez souvent à ne plus former qu'un même être, représenté tantôt d'une manière symbolique par les deux sexes, phallus-ctéis ou yoni-lingam, et tantôt par la figure d'un personnage en qui se fondaient l'homme et la femme. Tels furent les dieux-lumière-et-nature Lunus-Luna, tels Dianus-Diana, Vénus barbue, Bacchus à tête féminine, et mille autres divinités hermaphrodites ou androgynes.

La pierre dieu d'abord se dressa, fut brute, cippe, obélisque, colonne, terme, gaîne, gaîne Priapée [1]; puis, sur la gaîne, une tête se posa, puis des pieds en sortirent, et des mamelles, des bras, y poussèrent petit à petit; l'homme s'éloignant de l'idée divine faisait Dieu tout à son image. A mesure qu'allaient s'effaçant et se pervertissant la tradition, le dogme et la pensée religieuse, la personne du dieu s'embellissait; car, de la pierre brute, des formes obélisques et

---

[1] Lire *Dieu et les dieux*, p. 548, etc.

phalliques, des gaînes simples, ou progressivement modifiées et analogues à la Diane d'Ephèse, le ciseau déificateur arrivait d'étape en étape à la formation des plus artistiques Vénus, à l'Apollon du Belvédère.... En tout cas, il se dit de quelques-unes de ces œuvres d'art, et surtout de la première, qu'elles étaient tombées du ciel : *Corse fama la 1ª statua essere caduta dal cielo!*

CINQUIÈME DIVISION.

L'arbre Beth-el ou spirite s'unissant à la pierre divine. — L'arbre qui ombrageait la pierre-dieu et la source sacrée devient dieu, parle, prophétise. — L'arbre de Mambré. — Jupiter-pierre est le Jupiter-chêne des Pélasges Chananéens. — Le chêne-Jupiter Celtique, le chêne-trinité de Romové, etc. Ces dieux-végétaux sont oints du sang des sacrifices. — Leur bois parle, fût-il mort. — Le navire *Argo*. — Ils sont dieux-arbres, dieux-pierres et pierres phallus-ctéis. — Malheur à qui les insulte! — Le soldat romain les redoute chez les Gaulois. — En Chine, ils tuent qui les offense; immunité du chrétien. — Droit divin : l'arbre et la pierre consacrent le représentant de Dieu, le souverain. — Pierres du sacre et arbres-pouvoir. — Ces dieux communiquent par attouchement le droit de souveraineté. — Si la pierre de Scone ne se fait pas entendre, le prince est tenu pour réprouvé. — Le coupable n'est crucifié ou justicié que sur un chêne; le chêne-dieu ou justicier devient le chêne de justice ou le chêne seigneurial de la féodalité.

Du culte de la pierre spirite et divo-démoniaque, sur laquelle nous aurons tout à l'heure un mot à dire encore, passons, et pour un rapide instant, au culte de l'arbre-dieu, que le spiritime lui associa dès les temps les plus anciens et de la manière la plus intime.

Les premiers autels des patriarches, gazons, beth-el ou pierre brute, s'élevaient à côté d'un arbre sous le dôme épais de son feuillage, dont l'ombre rafraîchissante couvrait et protégeait la source indispensable aux rites du sacrifice. Le plus historique de tous ces arbres, chênes, hêtres ou térébinthes, que l'histoire des hauts lieux et des bois sacrés nous aidé à retrouver partout, ce fut celui d'Abraham à Mambré ; mais le plus classique et le plus connu dans l'antiquité gréco-orientale, c'est le chêne-dieu de Dodone, le Jaoh, c'est-à-dire le Zeus-pater, ou Jupiter des Pélasges Chananéens [1]. Le Jupiter pélasgien, ainsi que le nomme Homère, celui même que nous appelons ailleurs le Jupiter-pierre, ou bétyle, devient donc ici le chêne-Dieu, ou le beth-el végétal. Imitation de l'arbre Abrahamique, il ombrage en tous lieux des sacrifices humains qui rappellent, en le dépassant, celui du patriarche Abraham ; sacrifices quelquefois accompagnés d'anthropophagie sacrée ou de la communion, dont chaque immolation, dans le vieux monde, rappelait, d'une manière prophétique ou traditionnelle, les espèces futures : le pain et le vin [2]. Le sang couvre ces arbres dieux et les incruste, depuis les plaines de la Scythie jusqu'au fond des Bretagnes et des Gaules, jusqu'à ce redoutable chêne des druides que Maxime de Tyr appelle le Jupiter celtique. Et ces dieux sont réellement animés, ils parlent ; leurs voix sont quelquefois inarticulées, ἄναρθροι εἰσι ; mais elles se font clairement comprendre ; lorsqu'il ne plaît pas au dieu de prendre une forme rapprochée de celle de l'homme, et d'user de la parole humaine.

Le bois qui semble mort et qui provient de leur souche divine parlera lui-même : en effet, le navire *Argo*, par exemple, le fameux vaisseau de la toison d'or, parle, et rend des oracles. Et pourquoi? La raison en paraissait bien simple aux peuples policés et savants qui adoraient ces arbres :

[1] Lire dans mon livre *Dieu et les dieux*, 1854, le chapitre des Pélasges et les chapitres si remplis de faits inconnus consacrés aux sources et aux arbres sacrés.

[2] Lire dans *Dieu et les dieux*, 1854, la communion anthropophagique, et le pain et le vin des immolations, *vinum in mola*, etc., etc., chap. XLI, p. 383. Nous ne parlons guère de la source sacrée dont nous nous sommes occupé en même temps que de l'arbre-dieu dans ce même ouvrage.

c'est que Minerve, pour en former le gouvernail, avait mis en œuvre un chêne de la forêt de Dodone [1]. Dans le bosquet de Romové, si fameux dans la Germanie prussienne, on voyait s'élever un chêne sous les rameaux duquel s'étaient évanouies cent générations d'adorateurs; et, de la tige de ce patriarche des plus chenues futaies sortaient les oracles de la justice. Son tronc renfermait, comme symbole d'une trinité, trois images des dieux principaux; son écorce dégouttait du sang des victimes, et c'était à son ombre que le grand pontife Germano-druidique, ce patriarche, cet Abraham du Nord, avait établi sa demeure. Les prêtres seuls osaient aborder le lieu sacré que couvrait son feuillage [2].

L'un de ces arbres-dieux, ou démoniaques, frappa les regards d'un voyageur presque moderne, Pietro della Valle. Ce dieu végétal était Parreti, que nous pouvons, par conséquent, nommer du nom de son époux, Maha-Déu, c'est-à-dire le grand dieu, puisque la foi des Hindous, semblable à celle des idolâtres de l'antiquité, les confond dans une même personne, ainsi que les dieux Nature-et-lumière Dianus-Diana... Et cet arbre divin, ce grand dieu, notre voyageur le reconnaissait dans ces mêmes régions où il était représenté par *la pierre* que le peuple y adorait sous la forme sacramentelle du phallus et du ctéis, ou du yoni-lingam, symbole impudique des mystères et des sabbats [3].

Or, dans ces vastes contrées, de même que dans la partie de l'Orient la plus rapprochée de l'Europe, de même que dans l'Italie druidique, et jusqu'au sommet du Capitole, la voix de ces dieux-arbres-et-pierres tonnait et se faisait entendre aux plus sourds; et la divinité renfermée dans ces

---

[1] *Dieu et les dieux*, p. 349.
[2] *Dieu et les dieux*, p. 547-8; Michaud, *Croisades*, t. II, 4ᵉ édition, p. 416 à 419.
[3] T. IV, p. 35, 300, *Dieu et les dieux*, 350, etc.

fétiches se laissait quelquefois apercevoir sous sa forme céleste.

> .... Subita ex alto *vox* reddita *luco* est,
> Hanc aram *luco* statuit, quæ maxima semper....
> Hinc ad Tarpeiam sedem et Capitolia ducit,
> Jam tum *relligio* pavidos terrebat agrestes
> Dira loci ; jam tum SILVAM SAXUMque tremebant.
> Hoc nemus............
> Quis deus, incertum est, habitat deus : Arcades ipsum
> Credunt se vidisse Jovem......
> (Énéide, liv. VII, 95; VIII, 274 et 347, etc.)

Mille fois, et, d'un bout de la terre à l'autre, ces dieux terribles ont fait sentir leur pouvoir, ont parlé, se sont montrés. L'oreille les entendit, l'œil les vit, la main les toucha. Aussi, lorsque les soldats de César reçoivent l'ordre, dans les Gaules, de tourner le tranchant du fer contre les arbres-dieux, ces intrépides vétérans pâlissent, on les voit frappés de stupeur. L'électrique et itérative secousse du commandement militaire les ramène cependant à l'obéissance; ils frappent, mais leurs mains tremblent, ils craignent que le fer ne rebondisse pour se tourner contre eux :

> .... Tremuere manus, motique tremenda
> Majestate loci, si robora sacra ferirent
> In sua credebant reditura membra securim.
> (Lucain, 3.)

Et, parmi les Gaulois qui les contemplent, les uns gémissent, mais les autres triomphent; car, à coup sûr, les dieux outragés vont se venger! Les spectateurs attendent donc l'éclat d'un courroux qui n'a point coutume de se faire attendre.

> .... Gemuere videntes
> Gallorum populi ; muris sed clausa juventus
> Exsultat; quis enim læsos impune putaret
> Esse deos ?..........
> (*Idem.*)

Mais, chez tous les peuples un jour arrive où les dieux s'en vont, irrités ou vaincus... et, de nos jours, un spectacle identique d'action divine et de défaillance spirite ou démoniaque se reproduisit à la Chine et au Thibet. — Dans ce dernier pays, me dit un évêque dont la parole y répandit les vérités évangéliques, le culte des arbres fétiches se mêle encore à celui des pierres-esprits; et ces pierres spirites, ces arbres animés se vengent à coup sûr et cruellement. Ils tuent quelquefois sur le coup ceux qui les profanent. Un de nos missionnaires offrit donc vainement une récompense à des ouvriers pour abattre un de ces colosses de végétation; car trois individus avaient été frappés de mort pour avoir osé détacher quelques rameaux du corps de ses branches... Il fallut alors que le prêtre du Christ se mît en personne à l'œuvre; et, sous sa cognée vigoureuse, l'un de ces dieux tomba. Ce fut pour les idolâtres un moment de stupeur; mais, encouragés par cet exemple, des mercenaires largement rétribués osèrent en abattre trois autres, et les chrétiens du voisinage se chargèrent bientôt de tout le reste. Le Dieu fort se faisait sentir aux dieux-démons, et les condamnait à l'impuissance...

En Scythie, au fond de l'Asie, à Rome, au Capitole, à l'extrémité des Gaules, au plein cœur de l'Amérique, les descendants des trois fils de Noé, mais surtout les Pélasges Chananéens, c'est-à-dire les bandes erratiques issues d'un sang maudit, implantèrent cette même croyance. Ouvrez les yeux et voyez : « Recherchant l'horreur et les ténèbres, les Indiens de l'Amérique centrale aimaient, tout naguère encore, à sacrifier dans les lieux obscurs et dans les grottes, que les Gaulois imitent au besoin par le rapprochement de leurs pierres druidiques. — S'il était, au fond d'un précipice, un vieil arbre au feuillage épais, entourant une source de ses racines, et recouvrant quelqu'une de ces pierres consacrées dont les oracles étaient leur loi, vous voyiez rayonner leur visage [1]. » Ainsi, de nos jours encore,

[1] *Mexique*, Brasseur, rapprocher p. 520-1, v. II, et 564.

l'Irlandais qu'une solide éducation chrétienne n'a point éclairé visite à certaines époques de l'année les sources sacrées, recherchant celles qui s'abritent, comme à Dodone, sous les rameaux d'un vieux chêne qu'ont battu les siècles, ou qui sourdent au pied de l'antique beth-el, de la pierre brute et druidique, à laquelle ils ont conservé son nom primitif [1].

Incarnation du dieu, qui est la source primitive du pouvoir aux yeux de ces peuples, la pierre et l'arbre divins, ou spirites, devenus pour eux comme inséparables l'un de l'autre, devaient se réunir pour sanctionner par leur union le couronnement des princes [2]. Aussi le Danemark, la Suède, les pays Scandinaves, les îles Britanniques, l'extrême Europe, nous offrent-ils, non moins que les régions du nouveau monde et de l'Asie, de frappants exemples de cette croyance. La coutume de l'Irlande, par

---

[1] Both-al, voir ci-dessus et *Dieu et les dieux*, p. 443. — Even in our own time, the Irish... visit fountains and wells, more particularly such as are in the neighbourhood of an old blasted oak, or of an upright unhewn stone, and having rags on the branches of the tree. Th. Moore, *Hist. of Irl.*; v. I, p. 24 et 35 à 37, from. Bethan.

[2] De cette croyance universelle, et qui ne put se fonder que sur un immense ensemble de faits, ne pourrait-on tirer la conclusion que, dans l'origine, Dieu daignait encore entretenir de permanents rapports avec les premières sociétés humaines, et que, se communiquant à leurs patriarches ou à leurs membres les plus saints, il les gouvernait le plus directement possible, c'est-à-dire par ses anges, ainsi qu'on le vit gouverner Israël, et plus particulièrement jusqu'à l'époque où ce peuple élu voulut, à l'exemple des Gentils, avoir des chefs visibles pour le régir, des rois de chair et de sang? Lorsque ces peuples, ou sociétés, abandonnèrent les voies de Dieu, Dieu se retira d'eux en retirant à lui ses anges, auxquels succédèrent au même instant les anges de révolte et de mensonge. Ces trompeurs eurent par cela même à recueillir une succession facile, car ils trouvèrent tout établie dans les mœurs la croyance à un commerce fréquent et divin, ainsi que l'usage de ces moyens de communication entre le ciel et la terre. — De là ces similitudes primitives de culte et de foi entre les fidèles Abrahamiques et les déserteurs de la vérité religieuse. Les prières et les hommages des idolâtres n'avaient changé que d'objet.

exemple, était de placer sur les *tumulus* représentant les hauts lieux la pierre souveraine qui confère le droit de régner ; et le *tumulus* d'Usnoach, portant le nom mystique de nombril de l'Irlande, servait de sanctuaire à ce beth-el inaugurateur, placé sous les rameaux d'un chêne sacré. La Suède et le Danemark entourèrent cette pierre si puissante de douze autres pierres, et lui donnent, pour la circonstance, le nom de Lia-Fail. Elle ne diffère que par le nom de celle à qui les mages de la Perse attribuent le même droit d'investiture, en la qualifiant d'Atizoé.

La beth-el, la pierre-christ, c'est-à-dire ointe d'huile, *puis de sang,* et qui figurait le roi des rois, possédait donc originairement la vertu de communiquer comme par attouchement le droit de souveraineté à l'élu qui devenait sur la terre, grâce à sa ratification, l'image et le représentant du pouvoir!... Et telle fut la durée de son crédit qu'à Scone, en Écosse, lors de la décadence des superstitions antiques, elle fut religieusement enfermée dans le siège où s'asseyaient les rois. Du haut de ce trône-oracle, où elle rendait encore ses consultations, elle figurait comme arbitre de la légitimité du pouvoir! Si donc elle s'abstenait, au moment voulu, *de rendre un son bien connu du peuple,* et considéré comme le signe confirmatif de l'élection, le monarque passait pour un prince réprouvé du ciel [1].

Nous ne saurions terminer cet aperçu sans faire observer que, sur le terrain politique ou social, non moins que sur le terrain religieux, l'arbre suit de près encore la pierre, s'unissant à elle ou la remplaçant, mais ne cessant de représenter tantôt le dieu lui-même, tantôt l'idée de pouvoir divin et de souveraineté. C'est là ce dont nos chênes de justice portèrent un assez long témoignage. Qui de nous ne s'est assis à l'ombre séculaire de quelqu'un de ces arbres, soit auprès des

[1] *Dieu et les dieux,* chap. XLV, et autorités.

tours croulantes du castel de ses ancêtres, soit au sein de quelque domaine étranger, où les ronces, sinon la charrue, effaçaient la dernière trace du vieux manoir féodal? Qui de nous, par un jet rapide de la pensée, n'a compté les siècles du chêne antique dans ses rameaux, et ses années dans son feuillage?... Plus rares seront ceux qui, reliant le souvenir des druides à celui de la justice humaine et divine, ont su rattacher, à l'exemple des peuples les plus anciens de la terre, la pensée de la religion à celle des sacrifices et des supplices... C'est ainsi que de graves autorités nous attestent l'antique usage des Gaulois, « qui pendaient ou crucifiaient les coupables à des chênes, et qui ne se servaient *jamais d'un autre arbre*, si ce n'est à défaut d'un chêne ». Et pourquoi donc ce privilége du roi de nos forêts? C'est parce que l'arbre qui devint le symbole du seigneur de la terre, ou du justicier, avait d'abord été l'arbre du Seigneur du ciel, principe de toute justice. C'est parce que la justice divine et la doctrine de la rédemption, si familière à la plupart des peuples anciens, exigeaient naturellement les expiations sanglantes; et que, pour apaiser le ciel, ils avaient converti les supplices en sacrifices. C'est, enfin, parce que le sacrifice devait s'offrir au seigneur, à la personnification du seigneur, et que, pour les Gaulois et pour tant d'autres peuples, cette personnification était, avec la pierre beth-el; le chêne beth-el, c'est-à-dire le chêne *dieu-maison-de-dieu*[1]!

Mais le moment arrive de nous éloigner de l'arbre-dieu pour nous retourner encore vers la pierre divine ou spirite, qu'il est temps pour nous d'envisager dans ses affinités et ses rapports avec le culte du serpent. Car serpent, culte du vieil homme, et magie, voilà trois termes qui s'allient, qui s'entremêlent, qui se glissent, qui se faufilent sans cesse l'un dans l'autre, et qu'il est rarement inutile de reconnaître et démêler.

---

[1] Lire *Dieu et les dieux*, chap. XXXVII, et autorités, 1854.

CHAPITRE PREMIER.

SIXIÈME DIVISION.

Le faux beth-el, la pierre bétyle, est dieu-lumière, générateur et serpent. — Dès l'origine des temps le culte du serpent se mêle à celui des dieux-lumières ou Lucifers. — Jupiter-soleil est pierre à forme impudique, arbre et serpent. — Divinité du serpent sur toute la terre. — Les Phéniciens l'appellent le plus spirite des animaux : il parle, prophétise, fait le bien, est un implacable génie. — Son rôle dans les mystères. — Les ophites, ou sectaires du serpent, lui font consacrer leur cène. — Les dieux-serpents sont partout dieux-arbres ou pierres, et le plus souvent à formes obscènes. — Le serpent et les immigrations chananéo-africaines dans l'antique Amérique; épisode. — Les hommes-serpents; initiation de ces hommes de même race, trous de serpents et de couleuvres. — Les géants de l'Écriture étaient dits serpents. — Ainsi se disent leurs fils de sang et de mœurs, parvenus de l'Afrique en Amérique. — Les rois en Chaldée, en Égypte, au Mexique, au Pérou, etc., etc., sont soleils et serpents. — Les prêtres celto-phéniciens du druidisme, etc., etc., représentant leurs dieux, sont serpents; ils se disent serpents-architectes et magiciens. — Les pierres-dieux et leurs temples sont soleils et serpents. — Le dessin de leurs temples est celui de l'arbre-dieu ou du soleil traversé par le serpent. — Carn-ac de Thèbes et de Bretagne signifiant montagne du serpent. — Ma visite au Dracontium ou temple du serpent de Stone-Henge; description. — Les dracontia. — Les saints évangélisateurs exterminant les serpents ou dragons. — Les adorateurs des temples dédiés au soleil (ou à Lucifer) et au serpent, adorent la pierre-dieu ou spirite, et le prêtre s'y appelle serpent. — Origine du plan de ces temples. — Le temple du soleil-serpent à Stone-Henge se nomme encore le bal des géants.

Le premier acte de magie, ou de spiritisme, et par conséquent de fourberie démoniaque, s'accomplit dans le paradis terrestre, et le serpent y sert au démon de médium ou d'instrument spirite.

Aussi « la cosmogonie phénicienne considère-t-elle le serpent comme le plus *pneumatique* des animaux[1] », ce que nous pouvons traduire, en langage moderne, par le plus spirite; car le mot *pneuma* veut dire esprit. Et le souverain des dieux, Jupiter, est serpent; il l'est en tous lieux, en même temps qu'il est pierre beth-el, pierre phallus et arbre!

---

[1] Matter, *Histoire critique du gnosticisme, etc.*, deuxième édition, vol. II, p. 167. Paris, 1843.

Il est serpent en Égypte à Carn-ac de Thèbes, de même qu'à Carn-ac de Bretagne, nom qui signifie dans la vieille langue persane le monceau du serpent[1]. Dans les Indes, sous le nom de Siva, que représente la pierre impudique yoni-lingam, le grand dieu est roi des serpents, race qu'il a vaincue; et parmi les dieux-démons, figure aux mêmes titres l'horrible Cali, femme et serpent[2], ainsi que l'Ève des Scythes; tandis que le Japon nous peint dans la scène de la création un énorme serpent s'enroulant autour de l'arbre.... Au Mexique, la divinité Cihua-cohuatl, femme-serpent, est devenue mère, ainsi que la vierge prophétique des druides de Chartres, sans le secours de l'homme[3]; et c'était sous les traits d'un immense serpent à visage de femme *qu'apparaissait aux Mexicains* de Xaltocan la déesse Acpaxapo. Lorsque la nation fut à son déclin, *on cessa de la voir;* mais on entendit de temps en temps *sa voix* répéter au vent du lac ces sinistres paroles : Qu'allez-vous devenir, ô Xaltocamèques[4]! Je m'abstiens de multiplier indéfiniment les exemples ; mais, en tous lieux, cet animal essentiellement magique et spirite, selon l'expression phénicienne, reçoit un culte, et les dieux dont il porte le nom sont des dieux pierres, bétyles ou arbres[5]. Observons enfin que, dans les

---

[1] Bathurst, etc., *Dieu et les dieux*, p. 485, etc. Cairn-ac, et maen-ac à côté de Carnac : les pierres du serpent, etc... *ib.*, p. 493.

[2] Creuzer, vol. I, p. 184-215-441.

[3] *Virgini pariturœ! Dieu et les dieux*, p. 476, etc...: *Mexique*, Brasseur, vol. I, p. 241.

[4] *Mexique*, Brasseur, vol. III, p. 30.

[5] Lire *Dieu et les dieux*, chapitre Serpents, traditions. Serpents Dracontia, etc. — *Id.*, Brasseur, *Antiq. améric.*, Cartas. Le culte du serpent, en honneur dans la Chaldée, « se répandit dans l'Égypte, parmi les Phéniciens, les Perses, les Hébreux, les Grecs, les Romains, les Sarmates et autres peuples, comme on le voit dans Eusèbe, Maxime de Tyr, Aldrovand, Kircher, etc. Nous avons vu que le serpent était adoré en Amérique. Carli, *Lettres améric.*, v. I, p. 477, Paris, 1792.

— Neque vero Ægyptii tantum huic dementiæ affines. Inde enim Phœnices, Arabes, Babylonii, Pœni, Bœotii, Epirotæ, Sicyonii, Epi-

religions de l'idolâtrie, les traditions s'adultèrent et se faussent, que l'idée du bien et du mal s'entre-croise et se mélange d'une façon souvent bizarre; et que le serpent, par exemple, est tantôt, non point image de Dieu comme le serpent d'airain du désert en Israël, mais Dieu véritable, puissant et bon, combattant le mal, tandis que d'autres fois il est démon, il est redoutable et implacable génie.

Ainsi par exemple le mont Mérou est pour les Indiens le *nombril*, l'axe du monde. A son sommet repose le dieu-pierre, ou bétyle yoni-lingam. Un jour, la montagne immense s'enfonce dans l'abîme des mers; la terre entière est ébranlée, mais le dieu Vichnou soulève et soutient cette masse, tandis que l'énorme serpent Sécha, ou Vasouki, enlace le globe de ses replis. Accablé de fatigue, le serpent vomit un venin terrible; mais le dieu bétyle et yoni-lingam Siva, le bon serpent, avale cette bave délétère, et le monde est sauvé [1]. Depuis le Christ, la secte impie des ophites ou des adorateurs du serpent voyait, dans le serpent d'airain de Moïse guérissant les morsures des serpents venimeux, l'agatho-démon, ou le bon esprit, le Dieu bon de l'Égypte. « La vénération dont le serpent était l'objet dans les temples de ce pays et de la Grèce, et le rôle qu'il jouait *dans les mystères*, attestaient la puissance tutélaire du génie dont le serpent était l'emblème... Ainsi motivaient-ils le culte, ou plutôt les honneurs qu'ils lui accordaient dans la plus sainte des cérémonies de leur secte, en faisant consacrer *leur cène* par des serpents qu'ils tenaient dressés à cet effet. C'étaient là les véritables ophites, mais ils étaient en petit nombre; et l'antique idée qui mettait le serpent en rapport avec le principe du mal semble avoir prédominé dans l'esprit de la majorité,

---

dauri, Romani; e nostris hæretici quidam, et novi orbis incolæ huic insaniæ manus dedere. *Mensæ Isiacæ expositio*, Pignorius, p. 12, recto.

[1] *Dieu et les dieux*, p. 475, etc.

malgré les efforts de ceux qui montraient l'image du serpent dans un sens contraire[1]. »

Or, quiconque voudra suivre dans leur route tortueuse *ces dieux, ces déesses, ces génies-serpents*, trouvera s'il pousse ses recherches un peu au delà de la première rencontre, que ces mêmes dieux sont arbres divins, pierres-dieux, beth-el ou bétyles, et le plus souvent à forme obscène. Notre livre de *Dieu et les dieux* aide et pilote l'investigateur dans sa marche au milieu de ces régions de ténèbres; car nous avons suivi ce culte jusqu'à sa dégénérescence, *jusqu'au sifflement* reconnu pour le langage du bétyle pneumatique ou spirite qui porta le nom d'ophite, c'est-à-dire de pierre-serpent[2].

Les annales de l'antique Amérique nous tracent en caractères assez curieux non-seulement les origines de ce culte hideux, mais ses rapports avec l'initiation Chaldéenne, avec la magie des Chananéens, avec la pierre divine, ou beth-el, revêtue de la forme obscène qui déifiait la débauche et servait d'enseigne aux lupanars, aux mystères du paganisme, aux sabbazies, aux sabbats. Nous nous étions donc permis à ce propos une digression que la prudence nous force à modifier en la réduisant, et voici pourquoi. La source non point unique, mais principale de ce hors-d'œuvre était une immense et importante série de travaux, que nous devons à la plume de M. l'abbé Brasseur, de Bourbourg, ancien aumônier de la légation de France au Mexique, et membre de la commission scientifique attachée tout naguère aux flancs du nouvel empire. Nous avions compulsé la collection de cet intrépide voyageur, qui remua, qui sonda non-seulement les trésors de nos bibliothèques européennes, mais qui visita pied à pied les nations et les tribus, les monuments et les vastes contrées

---

[1] *Ibid.*, v. II, p. 167; Matter, *Gnosticisme*.
[2] *Dieu et les dieux*, p. 146.

où l'Amérique centrale et le Mexique accueillirent jadis leurs plus mystérieux immigrants. Au moment de faire usage des abondants matériaux que les pages de M. l'abbé Brasseur nous offraient [1], nous apprîmes son retour, et quelque précieux que fussent ses écrits, nous donnâmes la préférence à l'écrivain; nous nous hâtâmes de le consulter; et, dans le cours de sa très-attachante conversation, il fut le premier, avec sa rectitude et sa loyauté d'historien, à nous tenir en garde contre l'un des personnages les plus séduisants de son histoire, déjà nommé par notre infatigable ami M. de Mirville, c'est-à-dire contre le chef d'immigrations Chananéennes Votan, dont il s'apprête à rectifier la figure, ayant lieu de craindre d'avoir été séduit par de faux documents dans ses recherches.

Nous engageons donc le lecteur à se tenir légèrement en garde contre notre analyse, qui cependant, grâce à nos précautions et à notre réserve, doit être de quelque mérite aux yeux mêmes de M. l'abbé Brasseur, dont une certaine distance kilométrique nous a séparé de nouveau. En effet, du personnage simple ou composé que nous fournit son histoire nous élaguons tout ce qui n'est point historique, c'est-à-dire ce qui, sur tous les points du monde ancien et du continent même de l'Amérique, ne s'accorde point du plus parfait accord avec nos documents positifs et la nature du sujet que nous traitons. Dans de semblables conditions, l'erreur peut s'attacher au personnage, aux dates, aux localités peut-être, mais elle ne saurait vicier le fond des choses.

Le héros dont il s'agit est donc Votan, dont la biographie, mêlée aux annales des peuples anciens de l'Amérique, serait, si l'exactitude même approximative en est un jour reconnue,

---

[1] Je ne puise actuellement que dans trois de ses nombreux ouvrages : *Cartas por servir de introduccione à la historia primitiva*. Mexico, 1851 ; *Hist. des nations civilisées du Mexique et de l'Amérique centrale*, que je citerai par le mot *Mexique*, B., Paris, 1857; et *Popol Vuh*, Paris, 1861.

une singulière et précieuse restauration de l'histoire des pérégrinations, du culte, et des mœurs des Chananéens, ces maudits, voués par le Seigneur à l'épée d'Israël, et chassés de leur terre natale, parce que leurs crimes et leur sacrilége puissance dans les œuvres ténébreuses et infâmes de la magie avait allumé le courroux de Dieu.

Mais ce Votan, vers lequel nous amène l'étude des pierres divines et du serpent divin qui nous prépare aux grands phénomènes de la magie, est-il un seul homme; ou bien plusieurs chefs de migrations successives nous apparaissent-ils sous ce nom? Sur ce point, nous attendons encore la lumière; mais ce qui nous semble être constant, c'est que, le titre de Quetzo-Cohuatl, devenu générique, est décerné presque en tous lieux à un personnage que nous rencontrons sous plusieurs noms synonymes chez un grand nombre de peuples américains. Il exprime à la fois et le rang suprême du chef et sa race, qui est celle des magiciens, géants *ou, serpents* dont nous allons voir nos druides, instruits eux-mêmes par les Chananéens, s'arroger également le titre [1]. Les attributs de l'empire, du sacerdoce, de la divinité, semblent donc s'unir dans la personne du chef de la migration, qui, soit à tort, soit à raison, nous est représenté comme un puissant navigateur et magicien issu de Cham par la ligne Hévéo-phénicienne. Ses pères ont fui devant Josué, et il nous décrit le voyage des *chânes* ou *chivim* [2], c'est-à-dire de ceux qui se nomment serpents. Ses ancêtres avaient probablement traversé l'Afrique avant d'atteindre l'Océan; et l'historien Procope, *De bello vandalo*, confirmé par saint Augustin, nous a décrit les *deux piliers* où se lisaient, vers les *colonnes d'Hercule*, cette inscription phénicienne, ou des Chananéens,

---

[1] Voir dans mon livre *Dieu et les dieux*, publié en 1854, le serpent et les dracontia, ch. L, p. 488 ; Carnac, ou la montagne du serpent, Stone-Henge, etc., et le bal des géants.

[2] Kivim ou Hivim, avec l'H fortement aspirée.

devenue si célèbre : Nous sommes les fils de ceux qui fuirent devant le brigand Jésus, fils de Navé[1]. Les chefs d'immigrations successives, que le nom de Votan couvre peut-être, se donnaient comme des descendants de Cham, afin d'établir par le fait de cette origine l'illustration de leur provenance. Je suis Cham, disaient-ils, ou chivim. Je suis de la race de Cham le serpent, puisque je suis chivim. Je suis couleuvre, puisque je suis chivim. Or, d'après les commentateurs les plus savants de nos livres saints, les chivims, c'est-à-dire les hivims, ou Hévéens, descendaient de Heth, fils de Chanaan. Et ces noms signifiaient qu'ils étaient les hommes-couleuvres ou serpents adorateurs du serpent[2], adorateurs de la pierre divine parlante et sifflante, que nous voyons se confondre si souvent avec le serpent dont elle porte quelquefois le nom, et dont l'histoire va nous conduire à la source des faits merveilleux que nous craindrions d'introduire dans nos pages avant d'y avoir préparé l'esprit du lecteur par cette échappée vers les plus lointains horizons[3].

L'un de ces Votans, le premier du nom, aurait visité la grande ville et vu sortir de terre la grande maison de Dieu que construisait le grand roi, Salomon! C'était l'époque de l'essor des flottes de ce puissant monarque et de son voisin Hiram. Votan fournit à ce prince les plus précieux renseignements sur les hommes, les animaux et les plantes, l'or et les bois précieux de l'Occident, ce dont Salomon discourut

---

[1] Lire *Cartas*, p. 55 ; et, ailleurs, ces hommes serpents auraient peuplé les Canaries et Cuba, — sans rien dire de l'Atlantide, si elle exista ; lire à ce sujet Carli, *Lettres améric.*, Paris, 1792, et autres écrits. — M. Berthelot, savant voyageur, observe une frappante ressemblance entre les noms de lieux et de personnes dans la langue des Canaries et chez les Caraïbes, p. 50, *ib.*

[2] Lire *Cartas*, Brasseur, p. 54. — *Id.*, *Mexique*, p. 72, etc., etc.

[3] Lire *Cartas*, p. 54, 78, etc. — Ophis signifie serpent ; on verra dans mon livre *Dieu et les dieux*, 1854, que la pierre divine ou magique se nomme quelquefois ophite.

dans son ouvrage qui renfermait l'histoire des merveilles de l'univers; mais le chef, c'est-à-dire *le serpent navigateur*, ne découvrit point à Salomon le secret de sa route, mystère scrupuleusement conservé par les hommes de la race Chananéenne [1]. De Jérusalem, Votan se rendait à *la cité antique*, où il visitait les ruines d'un grand édifice que les hommes avaient érigé par le commandement de son aïeul, pour atteindre de la terre aux cieux ; et c'était là que chaque peuple avait reçu la langue qu'il devait parler [2] !

Venant de pénétrer dans les lieux mystiques de la tour de Babel, ainsi désignée, on me fit passer, dit-il, par un souterrain qui traversait la terre, et se terminait à la racine des cieux. Ce chemin était un trou de couleuvre, *un ahugero de colubra*, et j'y fus admis parce que j'étais fils de couleuvre [3].

Clément d'Alexandrie traduit le mot *géants* par *serpents*; et, ces monstres de taille et de cynisme que la Bible nous décrit au pays de Chanaan, nous les retrouvons de toutes pièces à la tête des colonies antiques et policées de l'Amérique. Votan — que ce personnage soit historique ou fabuleux — était l'un de ces chefs redoutés, rois, magiciens et pontifes, écrivant son histoire. Or, dans cette Amérique où nous abandonnons, dès qu'on le voudra, le personnage douteux de Votan, mais où nos yeux viennent d'être frappés d'exemples si nombreux et si saillants du culte de la pierre Israélito-Chananéenne, le culte du serpent, si fréquemment uni à celui de la pierre-dieu, se rattache à des chefs de colonies dont le nom renfermait celui du serpent; ou plutôt de la couleuvre.

---

[1] Pages 56, 57, 62, etc.
[2] Pages 53, 57, etc., Temple et observatoire de Babel.
[3] *Cartas*, 53, 56-7, 62, etc. Voir plus tard ces cryptes, ou souterrains d'initiation, en Égypte, à Palenque, etc., etc.

Aussi ne devons-nous point nous étonner si nous le voyons se reproduire avec une telle fréquence dans les noms de localités, de villes et de personnes [1]. Rois, pontifes, et portant à ce titre les attributs et le nom de leurs dieux, les souverains de cette race étaient, à la fois, ainsi que les chefs de l'Égypte et du Pérou, soleils, fils du soleil et serpents [2]. Leur système social était une combinaison monstrueuse admettant la barbarie des sacrifices, le despotisme effréné des chefs, l'impureté dans la vie domestique et le dévergondage sacré dans les rites religieux. S'adonner à toutes les turpitudes de Sodome et de Gomorrhe, c'était honorer le dieu-soleil-et-serpent que figure souvent la pierre, et que certaines villes, telles que Panuco, honoraient publiquement à l'exemple des adorateurs de la pierre *naturalisée* de l'ancien monde idolâtre, sous la forme Priapique la plus éhontée. Aussi le reproche le plus général que les populations adressaient à ces serpents, fils de serpents ou géants que leur avait envoyés la terre Chananéo-africaine, était-il le terme tzocuilli. Or ce mot signifie à la fois piquer, ainsi que pique le serpent, saigner, et commettre le vice sodomique [3].

Remarquons, d'ailleurs, chemin faisant, que non-seulement en Amérique partout où s'arrêtent ces prêtres magiciens, chefs de colonies, mais en Europe même et jusque

---

[1] Lire *Cartas*, Brasseur, p. 63.

[2] Papyrus, et voir l'uréus sur la tête de ces personnages égyptiens. — Nunez de la Vega dit que le Nin, ou Imos, des Tzendales était le même que le Ninus des Babyloniens. On sait que ce prince, et selon d'autres Bel, ou Baal, son père, recevait, comme le Nin des Tzendales, les hommages des peuples sous la figure d'un serpent. Cette image était chez les Phéniciens et les Chaldéens celle sous laquelle on représentait *le soleil*, dont la plupart des rois du monde antique prétendaient tirer leur origine, ainsi que le firent en Amérique les Votanides, qui en prirent le nom comme un titre royal. *Cartas*, p. 52.

[3] Lire *Popol Vuh*, p. CCXXIV, CCXIX, CCXVI, CLXX, LXVII. — Carli, *Lett. améric.*, v. I, p. 115, etc., 1792.

dans le pays que nous habitons, le prêtre est serpent comme son dieu lui-même, avec lequel il se confond, qu'il représente et qu'il mime, tantôt s'aidant du masque et tantôt des prestiges de l'art magique pour en revêtir la forme. Oui, les prêtres-dieux de ces dieux pierres et arbres sont géants et serpents; et, de plus, jusque dans les traditions populaires qui se tiennent encore debout, ce double souvenir s'attache aux monuments de leur culte, que ces monuments soient temples ou pierre isolée (*monolithe*).

Je suis serpent, car je suis druide, s'écrient en étalant leurs titres d'honneur les prêtres de nos régions Celto-Britanniques; et, parmi les légendes des saints qui évangélisèrent l'extrême Occident, à peine en saurions-nous dire une seule où ces héros chrétiens n'aient à combattre le grand dragon[1], c'est-à-dire le démon suscitant des monstres et des illusions magiques, ou surexcitant son sacerdoce. Lorsque le christianisme commence le cours de ses conquêtes, on voit donc ces prêtres serpents lutter avec fureur, ou céder, fuir en vaincus, se dérober dans les lieux écartés, dans leurs trous de couleuvre, dans leurs antres prophétiques, et chercher la sécurité de l'apostolat occulte dans les ténèbres. Sinon, c'est que la main des apôtres du Christ leur arrache, en les convertissant, les crocs et le venin de l'erreur; c'est que l'eau du baptême noie ces monstres, traînés vers le fleuve ou la rivière baptismale par l'étole sacrée que le missionnaire ou l'évêque leur passe au cou pour les attacher et les dompter[2].

Ces prêtres dragons, ces druides ont pris soin, d'ailleurs, de rappeler dans leurs œuvres, avec leur nom de serpent, *la force de géants*, la puissance et les dons surhu-

---

[1] Voir de nombreux et curieux exemples dans *Dieu et les dieux*, chap. *Serpents druidiques. Dracontia*, etc.

[2] *Saint Marcel, évêque de Paris*, etc. *Dieu et les dieux*, p. 500, etc.

mains qui les caractérisent. « Je suis un druide, je suis un prophète, je suis *un serpent*, je suis *un architecte*, répètent à l'envi ces pontifes; constructeurs de monuments dont les simples masses parcellaires épouvantent les mathématiques de nos ingénieurs modernes[1] ! »

Et nous ne quitterons point ce terrain sans y consigner une double observation : la première, c'est que la pierre pneumatique, c'est-à-dire spirite ou divine, revêtit souvent lorsqu'elle était isolée, et dès une antiquité très-haute, la forme naturelle, *ou symbolique,* du dieu : ce que nous avons vu dans les figures réelles du phallus, ou dans ses formes adoucies, telles que le cône, le cippe, l'obélisque.
— La seconde, c'est que les pierres réunies pour former des temples ou des monuments imitèrent, dès les origines les plus insondables du culte, la configuration de la divinité. Le temple devint la figure hiératique du dieu; son hiéragramme, selon l'expression de Bathurst, c'est-à-dire le dessin sacré qui traçait et répétait son nom dans sa forme.

Nous serons sobre d'exemples et de preuves, notre livre de *Dieu et les dieux* les ayant multipliés autant que la nouveauté du sujet l'exige; et nous renvoyons le lecteur à cet ouvrage, qui foisonne de vérités oubliées, ou d'aperçus que nous oserons presque appeler des surprises, éclatant à la gloire des traditions catholiques. Mais nous rappellerons que des champs de *Karnac* d'Égypte à ceux de *Carn-ac* de Bretagne, ces deux temples du serpent, dont le dernier se déroule sous nos yeux, les dracontia ont couvert le sol ! Ainsi se nommaient les temples du dragon que la terre adorait, et dont les traces jalonnent les régions de la Grèce et de l'Asie Mineure[2].

---

[1] From Taliessin, etc. *Archéolog. society of the antiquaries of London,* vol. XXV, p. 220.
[2] *Archeologia, Societ. of the antiq.,* vol. XXV, p. 222, etc.

Or, les érudits établissent que les adorateurs de ces temples-serpents étaient les adorateurs de la pierre[1]. Et de même que, dans l'îlot maltais de Gozzo, sur le passage des navires Chananéens de la Phénicie et de l'Afrique, le temple *des Géants,* encore aujourd'hui nommé la Giganteja, reproduisit sous la main des *serpents-architectes,* magiciens et adorateurs de l'arbre et de la pierre beth-el, la figure du chêne ou de l'arbre-dieu ; de même Carn-ac de Bretagne, dont le nom signifie la montagne du serpent, reproduit dans les sinuosités de sa marche, dans ses plis, dans les inégales ondulations de ses monolithes, géants de pierre jadis habités par les esprits ou les dieux des Gaules, la forme et les mouvements de l'éternel reptile[2].

Que si, de Carn-ac, le touriste archéologue veut bien me suivre au *Bal des Géants* de Stone-Henge, où j'eus la curiosité de me rendre jadis à la suite d'une promenade en Irlande, le même phénomène hiératique, ou sacré, nous y attend.

En effet, le dieu, le double dieu ne formant qu'une seule et unique divinité, c'est encore ici le même dieu nature ou serpent, et soleil ou Lucifer, nommé Baal. Et l'on ne saurait omettre de remarquer qu'une figure du serpent traversant un orbe solaire, et tracée comme cet orbe par des lignes de pierres divines, écrivait en caractères difficiles à méconnaître, dans le temple qu'elles composaient, l'histoire de la rencontre et de l'union des deux cultes qui se sont disputé le monde ancien, puis qui le possédèrent en commun : l'héliolâtrie, c'est-à-dire le culte sabéiste du soleil, et l'ophiolâtrie, ou le culte traditionnel du plus pneumatique, c'est-à-dire du plus spirite des animaux, le serpent ! Voilà

---

[1] *Serpent-temples and worshippers of stones.* Bathurst, *ib.,* 292.
[2] *Ibid.* Lire *Dieu et les dieux,* Carnac, p. 489, etc., *la Giganteja,* p. 526, etc.

donc les dieux de Stone-Henge reconnus pour être à la fois les deux divinités de Babylone et de Delphes : Bel et le dragon, Apollon et Python. Et ces dieux sont comme inséparables, ils sont enchaînés, enlacés l'un à l'autre ; mais la religion du serpent semble avoir le pas sur celle de la lumière astrale ; car, son prêtre, tout prêtre qu'il est du soleil, porte invariablement le nom du dieu-reptile [1].

Or ce qui nous frappe et que nous devons observer de prime abord dans ce temple du soleil-serpent, c'est encore et toujours le culte de la pierre. Voyez, voyez donc en tête de ses majestueux et admirables débris, figurer la pierre-dieu, le beth-el beth-aven de Chanaan, encore décoré du nom de both-al en Irlande, et que ses caractères ont trahi dès que les archéologues l'ont interrogé.

Asie, Europe, Afrique, Amérique, en tous lieux enfin, le monde s'est couvert des temples de ces dieux-pierres et arbres démoniaques, c'est-à-dire littéralement spirites, dont, partout, les prêtres se sont dits serpents, géants et magiciens. Mais nous ne nous étonnerons guère de ces similitudes entre la foi des peuples qui nous semblent *à tort* différents les uns des autres, ainsi que nous pouvons nous en convaincre en jetant les yeux sur ce paragraphe d'une étude insérée dans le *Correspondant*, sous le titre de : *Poésie des cloîtres Celtiques.*

« Émigrés de l'Asie centrale vers l'occident de l'ancien monde avec leur religion, leur langue et leurs traditions, les peuples de la famille Indo-Celtique s'étaient ramifiés d'étape en étape et graduellement modifiés, avant d'avoir un établissement durable et un développement régulier dans

---

[1] Bel and the dragon beeing uniformly coupled together, and the priest of ophite religion as uniformly assuming the name of his god. *Archéol. London*, vol. XXV, p. 220. Exemple : le druide dit : Je suis serpent; etc., etc.

la péninsule Armoricaine, les îles Britanniques et l'Irlande. L'histoire, qui n'a pas écrit à ces époques reculées, peut dire qu'elle ignore, *mais la science des langues* affirme! La philologie a renoué de nos jours, avec une probabilité de plus en plus haute, de plus en plus vérifiée, la chaîne à peine brisée entre l'*Orient* et l'*Occident*[1]. »

..... Que si, d'ailleurs, nous en croyons Kircher, l'invention de la forme de ces monuments remonterait jusqu'à l'Hermès Trismégiste de l'Égypte, c'est-à-dire jusqu'au prince de la magie postdiluvienne[2], celui qui enseigna l'art de faire des dieux en spiritisant la pierre, en y faisant descendre des esprits par les paroles évocatoires de la consécration.

Quoi qu'il en soit, devant les masses antiques de Stone-Henge, chaque savant nouveau passe et, comme pour soulager les douleurs de son impuissance, jette, en marquant le pas, ses conjectures sur le monceau de celles qui les ont précédées... Mais une tradition populaire et antique veut que la merveilleuse érection de Stone-Henge remonte au delà du déluge. Or l'Hermès égyptien est l'un des plus proches descendants de Cham, qui passe pour avoir reçu des fils de Caïn, avant le déluge, *quelques-unes* des traditions de l'antique magie, et pour les avoir transmises à ses maudits descendants. Au point de vue de *la conception architecturale*, et des moyens magiques *s'il en fut employé* pour l'érection de cette œuvre par ces prêtres qui s'intitulent avec orgueil architectes et serpents, Stone-Henge peut donc, en effet, se relier aux époques antédiluviennes, et la tradition conserver de la sorte une partie de sa valeur. Un fait, d'ail-

---

[1] H. de la Villemarqué, de l'Institut, tome LX, collect. et nouvelle série 24e, p. 570, 1863. *Lectures on the manuscript materials of ancient Irish history.* Eugène O'Curry, Dublin, 1861.

[2] *Ib. Archéol. London*, 292.

leurs, et des plus importants, dont nous devons la découverte à l'archéologie anglaise, c'est que, quelle que soit la date relativement moderne ou reculée de ce monument antique, la science des mathématiques semble le relier à la race de Sem ou de Cham. En effet « cet ouvrage, nous dit le docteur Stukeley, ne fut construit sur aucune mesure romaine, et c'est là ce que démontre le grand nombre de fractions que donne le mesurage de chaque partie, d'après les mesures européennes. Au contraire, et tout aussitôt, les nombres deviennent ronds dès qu'on le mesure d'après l'ancienne coudée, qui fut commune aux Hébreux fils de Sem, ainsi qu'aux Phéniciens et aux Égyptiens fils de Cham et imitateurs des monuments de pierres brutes et animées [1]. » Le hasard n'est point assez bon mathématicien pour amener de si précises rencontres : tant serait trop!

Ici donc, sur la pierre dieu-maison-de-dieu, devenue chez les Chananéens le beth-aven ou maison de celui qui est le mensonge; sur la pierre ointe, c'est-à-dire sacrée christ ou messie, mais messie démoniaque, et parallèle à celui qui est le fils de Dieu, le sang coula, le sang ruissela en l'honneur du dieu soleil-et-serpent, ou lumière-et-nature. Le sang inonda le Dracontium, répandu de la main de ceux qui s'appelaient serpents; et qui, par ce nom divin et pontifical, se rattachaient à la race pieusement sacrilége et dévergondée des géants [2], dont le nom n'a point péri; loin de là, car le langage populaire le joint encore à celui de Baal, le dieu-soleil adoré dans ce temple. Mais ce nom contracté, modifié, réduit au monosyllabe Bel ou Bal, signifia plus tard le bal ou ballet mystique par lequel les

[1] Ἐμψύχους. Voir dans la grande *Hist. univ.*, Angl., v. XXX, p. 393. — Lire Stone-Henge dans *Dieu et les dieux*, p. 503, etc. Y voir aussi les destinations diverses des monolithes et monuments druidiques, objet de tant de contestations, et qui s'accordent sans trop d'efforts.

[2] Voir ci-dessus et ci-dessous aux sabbats Chananéens et autres.

fêtes sacrées ou orgiaques honoraient le dieu.... Stone-Henge reste donc aujourd'hui debout sous l'une de ces dénominations antiques, celle de Bal-des-Géants, à laquelle prête encore son aspect, mais dont le sens étymologique et religieux est à peu près effacé.

Me sera t-il permis, maintenant, de redire l'impression produite en moi par l'aspect de cet unique monument, par le jeu de ces colosses de pierre qui, devant l'homme en marche, semblent se mouvoir grotesquement au loin comme des fantômes, sur le sommet du plateau dont l'immensité forme le morne désert à gazon ras et velouté de Salisbury? Les observer dans le lointain, lorsqu'un pas rapide vous en rapproche ou vous en éloigne dans le vague du crépuscule; les contempler, le soir, au moment où de légers brouillards traînent leur gaze devant les sombres lueurs du soleil plongeant à l'horizon; s'arrêter pour voir un souffle de vent agiter, chasser, enrouler autour des blocs de Stone-Henge les mobiles flocons de vapeurs qui semblent les animer de leur mouvement, en vérité c'est assister à un branle de fantômes, à un ballet de cyclopes! Ce sont des gestes étranges, ce sont des poses solennelles ou capricieuses, c'est un lent et grandiose tourbillonnement. Tout se remue, tout danse, et le regard s'y étourdit comme la pensée... Oh! oui, cette image que j'ai vue, et dont le pittoresque se joue de ma plume, serait par elle-même assez saisissante pour me faire attacher au front de Dracontium son nom vulgaire de Bal-des-Géants; et l'imagination seule, en le lui donnant, suppléerait ce qui lui ressemble le moins au monde : l'érudition!...

Dans le désir d'être bref, rapide, et de présenter une esquisse que la critique ne puisse accuser d'être trop incomplète, je me suis abstenu d'envisager ces pierres-dieux, ces pierres spirites ou animées ainsi que les appelaient les

CHAPITRE PREMIER.

Grecs : ἔμψυχους, au point de vue de leur action divine ou magique... Chacune d'elles cependant a ses actes particuliers, et la liste toute spéciale des merveilles qu'elle opéra. Leur histoire, leurs nombreuses et solides traditions datent des jours les plus reculés, et aboutissent aux époques où les orgies sabbatiques remplacent, après la chute de l'idolâtrie, les orgies des grands et des petits mystères... Quiconque se livrera sur ces phénomènes surhumains à des recherches spéciales et consciencieuses, se rassasiera de faits où, souvent, la pierre et le bois jouent de la manière la plus authentique le rôle de dieux oracles, ou de dieux se manifestant par la parole, le mouvement et l'action. Quelques pages sur les statues animées, qui succèdent à ces pierres divines, suppléeront d'ailleurs, et d'elles-mêmes, au silence à peu près absolu que nous avons observé sur les phénomènes de cette nature, lorsque nous nous bornions à énoncer l'origine mystique et la raison des dieux-pierres ou arbres, c'est-à-dire à minuter la première phase historique du spiritisme des temps anciens.

SEPTIÈME DIVISION.

Les statues animées remplaçant les pierres animées. — Croyance vulgaire et croyance des philosophes sanctionnées par l'aréopage ; un dieu habite les statues. — Peu importe la forme et la valeur artistique de la forme donnée par le ciseau à la pierre; l'art sacré lui donne intelligence, mouvement et puissance. — L'historien du paganisme agonisant et de l'Église, Eusèbe, établit que les dieux-démons, ou spirites, se cachent dans les statues. — Hermès Trismégiste, le prince des magiciens, et saint Augustin exposent ces faits. — Champollion sur l'authenticité d'Hermès. — Une bulle de Sixte-Quint reconnaît à la magie le pouvoir de lier les esprits à la matière. — Cette animation de la matière explique celle des dieux-fétiches, oignons, navets, chats ou crocodiles de l'Égypte. — Mot de saint Athanase. — Statues agissantes et parlantes, et autorités dans l'ancien et dans le nouveau monde. — Ces dieux s'échappent; on les enchaîne comme des chiens de garde. — Langage de saint Cyprien et d'autres Pères de l'Église. — La raison baissant dans la mesure où baisse la foi, on cessa de croire à ces prodiges renouvelés de nos jours. — Rappel des mêmes phénomènes dans la ligne d'ordre divin. — Les esprits qui inspirent et transportent ces blocs ou simulacres sont ceux qui inspirent nos médiums, qui voyagent à notre profit quand notre âme semble quitter notre corps pour voyager, et qui transportent nos corps dans l'espace.

L'art sacré d'infuser des esprits dans la matière, c'est-à-dire l'art de faire des dieux, ou la théopée, fut de bonne heure et ne cessa d'être en honneur chez les idolâtres ; car les yeux et les oreilles prouvaient aux peuples qu'un principe spirituel habitait la pierre ou le bois, dont la forme était si souvent devenue celle de l'homme [1]. Aussi Diogène Laërce rapporte-t-il que l'Aréopage exila d'Athènes le philosophe Stilpon. Ce bel esprit avait osé dire que la Minerve de Phidias, adorée des Athéniens, n'était qu'un bloc de marbre, et que la fille de Jupiter ne s'y trouvait pas réellement incluse : Οὐκ ἄρα αὐτὴ θεός ἐστιν[2]. Deux philosophes autrement considérables et postérieurs, Porphyre et Proclus, soutenaient et démontraient à qui mieux mieux que certaines statues attirent les génies, que la consécration les y enferme, et qu'un dieu les habite.

Mais que l'objet inanimé du culte soit arbre vivant, bois vert ou bois mort, pierre brute ou taillée, statue rudimentaire ou marbre docile au ciseau de Phidias, croûte infâme ou tableau d'Apelles, la perfection ou la grossièreté de l'œuvre sont tout un au point de vue du Surnaturel ou du Surhumain, que nous étudions sous les rayons convergents de toutes les sciences. Qu'une statue, qu'un bloc de bois ou de pierre, qu'une table, un guéridon, un trépied ;

---

[1] Lire le chap. *Statues animées* de mon livre *Dieu et les dieux*, publié en 1854, Paris. — *Id.* Une immense collection de faits précieux dans Bizouard, 1863, Paris, Gaume, etc. *Rapports*, etc., 6 vol. in-8°.

[2] Lire Drach, *Harmonie*, v. II, p. 448.

qu'un serpent, une chèvre, un oiseau s'anime, parle, se meuve, agisse, prophétise, et la raison nous dit aussitôt que tous les objets de même nature sont ou deviennent *passibles* d'un genre identique *d'activité*. La force, l'intelligence qui s'infiltre dans l'un d'eux ou qui l'enveloppe, qui se l'approprie et le domine, pourra sans efforts exercer sur toute chose ou sur tout être analogue une toute semblable influence ; et la mesure de capacité pour le Surnaturel afférente à chacun de ces objets se trouvera suffisamment établie par un seul. L'histoire, interrogée dans ses plus authentiques monuments, offre d'ailleurs à notre admiration plusieurs milliers de ces blocs ou simulacres agissants, au lieu de la simple unité qui, dans son isolement, serait rigoureusement nécessaire à fonder notre croyance à ce prodige. Et gardons-nous bien de négliger l'examen de ces précieux matériaux, s'il nous est à cœur de saisir dans leur germe et de comprendre deux des phénomènes religieux et sabbatiques les plus importants et les plus contestés par l'ignorance : c'est-à-dire l'animation divine de la matière, et le transport des objets ou des corps au travers des champs de l'espace.

Nous ne rappellerons donc point, pour le moment, ce que nous avons rapporté tout à l'heure de la vertu prophétique des pierres animées d'un esprit divin en Israël : du pectoral judaïque, de l'urim ou du thummim, et des thérapins, ni de la vertu des pierres démoniaques placées sur la ligne inférieure et parallèle ; mais nous aborderons plus directement le sujet des statues animées. Car les démons qui se donnent le nom de dieux *se sont cachés dans les statues* pour rendre leurs oracles. Ainsi nous le rappelle le grand et docte historien du paganisme agonisant et de l'Eglise naissante : Les hommes, nous dit-il, s'attachèrent par le moyen de la magie, et par la force des enchantements¹, ces malins esprits et ces puissances nuisibles répandues dans l'air, ou parlant du fond de la terre².

Que s'il s'agissait d'étendre cette démonstration, plutôt que de la confirmer, j'adresserais tout esprit curieux de recherches à deux autorités magistrales et hostiles : la première, ce serait Hermès le Trismégiste, le prince des magiciens de l'Égypte, le descendant de Cham, l'héritier d'une partie de la magie antédiluvienne ou Caïnite, si renommée par l'énormité de ses crimes. Je produirais en second lieu saint Augustin, c'est-à-dire l'un des Pères les plus savants de l'Église, et dont quelques pages nous ont rendu des textes positifs d'Hermès.

Champollion le jeune, ainsi que nous le redit Champollion-Figeac, tient pour indubitable l'authenticité générale des livres hermétiques; ce qui nous permet de laisser leurs feuilles se dérouler et nous parler : « — Qui donc es-tu? dit Thot, c'est-à-dire Hermès Trismégiste, à Pimander, être d'une stature démesurée, qui lui apparaît et l'interpelle. — Je suis la pensée de la puissance divine; dis-moi ce que tu désires, je serai en tout à ton aide. — Je désire apprendre la nature des choses qui sont, et connaître Dieu, reprend Hermès; puis il ajoute : ...M'ayant ainsi parlé, Pimander changea de forme et me révéla tout. J'avais alors devant les yeux un spectacle prodigieux : tout s'était converti en *lumière;* j'étais saisi de ravissement. Peu après, *une ombre effroyable,* qui se terminait *en obliques replis*³, et se revêtait d'une nature humide, s'agitait avec un fracas terrible. Une fumée s'en échappait avec bruit; une voix sortait de ce bruit; elle me semblait être la voix de la lumière, et le verbe sortit de cette voix de la lumière. Instruit par ce verbe

---

¹ Eusèbe, *Oratio de laud.*, Constant.
² Οἱ φωνέντες εκ τῆς γῆς. Septante, v. Baltus, suite de la Rép., p. 140-1.
³ *Égypte,* collect. F. Didot, Champollion-Figeac, p. 139, 140, 441, in-8°, Paris, 1847. Voilà Pimander. Dieu lumière et serpent!

effroyable; spectre humide, fumée et serpent, Trismégiste s'adressant à Asclépias (Esculape) : — Sache donc, lui dit-il, quelle est la puissance, quelle est la force humaine. Car, de même que le Seigneur est le père *des dieux célestes*, ainsi l'homme est-il l'artisan *des dieux qui résident dans les temples*, et qui se plaisent dans le voisinage des mortels. Fidèle à sa nature et à son origine, l'humanité persévère dans cette imitation de la divinité; et si le Père et le Seigneur a fait à sa ressemblance les dieux éternels, l'humanité fait ses dieux à sa propre ressemblance. — Ne serait-ce point des statues que tu parles, ô Trismégiste? — A coup sûr, Asclépias, et *quelle que soit ta défiance*, ne vois-tu pas que ces statues sont *douées de sens*, qu'elles sont *animées d'esprit*; et qu'elles opèrent une foule de prodiges? Comment donc méconnaître leur prescience de l'avenir, puisqu'elles le révèlent par *la voie des sortiléges*, par la bouche des devins et par les visions? Ne les voit-on pas atteindre et frapper l'homme *par des maladies, ou le guérir*? Ne sais-tu pas que l'Égypte est l'image du ciel, le miroir des évolutions du ciel, ou plutôt le temple de l'univers? Un temps viendra pourtant où l'on reconnaîtra que vainement l'Égypte a honoré d'un culte fidèle la divinité! Leurs plus saintes cérémonies tomberont dans l'abjection et dans l'oubli [1]!...»

« Hermès, dit saint Augustin qui rapporte ce passage, semble prédire le temps où la religion chrétienne puisera dans sa vérité et sa sainteté cette puissance qui ruine les mensonges de l'idolâtrie et de la magie; mais il parle en homme séduit par les prestiges des démons[2]. » — « Écoutez, reprend Hermès, quoi qu'on essaye de publier à la gloire de

---

[1] Asclépias, Trismégiste, chap. IX. — Ægyptios solos divinarum rerum conscios. Macrobe, sat. 1, 12.

[2] *Cité de Dieu*, liv. VIII, chap. 23. — Trismégiste sait que « les démons sont partout en ce monde, et qu'aucun lieu n'est exempt de leur présence ». Il dit que « les uns tirent de Dieu leurs lumières, ou

l'homme, c'est une merveille au-dessus de toute merveille qu'il ait pu inventer et créer une divinité... Il est vrai que l'incrédulité de nos ancêtres s'égara, et qu'ils tombèrent dans de profondes erreurs au sujet de l'essence et de la condition des dieux, car ils délaissèrent le culte du Dieu véritable. Cependant, *c'est en s'acheminant dans cette voie ténébreuse qu'ils ont trouvé l'art de se faire des dieux.* Impuissants à créer des âmes, ils ont évoqué celles des démons ou des anges *pour les introduire dans les statues consacrées, et pour les rendre présentes aux mystères*, afin de *communiquer par elles aux idoles* la faculté de bien faire ou de nuire. »

« Je ne sais, reprend saint Augustin, si les démons eux-mêmes, étant conjurés, en confesseraient autant que cet homme!... En vérité, n'est-ce pas la puissante volonté de Dieu qui le contraint à dévoiler l'antique erreur de ses pères!... »

Mais, bien que se constituant le fabricateur de ces dieux qui sont les princes des arts magiques, l'homme n'en était pas moins *possédé* par son ouvrage : *Neque non possidebatur ab eis, ipse qui fecerat.* — En les adorant, il entrait en vaniteux subalterne dans la société, non de stupides idoles, mais de perfides démons. Que sont en effet les idoles, sinon des objets qui, suivant la parole de l'Écriture, ont des oreilles pour être sourdes, et des yeux pour ne point voir? Mais les esprits immondes, liés à ces statues par cet art criminel, — *immundi spiritus eisdem simulacris colligati,* — et engageant dans leur société les âmes de leurs adorateurs, les avaient réduites à une misérable servitude [1], dont

---

que, s'infusant dans l'homme, ils le poussent à l'homicide, à l'adultère, au sacrilége et à tous les crimes. » Pimander, Trism., chap. IX. *Id.*, Asclép., chap. IX.

[1] *Cité de Dieu*, liv. VIII, chap. XXIV. Lire le chap. des *Statues animées* dans mon livre *Dieu et les dieux*, 1 vol. in-8°, chez MM. Lagny. Paris, 1854, 600 pages.

le salaire se payait en saturnales qui, trompant l'esclave par quelques heures de fausse puissance, lui mettaient à la bouche ce cri de l'orgueil aveuglé : Je commande au maître !

Que si les arts magiques donnaient à l'homme, et tout juste en mesure suffisante pour le décevoir, la puissance d'enchaîner les Esprits [1], d'animer la pierre ou le bois des statues, de leur arracher des oracles, ou de contraindre à prophétiser les dieux ou les médiums de l'Égypte, bêtes ou plantes, serpents et crocodiles, bœufs et chats, oignons et carottes; que si cette puisance démoniaque, descendue des hauteurs de l'âge antédiluvien, avait éclaté dès le temps des premiers héritiers de Cham, en Égypte; que si, sans s'affaiblir en se laissant aller au fil des siècles, elle avait fleuri dans le monde entier; que si elle régnait encore à Rome à l'époque de Tertullien, rapportant parmi les phénomènes sur lesquels s'était blasé le vulgaire, les oracles rendus par les trépieds, les tables et les chèvres; — *per quos et mensæ et capræ divinare* CONSUEVERUNT; — de quoi nous étonner si, traversant le moyen âge et les temps de la renaissance, cette force intelligente parvint jusqu'à nos jours tantôt languissante, demi-morte et honnie, tantôt reprenant vigueur et glorifiée, selon qu'il lui importait de s'effacer ou de resplendir [2]? Mais revenons à nos statues animées et divines, ne nous écartons point prématurément d'un sujet d'une telle importance, et, nous laissant glisser le long des siècles d'Hermès à Porphyre, jugeons par la durée subsistante encore de la croyance à l'animation des simulacres, quelle en fut la force et l'expansion. Il n'y a point à s'étonner, dit

---

[1] Voir en cet ouvrage la bulle de Sixte-Quint, des esprits *liés* à des bagues ou à d'autres objets.

[2] Tertul., *Apol.*, XXIII. Voir ces faits et leurs preuves dans mes deux livres antérieurs : *la Magie au dix-neuvième siècle*, etc., et les *Médiateurs et Moyens de la magie*, etc. — Id. *Moyen âge*. Lire les *Capitulaires de Charlemagne*, précieux et admirable recueil, etc.; etc.

le philosophe Porphyre, prenant en pitié l'imbécillité des incrédules, si les hommes les plus grossiers ne voient dans les statues que des pierres et du bois. Ainsi ceux qui n'ont point la connaissance des lettres n'aperçoivent-ils que la pierre dans les stèles chargées d'inscriptions, et que le tissu du papyrus dans les livres [1]. Mais les dieux qui habitent ces statues savent se manifester au besoin. Saint Athanase dit donc avec raison que la pierre et le bois séduisaient les hommes qui les adoraient, *grâce aux prestiges des démons qui s'en étaient emparés* [2]!

« Junon, vous plairait-il d'abandonner les murs de Veiès et de vous installer à Rome ? » s'écrie d'un ton demi-badin l'un des soldats romains qui viennent de porter la main sur la statue de la déesse, dans la ville conquise. Junon fait signe de la tête qu'elle y consent ; puis elle ajoute : « Oui, je le veux » ; sa statue, enlevée par les vainqueurs, semble à l'instant *perdre sa pesanteur* et les suivre, plutôt que se faire porter [3].

Moins dociles, moins accommodants se montrent les pénates apportés de la Troade, et placés à Lavinium ; car s'ils se laissèrent transporter dans la ville d'Albe et placer dans un temple nouvellement bâti, la nuit suivante, et quoique les portes fussent scrupuleusement fermées, ils sortirent de ce temple. Aucune dégradation du toit ou des murs ne marqua leur passage, et d'eux-mêmes ils se replacèrent sur leur ancien piédestal. Prodiguant les prières et les sacrifices expiatoires, les Albains, pieusement opiniâtres, les ramenèrent dans leurs murs ; mais la vigilance du public ému fut

---

[1] *Id.*, Eusèbe, *Prep. ev.*, lib. III, cap. vii.
[2] Athan., *De incarn. Verb.*, I. Καὶ πάλαι, etc.
[3] Tite-Live, V, déc. I. — Val. Max., I, cap. vii. — Perdre ou augmenter sa pesanteur ; phénomène tabulaire itérativement constaté, et dont je fus témoin. — Même fait dans l'histoire de saint Hyacinthe, de Pologne, Bollandistes.

de nouveau trompée; et, pour la seconde fois, les dieux, quittant la ville d'Albe, retournèrent à leur séjour favori[1]. Les gens sensés croiront-ils qu'il eût été facile de tromper ainsi tout un peuple, en le prenant à contre-sens de ses vœux, de ses intérêts, de ses efforts? De ces volontés des dieux luttant contre celle de l'homme, était née chez les idolâtres l'habitude de lier sur place les divinités, et de les enchaîner aux murs d'une manière visible ou latente. Un lien de métal captivait ces puissances, toujours empressées de jeter sur les voies de l'homme les erreurs et les illusions qui l'hébètent et le perdent! C'est ainsi qu'un Tyrien rêvant à Tyr, assiégé par Alexandre, qu'Apollon, une de leurs grandes divinités, s'apprêtait à les abandonner, les habitants lièrent avec une chaîne d'or sa statue à l'autel d'Hercule, leur dieu tutélaire, afin qu'il retînt Apollon : *Inseruere vinculum quasi illo deo Apollonem retenturi*[2].

A quatre milles de Rome, un temple élevé à la Fortune féminine rappelait Coriolan vaincu par les larmes de sa mère. « Heureux, s'écria la statue-fortune, les auspices sous lesquels vous m'avez consacrée[3]! »

« Le sénat romain ayant ordonné que le public fournirait aux dépenses nécessaires pour un temple et pour une statue de la Fortune, les femmes prirent la résolution de faire une autre statue de la déesse, avec une somme d'argent qu'elles avaient ramassée entre elles; après que l'on eut mis en place dans le temple ces deux statues, et dès le premier jour de la dédicace, celle que les femmes avaient fait exécuter à leurs dépens prononça d'une voix claire et distincte, en présence de plusieurs Romaines, une phrase latine qui, dans notre langue *grecque*, donne à peu près ce sens : « O femmes!

---

[1] Denys d'Halicarnasse, *Ant.*, liv. I, ch. xv.
[2] Quinte-Curce, liv. IV, cap. III.
[3] Val. Maxim., liv. I, 8.

en me dédiant cette statue, vous vous êtes conformées aux lois saintes de la religion de votre cité ! »

» Ce qui arrive ordinairement lorsqu'une voix extraordinaire se fait entendre, ou que l'on a quelque vision surprenante, arriva en cette occasion. La plupart des femmes présentes doutèrent si c'était ou non la statue de la déesse qui avait proféré ces mots avec une voix humaine ; et celles qui n'avaient point remarqué d'où venait cette voix, pendant que leur esprit était attentif ailleurs, ne voulurent point s'en rapporter au témoignage des autres, QUI LES AVAIENT VU *proférer par la statue*. Or, un moment après, la statue de la déesse répéta les mêmes paroles d'une voix plus élevée, pendant que le temple était rempli de monde et qu'un profond silence régnait partout ; il n'y eut plus lieu, dès lors, de douter du miracle ; et le sénat, dûment informé, ordonna qu'outre les cérémonies et les sacrifices alors institués, on en célébrerait d'autres encore tous les ans, selon les rites que les pontifes prescriraient[1]. »

Ni saint Augustin ni Lactance n'hésitent à nous entretenir de ces statues *parlantes*, oraculaires, prestigieuses, qui ne sont qu'une des preuves sans cesse répétées des facultés et de l'astuce des démons appliqués à perdre la race des hommes, en se substituant au culte du vrai Dieu[2]. « S'appliquant sans relâche à accabler les hommes de maux sans nombre, ils trompent ces âmes faibles et insensées, dit Eusèbe, par *les mouvements* qu'ils ont imprimés aux statues des hommes morts, *consacrées* par les générations antérieures, et offertes à leur vénération ; ils les ont égarés par *les oracles qu'ils ont rendus* et par *les guérisons* de mala-

---

[1] Denys d'Halicarnasse, liv. VIII, chap. VII. Valeur et crédibilité de Denys d'Halicarnasse : voir *Des journaux chez les Romains* et sur les *Annales* des pontifes, par Victor le Clerc, membre de l'Institut, doyen de la Faculté des lettres, Paris, 1838, p. 104 et autres.

[2] *De civ. Dei*, lib. IV, cap. XIX. — *Divin. instit.*, lib. II, cap. XVII.

dies dont ils avaient préalablement frappé leurs corps ; ils les ont fascinés au point de se faire prendre tantôt pour de véritables dieux, et tantôt pour *les âmes* des héros *déifiés!* C'est ainsi que le culte d'une multitude de dieux se revêtit de grandeur et de dignité aux yeux des peuples, qui transportèrent leur pensée des objets visibles AUX ÊTRES INVISIBLES QUE RECÉLAIENT LES STATUES [1]! Que dire, en effet, devant cette Hécate à laquelle nous conduit Eunape, et dont le visage accueille nos prières par un sourire, tandis que les flambeaux de son temple s'allument d'eux-mêmes [2]? Et que dire encore devant la statue d'Apollon? regardez : la voilà qui se sent en veine de rendre des oracles : χρησμηγορεῖν. Elle se remue, elle s'agite sur son piédestal, et ses pontifes accourent pour la porter ; sinon, la sueur ruisselle sur son corps, et *d'elle-même* elle s'avance : Ils la chargent sur leurs épaules, et leur mouvement perd aussitôt sa liberté ; car elle les force à marcher tantôt à droite et tantôt à gauche. Le grand prêtre se présente et l'interroge ; mais elle les emporte en arrière, ce qui signifie qu'elle se refuse à leurs vœux. Non, rassurons-nous, la voici qui se ravise et qui les pousse en avant ; elle se montre donc favorable, car c'est ainsi qu'elle rend ses oracles ; et nulle affaire profane ou sacrée n'est entreprise sans que le dieu soit consulté d'après ce rite, qui rend sensible l'action divine [3]. »

Or, pense-t-on que des faits de cette publicité, de cette fréquence et de cette durée, se prêtent aux folles complaisances de l'histoire et à la fourberie de tous les témoins? Et

---

[1] Eusèb., *Prep. evang.*, lib. V, cap. II.

[2] *Vie de Maxime*, Eunape. — Id., *Faits spirites souvent renouvelés.* Voir par exemple *le Mystère de la danse des tables*, par un catholique, le comte Eug. de Richemont, mon très-savant ami, ancien gouverneur de colonies, etc., etc., Paris, 1853 ; p. 10.

[3] *La déesse de Syrie*, Lucien. Opuscule, *post medium*, Balt., suite à la *Rép.*, p. 375-6 ; etc. Baltus restreint à tort plusieurs de ces prodiges, loin de les étendre.

quiconque étudia sur le vif nos tables parlantes, nos guéridons, nos meubles oraculaires ou pythonisés, ne fut-il pas témoin de phénomènes analogues? phénomènes où les illusions que le démon s'exerce à produire ont, comme dans les lieux sacrés des anciens, des procédés « *semblables aux amusements des enfants* », ainsi que l'écrivait à Julien un des Pères de l'Église [1].

Des statues animées étaient les dieux de certains Lapons; et le Loyer, qui nous les décrit, explique le phénomène du mouvement de ces idoles dans des termes d'une concordance trop parfaite avec ceux des grands docteurs de l'Église, pour que sa naïve peinture, et sa droite raison, ne prêtent point quelque force à nos pages.

« Les Pilappiens, — ou Lapons, — dit Gaspard Peucère, περι μαντείας, vivent de venaison et de pesche. Quand ils alloient, devant leur christianisme, chasser ou pescher, ils conjuroient leurs dieux et taschoient de les faire mouvoir de leurs lieux. Si leurs dieux les suivoient, c'estoit un signe qu'ils leur promettoient un bon succès dans leurs affaires. S'ils résistoient ou ne suivoient qu'à peine, c'estoit un signe que tout ne succéderoit pas bien. Et s'ils ne vouloient aucunement mouvoir de leur lieu, c'estoit alors que les Pilappiens conjecturoient qu'ils estoient faschés contre eux, et les apaisoient de sacrifices et autres cérémonies que Peucère récite. Que ces dieux estoient des idoles et statues, il n'en faut point douter; et, néanmoins, *par enchantements*, les Pilappiens pouvoient *les rendre mobiles* par la force du diable qui y opéroit. Que si le diable opère en une idole massive et la peut mouvoir, pourquoi ne pourra-t-il pas aussitôt ouvrer et besongner en un corps, monstrant ses fonctions par iceluy? Et quant à l'histoire de ces dieux, ne

---

[1] Lire *Cyrillus*; Alex., liv. VI.; *contra Julian*. — Greg., Nazian. orat. III. — *In Julian*, — Balt., *Rép.*, 267.

fait-elle pas croire estre véritable ce que les historiens romains disent estre advenu après la prise de Véies.[1] »

Lorsque Fleury s'accorde avec l'illustre médecin joséphiste de Haën, qui le nomme le plus sage et le plus exact des historiens (*accuratissimus ac prudentissimus*); lorsqu'il nous rappelle le fait d'une statue renversée par un démon qui possédait un jeune homme, d'après l'ordre que le mage Apollonius intime à ce mauvais esprit de se dessaisir de sa proie et de donner ce signe de son départ, le démon qui renversa cette statue n'eût-il pu tout aussi facilement la mouvoir, la faire marcher et parler [2]?

Que s'il nous plaît de nous transporter dans les Indes, pays où fleurissent les arts magiques, toute bouche s'ouvrira pour nous apprendre l'arrivée de deux statues miraculeuses de Bouddha, qui jadis avaient converti le royaume de Koustana. L'une était venue du Kachmire par les airs, à la prière d'un ancien roi qui était allé au-devant d'elle à la tête de son armée. La statue avait suivi le monarque pendant quelque temps; mais parvenue à la ville de Po-Kia-I., elle s'était arrêtée. Ce fut alors en vain que le roi joignit ses efforts à ceux de ses soldats pour la transporter ailleurs ; car nulle puissance humaine ne put la faire remuer de sa place. La seconde de ces statues s'était placée d'elle-même sur un trône disposé pour la recevoir, etc., etc. Quelques-uns des simulacres de ce pays possédaient des vertus miraculeuses. L'un d'eux passait pour opérer des cures infaillibles. Le malade collait une feuille d'or à l'endroit du corps où se faisait sentir la souffrance, et sa guérison était immédiate [3].

[1] Le Loyer, liv. des *Spect.*, p. 414, etc., à la statue de Junon, et que nous avons rapporté quelques pages avant celle-ci.
[2] Haën, *De magia*, 1777, p. 48-9.
[3] *Le Bouddha...*, J.-Barthélemy Saint-Hilaire, membre de l'Institut, nouv. édit., Paris, 1862, p. 291-2. L'auteur eut la gracieuseté de s'entretenir avec moi de son œuvre : il ne me parut pas croire le

En Amérique, le magicien Ahcunal étant devenu roi d'Uxmal, le dieu qui l'avait protégé pendant la sage période de son règne, Kiné-Ahau, s'irrita de ses débordements. Une nuit donc, un grand bruit se fit entendre dans son temple, et, le lendemain, les prêtres publièrent que la statue du dieu avait disparu. Le superbe monarque, loin de fléchir, fit faire une statue d'argile et l'enferma dans une fournaise ardente. Elle y resta plusieurs nuits au milieu des flammes, puis s'anima tout à coup au temps marqué par le monarque; et le peuple, à cette vue, tombant la face contre terre, l'adora; Ahcunal avait forcé l'esprit du mal à entrer dans le nouveau dieu de terre; mais, par un autre prodige, il se fit que tous les dieux d'Uxmal disparurent.

Aussi ces adorateurs suivaient-ils, au besoin, l'exemple des Phéniciens, les ancêtres de leur culte, en tenant leurs dieux à la chaîne, comme des chiens de garde, et en les confiant à l'œil des geôliers. Un édifice des plus curieux par sa destination était donc, au Mexique, la prison des dieux; et l'on y enfermait les idoles des peuples vaincus, chacun sachant que, tant que ces divinités resteraient captives, elles ne pourraient aider leurs adorateurs à secouer le joug [1].

En face de ces merveilles, qui couvrent l'espace et remplissent les siècles, il est enfin temps de laisser un Père de l'Église, saint Cyprien, confirmer de sa parole une croyance que le témoignage de leurs propres sens; renouvelé mille

moins du monde à ce Surnaturel. Ajoutons que, jusque-là, ce savant distingué n'avait point étudié cette question. Le bonheur, d'après les bouddhistes, consiste à réduire tout son être au pur néant, mais la difficulté d'y réussir est extrême; de là leur ascétisme, etc... Lire l'ouvrage de l'honorable membre de l'Institut. — Cependant, m'objecte, lorsque je lui cite cette croyance, Mgr Th..., vicaire apostolique à l'Hassa (Thibet), les bouddhistes reconnaissent un ciel enrichi d'un grand nombre d'étages de bonheur.

[1] *Histoire du Mexique*, Brasseur, de B., p. 588; vol. II, p. 664; v. III, 1857. — Même croyance à Rome idolâtre, etc.

CHAPITRE PREMIER.

fois, avait imposée à tous les peuples de la terre ; écoutons d'une oreille attentive sa parole : « Vos idoles, vos statues consacrées sont *la demeure des démons*. Oui, ce sont ces Esprits qui *inspirent vos devins*, qui *animent* la fibre des entrailles de vos victimes, qui *gouvernent le vol* des oiseaux, et qui, mélant sans cesse le faux au vrai, *rendent des oracles*... et *opèrent des prodiges*, dont le but est de vous amener invinciblement à leur culte : *Ut ad cultum sui cogant*[1]. »

Voilà ce que formule saint Cyprien, et sa voix se joint à celle de saint Athanase, de Tertullien, de Minutius Felix, de Lactance, pour inviter les païens à voir de quelle sorte et avec quelle aisance les chrétiens de la primitive Église chassaient les démons du sein de ces oracles[2], c'est-à-dire y faisaient cesser les signes sensibles qui, parlant à la fois aux yeux, à l'oreille et à l'intelligence de ces idolâtres, les enchaînaient à l'erreur.

La foi baissant, la raison tout naturellement baisse ; aussi les prodiges du sabbat révoltent-ils aujourd'hui la raison de bien des gens. Cependant nous voyons les Esprits animer et transporter jusqu'au bois et à la pierre, leur donner le mouvement et la parole. Nous savons que, dès les âges les plus reculés, il exista, sous le nom de théopée, un art de se faire des dieux et de douer de sens des statues ; un art de leur infuser, avec une âme, le don d'opérer des prodiges ; un art, en un mot, de les lier à un esprit et de leur donner, du sein de la matière inerte, vie, action, puissance ; nous savons que la consécration opérée selon le rite sacerdotal et magique assure le cours irrégulier, mais incontestable, de ces phénomènes sacrés. Il y aurait donc grossière inconséquence à nous étonner de les voir se reproduire avec

---

[1] *De idol. vanit.*, liv. I, p. 452, Collect.
[2] Lire Baltus, *Rép.*, p. 264, etc., etc., etc.

des modifications qui, sans en altérer la nature, les développent ou les raccourcissent dans les scènes de la magie moderne ou de la sorcellerie sabbatique, auxquelles toutes ces études de détail préparent et familiarisent notre intelligence.

La chair vive, celle de la bête ou de l'homme, ne pouvait-elle donc être aussi facilement possédée par les Esprits, c'est-à-dire animée de l'esprit de Python, ou pythonisée, que la matière inerte ?... Tertullien nous a rappelé naguère les chèvres divinatrices; saint Cyprien vient de nous redire que, dans les aruspices, les oiseaux étaient *gouvernés* dans leur vol par les esprits présidant à la divination; un aigle fondant du haut des cieux s'empressait de recevoir les caresses de Pythagore, et couvrait de ses ailes la tête de ce philosophe dissertant aux jeux Olympiques sur les augures et les signes oraculaires [1]..... Et nous avons vu, de nos jours, les oiseaux de M. Tréfeu, *magnétisés selon le rite des idolâtres du Gange*, manifester des faits inconnus, deviner les choses secrètes, et répondre à qui les interrogeait, en choisissant du bec les lettres dont se composait leur phrase [2]. Élève des mages de l'Égypte et de la Chaldée, le même Pythagore que nous venons de nommer se sert de la parole humaine pour converser avec des animaux; il leur inculque et leur fait suivre les leçons de sa fausse sagesse [3] : triste langage, dont la magie seule pouvait lui fournir le secret, dit saint Chrysostome, et bien préjudiciable à l'homme, que ces prodiges ont pour but de corrompre [4] ! langage, enfin, qui nous aide à comprendre l'adoration de

---

[1] Tertul., *Apol.*, 22, 23. Per quos et capræ, et mensæ divinare consueverunt. — Aquilam in ludis Olympiis ex sublimi ad se detraxit. *De vita Pithagori*, Malchus (aut Porphirius). Altorf, cIↃIↃCX, p. 16-18.

[2] *La Magie au dix-neuvième siècle*, ch. xii, 3ᵉ div.

[3] *Ib.*, Malchus, p. 15, 21, etc.

[4] Quod is qui brutæ sic alloquebatur, nihil utilitatis hominibus præstaret, imo ipsis multum noceret. Chrysostom. in Johan. Evang., homil. 2ᵃ.

la matière inerte, de la plante potagère ou des plus vils animaux, par le peuple d'Égypte, c'est-à-dire par l'un des peuples renommés pour sa science et sa sagesse entre les habitants du vieux monde.

En tout cas, si, de la ligne idolatrique ou démoniaque, il nous plaît de nous reporter sur la ligne parallèle et divine, ce phénomène des simulacres ou des effigies animées est celui qui, l'an 1796, réveille d'un bout à l'autre la péninsule Italique étonnée, épouvantée, et consolée à la fois du mouvement et de la vie qui, devant les centaines de milliers de témoins et de scrutateurs que lui députe l'Europe, se manifeste dans ses saintes images. L'animation de la matière inerte y démontre une fois de plus et à satiété que des Esprits *bons ou mauvais* la pénètrent, l'enveloppent, la gouvernent, se font d'elle un masque, un voile sous le couvert duquel ils agissent; un instrument de langage et de prophétie, un moyen de propager l'erreur diabolique et de créer des cultes sacriléges, ou de maintenir les fidèles dans la droite voie et de les confirmer dans la foi divine.

Nous avons reproduit, dans le second chapitre de *la Magie au dix-neuvième siècle,* le récit de ces faits, celui des preuves qui les accompagnent, et de la confirmation que l'Église y donna pour l'institution d'un office spécial et annuel. Que dire de plus [1] ?

Et ce qu'il y a de certain, c'est que l'Esprit que nous venons de voir chez les idolâtres pythoniser la statue, la matière inerte et l'animal, c'est-à-dire les médiums de pierre, de bois ou de chair vive, communique à chacun d'eux une partie de ses propres facultés, sa vie, son intelligence, sa science et son mouvement au sein de l'air, où il règne en prince; — *principes aeris hujus...* Ce qu'il y a d'indubi-

---

[1] Dans *les Bollandistes*, et ailleurs, mille faits miraculeux de statues parlantes ou agissantes sont d'une authenticité qui défie toute critique.

table, c'est que cet esprit est le même qui pythonise le médium humain, qui lui *infuse* sa science, le don des langues, la connaissance et la vue des choses éloignées ou secrètes; il est le même qui parle non-seulement à nous et en nous, mais par nous, à l'aide de nos propres organes, et lorsque nous semblons parler librement et de nous-mêmes; il est celui qui voyage à notre profit et nous renseigne sur les faits lointains, tandis que notre âme semble voyager, désertant son corps engourdi; le même enfin qui se joue du poids de nos corps, qui les élève au-dessus de terre, les transporte et leur imprime dans les champs de l'air une vélocité que ne saurait égaler le vol de la flèche... Mais imposons-nous une halte et reprenons haleine; cette dernière assertion nous renvoie au chapitre suivant.

CHAPITRE DEUXIÈME.

TRANSPORT AÉRIEN DES CORPS, VOYAGES DES AMES, PÉRÉGRINATIONS ANIMIQUES ; DOUBLE PRÉSENCE DE L'HOMME, BICORPORÉITÉ, BILOCATIONS, ETC., ETC.

PREMIÈRE DIVISION.

L'âme peut-elle, sans que la vie se brise, se séparer du corps ? — Opinions. Autorités. Raison. Exemples. — Magnifique épisode de Timarque dans l'antre de Trophonius. — Trésors contenus dans cet épisode. — L'âme d'Hermodore se sépare de son corps et voyage. Erreur : l'âme ne quitte point le corps ; elle lâche à son génie un lien qui l'attache à elle ; celui-ci revient, la renseigne, et l'âme semble avoir voyagé ; ainsi pense-t-on du temps de Socrate ! — Bodin et sa sorcière ; il est moins près de la vérité. — Olaüs Magnus du concile de Trente, et les Finlandais ou Lapons à âme voyageuse. Bodin et les deux âmes humaines. Il suit la Kabbale. — Glanvil, erreur. — Docteurs Delrio, de Lancre ; expérience et vérité. — Faits que me rapporte le P. Palgrave, ancien officier de cipayes, missionnaire dans l'Arabie-Heureuse, etc. — Le monde magnético-spirite moderne ; faits récents : le docteur Cuyler ; ce qu'il voit ; faits objectifs : son chien enlevé ; l'âme de sa cousine demandée, etc. — Vision animique, l'âme de Marthe, évoquée loin de son corps, ouvre une fenêtre, parle, lance un chien à dix pieds de distance. — Sir Robert Bruce. — Le vaisseau de Québec ; un naufragé écrit dans le vaisseau avant d'y aborder. Résumé des faits. — Le célèbre médecin Jean Wier s'accorde avec Ulric Molitor pour l'explication de ces phénomènes. — L'explication de ces deux docteurs est la vérité.

De l'animation de la matière inerte, et, par exemple, *du mouvement* des statues, l'esprit s'avance en droite ligne vers la possibilité du transport de la matière par des êtres invisibles à travers les champs de l'espace. La translation aérienne du corps humain, ou de corps d'un volume et d'un poids très-supérieurs à ceux de la personne humaine, ne sera donc plus rangée au nombre des rêves. On observera d'ailleurs que ce phénomène, essentiellement lié dans notre ouvrage à celui des voyages sabbatiques, se rattache par quelques points *au mode* trompeur de *double présence* que nous verrons s'effectuer par le fait du transport aérien des vivants. Mais le mot que nous avons à dire sur cette manière d'être, ou de sembler être à la fois en deux lieux différents, étant rejeté par nous assez avant dans le chapitre actuel, il nous faut rompre un instant l'enchaînement naturel des choses. Et puisqu'il fut admis de tout temps que c'est l'esprit qui meut les corps, — *mens agitat molem,* — occupons-nous, avant tout, de cette étrange faculté de l'esprit; voyons ce que le phénomène des voyages animiques, nécessaire à l'intelligence de la double présence de nos personnes, contient de réel ou de spécieux.

Déjà nous avons plongé, ce semble, assez avant dans l'étude de la personne humaine, et sondé à de passables profondeurs les mystères de l'existence et de la formation du fantôme.

Cependant, le singulier phénomène des voyages réels ou apparents de l'âme hors du corps nous engage à porter une nouvelle attention sur ce problème; nous chercherons ensuite ce dont notre corps et notre âme, s'ils ne possèdent aucun moyen suffisant de produire le fantôme, peuvent être redevables, en fait de manifestations fantasmatiques, au concours des purs esprits, à l'action des démons ou des anges, que l'homme avoisine de si près dans l'échelle des êtres créés.

Aucune science, jusqu'à ce jour, ne s'est formée d'un seul jet, parce qu'un arrêt du ciel condamne l'homme à ne

---

[1] Chapitres : *Le fantôme humain* et *le principe vital*, dans le livre *Médiateurs et moyens de la magie.*

jamais toucher aucun fruit avant d'avoir arrosé de ses sueurs l'arbre qui le porte et le nourrit de sa séve. Lors donc que nous nous trouvons reprendre, pour un moment encore, et dans la direction nouvelle du *voyage des âmes*, la question du fantôme et de son principe, on nous pardonnera de ramasser le bâton d'Empédocle; on nous approuvera de ne procéder qu'avec lenteur; en sondant à chaque pas le sol crevassé d'abimes à demi couverts sur lequel nous nous hasardons; espace immense et presque inconnu de nos contemporains, région semée de trompeuses lueurs et de feux dévorants.

Et d'abord, puisque la première question qui se présente est celle des voyages animiques, l'âme saurait elle, sans que la vie se brise, se séparer du corps? ou bien peut-elle, en suivant l'impulsion de ses facultés natives, voir et agir à de prodigieuses distances? Les substances fluidiques du corps s'allongent-elles au loin pour la servir? Est-il en elle de darder, de rayonner hors de son domicile organique, pour y rentrer et s'y replier, semblable en quelque sorte au corps élastique qui s'allonge et revient subitement sur lui-même?

Portant la parole aux peuples de la terre qu'il avait pour mission d'enseigner, saint Paul, ce merveilleux révélateur, a dit, avec une autorité qui se passe de toute précaution de discours : « Je connais un homme en Jésus-Christ qui fut ravi, il y a quatorze ans, au troisième ciel; si ce fut avec son corps, ou sans son corps, je ne le sais, Dieu le sait. Et je sais que cet homme fut ravi dans le paradis, et qu'il y entendit des paroles ineffables qu'il n'est pas permis à un homme de rapporter [1]. »

Saint Paul a donc pensé que, grâce à l'action d'une *influence miraculeuse*, il ne serait point impossible à la personne humaine de se diviser en deux parties sans mourir? Oui, sans doute; mais la formule dubitative dans laquelle se

---

[1] Saint Paul, Cor., II, cap. XII, 2, 3, 4.

retranche sa pensée révèle à quel point cette exception doit être rare; et nous devons dire, avec l'ensemble des docteurs enseignants : « Le corps ne peut être séparé de l'âme, ni dans l'extase naturelle, *ni dans l'extase divine*, encore qu'il soit certain que, par la volonté de Dieu, l'âme puisse quitter le corps pour y revenir [1]. »

« L'extase diabolique, dit le Loyer, n'a pas tel pouvoir que de faire abstraction de l'âme hors le corps. » Ceux qui le soutiennent « se sont mis trop témérairement et à la volée en cette dispute; il appert en ce qu'ils n'ont aucuns anciens docteurs approuvés de l'Église, de l'autorité desquels ils puissent appuyer leur dire. Ainsi, tout au rebours, ils sont combattus évidemment de leurs escrits [2]. »

Imaginez quoi que ce soit au monde, affirmait Tertullien, plutôt que d'attribuer à l'âme *la liberté de déserter son corps avant de mourir*. Et si jamais pareil événement était affirmé, pensez que Dieu seul y a mis la main [3]. Le corps dont l'âme se sépare un instant *est mort*. L'âme y retourne-t-elle pour l'animer? Un tel miracle devient tout aussitôt une *résurrection*; et c'est là ce que nous devons nous interdire de reconnaître dans les phénomènes inscrits au titre de la bilocation. Quitter son corps pour y revenir, ainsi qu'on sort de sa maison pour y rentrer, ne serait-ce point, en effet, pour l'âme humaine, opérer le miracle que Jésus-Christ, dans sa toute-puissance, et afin de faire éclater sa divinité, n'accomplit qu'une seule et unique fois en sortant victorieux du tombeau?

Que si pourtant nos oreilles s'ouvrent au prince de la philosophie du monde idolâtre, ce sera pour recueillir, dans une de ses anecdotes, une parole de guerre contre le sens des docteurs qui viennent de poser ces principes. Écoutons :

---

[1] Schram., *Theol. myst.*, ad usum direct., vol. II, p. 343, Paris, 1848.
[2] Le Loyer, les quatre livres des *Spectres*, p. 630.
[3] *Divinitus factum*, Tertul., *De anima*, cap. XLIV.

— Je ne sais quel Pamphilien fut laissé pendant dix jours au nombre des morts *sur un champ de bataille*. On allait placer son cadavre sur un bûcher lorsqu'il revint à la vie, et notre homme se prit aussitôt à raconter les merveilles dont il avait été témoin *dans un voyage aux enfers*[1]. — Les anciens croyaient donc à la possibilité de ces prodigieux voyages, et pour cause! car d'étranges illusions les jetaient quelquefois hors des voies de la vérité sans que la doctrine catholique vînt *au secours de leur raison*, et leur donnât la clef si simple de leurs méprises....

Cependant, longtemps après l'ère de Platon, l'un des prêtres ou initiateurs de Delphes, l'un des praticiens du magnétisme sacerdotal[2], l'illustre Plutarque prend la parole, et fait parvenir jusqu'à nos jours l'épisode si intéressant de Timarque.

Timarque est un jeune homme que la mort enlève à la fleur de l'âge. Initié d'abord à la philosophie antique et platonicienne, dont nous avons démontré les intimes liaisons avec la magie, il a voulu descendre dans l'antre de Trophonius, afin de savoir de quelle nature était *le génie* de Socrate[3], c'est-à-dire *son démon*, δαίμων. Prêtons l'oreille au récit de cette descente et du voyage animique qui la suit; car une vérité, comme un malheur, n'arrive jamais seule, et la première que l'on parvient à saisir en amène une multitude à la suite.

---

[1] Socrate rapporte le fait : *Répub.* liv. x, Platon. Nous parlons en dehors des léthargies, des catalepsies ou autres accidents physiques analogues.

[2] Voir la *Magie au dix-neuvième siècle*, chap. VII. Les vapeurs oraculaires.

[3] Plutarque, *Du démon de Socrate*, — sur lequel M. Granier de Cassagnac fit paraître contre la pauvre et sceptique explication de M. le Dr Lélut, de l'Institut, deux fort remarquables articles dans le *Constitutionnel* du 13 et du 20 août 1856. Le retentissement de ces articles fut très grand, et eut à Londres de singuliers commentaires.

Un mot, un seul mot sur l'antre, sur l'oracle, ou le *prophétisoir* de Trophonius, τὸ μαντεῖον, puis sur *les âmes* de l'homme, sur les voyages animiques et sur ces astres qui sont des âmes; un simple mot du récit de Plutarque, disons-nous, nous fera passer rapidement en revue une série de vérités, si légèrement travesties que nous les reconnaîtrons à l'œil nu. Ce sont les dieux, les esprits des abîmes de ténèbres et de larmes, de rugissements et de fureur; c'est, à côté de l'ange gardien, un ange tentateur, se faisant le génie de l'homme, δαίμων: génie habile à se confondre, à s'identifier avec l'âme, à passer pour l'âme elle-même; génie donnant naissance par cela même à la croyance païenne de deux âmes associées dans la personne humaine, c'est-à-dire à l'âme intellectuelle, qui serait le démon ou le génie de l'homme, et à l'âme secondaire ou principe vital, semblable, dans son essence et ses fonctions, à l'âme de la brute. Ce sont enfin des âmes étoiles, grâce auxquelles se ranime et luit à nos yeux, comme une lueur fugitive, ce point de foi catholique et savante, sans laquelle la science astronomique reste boiteuse, et le monde des astres demeure à l'état d'énigme; je veux dire cette croyance de nos pères qui dans les corps célestes leur faisait reconnaître pour moteurs et pour pilotes, au sein de l'océan des espaces, un génie, un ange, des esprits angéliques formant, sous les yeux du Tout-Puissant, la splendide et active armée des cieux[1].

Mais Plutarque nous parle, il est temps de lui prêter un esprit attentif: « Timarque nous communiqua son dessein à Cébès et à moi, et il descendit dans l'antre de Trophonius, — εἰς τὸ μαντεῖον — après avoir rempli toutes les cérémonies d'usage. Il y passa deux nuits et un jour. Déjà on désespérait de le revoir, et ses parents pleuraient sa mort, lorsque tout à coup il reparut avec un air riant.

---

[1] Voir mon dernier chapitre des *Médiateurs et moyens de la magie*, et M. de Mirville, *Esprits*, même date, 1863, vol. II, Introd.

» Il nous dit que, dès qu'il fut descendu dans l'antre, il se trouva plongé dans d'épaisses ténèbres. Il fit sa prière au dieu et resta longtemps par terre, sans savoir s'il veillait ou s'il dormait [1]. Mais il crut se sentir frappé à la tête, et ce coup fut suivi d'un bruit assez fort. Son crâne s'ouvrit dans les sutures, et son âme ayant quitté son corps [2], elle se vit avec plaisir dans un air pur et brillant. Sa taille s'accrut alors comme une voile qui est enflée par le vent. »

Ses regards se promenèrent d'abord sur la mer, et sur je ne sais quelles îles; mais les ayant arrêtés « au-dessous de lui, il avait aperçu un autre gouffre de forme ronde, très-profond, et d'un aspect horrible [3], toujours rempli d'une vapeur ténébreuse qui était sans cesse agitée et bouillonnante. On y entendait des cris affreux et des rugissements d'animaux, des vagissements d'enfants, des lamentations confuses d'hommes et de femmes, des bruits et des clameurs de toute espèce qui s'élevaient sourdement du fond de cet abîme. Après un certain espace de temps, quelqu'un *qu'il ne voyait pas* [4] vint lui dire : Timarque, de quoi voulez-vous être instruit ? — De tout, répondit-il; car je ne vois rien ici qui ne soit merveilleux ; θαυμάσιον. — Nous n'avons, répliqua l'Esprit, que très-peu de commerce avec les régions supérieures; elles sont l'apanage *d'autres dieux*; mais, si vous le voulez, vous pouvez voir le partage de Proserpine. »

...Timarque regarde et dit : « Je ne vois qu'un grand nombre d'astres, πολλοὺς ἀστέρας, qui s'agitent auprès de ce gouffre, dont les uns s'y plongent et les autres s'élancent au-dessus. — Ce sont, répliqua l'Esprit de l'antre de Trophonius, les génies, δαίμονας, que vous voyez sans les con-

---

[1] Οὐ μάλα συνφρονῶν ἐναργῶς, εἴτ' ἐγρήγορεν.
[2] Μεθιέναι τὴν ψυχήν.
[3] Φοβερὸν δὲ δεινῶς καὶ βαθὺ, πολλοῦ σκότους πλῆρες οὐχ ἡσυχάζοντος.
[4] Τινα πρὸς αὐτὸν οὐχ ὁρώμενον.

naître, et je vais vous expliquer ce qui en est : Toute âme, ψυχή, est raisonnable; il n'en est point qui soit privée de raison et d'intelligence; mais, par une suite de sa liaison intime avec un corps sujet aux passions, le plaisir et la douleur l'altèrent et la rendent animale, εἰς τὸ ἄλογον. Toutes les âmes ne s'unissent pas aux corps de la même manière. Les unes s'y plongent entièrement et flottent toute leur vie au gré des passions, dans un désordre général; les autres ne s'y mêlent qu'en partie; et en séparant ce qu'elles ont de plus pur, qui, loin de se laisser entraîner par les sens, nage, pour ainsi dire, à la surface du corps, et ne touche qu'à la tête de l'homme. Tandis que ses autres facultés sont enfoncées dans le corps, cette portion plus pure plane au-dessus et y reste comme suspendue, tant que l'âme obéit à l'intelligence et ne se laisse pas vaincre par les passions. Ce qui est plongé dans le corps s'appelle âme, ψυχή; et ce qui est exempt de corruption est nommé *entendement* par le vulgaire, νοῦν οἱ πολλοί; qui croit que cette faculté est au dedans de l'homme, comme si les objets étaient dans les miroirs qui les réfléchissent. Ceux qui jugent plus sainement sentent qu'il est en dehors d'eux, et l'appellent génie ou démon, δαίμονα. »

« Pour ces astres, ἀστέρας, qui vous paraissent s'éteindre, sachez que ce sont des âmes totalement plongées dans le corps; et celles qui semblent se rallumer et prendre leur essor en secouant une espèce de brouillard épais, comme une fange qu'on rejette, ce sont les âmes qui, après la mort, reviennent du corps qu'elles animaient dans cette région. Pour celles qui s'élèvent dans les régions supérieures, ce sont les génies, δαίμονες, des hommes sages et prudents; tâchez de voir *le lien*, σύνδεσμον, par lequel chacun d'eux *est attaché* à l'âme. — A ces mots, Timarque redoubla d'attention et considéra ces étoiles, dont les unes étaient plus agitées, les autres moins, comme on voit flotter sur la mer les morceaux de liége qui sont attachés aux filets, et dont quelques-uns tournent comme des fuseaux, parce que le poisson qui s'agite dans les filets les empêche de suivre un mouvement droit et égal. La voix lui dit alors, λέγειν τὴν φωνήν, que les étoiles qui avaient un cours droit et réglé étaient les âmes qu'une bonne éducation et les aliments convenables dont leur corps avait été nourri rendaient dociles au frein de la raison, et dont la partie animale; τὸ ἄλογον, n'était ni trop terrestre ni trop sauvage. Celles qui erraient çà et là, emportées par un mouvement inégal et déréglé, comme des animaux qui se débattent dans les chaînes, étaient celles qui avaient à lutter contre des naturels rebelles et corrompus par une mauvaise éducation; quelquefois elles parvenaient à les dompter, et leur faisaient suivre le droit chemin. »

« Car le lien, σύνδεσμον, qui les attache à l'âme, est comme un frein qu'on a opposé à la partie animale; et, quand la raison le tire, il produit le repentir des fautes que la passion a fait commettre, la honte des plaisirs illicites et immodérés, ou le remords de l'âme qui se sent réprimée par la partie supérieure, jusqu'à ce que, cédant enfin à ces châtiments, elle soit soumise et apprivoisée comme un animal bien docile, et que désormais, sans être frappée, sans éprouver aucune douleur, elle entende au premier signe les ordres de son démon, δαίμονος. Celles qui ont été soumises et obéissantes à leur génie ou démon, δαίμονος, depuis leur origine, forment la classe des prophètes et des hommes inspirés par les dieux. »

« De ce nombre était Hermodore de Clazomène, dont vous avez entendu dire que son âme, ψυχήν, se séparait de son corps, errait de tous côtés la nuit et le jour, et y rentrait après avoir été témoin de bien des choses qui s'étaient dites et faites fort loin de lui. Enfin il fut trahi par sa femme, et ses ennemis ayant saisi son corps, pendant que son âme en était séparée, ils le brûlèrent dans sa maison. Mais cette histoire n'est pas vraie; son âme, ἡ ψυχὴ, ne quittait pas son corps. Seulement, elle cédait quelquefois à son génie ou démon, τῷ δαίμονι, et *lâchant le lien*, σύνδεσμον, *qui l'attachait à lui*, elle lui laissait le moyen de courir de côté et d'autre; après quoi il venait lui rapporter ce qu'il avait vu et entendu au dehors. Pour ceux qui brûlèrent son corps pendant qu'il dormait, ils en sont encore punis dans le Tartare. Jeune homme, tu le sauras plus certainement dans trois mois; maintenant, retire-toi. »

« Quand la voix eut cessé, Timarque se retourna pour voir qui lui avait parlé; mais il sentit de nouveau un violent mal de tête, comme si on la lui eût fortement pressée, et *il n'eut plus aucun discernement* de ce qui s'était passé autour de lui. Revenu bientôt à lui-même, il se trouva dans l'antre de Trophonius, étendu à l'entrée comme il était auparavant. Tel fut le récit de Timarque, qui mourut trois mois après son retour à Athènes, comme la voix le lui avait prédit. Dans la surprise que sa mort nous causa, nous racontâmes sa vision à Socrate[1]. »

Ce génie ou démon, δαίμων, que Plutarque nous donne pour l'entendement humain, c'est-à-dire pour l'âme intellectuelle de l'homme, selon les croyances religieuses philosophiques et magiques des initiés de l'antiquité, se trouve donc être à la fois l'hôte de ceux qui, d'après les termes de l'Écriture, ont un Esprit de Python. Il est, sous ses diffé-

---

[1] Chap. XII, XXI, XXII, XXIII, p. 109 à 115. — Je suis le texte grec, ayant en regard une traduction latine, anonyme, de F. Didot, Parisiis, 1839, *Scripta moralia Plutarchi*, t. I, p. 712, etc. Je donne la traduction de Ricard, nouv. édit. revue et corrigée, Paris, t. III, 1844. Enfin je consulte la célèbre traduction d'Amyot, in-fol. 1604. Jacob Stœer. Je cite *le texte même* quand je le crois utile, faisant observer que le mot δαίμων se traduit indifféremment par génie, esprit ou démon.

rents aspects, l'Esprit inspirateur et auxiliaire des gens doués de la seconde vue, c'est-à-dire de la vue Socratique, ainsi que nos médiums. Il est le Férouer de la Perse, le Houen de la Chine; il est celui que la Kabbale appelle le prince des corps, et surtout lorsqu'il se loge dans les cadavres où nous l'avons vu jouer quelquefois le rôle de principe vital[1]. Enfin, dans les scènes du sabbat subjectif, et dans le mode de bilocation où le corps de celui que l'on croit voir présent en deux endroits différents demeure en place, il est celui qui se charge de lui apprendre, comme à Hermodore, ce qui se passe au loin; il est le génie ou le démon qui peint les scènes lointaines dans le miroir imaginatif de ceux qui se figurent y assister.

Ce simple et important récit de Plutarque, le prêtre de Delphes, le philosophe, l'initié, nous donne donc à la fois et dans un seul mot la clef d'une multitude de mystères et d'erreurs. En dépouillant ce précieux métal de son oxyde, le catholicisme retrouve aussitôt quelques-unes de ses fermes et immuables croyances. Nous y songerons plus tard; contentons-nous pour le moment d'interpréter le dieu qui dispose du fluide oraculaire de Delphes, et d'admettre, sous bénéfice d'inventaire, que l'âme, servie par le génie qui la gouverne, peut sembler agir à longue distance en relâchant le lien par lequel ce génie lui est attaché.... Remarquons d'ailleurs que, lorsque la personne humaine file et dévide ce câble fluidiforme[2], le corps tombe dans la plus profonde torpeur de l'état magnétique. Mais avant d'interroger sérieusement la vérité sur ce point, changeons de pays, changeons d'époque, et ne craignons ni de perdre quelques-uns de nos pas, ni de causer à notre intelligence quelques sueurs.

[1] Voir plus loin chap. Incubes, où la chose s'explique, et lire les chap. Fantôme et Principe vital dans les *Médiateurs*, etc., *de la magie*.
[2] On sait que je réduis à néant les fluides merveilleux.

Bodin, cet homme éminent dont les écrits affligèrent le christianisme, élève la voix au milieu du siècle de la Renaissance, et nous dit : « Hiérôme Cardan a laissé par écrit qu'il était par extase RAVI HORS DU CORPS *quand il vouloit*, sans qu'il demeurât aucun sentiment au corps [1].... Nous pourrions, entre autres, continue ce savant investigateur, rapporter l'histoire d'une sorcière « qui se frotta de graisse, puis tomba pâmée sans aucun sentiment, et trois heures après RETOURNA EN SON CORPS, disant merveilles de plusieurs pays, qui furent avisées [2] : »

De son côté, l'un des savants Pères du concile de Trente, l'archevêque d'Upsal, le primat de Scandinavie, Olaüs Magnus, n'hésite point à nous faire un récit d'une similitude assez frappante à celui de Bodin. Écoutons sa parole : « Lorsque les Bothiniciens veulent savoir dans quel état se trouve un de leurs amis ou de leurs ennemis, fût-il à cinq cents milles, ils ont recours à quelque Finlandais, à quelque Lapon, et le rémunèrent en lui donnant une arme, un vêtement, une bagatelle. Accompagné d'une seule personne, cet homme s'enferme, et vous le voyez, armant sa main d'un marteau, frapper d'un nombre de coups sacramentels soit une grenouille, soit *un serpent* d'airain placé sur une enclume. Il tourne, il retourne cet objet, et marmotte ses formules d'enchantement, jusqu'à ce que tout à coup renversé, tombant dans je ne sais quelle sorte d'extase, le voilà comme frappé de mort !. Oh ! que son compagnon s'attache aussitôt à le veiller d'un œil diligent et jaloux, car la vie ne tient plus à ce corps que par un fil ! Qu'il le veille, et qu'il se garde bien de le laisser toucher par un être vivant, fût-ce par une mouche, un moucheron. C'est là, du reste, le moment critique où, grâce à la puissance du charme, son

---

[1] *Démonomanie des sorciers*, p. 244.
[2] *Id.*, p. 245.

esprit conduit par un démon [1] s'occupe à écouter et à voir, puis à s'emparer d'un signe, *d'un gage*, d'un anneau, de je ne sais quel objet *faisant foi* de son excursion lointaine. Bientôt cependant l'âme messagère rentre au corps de l'extatique, et en un moment il revient à lui; vous l'entendez alors nommer à celui qui le paye l'objet *qu'il rapporte* en témoignage, et relater les circonstances de sa pérégrination aérienne [2].

Reprenant la parole, Bodin nous affirme avoir « appris, étant à Nantes en 1549, un jugement de sept sorciers qui dirent, en présence des juges, qu'ils rapporteroient des nouvelles, dedans une heure, de ce qui se feroit dix lieues à la ronde. Ils tombèrent tous pasmés et demeurèrent environ trois heures. Puis ils se relevèrent et rapportèrent ce qu'ils avoient vu en toute la ville de Nantes, et plus loing alentour, ayant remarqué *les lieux, les actions, les personnes*. Et TOUT, *sur-le-champ*, fut avéré. On pourroit dire peut-être que l'âme n'est point ravie, et que ce n'est qu'une vision et illusion que le diable moyenne. » Dans ces cas où l'âme intellectuelle quitte le corps, « L'AME VÉGÉTATIVE, VITALE ET ANIMALE, DEMEURE ENCORE, bien que les sens, mouvement *et raison soient déliés* [3]. »

Doué d'une perspicacité très-rare, et la main sur des

---

[1] Spiritus ejus malo dæmone ductore... Olaüs n'exprime point son opinion; il *rapporte la croyance vulgaire* de ce pays peuplé d'idolàtres.

[2] Illicoque resurgens, *eadem signa*, cum cæteris circumstantiis declarat. Olaüs, *De gentibus septentrionalibus*, p. 121, in-4º.

[3] *Ibid.*, liv: II, chap. v, p. 425. — Glanvil admettait encore, et d'après l'opinion *de grands philosophes*, disait-il, la possibilité de cette séparation de l'âme et du corps. Erreur capitale, mais à laquelle les Esprits, que la Kabbale appelle princes des corps, ont de tout temps donné cours au moyen des plus fortes illusions. — That the confederate spirit should transport the witch through the air, to the place of general rendez-vous, there is no difficulty in conceiving it; and, if it be true which great philosophers affirm, concerning THE REAL SEPARABILITY of the soul from the body, without death, there is yet less... *Sadducismus triumph.*, Glanvil, p. 13-14.

faits qu'il recherche et qu'il analyse, Bodin se récrie d'ailleurs contre l'aberration d'esprit de quelques sceptiques qui se figurent que le transport aérien des sorciers ne peut jamais être qu'un effet d'imagination, et s'explique naturellement par l'extase. « Des expériences aussi fréquentes que mémorables montrent comme en plein jour et *font toucher au doigt et à l'œil* cette erreur. » Tel le transport de cet homme « de Losches, qui fut trouvé de son lit aux landes de Bordeaux [1], etc. » Mais cherchant la lumière à contresens des doctrines du catholicisme, il ajoute à propos des visions de l'âme qui semble se détacher du corps : « Cette vision peut être *une vraie séparation*, et les Hébrieux tiennent, en leur théologie *secrète*, que l'Ange fait ablation à Dieu de l'âme des élus par abstraction, — c'est-à-dire en la séparant du corps, — demeurant l'homme en vie!... Ce qu'il semble que Platon appelle mort plaisante [2]. »

L'âme se séparer du corps sans briser la vie, oh non! Rien de pareil ne fut jamais, s'écrie le célèbre démonologue Delrio. Ce sont là les contes sur lesquels les *cabalistes* avaient élevé l'édifice de leurs erreurs; et le *savant* Bodin se laisse décevoir à la fausseté de ces doctrines [3]! Comment nous étonner, après une telle chute, si tant d'hommes superficiels prenant, de nos jours, en guise de démonstration les prestiges du magnétisme, dont les subtiles théories ont séduit leur intelligence, s'en vont donner tête haute et langue battante dans le même piège! Comment nous émerveiller si de nombreux savants, illusionnés par les mirages et les perfidies de cet art, tranchent la difficulté dans le vif et contre le sens du catholicisme!

[1] Il en est mille exemples. *Mission du Maduré*, P. Bertrand, Paris, 1850, tom. III, pag. 152, *id.*, 153. — Bizouard, vol. II, pag. 13, 173, 180, etc., etc.
[2] *Démonomanie*, *id.*, liv. II, chap. v.
[3] *Disq. mag.*, liv. II, q. 25, p. 142.

Hâtons-nous cependant de rentrer dans le monde du bon sens, où nous avons la certitude de rencontrer de Lancre, cet écrivain que M. de Gasparin lui-même appelle « un magistrat distingué et intègre [1] ». Or, à la suite de ses longues et studieuses campagnes contre la sorcellerie, cet homme d'une rectitude d'intelligence si remarquable, séparant de *la réalité* des actes, et des prétendus voyages animiques des sorcières, *la vérité* des récits que leur bouche en avait transmise, écrivait : « Il n'y a homme si hébété qui ne sache qu'en ce que des sorcières confessent, il n'y ait *bien souvent de l'illusion !* Mais aussi qu'*en tout ce qu'on les accuse et qu'elles confessent, il n'y ait rien qu'illusion, que prestige et que songe sans réalité,* c'est chose contre la vérité, *contre l'évidence notoire, contre l'expérience.* » Leur corps gît dans un état de torpeur cadavérique, et leur âme semble s'en être éloignée pour voir ce qui se passe, pour se manifester par des apparitions, et pour agir au loin. Que s'opère-t-il donc alors à ce sujet, et comment s'expliquer ce phénomène, puisque, si fréquemment, « les enfants que les sorcières confessent avoir tués se trouvent suffoqués, écrasés ou égratignés...; puisque, le déterrement des enfants inhumés et le violement de la religion et piété des sépulchres se cognoist et manifeste parce que les corps tirés des sépulchres ne se trouvent plus en leurs cercueils; puisque, enfin, les pièces et lambeaux de leur habillement et suaire, — dont elles confessent avoir fait présent au diable pour arrhes de leur service, — sont recogneues manquer au même endroit qu'elles récitent [2]. »

....Voilà, voilà donc ce que nous disent les témoignages de l'enquête conduite à la face des peuples par « un magistrat *distingué* et intègre. » Or si les sorcières, *que l'on*

---

[1] *Tables*, v. II, p. 154.
[2] *Id., Incrédulité*, p. 48-49.

gardait à vue, ne peuvent avoir l'âme séparée du corps ; si leur présence ne peut se réaliser à la fois en deux lieux différents, il y a donc, dans l'une des deux localités, *un Esprit opérant pour elles*, un Esprit *quelquefois revêtu d'un corps* afin de les représenter ; un Esprit imprimant à ces femmes un sentiment si fort et si vif de ses propres actes, qu'elles s'imaginent, sous l'influence de ces impressions, les accomplir en personne [1]. »

Et quoi d'étrange, en vérité, dans la conviction de ces femmes qui se figurent voyager et agir au moment où la plus magnétique des torpeurs a roidi leurs membres ! Quelqu'un étudia-t-il jamais la nature angélique sans rester émerveillé de la vigueur et de l'art avec lesquels LE PRINCE DU MENSONGE ET DES ILLUSIONS sait peindre et représenter à l'âme ce que l'âme s'imagine voir en réalité dans les lieux qu'elle se figure parcourir ?

Le fait suivant m'est rapporté par le R. P. Palgrave, ancien officier de cipayes aux Grandes-Indes, jésuite, missionnaire dans l'Arabie Heureuse et dans la Syrie, homme d'une vive intelligence, *témoin de plusieurs faits merveilleux*, et qui toucha barre à Paris, où je le rencontrai dans les premiers mois de l'an 1864. Il tient ce récit d'une famille amie qu'elle intéresse ; gens aussi positifs que sensés, et qui lui en affirmèrent l'incontestable exactitude.

Un officier de l'armée anglaise ayant pris son congé dans l'intention de revenir des Grandes-Indes, en l'année 1830, tenait la mer depuis une quinzaine de jours, lorsque, abordant le capitaine, il lui dit : « Vous avez donc à bord un inconnu que vous cachez ? — Mais, vous plaisantez ? — Non,

---

[1] Cette doctrine est à la fois, comme de raison, celle de la théologie et du bon sens. Lire Schram, *Théol. myst.*, ad usum directorum, 1848, vol. II, p. 208-9, 216, 320 à 358. — Il y a dans des procès de sorcellerie parfaitement réguliers de vastes collections de ces faits.

je l'ai vu, parfaitement vu; mais il ne reparaît plus. — Que voulez-vous dire? expliquez-vous. — Soit. J'étais sur le point de me coucher, lorsque je vis un étranger s'introduire dans le salon, y faire sa ronde, aller de cabine en cabine, les ouvrir et les quitter en faisant de la tête un signe négatif. Ayant écarté le rideau de la mienne, il y regarda, me vit, et je n'étais point celui qu'il cherchait; il s'éloigna doucement et disparut. — Bah! mais enfin quels étaient le costume, l'âge, le signalement de votre inconnu? — L'officier le décrivit avec une minutieuse exactitude. — Ah! Dieu me garde! s'écria le capitaine, si ce que vous dites n'était absurde, ce serait mon père; ce ne pourrait être un autre!..... » Et la traversée s'accomplit. Puis le capitaine revint en Angleterre, où il apprit que son père avait cessé de vivre, et que la date de sa mort se trouvait *postérieure au jour de l'apparition*; mais que ce jour même, et à l'heure de l'apparition, étant malade, il avait eu le délire. Or, les personnes de la famille qui l'avaient veillé dirent au R. P. Palgrave, mon narrateur : « Dans son transport, il s'écriait : — D'où pensez-vous que je revienne? Eh bien, j'ai traversé la mer ; je viens de visiter le vaisseau de mon fils; j'ai fait le tour des cabines, je les ai toutes ouvertes, et je ne l'ai vu dans aucune. »

L'âme de ce visiteur avait-elle quitté le corps pour y revenir ? Le lecteur édifié répondra tout à l'heure à cette question. Ou bien, l'âme avait-elle emporté le corps? Mais on ne l'avait point perdu de vue pendant le temps que dura sa visite. Saint Thomas d'Aquin répondrait d'ailleurs à cette supposition : « La puissance motrice de l'âme *est renfermée dans le corps* auquel elle est unie [1]. Là donc où séjourne le corps, elle est rivée...

Laissons maintenant un rapide coup d'aile nous transpor-

---

[1] *Somme*, q. 110, art. 3.

ter au cœur de l'Amérique septentrionale, cette région babélique où le protestantisme agonise dans les crises déchirantes de son triomphe, c'est-à-dire où il succombe épuisé sous le coup des divisions incessantes et des grotesques métamorphoses qui naissent et découlent de son principe. Le terrain nous y est favorable, car la pulvérisation de la religion déformée y a merveilleusement disposé cette immense portion du globe aux prodiges et aux prodigieux enseignements qu'enfante et développe à mesure qu'il progresse le spiritualisme magnétique, notre fréquent auxiliaire. Et là, de toutes parts, les plus hautes illustrations de la politique, de la magistrature et de la science, ont confirmé de leur témoignage l'éclosion de ce nouvel ordre de merveilles.

Parmi les faits analogues à ceux qu'analysa d'une plume si nette notre très-savant et très-regrettable ami M. le comte Eugène de Richemont[1], nous voulons emprunter quelques-uns de ceux qui s'adaptent naturellement à ce chapitre; et, si nous négligeons les plus saillants, c'est afin de choisir un récit revêtu de la sanction de l'un des principaux organes du magnétisme, c'est-à-dire témoignant de la foi de cet investigateur, basée sur sa longue expérience.

« Un jour, nous affirme M. Cuyler, d'*Halcyondale* (État de Géorgie), il m'arriva d'appeler les lettres de l'alphabet. Une voix me dit : Sors et reviens; j'obéis. A mon retour, je trouvai un morceau de papier couvert d'écriture; je le pris, et à ce moment, je sentis la présence de l'Esprit. J'éprouvai d'étranges sensations. Des coups furent frappés avec force sur la table, sur le parquet, au plafond, sur la fenêtre; j'entendis un craquement de mâts de navires et le mugissement du canon. Je lus alors le papier, sur lequel étaient écrits ces mots : Dieu est Dieu, et je suis avec toi.

---

[1] *Le Mystère des tables parlantes*, opuscule remarquable et cité avec éloge par M. de Gasparin lui-même.

Mes cheveux se hérissèrent; il me sembla qu'une tempête se déchaînait; j'appelai à grands cris mon domestique qui dormait. Il accourut, entendit ces bruits et fut consterné. Il tomba à genoux et se mit en prière. Mon chien entra *et fut enlevé à une hauteur de cinq pieds* [1], puis lancé hors de la chambre avec une force capable de le tuer. Il resta gisant sur le parquet, et immobile pendant le laps de dix minutes. »

« Un peu plus tard, et de nuit, je demandai à l'Esprit : Veux-tu *m'envoyer* L'ESPRIT *de ma cousine Susanne Jones,* qui demeure à une distance de deux cents milles? (La réponse fut affirmative.) — A quelle heure? — A onze heures. »

« Je me couchai pour reposer un moment. Au bout de trois minutes, je vis l'ombre d'une personne qui se mouvait sur le parquet. J'éprouvai une sensation électrique; je tremblais et je me levai. Devant moi se tenait debout une jeune et belle fille; ce n'était pas ma cousine. Elle me dit qu'elle ne pouvait faire venir celle-ci. Je la regardai fixement. Je crus voir dans ses yeux le regard et l'expression de ma cousine absente. Je suis persuadé que *son Esprit* était dans cette femme, et poussé par la force magnétique à me faire une visite [2]. »

« Une autre fois, je demandai qu'on *m'envoyât l'Esprit de Marthe* ***. Il fut répondu par l'affirmative, et l'on m'indiqua quatre heures du matin. Je me mis au lit. Après minuit, je rêvai que j'étais dans une ville ancienne. Un train de chemin de fer était prêt à partir; une foule d'hommes et de femmes entraînaient Marthe de force. Ils l'enlevaient pour la mettre dans un wagon au moment où j'arrivais. Dès

---

[1] Effet d'imagination? Hallucination canine?

[2] Son esprit, son âme animale, son houen, son simulacre raisonnant et parlant comme le simulacre d'Homère, etc., etc.

qu'elle m'aperçut, elle jeta des cris de joie et me dit : Sauvez-moi ; accourez et protégez-moi contre ces méchantes gens. »

« J'approchai en toute hâte ; mais les wagons s'éloignèrent avant que je pusse atteindre Marthe. Elle parvint à s'échapper ; et, à ce moment, je me réveillai. Je sentis alors une vive sensation de brûlure à la paume de la main gauche, et je fus persuadé que c'était dû à l'Esprit de Marthe, dont la visite m'avait été promise pour quatre heures. Elle dormait chez elle, mais son Esprit était ici. Et, pour preuve, j'entendis des coups violents et répétés sur les murs et sur le parquet ; le bruit d'une tempête au dehors, et des voix confuses. En ce moment mon chien entra en courant et s'élança sur mon lit ; mais une main puissante et invisible *le jeta à une distance de dix pieds.* Ma couverture fut soulevée ; la sensation de brûlure à la paume de la main devint plus vive ; puis, soudain, ma fenêtre s'ouvrit, et *la voix de Marthe* s'écria : Bien ! je suis ici. »

« Je me levai, je m'habillai, et j'entendis une musique délicieuse. Enfin, j'écris mon récit par ordre, et sous l'influence de l'Esprit qui meut ma main, et fait entendre une foule de bruits [1]. » Que si ces deux exemples du genre ne nous suffisent point, veuillons en accepter un troisième ; il en est des milliers !

Sir Robert Bruce, de l'illustre famille écossaise de ce nom, est le second d'un bâtiment ; un jour il vogue près de Terre-

---

[1] *Journal du magnétisme,* auquel collaborent de nombreux docteurs en médecine, n° 195, 10 sept. 1854, p. 558. Lire tout cet article, intitulé *Faits et expériences,* premier alinéa : Les esprits..., signé Dupotet, et l'article entier de M. A. J. Morin. Un concert est donné devant vingt-cinq personnes environ, par la main subitement visible d'un corps invisible qui parcourt l'appartement, etc., etc. La relation se termine par ces mots du narrateur : « Tels sont les faits dont j'ai été témoin. Aucune disposition d'esprit particulière n'est exigée de ceux qui y assistent. Croyants et sceptiques sont également bien venus, etc. »

Neuve, et, se livrant à des calculs, il croit voir son capitaine assis à son pupitre; mais il regarde avec attention, et celui qu'il aperçoit est un étranger dont le regard froidement arrêté sur lui l'étonne. — Le capitaine, près duquel il remonte, s'aperçoit de son étonnement et l'interroge. — Mais qui donc est à votre pupitre? lui dit Bruce. — Personne. — Si, il y a quelqu'un; est-ce un étranger... et comment? — Vous rêvez ou vous raillez? — Nullement; veuillez descendre et venir voir. — On descend, et personne n'est assis devant le pupitre. Le navire est fouillé dans tous les sens; il ne s'y rencontre aucun étranger. — Cependant celui que j'ai vu écrivait sur votre ardoise. — Son écriture doit y être restée, dit le capitaine. — On regarde l'ardoise; elle porte ces mots : *Steer to the north-west*, c'est-à-dire : Gouvernez au nord-ouest. — Mais cette écriture est de vous, ou de quelqu'un du bord? — Non. — Chacun est prié d'écrire la même phrase, et nulle écriture ne ressemble à celle de l'ardoise. — Eh bien, obéissons au sens de ces mots; gouvernez le navire au nord-ouest; le vent est bon et permet de tenter l'expérience. — Trois heures après la vigie signalait une montagne de glace et voyait, y attenant, un vaisseau de Québec, démantelé, couvert de monde, cinglant vers Liverpool, et dont les passagers furent amenés par les chaloupes du bâtiment de Bruce.

Au moment où l'un de ces hommes gravissait le flanc du vaisseau libérateur, Bruce tressaillit et recula, fortement ému. C'était l'étranger qu'il avait vu traçant les paroles de l'ardoise. Il raconte à son capitaine le nouvel incident. — Veuillez écrire « *Steer to the north-west* » sur cette ardoise, dit au nouveau venu le capitaine, lui présentant le côté que ne recouvre aucune écriture. — L'étranger trace les mots demandés. — Bien; vous reconnaissez là votre main courante, dit le capitaine frappé de l'identité des écritures.

7.

— Mais vous m'avez vu vous-même écrire; vous serait-il possible d'en douter? — Pour toute réponse, le capitaine retourne l'ardoise, et l'étranger reste confondu, voyant des deux côtés sa propre écriture.

— Auriez-vous rêvé que vous écriviez sur cette ardoise, dit à celui qui vient d'écrire le capitaine du vaisseau naufragé? — Non, du moins je n'en ai nul souvenir. — Mais que faisait à midi ce passager? demande à son confrère le capitaine sauveur. — Étant très-fatigué, ce passager s'endormit profondément, et, autant qu'il m'en souvient, ce fut quelque temps avant midi. Une heure au plus après, il s'éveilla et me dit : Capitaine, nous serons sauvés aujourd'hui même! ajoutant : J'ai rêvé *que j'étais à bord d'un vaisseau* et qu'il venait à notre secours. Il dépeignit le bâtiment et son gréement; et ce fut, à notre grande surprise, lorsque vous cinglâtes vers nous que nous *reconnûmes* l'exactitude de sa description.

Enfin ce passager dit à son tour : — Ce qui me semble étrange, c'est que ce que je vois ici me paraît familier, et cependant je n'y suis jamais venu [1]!

Ainsi donc, d'après le témoignage des magnétistes et des spirites, le corps d'une personne étant absent, son Esprit se dit présent, agit et obéit à l'appel d'autrui. Ainsi l'une de ces prétendues âmes séparées vient de prêter à un fantôme la physionomie de l'âme qu'elle anime au loin, et l'œil l'y reconnaît! Ainsi des signes sensibles de présence sont donnés par une jeune fille absente, et dont la parole frappe l'oreille habituée au timbre de sa voix; ainsi l'homme qui, *pour la première fois*, pose le pied sur un vaisseau qu'il décrit sans l'avoir vu, s'étonne d'y trouver, en abordant, l'écriture providentielle qu'il y a tracée!...

[1] Voir la *Revue spirite* de M. Pierart et les autorités citées, p. 266 à 271, v. IV, 1861.

Cependant, à la suite des précédentes études et des autorités que, sous l'égide de la simple raison, nous allons continuer de mettre en ligne, nous devons reconnaître, après avoir fait justice dans nos ouvrages antérieurs de l'existence des fluides magiques, que nul lien fluidique ou spirituo-corporel n'attache l'âme au corps; que la séparation de l'âme et du corps, ou des deux parties de l'homme vivant, c'est la mort, ou ce n'est qu'un rêve; que dans aucun cas acceptable, ne fût-ce que pour le plus rapide des instants, cette séparation suivie du rapatriement des séparés ne saurait s'accomplir sans être le plus signalé des miracles : car une résurrection ne serait rien de plus! Et ce langage n'est point seulement celui de la théologie; il est le langage du simple bon sens. De tels prodiges ne seront donc loyalement proclamés dans les voies de la science que par ces hommes légers qu'une aveugle confiance emporte maniaquement à juger et à conclure au gré de leur fantaisie. Plaignons ceux dont la folle habitude est de postillonner, un bandeau sur les yeux, à la recherche du vrai, et de faire grand tapage sur les routes en annonçant devant eux l'Évidence, dont les précurseurs se reconnaissent à de si différentes allures.

Mais si, durant le cours de cette vie terrestre, l'âme humaine ne voyage point encore sans rester liée au fardeau corporel des organes, rendons sensible par un exemple que se disputent la légende et la science, l'opinion qui veut que, dans les cas où ces sortes de voyages semblent se rapporter à des faits de bilocation, l'une de nos deux personnes apparentes soit un Esprit revêtu d'un corps modelé sur l'image du nôtre [1].

Le célèbre médecin Jean Wier est l'homme de son siècle qui combattit avec le plus d'ardeur et de passion l'aveugle

---

[1] Voir en *Théol.*, saint Thomas d'Aq., Som., q. 51, art. 2.—Schram, ci-dessus, etc., etc.

croyance à la sorcellerie. Nul plus que cet opiniâtre docteur ne s'efforça de restreindre le domaine du surnaturel ; et, cependant, lorsqu'il examine le phénomène étrange qui nous occupe, nous le voyons tomber d'accord avec Molitor, sagace expert à la patience duquel nous devons sur la sorcellerie une enquête aussi précieuse que rare. Nous renforcerons d'ailleurs, par des faits d'une authenticité parfaite, l'anecdote qu'à titre d'exemple connu nous empruntons à ce défiant critique.

Saint Germain, évêque d'Auxerre, était un certain jour en voyage. Se trouvant, de rencontre, à la nuit tombante dans une hôtellerie de Savoie, il vit avec surprise remettre devant lui nappe sur table, après le plein achèvement du souper. — Qu'est-ce donc à dire, hôtelière ? — Ce n'est rien, ô mon Dieu ; rien qu'un second souper pour ces bons hommes et ces bonnes femmes qui voyagent en l'air et volent de nuit ! — Le saint, tout aussitôt, de donner l'ordre aux personnes de sa suite de veiller les yeux bien ouverts. Il parlait encore qu'une troupe arriva d'hommes et de femmes, « lesquels se mirent à table, et auxquels il enchargea de ne desplacer. Puis, demandant à ceux de la maison qui estoient tout estonnés, s'ils cognoissoient aucuns de la troupe, on lui respondit que c'étoient des voisins et voisines », c'est-à-dire les visages du monde les mieux connus. Sur cette réponse, saint Germain fit à l'instant même visiter leur maison, où « l'on les trouva endormis. Et ainsi, il conjura tous ceux qui estoient dans la taverne, lesquels confessèrent qu'ils estoient diables [1]. » Or, ajoute Jean Wier, « voilà comment Simon le magicien estoit au conclave de Néron, et en même temps parloit au peuple : » ce Simon le mage,

---

[1] Jean Wier, les cinq livres de l'*Imposture*, etc., p. 146, recto. — Tl. Molitor, Tractatus ad Sigismond. Archiducem Austriæ, p. 32 recto et 494 du vol. contenant ce rare traité, Bibl., r. Richelieu, Paris.

que les Samaritains émerveillés appelaient, du temps même des apôtres, « la grande vertu de Dieu [1]. » Des Esprits représentaient donc en un lieu les trompeuses images de ces sortes de gens, tandis que leur personne était ailleurs !

Ainsi d'ailleurs nous parle du haut de son expérience le docte Ulric Molitor. Dans les circonstances fréquentes où ces sortes d'apparitions viennent nous surprendre, *ce n'est point l'âme des gens qui se détache de leur corps pour frapper nos sens;* « c'est *leur image* qui se manifeste à nous, représentée par l'entremise du démon. » Voilà tout le mot de l'énigme ! Voilà ce que l'expérience, la science et la raison s'accordent à soutenir contre ceux qui prennent leur imagination pour guide, et leurs illusions pour preuves [2].

---

[1] *Actes des Ap.*, VIII, 10, et lire *Antiq. chrét.* de Selvaggio, Ad usum seminar., 1794, v. VI, p. 73, etc.

[2] Sese spiritus malignos dixerunt, qui homines *illudebant...* Imago per diabolum, p. 441 du vol. et 32 recto du traité. Bibl., r. Richelieu. Tractatus : Ut *concludam* quod homines sæpe existimant se videre alios homines *in certo loco* constitutos quorum tamen imagines duntaxat, velin spiritu bono, vel in malo vident, *id.*, 33 recto, 492. — Nous ne nous prononçons point sur la réalité de ce fait, tout possible qu'il est ; nous remarquons seulement quelle importance lui donna Wier lui-même. Nous savons d'ailleurs à quel point saint Germain était célèbre dans l'Eglise par ses miracles. — Cœlestis gratiæ quam ille verbis, operibus, et miraculis asseruit. 31 juillet, *Off. complets à l'usage de Paris*, 1843.

DEUXIÈME DIVISION.

LA BILOCATION OU LA DOUBLE PRÉSENCE, ET LA TRANSLATION AÉRIENNE DES CORPS.

Qu'est-ce que la bilocation ? Définition. Exemples. — *Saint François Xavier* du P. Bouhours, ouvrage favori du grand Condé. — Accord de la raison avec la foi expliquant ce fait. — Raison de quelques exemples extraits de Görres, et réfutation. — Exemple de saint Alphonse de Liguori. — Deux exemples offerts par deux illustrations contemporaines : *Marie d'Agréda*, par dom Guéranger, et *Martin Porrès*, par le R. P. Ventura ; faits inouïs, comble du merveilleux. — Tacite et Vespasien. — Faits étranges et contemporains adoptés par les spirites. — Les spirites les attribuent à la bicorporéité et à un dédoublement animique. — Transport aérien des corps. — Exemple énorme et preuves à l'appui, c'est-à-dire transports *successifs* de la maison de Nazareth, où s'accomplit l'incarnation du Sauveur, aujourd'hui dite *santa casa* de Lorette. — Détails. — Conclusion générale tirée de ce fait ; possibilité de ces transports et par qui ? — Pluie de pierres, grêle de monnaie obéissant à la parole, et transportée on ne sait d'où ; procès-verbal en notre possession. — Présence ou absence d'un corps constatée par les yeux et par la raison, mais impossible à démontrer au moment où elle est positive. — Un grand nombre de faits de double présence ou de bilocation ne s'expliquent que par le va-et-vient prestidigitatoire opéré par les esprits, sinon par les fantômes qu'ils créent à notre image. — Corps célestes emportés dans l'espace par les anges ; leur inimaginable vélocité. — Conclusion.

Le fait que nous venons de rapporter est un exemple de la double présence *apparente* de l'homme. Ce phénomène nous transporte donc de plain-pied au cœur du sujet de la bilocation, et nous avouons qu'il en est peu de plus féconds en scandales pour les gens dont la raison maladive ne s'est nourrie que de préjugés. Il nous est donc d'une capitale importance de réunir à la parfaite clarté des exemples une notoriété presque universelle, et nous commencerons par tourner nos regards du côté du catholicisme, où se rencontrent les plus complets et les plus sûrs.

Mais d'abord que sera le phénomène de la bilocation, et que signifie ce mot ? — La bilocation est le fait qui semble vouloir que le même individu se trouve être *à la fois* ici et ailleurs, c'est-à-dire en deux endroits différents[1]. Ce doit donc être une absurdité que la bilocation? Oui, sans doute, si ce mot est pris dans son acception rigoureuse et pratique. Mais, en relâchant quelque peu de ce sens, elle devient admissible, et, sortant des régions de l'absurde, elle se borne à prendre rang dans la sphère élevée du Merveilleux. Aussi, les prodiges de cet ordre sont-ils non moins bouleversants *pour ceux qui ne les ont point étudiés* que le seraient pour un rustre ignare les merveilles de la trigonométrie, l'action des forces électriques, la coloration soudaine que donnent, par le mélange d'un réactif, certaines liqueurs incolores, la théorie plutonienne du soulèvement des montagnes et de l'incandescence du globe.... Mais que nous importent ces étonnements, si le phénomène qui les provoque n'est point une chimère. Écoutons[2]:

Au mois de novembre 1571, François Xavier faisant voile du Japon vers la Chine, le bâtiment qui le portait fut assailli par une de ces tempêtes qui transforment quelquefois en fervents chrétiens, pendant tout le temps que dure un orage, les matelots les mieux rompus au grand style des jurons et du blasphème. Au milieu du désespoir universel, le navire coulait à fond, lorsque la prière du saint le relevant d'une manière sensible, il gagna le dessus de l'eau et continua de tenir la mer. Quinze hommes de l'équipage se sacrifiant alors

[1] Racine *bis* et *locus*. Nous ne faisons point ici de métaphysique. La Théologie de Schram écrite à l'usage des directeurs nous dit : « Et ces apparitions s'opèrent par le ministère des anges revêtant un corps, vel forte per replicationem corporis. » *Theol. myst. ad usum directorum*, p. 214, v. II. 1848.

[2] Le récit suivant, quoique écrit par nous, se conforme avec exactitude au chef-d'œuvre du P. Bouhours : la *Vie de saint François Xavier*, qui était une des lectures favorites du grand Condé, 2 vol. in-12, Avignon, 1847. « Jamais miracles, dit le P. Bouhours, n'ont été examinés avec plus de soin ni plus juridiquement que ceux-là, etc. » Pag. x, Avert. liv. V, p. 109, etc., v. II.

aux nécessités de la manœuvre, se jetèrent dans la chaloupe et tentèrent de l'amarrer au navire. Mais à peine eurent-ils fait un mouvement, qu'un coup de mer emporta leur frêle esquif. Les nuées étouffaient le jour; en un instant ils disparurent, et la tempête redoubla de fureur. Xavier cependant « invoquait Jésus, son amour par les cinq plaies que le Sauveur avait reçues pour nous sur la croix ». Il priait, et voyant le douloureux souvenir des compagnons perdus revenir sans cesse au cœur des gens du navire, il articula ces paroles : Prenez courage, mes amis, avant trois jours la fille rejoindra sa mère.

On attendit, puis on attendit encore au milieu de cette formidable agitation des flots et de l'air; et, du haut des mâts, l'œil des vigies sondait à tout instant les profondeurs tourmentées de l'espace. Nul, cependant, ne signalait la chaloupe; et, sur les vagues un peu moins furieuses, rien, rien absolument n'apparaissait que la folle écume ! Le saint reprit donc contre ces lenteurs du ciel l'arme offensive de la prière ; puis, se relevant, et du front d'un homme éclairé d'en haut : « Courage, vous allez les revoir tous les quinze, ils sont sauvés! » Rien de plus fermement dit; et pourtant le lendemain rien ne se montrait encore. Inquiets pour leur propre sûreté, sur cette mer dont ils venaient d'éprouver les fureurs, les matelots, frémissant d'impatience, se refusaient à perdre un temps précieux dans l'attente si longtemps déçue de leurs frères. Mais le saint, imperturbable dans sa foi, les conjura par la mort du Christ d'ajouter un peu de patience à celle qui s'épuisait en eux à vue d'œil; et, s'enfermant dans une cabine, comme pour soigner un mal dont il souffrait, il passa de nouvelles heures à supplier la miséricorde divine. Bien fallut d'abord que la chaloupe reparût! Un cri de joie tout à coup la signala donc à portée de mousquet. Et même on remarqua que, malgré la vive émotion des flots, elle arrivait

CHAPITRE DEUXIÈME.

droit sur le navire, *sans être agitée, et sans céder ou participer au mouvement qui se manifestait* autour d'elle; ce phénomène dura jusqu'à ce que, s'étant arrêtée d'*elle-même*, les quinze absents fussent remontés à bord.

Aussitôt leur réintégration sur le navire effectuée, le pilote, s'imaginant que la chaloupe était vide, se mit en devoir de la manœuvrer. — Mais le saint ? qu'est devenu le saint ? Il n'a point remis pied à bord. — Voyez dans la chaloupe, il y est resté, s'écriaient à l'envi ceux qui venaient d'en sortir.

Les gens du vaisseau, cependant, de s'entre-dire : Il faut en vérité que nos compagnons rêvent! Mais vainement cherchaient-ils soit à désabuser ceux-ci, soit à les comprendre, sachant tous à bord que Xavier ne s'était point éloigné du navire un seul instant. Que répondre donc à ces entêtés de la chaloupe, jurant à qui mieux mieux par tous leurs sens que, du matin au soir et du soir au matin de ces trois jours de séparation mortelle, Xavier n'avait cessé d'être présent au milieu d'eux. Non, non, reprenaient-ils de concert, nous n'avons craint ni de périr ni de nous égarer, malgré l'horreur de la tempête, car le père était notre pilote!

On ne finit par se comprendre qu'en mettant dans l'accord qui leur est si naturel la raison avec la foi. C'est-à-dire qu'il devint manifeste pour tout le monde que, de l'un des deux côtés, chaloupe ou navire, un ange de Dieu avait trois jours durant revêtu la forme de François... Tel est, dans ses bienfaisants effets, le phénomène angélique de la bilocation que Dieu permet également aux démons de réaliser dans leurs tristes et redoutables rapports avec les hommes.

Non, François, que la seule toute-puissance de la prière faisait participer au miracle opéré, ne se trouvait point, *à la fois*, sur le navire et dans la chaloupe; et, peut-être un peu plus tard, cette réflexion ne paraîtra-t-elle point inutile. En effet, le saint eût-il eu besoin de redoubler de ferveur pour obtenir la rencontre du navire et de la chaloupe, s'il eût eu la conscience de diriger simultanément l'un et l'autre. La certitude de cette rencontre eût-elle laissé le plus léger nuage de doute sur son front, si, présent à la fois en deux endroits différents, il eût eu de ces deux côtés la connaissance parfaite et la vue constante de l'œuvre surnaturelle qu'il accomplissait?

Être en ce lieu, puis, en même temps, avoir ailleurs une représentation exacte de soi-même; être non point double, mais être vu très-sensiblement en *duplicata*, voilà, ce nous semble, le fait de la bilocation dans son acception générale. Or, les plus indubitables exemples de bilocation fourmillent dans les actes inconcevablement rigoureux de la canonisation des saints[1]. On les voit foisonner, d'ailleurs, avec une égale abondance sous la plume des maîtres de la science occulte. Récuser l'invincible concours de ces témoignages, ce serait nier la valeur du moyen de certitude le plus universel que la philosophie puisse offrir à l'homme dans le dédale des faits humains; ce serait mépriser à la fois la patiente, la lumineuse autorité de l'Église, et la raison de ses ennemis; ce serait encore insulter au jugement des corps les plus sages et les plus indépendants du monde laïque, je veux dire les corps de la magistrature européenne, éclairée par des siècles d'expérience sur la réalité de ces prodiges. Et pourtant, adopter ces faits prodigieux, c'est adopter, c'est embrasser, c'est épouser le principe même de l'un des plus étranges phénomènes des sabbats!

Mais, de grâce, et que l'on médite ce simple mot, que prouvent, devant la saine raison, contre l'existence et la va-

---

[1] L'Église est la sagesse même, sous forme sensible; et voici ses paroles sur le grand apôtre des Indes, François Xavier : Amplificatus est in miraculis suis; *mortuum prophetarit corpus ejus;* in vita sua fecit monstra, et in morte mirabilia operatus est. » *Office du saint.* — Que dire de plus fort?

leur d'une vérité, les conséquences quelconques de cette vérité même? Si fortes et si violentes qu'elles puissent être, donnent-elles jamais à ceux qui ne sont point insensés le droit de la méconnaître ou de la traiter d'erreur?

Convaincu, pour notre part, qu'il est impossible de verser une trop vive abondance de lumières sur les féconds rameaux du surnaturel, nous placerons sous les yeux du lecteur quelques-uns des récits de la mystique de Görres, et notre motif est la nature des explications quintessenciées dont il les accompagne et contre lesquelles nous ne cessons de protester. On adoptera d'ailleurs, de sa main plutôt que d'une autre, les prodiges que choisit ce fervent catholique, infatué malgré lui-même du rationalisme protestant dans lequel avait croupi son âge mûr. L'expérience humaine et la science sacrée *régleront ensuite la question en quelques mots*, et d'une manière qui, nous le supposons, aura paru trop simple au docte et loyal mais subtil Allemand pour qu'il y arrêtât son esprit.

« Les faits qui se rapportent à ce genre de phénomènes, — c'est-à-dire aux voyages de l'âme, et aux traits de bilocation auxquels se trouvent mêlés des transports de personnes vivantes que nous voudrions ne point étudier encore, — ces faits peuvent se partager en trois classes, nous dit l'illustre Görres : 1° quelquefois, « l'homme *est emporté* avec impétuosité dans un lieu éloigné, et c'est alors le *système moteur* qui concourt d'une manière spéciale à la production des faits de cet ordre. » Nous rapporterons donc, comme exemple de cette première classe, le transport de Rita de Cassia, qui « jouissait du privilége de passer à travers les portes fermées », ainsi que Notre-Seigneur au cénacle, où il voulut que l'apôtre incrédule touchât les plaies de son corps[1].

---

[1] Vol. II, édit. 1854, p. 335. — Comprenne qui le pourra ce système moteur de l'homme, où les jambes et les bras ne figurent que

Voulant, après la mort de son mari, se retirer dans le couvent des augustines ; Rita ne peut amener par ses larmes les religieuses à la recevoir. Elle eut alors recours à Dieu ; puis, comme elle priait avec ferveur, une voix l'appela dans le couvent. Or, il se fit que, presque aussitôt, elle s'y trouva transportée, mais sans savoir de quelle sorte !

Grande et bien singulière fut l'émotion des religieuses lorsque, le jour venant à poindre, elles aperçurent Rita tout établie dans leur monastère dont les portes closes s'étaient si mal défendues contre la puissance que Görres appelle le système moteur de la sainte. Mais la nouvelle venue racontant avec simplicité son aventure, fut accueillie d'une voix unanime.

Le même système moteur fit plusieurs fois voir saint Pierre Regala élevé pendant deux ou trois heures au-dessus de terre, et environné d'un tel éclat dans sa prière, que les habitants de la contrée accouraient jusqu'à Gumiel de Mercado, se figurant qu'un incendie consumait l'église. Et dans *le même temps* qu'il adorait le saint sacrement à Aquilera, on le voyait prier devant l'image miraculeuse de Tribulo[1] !

2° Dans les faits de seconde classe, reprend Görres, « l'homme, restant à sa place, est conduit en esprit au loin, y fait ce que Dieu veut qu'il fasse, et rapporte avec soi certains signes extérieurs qui attestent sa présence « aux lieux que son Esprit a visités ». Ici, ce qui est principale-

---

pour néant. Eh quoi ! le système moteur de mon corps me faisant fendre l'air avec la rapidité de la pensée et passer au travers des portes closes ! Oh, Görres, pourquoi donc si souvent, à l'exemple des incrédules que vous combattez, ne nous expliquer le surnaturel que par l'absurde ?

[1] Görres, vol. II, p. 336-7. — Que si le principe de ce mouvement aérien est l'esprit, il emporterait donc le corps ? Mais comment le prouver ? Et l'Ange de l'école, un tout autre docteur que Görres ! ne vient-il pas de nous déclarer du haut de sa science que l'âme ne peut emporter le corps qu'elle anime ?

ment en jeu; c'est le *système vital* [1]; le même qui produit les phénomènes de la stigmatisation. Un assez bel et concluant exemple de ces phénomènes de seconde classe se déroule dans les pérégrinations mystiques de la bienheureuse Liduine, à qui souvent il arrivait de visiter les lieux saints dans la compagnie de son ange. Or, un jour que, cédant à ses ravissements, elle voyageait de sanctuaire en sanctuaire dans la ville de Rome, sa marche fut entravée par des ronces. Et, quoique son corps restant en place ne l'eût point suivie dans ses courses, elle sentit une épine entrer dans un de ses doigts. Le lendemain, se retrouvant dans son état naturel, cette blessure lui fit éprouver une vive douleur !

3° Dans les faits de troisième classe; « l'homme restant à sa place, et y étant vu par les autres, EST VU AILLEURS EN MÊME TEMPS, et y agit d'une manière effective et réelle; or cette bilocation participe à la nature de la vision ». Ainsi, par exemple, un saint que des rieurs modernes ont traité du ton leste et dégagé qui caractérise les esprits superficiels et frivoles, saint Joseph de Copertino, résidait dans la ville d'Assise. Sa mère mourante à Copertino s'écria douloureusement : « O mon fils, je ne te verrai donc plus ! » Une grande lumière remplit aussitôt la chambre de cette femme, et, le saint y apparaissant, elle s'écria : « Joseph ! ô mon fils !... » Au même instant ceux d'Assise voyaient Joseph sortir précipitamment de sa cellule pour aller prier à l'église. « Eh ! qu'y a-t-il donc ? lui demande un frère. — Ma pauvre mère vient de mourir. » — Le fait fut constaté par les lettres qui

---

[1] Görres, p. 335, 339, v. II. — Le système vital ! Avons-nous assez ruiné ce principe dans notre étude du Fantôme humain, formant la troisième partie de notre livre *les Médiateurs et les moyens de la magie,* 1863 ; et voit-on dans quelle série d'erreurs l'admission de ce *néant* entraîne les rêveurs du pays de la science ? — Le chapitre de la Répercussion, ci-après, rend compte de ce phénomène, mais d'après une loi d'exception, et non pas d'après une loi de nature.

arrivèrent de Copertino, non moins que par les témoins qui avaient vu le saint assistant sa mère.

Or, ce prodige que Gorres a rangé parmi ceux de la troisième catégorie, est semblable au fait tout récent de la bilocation de saint Alphonse de Liguori, canonisé de nos jours, et que nous relatons à titre d'exemple accueilli de la catholicité tout entière. Étudions donc ce dernier fait; étudions-le surtout comme un de ces actes que sa date toute fraîche, et son authenticité reconnue dans l'Église, et jusque dans le monde spirite ou magique, ne peut nous permettre d'affubler du terme dédaigneux de légende. Mais, avant de le rapporter, demandons-nous ce que signifient ces mots de notre grand et intrépide explicateur : « Cette bilocation participe à la nature de la vision [1]. » Un phénomène de cette importance sera-t-il expliqué, sera-t-il rendu facile à comprendre par des paroles d'un vague si désespérant et d'une si parfaite insuffisance ?

« Alphonse venait de dire la messe; accablé de tristesse, morne, silencieux, il se jette dans un fauteuil. Ses lèvres semblent étrangères à la prière; aucune de ces douces paroles que recueillent religieusement les personnes de sa maison ne se fait entendre : les diverses fonctions de la vie ont cessé. Il reste dans cet état d'immobilité toute la journée et toute la nuit suivante, sans que les domestiques qui veillent à la porte de son appartement osent troubler ce repos. On ne sait plus à quelle conjecture se livrer, lorsque enfin il fait retentir sa sonnette, annonçant son intention de célébrer la messe. Sa chambre se remplit aussitôt des gens de sa maison et des personnes du dehors, qui, depuis longtemps, attendaient avec une vive anxiété la fin de cette catalepsie imprévue. Le prélat s'étonnant de se voir environné de tant de monde, on lui répond que, depuis deux jours, il

[1] Görres, v. II, p. 335.

ne donne aucun signe de vie : « Ah ! c'est vrai, réplique-t-il; mais vous ne savez pas que j'ai été assister le pape qui vient de mourir! »

Ce mot est sur-le-champ répandu dans Arienzo et dans Sainte-Agathe. On croit d'abord que c'est une rêverie de malade. Mais peu d'heures après circule la nouvelle de la mort de Clément XIV; on apprend que ce pontife venait de sortir de cette triste vie le 22 septembre 1774, à sept heures du matin, au moment précis où Alphonse revenait à lui. Novaès, historien des papes, raconte ainsi ce miracle : « Clément XIV, dit-il, a cessé de vivre le 22 septembre, à la treizième heure du jour (sept heures du matin), assisté des généraux des augustins et des dominicains, des observantins et des conventuels; et, ce qui intéresse encore davantage, assisté *miraculeusement* par le bienheureux Alphonse de Liguori, *quoique éloigné de corps*, suivant que le relatent les procès juridiques du susdit bienheureux, approuvés par la sacrée congrégation des rites [1]. »

A l'autorité de l'Église, nous certifiant ce miraculeux phénomène, il nous est loisible d'ajouter celle de l'un de ses déserteurs et de ses plus dangereux ennemis. « *Rien au monde*, nous dit le professeur de magie Éliphas Lévi, notre contemporain, rien *n'est mieux accepté et plus incontestablement prouvé*, que la présence réelle et visible du Père Alphonse de Liguori près du pape agonisant, tandis que *le même personnage* était observé chez lui, à une grande distance de Rome, en prière et en extase [2]. »

Mais, entre tous ces phénomènes, où le surnaturel occupe

---

[1] *Elementi... in Roma*, 1852, t. XV, p. 210. — *Saint Liguori*, Verdier, 1833, p. 318. Il est fait mention dans le Bréviaire de ce don de bilocation. — *Id.*, *Vie de sainte Thérèse*, par elle-même, Bilocation de J. Pierre d'Alcantara, chap. XXVII, Bouix.

[2] Pag. 206, v. I, *Rituel de la haute magie*, prem. édit. — *Id.*, Desbarrolles, *Chiromancie*, p. 86, 3ᵉ édit., Paris, 1860.

dans la splendeur de son évidence, une place que les incomplètes, que les interminables et pseudo-scientifiques explications de Görres ne sauraient restreindre, choisissons, pour les placer sous le regard des lecteurs qui ne rompent point avec les enseignements de l'Église, et qui conservent le goût du bon sens, l'un des exemples les plus soutenus et les plus frappants qu'il soit possible de rencontrer. On eut tout le loisir de le jeter au creuset de la critique, et la plume qui nous le rapporte est celle du savant abbé de Solême, le bénédictin dom Guéranger, dont l'immense travail révèle tout ce qui fut jadis ourdi contre la gloire posthume du personnage soumis à notre jugement.

« Admise dans d'intimes relations avec Dieu, par la sublimité de ses oraisons, Marie de Jésus, — c'est-à-dire Marie d'Agréda, — n'en était pas moins attentive aux misères des hommes; mais, ce qui excitait plus que tout le reste son compatissant intérêt, c'était le sort des âmes après cette vie. Elle souffrait cruellement de voir tant de malheureuses victimes de l'hérésie et de l'infidélité, et ses vives instances auprès de Dieu tendaient à en diminuer le nombre. Elle était surtout préoccupée de la conversion des peuples de l'Amérique méridionale que les religieux de saint François évangélisaient avec un grand zèle sur les terres de la domination espagnole. Dieu lui fit connaître, dans l'oraison, que sa miséricorde avait préparé *des secours particuliers* pour accélérer la conversion des peuplades nombreuses du Nouveau-Mexique; mais il voulut qu'elle eût autre chose que le mérite de l'intercession; car alors commença en elle une série de phénomènes de grâce qui lui donnèrent droit d'être comptée parmi les apôtres de ces pays idolâtres. Durant une assez longue période de sa vie, il lui arriva, dans ses extases, de *se sentir tout à coup transportée* dans des régions lointaines et inconnues. Le climat n'était plus celui de la Castille. Des hommes d'une race qu'elle n'avait jamais rencontrée étaient devant elle, et Dieu lui inspirait de leur annoncer la foi. L'extatique obéissant à ce commandement leur prêchait dans la langue espagnole, et ces infidèles l'écoutaient avec docilité. La première extase ainsi occupée fut suivie *de plus de cinq cents*, et sans cesse elle se trouvait dans cette même contrée. Il lui semblait que, le nombre de ses convertis s'étant accru, une nation entière, le roi en tête, s'était résolue à embrasser la foi de Jésus-Christ. Elle voyait en même temps, mais à une grande distance, les franciscains que Dieu avait destinés à recueillir cette riche moisson ; mais ils ignoraient jusqu'à l'existence de ce peuple, et Marie conseillait alors aux Indiens d'envoyer quelques-uns d'entre eux vers ces missionnaires pour leur demander des ministres du salut. »

« Ces impressions de l'extatique étaient trop extraordinaires pour qu'il lui fût possible de les laisser ignorer à son directeur. Elle les découvrit donc au franciscain sous la conduite duquel elle vivait. Marie de Jésus était-elle *corporellement transportée* au delà des mers, ou *son âme agissait-elle seule* en ces rencontres ?... Quant à la source de ces impressions, il était évident que l'on ne pouvait la chercher dans quelque influence de l'esprit de malice. Tout y était fondé sur le zèle du salut des âmes ; les intentions de Marie étaient droites, ses extases étaient une gêne pour elle, une occasion d'être remarquée, et elle demandait sans cesse à Dieu qu'il lui plût de l'en délivrer. Il était plus difficile de déterminer si l'extatique était *en réalité* transportée au milieu de ses chers Indiens, ou si son action devait être purement rapportée aux opérations de l'âme, *aidée d'un secours surnaturel* », celui d'un ange agissant pour elle et se conformant aux dictées de son cœur. « Marie de Jésus répétait les noms de diverses localités du Nouveau-Mexique. Elle était en mesure de décrire les mœurs de ces peuples, leurs habitations, leurs armes; elle rapportait leurs longs entretiens avec elle. La différence du climat la frappait également. Dans son vol rapide, il lui semblait passer d'une région ensevelie dans la nuit à une autre qu'éclairait le soleil. Elle traversait une vaste étendue de mer, et des contrées de terre ferme, avant d'arriver au lieu où l'esprit la dirigeait. Une fois, elle eut l'intention de distribuer à ses Indiens quelques chapelets qu'elle gardait dans sa cellule; sortie de l'extase, elle chercha ces objets et *ne les trouva plus*, quelque diligence qu'elle y mît. »

« Malgré de tels indices, *qui semblaient* indiquer un changement corporel de lieu, Marie *persista toujours à croire que tout se passait en esprit;* encore était-elle fortement tentée de penser que ces phénomènes pouvaient bien n'être qu'une hallucination, innocente sans doute, mais plus facile à admettre par elle que l'idée d'une utilité si grande que Dieu eût tirée, par un tel moyen, d'une créature si faible et si ignorée. On ne saurait s'étonner de l'incertitude qu'éprouvait Marie, lorsqu'on se rappelle que saint Paul lui-même déclare qu'il ignore s'il fut enlevé avec ou sans son corps. »

« C'était vers l'année 1622 que Marie de Jésus avait commencé à éprouver ses laborieuses extases. Jusqu'à ce moment, les franciscains qui s'occupaient à la conversion des peuplades du Nouveau-Mexique avaient assez peu de fruit. Un jour, ils se virent abordés par une troupe d'Indiens d'une race qu'ils n'avaient pas encore rencontrée; ces Indiens s'annonçaient comme les envoyés de leur nation, et ils demandaient le baptême avec une grande ferveur. Les missionnaires, surpris à la vue de ces indigènes, que personne, croyaient-ils, n'avait encore évangélisés, s'empressèrent de leur demander d'où leur venait un tel désir. Ils répondirent que, depuis un temps déjà long, une femme avait paru dans leur pays annonçant la loi de Jésus-Christ; qu'elle disparaissait par moments, sans qu'ils pussent découvrir le lieu de sa retraite, et c'était elle qui leur avait enjoint de se rendre auprès des missionnaires. L'étonnement des religieux s'accrut encore lorsque, ayant voulu interroger ces Indiens, ils les trouvèrent parfaitement instruits. Ils leur demandèrent alors des renseignements sur cette femme merveilleuse ; mais tout ce que les Indiens purent dire, c'est qu'ils n'avaient jamais vu une personne semblable....... Le P. Alonzo de Benavidès, homme rempli de zèle, ne tarda pas à se rendre aux vœux de l'ambassade indienne. Les plus vives démonstrations de reconnaissance accueillirent les ministres de l'Évangile, et l'étonnement de ceux-ci allait toujours croissant, car ils étaient à même de constater à chaque pas que, chez tous les individus de ce peuple, l'instruction chrétienne était complète ! »

Cependant « le P. Alonzo de Benavidès aspirait à rentrer en Espagne, dans l'espoir d'y découvrir la retraite de sa miraculeuse coopératrice. Enfin, dans le cours de l'année 1630, il put profiter du départ d'un navire, et, à peine débarqué, il se rendit directement à Madrid. Le général de son ordre, le P. Bernardin de Sienne, se trouvait en ce moment dans cette ville. Benavidès se hâta de lui manifester les merveilles pour la recherche desquelles il avait cru devoir entreprendre le voyage de l'Europe. Le général connaissait Marie de Jésus. Il lui vint en pensée que cette âme privilégiée pourrait bien être celle-là même que Dieu avait choisie pour opérer de si grands prodiges ; mais comme il se doutait bien que l'humilité de la sœur la rendrait impénétrable, il résolut d'employer le moyen de l'obéissance religieuse pour la contraindre à s'expliquer. Il donna donc à Benavidès des lettres par lesquelles il le constituait son commissaire en cette affaire, enjoignant à Marie de Jésus d'avoir à répondre en toute simplicité aux demandes de ce religieux, qui partit pour Agréda. »

« Arrivé dans cette ville, Benavidès communiqua ces lettres au provincial Sébastien Marzilla et au P. François della Torre, confesseur de la servante de Dieu. Ayant fait venir Marie de Jésus à la grille, il lui déclara les ordres du général, et l'humble vierge se vit contrainte de déclarer tout ce qu'elle savait sur l'objet de la mission de Benavidès. Avec une vive confusion, mais avec la plus parfaite obéissance, elle manifesta les commencements et la suite des extases qu'elle avait éprouvées et tout ce qui s'y était passé, ajoutant avec franchise qu'elle était demeurée dans une complète incertitude *sur le mode selon lequel son action* avait pu ainsi s'exercer à une si grande distance. Après avoir reçu ces confidences, Benavidès interrogea la sœur sur les particularités des lieux qu'elle avait dû tant de fois visiter. Il la trouva aussi instruite qu'il pouvait l'être lui-même sur tout ce qui concernait le Nouveau-Mexique et ses habitants. Elle lui exposa *dans le plus grand détail toute la topographie de ces contrées,* décrivant tout et usant des noms propres, comme aurait pu le faire un voyageur qui eût passé plusieurs années dans ces régions. Elle avoua même qu'elle avait vu maintes fois Benavidès et ses religieux, marquant les lieux, les jours, les heures, les circonstances, et fournissant des détails spéciaux sur chacun des missionnaires ! »

« Benavidès voulut cependant rédiger une déclaration de tout ce qu'il avait constaté, tant en Amérique que dans ses entretiens avec la servante de Dieu, et il exprima sur cette pièce sa conviction personnelle, quant au mode selon lequel l'action de Marie de Jésus s'était fait sentir aux Indiens. Il insistait à croire que cette action avait été *corporelle*. Sur cette question, la sœur garda toujours la même réserve, et plus tard, dans une déclaration qu'elle écrivit elle-même, elle motiva *son doute* sur les paroles de saint Paul que nous citions tout à l'heure. Elle concluait ainsi : »

CHAPITRE DEUXIÈME.

« *Ce que je crois le plus certain à l'égard de la ma-* » *nière, c'est qu'un ange y apparaissait sous ma figure, prê-* » *chait et catéchisait les Indiens, et que le Seigneur me* » *montrait ici dans l'oraison ce qui se passait*[1]. »

Mais peut-être quelques-uns de mes lecteurs, peu familiarisés avec les merveilles de l'ordre divin, soupirent-ils après un second exemple propre à corroborer celui de l'extatique espagnole, et à les raffermir. Plaçons donc à côté du nom de dom Guéranger le nom du R. P. Ventura, naguère examinateur des évêques et du clergé romain, etc., etc. Ces deux illustrations catholiques et *contemporaines* ont étudié chacune leur modèle, nous les entendrons nous tenir un langage identique. Le voyageur aérien du P. Ventura, cet éminent religieux de la bouche duquel *je recueillis* un fait parallèle et récent dans l'ordre démoniaque, a nom Martin Porrès.

« Telle est, dit le P. Ventura, la bonté du Dieu magnifique, quand il récompense la vertu de ses serviteurs, que, souvent, pendant qu'ils sont encore voyageurs sur la terre, il leur accorde un avant-goût de la félicité qu'il leur réserve dans les cieux, répandant quelquefois sur leur corps, tout mortel qu'il est, les dons de la glorieuse immortalité. Ce dernier privilége n'était accordé de Dieu aux autres saints que pour un temps et dans des circonstances particulières, tandis qu'il fut accordé à Martin d'une manière je dirai presque habituelle et permanente. Il suffit donc que les supérieurs, du fond de leur cœur, ou les malades dans le secret de leur demeure, conçoivent le désir d'avoir Martin présent pour qu'à l'instant même, *quelle que soit la distance* à laquelle il se trouve, ils le voient se présenter devant eux, souvent même lorsque les portes *sont fermées*, pour recevoir les ordres de l'obéissance, ou pour porter les secours de la charité.

---

[1] *Marie d'Agréda et la Cité mystique de Dieu*, Univers, 6 juin 1858, dom Guéranger, et tirage à part.

« Et non-seulement il possède pour lui-même ces dons glorieux d'agilité et de subtilité, mais il tient aussi de Dieu le pouvoir de les communiquer à autrui. Non-seulement il passe comme l'éclair de la ville à la campagne ou de la campagne à la ville, mais encore *il transporte avec la même rapidité une troupe nombreuse de ses religieux;* non-seulement, toutes les fois qu'il le veut, il devient invisible pour cacher ses merveilleuses extases à une curiosité importune, mais il rend les autres également invisibles pour les soustraire à une justice trop sévère qui est déjà sur leurs traces. »

« Ce n'est pas tout. Des preuves plus *magnifiques et plus solennelles* viennent confirmer ces dons extraordinaires, en sorte qu'on peut lui appliquer la noble image dont s'est servi saint Chrysostome en parlant de saint Paul : « Son zèle, » a-t-il dit, lui prêta des ailes pour courir d'un bout du monde » à l'autre : *quasi pennatus totum peragravit orbem.* »

« Les chrétiens étaient alors cruellement persécutés par les musulmans en Afrique, et par les idolâtres dans les Moluques et au Japon. Martin, brûlant du saint désir de partager les tourments et les couronnes de tant de martyrs, prie et supplie instamment qu'il lui soit accordé de passer dans ces pays sauvages. Mais Dieu, laissant à Martin comme à saint Philippe de Néri, qui, dans le même temps, se consumait à Rome des mêmes désirs, tout le mérite d'une oblation si généreuse, lui fait entendre par la voie des supérieurs que sa mission est de faire connaître et de propager la vraie foi dans son pays natal, et non de la confirmer par le témoignage de son sang chez les nations étrangères. Eh bien donc, Martin, ne pouvant s'y rendre à la manière des hommes, s'y transporte à la façon de l'ange; et, se multipliant lui-même, on le retrouve, *dans le même moment,* aux extrémités opposées du monde. Sans quitter le Pérou, il se fait voir sur les côtes de Barbarie et aux confins de l'Asie, nourrissant les pauvres, soignant les malades, catéchisant les néophytes, consolant les esclaves, affermissant les irrésolus, encourageant les martyrs, les soutenant et les assistant au milieu des horreurs de leurs supplices.

» En vain cherche-t-il, dans l'intérêt de son humilité, à tenir cachés ces prodiges de sa charité et de son zèle. Dieu, dans l'intérêt de la gloire de sa foi, manifeste ces merveilles de sa puissance et de sa bonté, en ordonnant que ceux qui les ont vues et les attestent publiquement *se trouvent réunis à Lima*. Celui-ci affirme avoir été guéri, en France, de corps et d'esprit par Martin; celui-là assure avoir reçu de lui des consolations, et déclare lui devoir sa délivrance de l'esclavage à Alger; d'autres jurent de l'avoir vu et entendu instruire les chrétiens, assister les martyrs au Japon, dans les Moluques et en Chine! Tous *le reconnaissent, le montrent*, le proclament un ange mystérieux QUI A PARCOURU L'AFRIQUE, L'ASIE, L'EUROPE, SANS AVOIR JAMAIS QUITTÉ L'AMÉRIQUE. »

« Mais quel besoin ont les Péruviens de recourir aux témoignages des étrangers, quand ils ont sous les yeux ceux de leurs compatriotes? Et pourquoi donc l'appellent-ils eux-mêmes *habituellement* « l'esprit, ou le frère qui vole », si ce n'est parce que des tribus et des peuples entiers l'ont vu souvent assis sur un char de feu, comme Élie, ayant au front une croix mystérieuse entourée de splendeurs célestes, se promener dans les airs, traverser des royaumes, et parcourir le monde? *Quasi pennatus totum peragravit orbem*[1]. »

Les prodiges de la bilocation étaient connus des idolâtres

---

[1] *Panégyrique de Martin Porrès*, par le P. Ventura, traduit par A. d'Avrinville, Paris, 1863, p. 65 à 70. — La *Vie des Saints*, des Bollandistes; *Acta sanctorum*, ouvrage de *la plus philosophique critique*, chef-d'œuvre qui ne pèche que par son excessive et souvent injuste rigueur contre les miracles qu'il discute, est rempli de faits semblables, admis par l'Église dans les actes de canonisation.

de l'antiquité ; plusieurs sont devenus classiques, et Tacite lui-même, ce rigide et véridique historien, nous raconte celui qui va suivre : Vespasien, venant d'opérer deux guérisons merveilleuses au nom de Sérapis, sent redoubler en lui « le désir de visiter le séjour sacré du dieu, pour le consulter au sujet de l'empire. Il ordonne que le temple soit fermé à tout le monde. Entré lui-même, et tout entier à ce que va prononcer l'oracle, il aperçoit derrière lui un des principaux Égyptiens, nommé Basilide, qu'il sait être retenu malade à plusieurs journées d'Alexandrie. Il s'informe des prêtres si Basilide est venu ce jour-là dans le temple ; mieux encore, il envoie des hommes à cheval et s'assure que, dans ce moment-là même, ce personnage était à quatre-vingts milles de distance.... Alors il ne doute plus ; la vision doit être surnaturelle : » *Basileus* signifie roi, souverain ; l'apparition de celui qui se nomme Basilide signifie qu'il va s'élever à l'Empire [1] !

Mais l'époque actuelle ne le cède en fécondité sur ce point à aucune de celles qui l'ont précédée ; et ce sont les adversaires mêmes du catholicisme qui nous offrent nos premiers exemples. Acceptons des mains de sir Robert Dale Owen ceux qu'il nous plaît de choisir. Sir Robert était ambassadeur à Naples de la république des États-Unis. — En 1845, nous dit ce diplomate, existait en Livonie le pensionnat de Neuwelcke, à douze lieues de Riga et une demi-lieue de Wolmar. — Là se trouvaient quarante-deux pensionnaires, la plupart de familles nobles ; et, parmi les sous-maîtresses, figurait Émilie Sagée, Française d'origine, âgée de trente-deux ans, de bonne santé, mais nerveuse, et de conduite méritant tous éloges.

Peu de semaines après son arrivée, on remarqua que quand une pensionnaire disait l'avoir vue dans un endroit,

[1] Tacite, *Hist.*, liv. IV, nos 84, 82.

souvent une autre affirmait qu'elle était à une place différente. — Un jour, les jeunes filles virent tout à coup deux Émilie Sagée *exactement semblables*, et faisant les mêmes gestes; l'une, cependant, tenait à la main un crayon de craie, ET L'AUTRE NON.

Peu de temps après, Antonie de Wrangel faisant sa toilette, Émilie lui agrafa sa robe par derrière; la jeune fille vit dans un miroir, en se retournant, deux Émilie agrafant ses vêtements, et s'évanouit de peur [1].

Quelquefois, aux repas, la double figure paraissait *debout*, derrière la chaise de la sous-maîtresse, et imitait les mouvements qu'elle faisait pour manger; mais ses mains ne tenaient *ni couteau ni fourchette*. Cependant la *substance* dédoublée ne semblait imiter qu'*accidentellement* la personne réelle; et quelquefois, lorsque Émilie se levait de sa chaise, l'être dédoublé paraissait y être assis!

Une fois, Émilie étant souffrante et alitée, mademoiselle de Wrangel lui faisait la lecture. Tout à coup la sous-maîtresse devint roide, pâle, et parut près de s'évanouir. La jeune élève lui demandant si elle se trouvait plus mal, elle répondit négativement, mais d'une voix faible. Quelques secondes après, mademoiselle de Wrangel vit très-distinctement le double d'Émilie se promener çà et là dans l'appartement.

Mais voici le plus remarquable exemple de bicorporéité que l'on ait observé chez la merveilleuse sous-maîtresse : « Un jour, les quarante-deux pensionnaires brodaient dans une même salle, au rez-de-chaussée, et quatre portes vitrées de cette salle donnaient sur le jardin. Elles voyaient dans ce jardin Émilie cueillant des fleurs, lorsque tout à coup sa figure parut installée dans un fauteuil devenu vacant. Les pensionnaires regardèrent immédiatement dans le jardin, et

---

[1] Effet nullement optique, voir la suite.

continuèrent d'y voir Émilie ; mais elles observèrent la lenteur de sa locomotion et son air de souffrance; elle était comme assoupie et épuisée.... Deux des plus hardies s'approchèrent du double, et essayèrent de le toucher; elles sentirent une légère résistance, qu'elles comparèrent à celle de quelque objet en mousseline ou en crêpe. L'une d'elles *passa au travers* d'une partie de la figure ; et, après que la pensionnaire eut passé, l'apparence *resta la même quelques instants encore,* puis disparut enfin, mais graduellement... Ce phénomène se reproduisit de différentes manières aussi longtemps qu'Émilie occupa son emploi, c'est-à-dire en 1845 et 1846, pendant le laps d'une année et demie ; mais il y eut des intermittences d'une à plusieurs semaines. On remarqua d'ailleurs que plus le double était distinct et d'une apparence matérielle, plus la personne réellement matérielle était gênée, souffrante et languissante ; lorsque, au contraire, l'apparence du double s'affaiblissait, on voyait la patiente reprendre ses forces. Émilie, du reste, n'avait aucune conscience de ce dédoublement et ne l'apprenait que par ouï-dire. Jamais elle n'a vu ce double ; jamais elle n'a soupçonné l'état dans lequel il la jetait... Ce phénomène ayant inquiété les parents, ceux-ci rappelèrent leurs enfants, et l'institution s'écroula [1]. »

Séduits par leurs vains et trompeurs systèmes, les adeptes de l'école spiriste désignent ces phénomènes tantôt par le mot *bicorporéité*, qui suppose en nous un double corps, et tantôt par les termes de *dédoublement animique,* indiquant qu'une de nos âmes est dépouillée d'une autre âme dont le tissu lui servait de doublure ! L'un de ces systèmes paraît repousser l'autre ; ou bien les deux ensemble ne concordent qu'à la condition de former du total humain le composé le plus bizarre d'âmes et de corps concentriques, dis-

---

[1] Tome IV, p. 43 à 47, 1861, *Rev. spirit.*, Pierart.

posés comme les tuniques d'un oignon. L'étude du principe vital, si honorablement accueillie en février 1864 par la *Revue médicale* française et étrangère, a fait bonne justice de cette fantasmagorie dans notre livre des *Médiateurs*, et nous y établissons cette vérité que, dans la personne humaine, il n'existe qu'une seule âme et un seul corps, ainsi que le professe la doctrine de l'Église. Combien d'explications absurdes, offertes par quelques-uns de nos savants, tombent et s'évanouissent devant cette simple étude qui ne laisse debout, pour rendre compte de ces phénomènes, que des Esprits bons ou mauvais, *transportant* ou *représentant* la personne humaine. Je soupçonne même assez fortement ces derniers de puiser *vampiriquement* dans notre sang et notre substance une partie au moins des vapeurs dont il leur arrive de fabriquer notre fantôme; tandis que la science, bercée dans ses illusions, s'explique la faiblesse ou la souffrance de nos corps par l'arrachement d'un corps ou d'une âme fluidique, sans lesquels notre âme serait incomplète ! Le vampirisme magnétique de la Voyante de Prévorst nous a dit de quelle sorte les forces organiques de l'homme peuvent être sucées, ou pompées, par son éternel ennemi [1].

Mais déjà nous avons énoncé qu'un nombre considérable de ces faits de double présence s'accomplissent de toute autre sorte que par la représentation de la personne absente, et ne constituent qu'une apparence de bilocation; il est donc juste, de temps en temps, de ne s'expliquer ces phénomènes que par la prestidigitation diabolique, que par l'adresse et la rapidité des Esprits *à déplacer*, *à replacer* les corps, *à les transporter* à travers les champs de l'espace. Nous devons, en conséquence, rappeler au lecteur comment un objet peut soudain tomber sous nos regards, disparaître, et s'y replacer mille fois avec une vélocité qui se joue de nos

---

[1] *Magie au dix-neuvième siècle,* chap. xv.

forces visuelles tendues à suivre son vol. Nous rapporterons quelques exemples du transport de *la personne humaine*, dans notre travail encore inédit des sabbats objectifs, où leur présence est indispensable. Mais, observons-le bien et d'abord, soit que la force motrice qui se révèle dans ces actes opère sur un rat ou sur un éléphant, sur un enfant né d'hier ou sur une statue massive et colossale, le phénomène n'en reste pas moins égal à lui-même dans chacun de ces cas; au point de vue de la violation apparente des lois de la physique.

Cependant le fait de la translation aérienne des corps étant, et je ne saurais en dire le pourquoi, l'un des plus difficiles à établir dans la foi même de ceux que le surnaturel n'effarouche que légèrement, osons, afin de vaincre une fois pour toutes, et chez les catholiques au moins, cette disposition réfractaire des croyances, osons donner, sous forme d'épisode, l'un des exemples les plus énormes, mais aussi les plus irréfutables de ces merveilleux transports.... Nos âmes y trouveront, je l'espère, un instant de rafraîchissement et de douceur.

En l'an de grâce 1291, les chrétiens voyaient leur puissance s'écrouler en Palestine; et, de ces nobles contrées qu'ils avaient rachetées de leur sang, il ne leur restait plus que Saint-Jean-d'Acre. L'Angleterre et la Flandre se liguant contre la France, la chrétienté oubliait ses lointaines et admirables conquêtes, ou plutôt *ses justes et tardives reprises* sur la barbarie musulmane.... Or, un beau jour, le 10 mai, sur le mont Terzato, en Dalmatie, et à dix milles de Fiume, des bûcherons contemplèrent avec stupeur un vieil et petit édifice posé dans un pré dont, la veille encore, ils avaient parcouru la surface complètement déserte et nue. « La surprise s'accrut lorsqu'on entendit quelques personnes du voisinage assurer qu'elles *avaient vu cette maison suspendue en l'air* avant de s'arrêter sur la hauteur [1]. » Ni les matériaux ni la forme de cet édicule n'appartenaient au pays. Il était long de quarante pieds, haut de vingt-cinq, et n'en mesurait que vingt de largeur. Au milieu s'élevait un autel, et dans le fond figurait une statue de cèdre de la sainte Vierge et de l'Enfant Jésus, brunie par le temps et par la fumée des cierges. — Un pèlerinage s'y organisa promptement, et la foule y grossit chaque jour... De temps en temps, dans le silence, on y entendait des symphonies angéliques, s'exhalant du sein des airs....

Alexandre, évêque de Terzato, gravement malade et presque sans espérance de guérison, a conçu le dessein de contempler de ses yeux le prodige; et tandis qu'il se livre à cette pensée, la sainte Vierge lui apparaît. Elle lui dit que l'édicule nouvellement arrivé dans le pays est la maison de Nazareth, où elle a pris naissance, où elle a conçu le Verbe par l'opération du Saint-Esprit. Et, pour témoigner de *la réalité* de son apparition, la Mère de Dieu rend à l'instant au prélat la santé la plus parfaite. On ne saurait se figurer la joie du peuple de voir à la fois son pasteur subitement guéri d'une maladie mortelle, et de lui entendre affirmer l'excellence du sanctuaire dont les anges viennent de doter la Dalmatie [2]. Sur ces entrefaites, des prisonniers chrétiens abordent à un port de l'Adriatique, et, revenant de la Palestine, racontent que le matin du 10 mai 1291, c'est-à-dire le jour où le miraculeux édifice s'était abattu sur le mont Terzato, l'étonnement et l'effroi des gens de Nazareth avaient été sans bornes; car la maison de la vierge Marie y avait subitement disparu, sans que rien absolument

---

[1] Semblable à d'immenses aérolithes que l'on vit descendre, rester en suspension et remonter! Voir chapitre ci-dessus. — Tiré surtout des *Instructions historiques, dogmatiques et morales sur les principales fêtes de l'Église*, t. III, Paris, 1850, in-12, p. 395, etc.

[2] *Ibid.*, 397, *Instructions*.

restât de la partie attenante à la grotte, si ce n'est les fondations rasées au niveau du sol. Ceux de ces prisonniers auxquels la vue de l'édifice était familière, guidés par le bruit de cette merveilleuse translation, se rendent en toute hâte au lieu sur lequel il s'était posé, et portent un témoignage public de la parfaite identité de cette relique précieuse.

Cependant, malgré la surabondance et l'excellence des preuves, *auxquelles s'ajoutaient les faveurs insignes obtenues dans ce sanctuaire*, l'esprit humain, dans sa faiblesse non moins insigne, se sentait tellement épouvanté de ces merveilles, que le doute et l'incrédulité régnaient encore presque de toutes parts. Dieu sembla dès lors vouloir, *par trois répétitions nouvelles du même prodige*, vaincre les résistances les plus tenaces.

Le 10 décembre 1294, l'édicule de Nazareth disparut donc tout à coup du mont Terzato, et fut instantanément transporté près de Recanati, au cœur d'une forêt de lauriers, dans le domaine d'une veuve du nom de Lorette. Mêmes doutes, même incrédulité régnèrent, malgré ce nouveau transport aérien au-dessus des flots de l'Adriatique, malgré les témoins du transport et de la miraculeuse lumière qui enveloppa la sainte maison dans son trajet..... Aussi, le volage édicule, si l'on me passe accidentellement ce terme, obéissant à la pensée fixe et divine qui voulait que les chrétiens crussent d'une foi ferme à la réalité du trésor dont les messagers angéliques venaient de doter l'Italie, fut-il transporté derechef, après huit mois de repos, sur une colline appartenant à deux frères : ce troisième trajet n'avait été que d'un mille ! Mais les deux frères s'étant disputé la possession de la précieuse et opime relique, elle se transporta, quatre mois après, à quelques pas du domaine où elle avait porté la guerre, et s'arrêta sur le milieu d'un chemin public. Elle y séjourne depuis cette époque.

Nous ne nous fatiguerons point à redire la quantité d'enquêtes de toute nature et de confirmations papales qui se rattachent à ce miracle *insigne* et *multiple*[1]. Contentons-nous de rappeler, non point le nom des souverains pontifes qui, dès la première vérification du prodige, honorèrent le sanctuaire de Lorette, mais l'empressement avec lequel la plupart d'entre eux se firent gloire d'enchérir sur leurs prédécesseurs. A peine, en effet, s'en trouve-t-il quelques-uns, depuis un laps de plus de cinq cents ans, qui n'aient donné quelque témoignage de leur dévotion particulière pour ce saint lieu;..... et Sixte-Quint, pour sa part, après avoir ajouté de nouvelles décorations à celles dont les papes antérieurs avaient enrichi l'église élevée au-dessus du saint édicule, y fit graver en lettres d'or, sur un marbre noir, cet acte DE FOI ET DE RAISON PHILOSOPHIQUE : — *Deiparæ domus, in qua Verbum caro factum est;* c'est-à-dire

---

[1] Diverses commissions d'enquêtes furent itérativement envoyées en Galilée. Les commissaires et contre-commissaires reconnurent l'existence des rapports les plus précis entre les dimensions et les matériaux de l'édicule, et les fondations de Nazareth. « On eût pu croire que la maison avait été enlevée de sa base comme si on l'en eût séparée avec un rasoir. » Ces commissions opérèrent avec une extrême vigueur. On avait cru remarquer un certain rapport entre les briques de la Marche d'Ancône et les matériaux de la sainte maison. Jean de Vienne, membre de l'une de ces commissions, rapporta de Nazareth des pierres de la nature de celles dont la plupart des maisons du pays sont construites. Tirées *par couches* des carrières, ces pierres de couleur rougeâtre, traversées par des veines jaunes, ont l'apparence de la brique. — Et, *pour ma part,* lorsqu'il y a quelques années je visitai ce sanctuaire, j'y fus trompé par mon premier coup d'œil. — De retour à Lorette avec ses collègues, Jean compara les pierres de Nazareth avec celles de la sainte chapelle, et les trouva d'une similitude parfaite. On explora les carrières de la Marche d'Ancône sans y découvrir de pareilles pierres, et l'on ne put en trouver davantage dans les édifices du pays, quoique plusieurs anciennes maisons y fussent construites en briques. Ce fait important fut confirmé depuis par plusieurs savants personnages, qui se sont assurés, par de nouvelles observations, que la sainte maison de Lorette n'était pas construite en briques. — *Ib., Instruct.,* p. 398, 407-8-9, etc., 448, etc., 439, etc.

maison de la Mère de Dieu, où le Verbe s'est fait chair.[1].

Mais peu de résumés jettent un jour d'évidence plus vif et plus chaud sur la foi publique et papale au miracle du transport aérien de la maison virginale, que celui du pape Léon X, ce souverain pontife dont un siècle si cher aux philosophes de nos jours adopta le nom comme un titre de gloire.

« *Parmi tous les sanctuaires* élevés dans l'Église en l'honneur de l'auguste Mère de Dieu, dit le pape Léon X, la dévotion n'a qu'une voix et qu'un sentiment pour mettre *au premier rang* le sanctuaire de Lorette, que la renommée et *la piété des peuples* ont rendu si célèbre. En effet, la bienheureuse Vierge, *comme il est prouvé par les témoignages les plus dignes de foi*, ayant daigné, par un effet de la volonté divine, TRANSPORTER DE NAZARETH SON IMAGE ET SA MAISON, les déposer d'abord près de Fiume, ville de Dalmatie, puis au territoire de Recanati, dans un lieu couvert de bois, puis encore sur une colline appartenant à des personnes particulières, puis enfin au milieu de la voie publique, dans le lieu qu'elles occupent aujourd'hui, et où elles ont été placées *par la main des anges,* LES MERVEILLES CONTINUELLES ET SANS NOMBRE que le Tout-Puissant y opère par l'intercession de l'auguste Vierge, ont déterminé plusieurs pontifes romains, nos prédécesseurs, à accorder à l'église de Lorette d'insignes faveurs spirituelles, etc.[2]... »

« Un décret de la congrégation des Rites, du mois de novembre 1632, sous le pontificat d'Urbain VIII, *ordonne de célébrer la fête de* LA TRANSLATION non-seulement dans l'église de Lorette, mais dans toute la province de la Marche. Puis un nouveau décret de la même congrégation, du 31 août 1669, sous le pontificat de Clément IX, veut

---

[1] *Ibid., Instruct.*, 415, 422-3.
[2] *Ibid., Instruct.*, p. 416, 417.

que l'on consigne dans le martyrologe romain l'indication du même prodige en ces termes : « A Lorette, dans le Picénum, TRANSLATION de la maison de Marie, Mère de Dieu, dans laquelle le Verbe s'est fait chair. » Enfin, pour donner un plus grand éclat à cette fête, le pape Innocent XII, après un nouvel et sévère examen du fait de la translation, voulut assigner un office et une messe propres à cette auguste solennité. Voici le texte même de cette leçon : « La maison où Marie vit le jour, et qui a été consacrée par l'incarnation du Verbe, *fut transportée du pays des infidèles d'abord en Dalmatie, puis à Lorette dans le Picénum, sous le pontificat de Célestin V. Les témoignages des souverains pontifes,* la vénération de l'univers chrétien, *les miracles qui s'opèrent continuellement dans cette sainte maison,* les grâces singulières dont Dieu se plaît à combler les fidèles qui la visitent, *ne permettent pas de douter que ce ne soit la même où le Verbe s'est fait chair, et a habité parmi nous* [1].... ».

Mais « à l'autorité des souverains pontifes, nous pouvons joindre celle d'une foule de savants écrivains et de critiques judicieux qui, jusque dans ces derniers temps », — et dans ces dernières époques surtout, — « n'ont point fait difficulté d'admettre comme certain le fait miraculeux de la translation. Parmi les historiens de Lorette, Angélita, Riera, Tursellin, Murcorelli, et plusieurs autres indiqués dans le cours de cette dissertation, citent à l'appui de leur récit une foule de monuments que *la critique même la plus sévère* est obligée de respecter. Baronius, Raynaldi, Sponde, les Bollandistes, le P. Noël Alexandre, Théophile Raynaud, Honoré de Sainte-Marie, Muratori, Gretser, Benoît XIV, Dominique Mansi et tant d'autres scrutateurs forment une pléiade de critiques assez imposante pour autoriser un sen-

[1] *Ibid., Instruct.,* p. 421, 422.

timent qu'ils n'ont admis qu'après le plus sérieux examen. Entre ceux-ci figure d'ailleurs le célèbre Érasme, si connu par la hardiesse de ses opinions théologiques et l'étroitesse de ses liaisons avec les premiers réformateurs. Or, ce même Érasme, — cet ami des fondateurs du protestantisme, — est l'auteur de la première messe composée en l'honneur de Notre-Dame de Lorette. » Il ne sera point inutile de rappeler que « la plupart de ces témoignages ont été recueillis par le contemporain de Voltaire, par le pape Benoît XIV, dans une dissertation spéciale, excellent résumé de ce qui fut écrit sur ce point par une foule de savants auteurs [1] ».

De ces nombreux témoignages et de toutes les raisons que nous venons d'exposer, il nous reste donc « à conclure que le fait de la translation de la sainte maison de Lorette est établi par des preuves solides et irrécusables pour un esprit droit et sans préjugés ; et que *si ce miracle est un des plus extraordinaires dont il soit fait mention dans les annales de l'Église, il est aussi l'un des mieux attestés aux yeux de la saine critique.* »

Nous voulons cependant « remarquer, avec Benoît XIV et plusieurs autres savants auteurs, que ce prodige, ainsi qu'un grand nombre d'autres dont l'Église *conserve précieusement la mémoire*, ne doit pas être mis au même rang que les miracles *qui servent de fondements* à notre foi. Outre que ces derniers sont contenus dans des livres écrits sous l'inspiration de l'Esprit-Saint, et reconnus pour divins par l'autorité infaillible de l'Église, ils font *essentiellement*

---

[1] *Inst., ibid.,* p. 455, etc... — Après avoir rapporté cet acte de l'un des hommes qui, par la profondeur de leur science et les splendeurs de leurs lumières, ont répandu le plus vif éclat sur le trône pontifical, il est juste et essentiel d'ajouter qu'un petit nombre de gens contestèrent cet incontestable miracle. Lire dans *Instructions,* p. 455, la pauvreté des motifs et *la rétractation* positive ou virtuelle des contradicteurs.

partie du dépôt de la foi, et ne peuvent être révoqués en doute sans une impiété manifeste. »

De quelque splendeur d'évidence que brillent les autres prodiges, l'Église ne nous en impose point la croyance. Ceux qui les nient, malgré les preuves et les certitudes radieuses qui les couvrent de lumière, méconnaissent et nient toute philosophie, toute loi de bon sens. Cependant, s'ils ne sont point coupables de mauvaise foi, plaignons-les; ce sont des pauvres d'esprit; ce sont des infirmes dont l'Église a pitié, mais que, sans doute par cette raison même, elle ne rejette point de son sein. Puissent-ils s'apercevoir enfin et comprendre un jour qu'ils ne sauraient persévérer dans cette incroyance réfléchie « sans blesser les règles d'une sage critique, ni même sans blesser le respect dû à l'Église et au saint-siége, lorsque le saint-siége et l'Église autorisent une croyance par leur enseignement et leur conduite! ».

En un mot, refuser de croire ce que croit et ce que professe l'Église, lorsqu'il ne s'agit point d'un dogme reconnu, d'une croyance fondamentale du christianisme, voilà ce que l'Église souffre et tolère chez quiconque, conservant sa bonne foi dans son intégrité, s'abstient de mentir à l'évidence. Ainsi laisse-t-elle se reproduire avec le plus solennel éclat cette miséricordieuse vérité : que la faiblesse d'esprit et la sottise de l'homme ne lui sont point imputés à péché mortel!

— Honte cependant, dans la maison et dans la vigne du père de famille, à ces protestants de seconde cuvée qui osent préférer leurs faibles et vacillantes lumières aux lumières indéfectibles de l'Église, leur pauvre et anile raison ne se rendant à l'autorité religieuse que lorsque celle-ci, leur appuyant la pointe de la condamnation sur la gorge, leur crie : Croire, ou l'enfer! se rendre, ou mourir!

Enfin, qu'il nous soit permis de terminer ce merveilleux

[1] *Ibid., Instruct.*, p. 459, 460.

épisode en transcrivant, tel qu'il nous est transmis, le paragraphe suivant de la correspondance de Rome : « Si nous pouvions ajouter foi à des prédictions émanant de personnes recommandables, Lorette ne serait pas la station définitive de la sainte maison de Nazareth. Après avoir été transportée de Palestine en Dalmatie et ensuite à Lorette, la sainte maison serait destinée à être transférée de nouveau jusqu'à Rome, auprès de Sainte-Marie-Majeure, où les chanoines de Lorette apporteraient ensuite le trésor, comme pour confirmer l'authenticité de l'événement. On comprend que nous ne pouvons mentionner de telles prédictions qu'en faisant les réserves requises, bien qu'elles émanent d'une source respectable sous tous les rapports [1]. »

Voici donc, et d'un bout à l'autre du monde chrétien, le fait d'une translation aérienne bien magnifiquement établi ; et ce n'est point de l'enlèvement d'un fétu qu'il s'agit, ni du transport d'un guéridon à quelques mètres de distance, ou de la suspension momentanée de la fluette personne du médium Home dans un milieu aérien. Sans que le poids de l'objet importe, il s'agit du transport en pleine lumière d'une masse énorme, c'est-à-dire de quatre pans de muraille, ou d'une maison de pierre ! Il s'agit d'un édifice arraché du sein des montagnes de la Galilée, et délicatement, artistement déposé à des centaines de lieues de distance, sur le sol des Dalmates, pour reprendre à trois reprises son vol jusqu'à la dernière étape qui le pose sur la butte pittoresque de Lorette, entre un splendide écartement des croupes de l'Apennin et le scintillant azur des flots de l'Adriatique.

Hélas ! ces lieux si pacifiques lorsque j'en visitai le sanctuaire ; ces lieux témoins naguère du dévouement de l'armée romaine, témoins de l'héroïsme de ces zouaves, de ces guides pontificaux, de ces nobles de naissance et de

[1] *Le Monde*, février 1864.

cœur que les châteaux et les chaumières de la France et de la Belgique avaient offerts en tribut à l'Église, et dont la Révolution, gueule béante, convoitait le sang; ces lieux, ces champs ont appris du héros qui devait bombarder Ancône silencieuse ce que c'est que le carnage !

Mais il ne saurait être question dans ces pages de ces transports au cerveau dont le mal épidémique ravage accidentellement le monde social, et nous ne devons nous préoccuper pour le moment que du transport matériel des corps au travers des immensités de l'espace. Or, *le fait* de ces transports étant dégagé de tous les nuages du doute, qui n'en voudra rechercher la cause ? Et cette cause recherchée se trouvera-t-elle être naturelle ? — Oh non, puisque les lois de la nature reçoivent du détail et de l'ensemble de ces phénomènes la plus énergique et flagrante violation. Il y a donc, au-dessus de ces faits, des causes surhumaines, et le monde chrétien, le monde simplement logique et le monde spirite seront ici d'une seule et même lèvre pour déclarer que cette cause, que ces moteurs, ce sont des Esprits. C'est par eux, c'est par ces ministres de miséricorde ou de terrible justice, que le Seigneur opère les prodiges. Telle est la foi de l'Église ; telle fut celle de tous les peuples, basée sur les longues observations *de l'expérience et de la critique*. Et que sont, après tout, la masse d'une maison ou la masse d'une ville entière, devant la puissance des anges de gloire, ou seulement des anges déchus ?... Nous plairait-il de ne jeter les yeux que sur les facultés restreintes de ces derniers ? Eh bien, « si Dieu ne retenait leur puissance, nous les verrions agiter ce globe avec la même facilité que nous tournons une petite boule ! » Mais qui donc ose nous tenir ce langage ? une bonne femme ? une commère de village ? Non ; l'une des plus vigoureuses intelligences du monde philosophique et chrétien : Bossuet !... Et qu'est-ce en vérité que le poids d'un homme à côté du poids d'une maison ? Qu'est-ce qu'une maison à côté d'un monde ? Ne craignons point d'ailleurs de le rappeler, ce sont des Esprits qui roulent et gouvernent les mondes dans l'espace [1]!... Cependant, du fait capital et immense de Lorette, hâtons-nous de descendre vers un fait relativement minime, mais que nous ne jugeons point inutile à nous expliquer les difficultés de notre sujet. La nécessité d'être bref nous oblige, en l'esquissant, à sacrifier d'innombrables détails du plus haut intérêt, mais étrangers à la question qui s'agite.

Au mois d'octobre de l'an 1835, M. l'abbé Langlois, curé de Prunay-sous-Ablis, Seine-et-Oise et diocèse de Versailles, fut tout à coup harcelé, molesté, persécuté dans sa maison curiale, et ses persécuteurs restèrent invisibles. Fermant avec un soin tout particulier la porte de la chambre étroite et longue qu'il occupait, et s'armant de toutes les précautions imaginables contre la ruse, M. Langlois, tantôt seul et tantôt environné de témoins, voyait à chaque instant tomber à ses pieds des volées de cailloux, lancées de l'intérieur même de cette chambre, contre la fenêtre unique qui l'éclaire. On regardait à terre, et surtout à l'endroit d'où se succédaient ces éruptions de projectiles ; mais, apercevoir le moindre objet ou la moindre ouverture était impossible ! Les carreaux de la fenêtre retentissaient de ce choc ; et, chose vraiment étrange, nulle de ces pierres ne brisait une vitre. Quelquefois même plusieurs personnes, appliquant à la fois leurs mains sur ces carreaux, y écartaient leurs doigts en forme de treillis. Eh bien, ces railleuses et déconcertantes volées de cailloux frappaient alors les intervalles découverts, sans qu'une parcelle, manquant son but, effleurât seulement les mains provocatrices.

[1] Bossuet, 1er sermon sur les démons, premier point, p. 45, t. VIII, Paris, 1845, P. Mellier ; et le dernier chap. de mon livre des *Médiateurs et moyens de la magie*.

M. l'abbé Hacquart, l'un des témoins assidus de ces molestations fréquentes et variées, était alors curé d'Ablis[1]. Il s'attachait sans bruit à soutenir le courage harassé de son confrère et très-proche voisin, M. le curé de Prunay. Mais, sans prendre le moindre souci de sa présence, et sans témoigner le plus faible respect aux autres visiteurs, les invisibles ne cessaient de poursuivre et de molester les deux amis, en quelque pièce du presbytère qu'ils eussent l'idée de se retrancher.

Un beau jour, perdant patience à la vue de cette grêle, de ce refrain monotone de pierres sans cesse battant les vitres, M. l'abbé Hacquart s'écria comme par surprise, et sans attacher aucun sens à ses paroles : « Au moins, si ce possédé nous envoyait de l'argent! et, sur-le-champ, à l'instant même, quelques poignées de liards et de monnaie de cuivre, lancées avec force contre la croisée, venaient retomber à leurs pieds. » On en ramassa pour une somme de plus de cinq francs. Les fées jadis étaient moins promptes à réaliser nos souhaits[2].

L'invisible démon de céans suggérait-il au bon curé de demander la monnaie qu'il se tenait prêt à lancer? Ou bien encore, la pensée du bon curé venant à se formuler, le lutin ramassait-il, en un clin d'œil, une poignée de cette vulgaire monnaie, et la faisait-il apparaître comme s'il l'eût tirée du néant? La simple raison et la théologie tiennent ces deux

---

[1] J'ai copie du procès-verbal de ces faits, signé du 19 juillet 1854, et j'en causai longuement avec M. l'abbé Hacquart. Ce sont les *lapides irritos* de Psellus, *De dæmonib.*, chap. *Cur dæmones...*

[2] *Ligne parallèle* : I.-F. de Mendoze, dépouillé par des corsaires, s'adresse à saint François Xavier et lui demande quelque secours. Le saint n'a jamais un sou vaillant, mais la Providence est sa richesse. Il fouille dans sa poche et n'y trouve rien; il sait sa misère et la fait voir. Cependant il adresse une prière à Dieu, fouille de nouveau et retire de cette même poche cinquante pièces de l'or le plus fin. *Vie du saint*, par le P. Bouhours, v. I, p. 155-6.

explications pour être également admissibles. Mais, à quoi bon rapporter cet ordre de faits? A quoi bon? Il faut le redire : c'est afin de confirmer et d'expliquer certains phénomènes relatifs à cette sorte de bilocation trompeuse qui ne s'opère que par le transport impétueux et le retour des corps. C'est afin de nous rendre compte de ces tours d'adresse diaboliques, lorsqu'ils sont semblables à ceux que nous décrivait tout à l'heure un père du concile de Trente; l'archevêque Olaüs; semblables à ceux que nous rencontrons dans les arrêts de notre magistrature antique, ou dans les pages les plus récentes du spiritualisme magnétique, que nous offrent des témoins encore pleins de sens et de vie.

Ainsi, par exemple, sans que l'âme des Lapons, où des Finlandais endormis, eût besoin de voyager; sans qu'elle eût besoin de franchir l'espace et de rapporter un anneau, un signe matériel de ses prétendues excursions, le démon *qui transporte les corps* au sabbat, ou ailleurs, avec la rapidité des poignées de pierres ou de monnaie de M. le curé d'Ablis, remplaçait avec une singulière aisance par ses propres voyages le voyage que ces naïfs adeptes attribuaient à leur âme! Prenant pour premières dupes ces pauvres Lapons, plongés dans la torpeur du sommeil magique, il lui suffisait, pour créer en eux l'illusion dont ils se faisaient ensuite les propagateurs, de peindre en vives couleurs dans leur esprit ce que lui-même il avait vu s'accomplir au loin : Ce rêve inspiré, joint au gage que son adresse de faiseur de tours leur plaçait aux mains, ne les pénétrait que trop facilement de la pensée que leur propre esprit était l'unique et le direct agent de ce transport!

Et si le démon qui les étourdit et les frappe de l'insensibilité magnétique use de son adresse pour leur mettre en mains les objets qu'il apporte avec la foudroyante et silencieuse rapidité des pierres de Prunay, ne pourrait-il tout aussi bien les transporter en corps et en âme, et les ramener au point de départ ? Ne pourrait-il les mouvoir avec une volonté prestigieuse, analogue par ses effets optiques à ceux de la braise ardente que fait tournoyer une fronde rapide traçant à l'œil un cercle de feu ? La braise en ignition n'occupe *à la fois qu'un point unique* de ce cercle, voilà le fait ! *Cependant, pour l'œil le plus vif, elle est partout*, et le cercle entier c'est elle-même ! Le point du cercle qu'elle occupe ne semble ni plus ni moins la posséder que ceux où son absence est certaine. L'absence de cette braise *est donc aussi insaisissable que positive sur mille points à la fois !* Et pourtant, l'œil affirme sa présence simultanée sur mille points où sa présence est impossible, puisqu'elle ne peut en occuper à la fois qu'un seul.

Tel est le cercle dans lequel il m'importait d'enfermer mon lecteur, afin de le forcer à saisir, dans la plus restreinte des limites, la possibilité de *cette présence apparente, ou de cette absence inaperçue* d'un objet ; phénomène qui s'opère lorsque le grand et puissant artisan des prestidigitations et des prodiges antidivins, manie, manœuvre, emporte un corps avec sa vélocité fulgurante et nous le fait voir comme présent à la fois en deux localités que sépare un intervalle dont le jugement humain aurait peine à fixer la limite.

En accordant à ces corps transportés quelques instants de repos, le temps d'être clairement perçus sur un point donné, tandis que les témoins qui les contemplent ailleurs avec négligence se figurent ne cesser de les voir, le démon ne les fait-il point voler assez rapidement dans l'espace pour tromper avec facilité son monde, grâce à cette vélocité naturelle aux esprits, que n'imitera jamais le boulet chassé par le salpêtre, et qui se jouera de l'œil humain, *déjà peut-être fasciné par leur art !*

Comment alors ces voyages aériens, comment ces transports et ces retours, *tantôt inaperçus* et *tantôt visibles*, ne deviendraient-ils point pour le commun des hommes une source abondante d'illusions et d'erreurs? Au coup de midi, mes amis et moi nous avons vu cet homme que voici; sa main *a touché* les nôtres, ses paroles se sont échangées contre nos paroles, et nous nous sommes tranquillement quittés. Cependant quelques jours se sont écoulés, et des gens dignes de toute créance, surpris de nous entendre énoncer ce fait, se lèvent et s'écrient : Erreur! erreur! ou vous nous raillez ; car, à cette même date, au coup méridien de l'Angelus, nous avons vu ce même homme à cent lieues d'ici ! Sa main *nous a touchés aussi*, et la parole de sa bouche répondit à la nôtre ! — Eh bien, la vélocité des transports opérés par des esprits ne peut-elle être la clef de cette énigme ? Et de tels faits, explicables d'ailleurs par la représentation angélique ou démoniaque de l'homme aperçu, ne deviennent-ils point une seconde fois intelligibles devant le témoignage de l'archevêque Olaüs et de MM. les curés d'Ablis et de Prunay, devant des milliers d'incidents semblables et magnifiquement attestés par des myriades d'excellents témoins; devant enfin la parole de l'Église, nommant du nom d'ange l'invisible qui transporte en *un clin d'œil* le prophète Habacuc de Judée à Babylone *et de Babylone en Judée*[1] ? Grâce à l'acte de ces esprits à vitesse de foudre, la vélocité du transport peut donc rendre présent un homme sur deux points éloignés et en deux instants si proches l'un de l'autre qu'ils se confondent !

Mais que, pour en finir, l'attention du lecteur s'arrête surtout sur ces paroles : « Tous les êtres matériels, — les

---

[1] Angelus portavit eum in *impetu* spiritus sui, et *confestim restituit* in loco suo. Daniel, cap. xiv, 35, 38. L'esprit transporteur protège donc ces transportés contre les effets mortels de ces impétueux trajets!

corps célestes eux-mêmes, — sont régis par les anges: Et ce sentiment est soutenu non-seulement par tous les docteurs de l'Église, mais encore par tous les philosophes qui ont admis l'existence des êtres spirituels[1]. » Si donc *la plus furibonde rapidité* du boulet n'est que *lenteur de tortue* à côté de l'incroyable vitesse des astres que les puissances angéliques roulent dans l'espace, par quels prestiges de vélocité les démons qui se mêlent de transporter les corps ne pourront-ils point égarer et illusionner nos regards! Ne leur sera-ce point un jeu, vingt fois en une minute, de les transporter à cent lieues de distance, et de les rendre chaque fois et comme en même temps visibles en chacun de ces deux points extrêmes ?

CONCLUSION.

Arrivés que nous sommes aux confins de ce chapitre, et résumant l'explication des exemples qui se sont pressés dans nos pages, ne craignons donc point de nous répéter en signalant d'un mot les vérités qui resteront debout après le passage des autorités que notre plume a mises en ligne :

Non, l'âme de l'homme vivant ne saurait ni voyager sans son corps, ni se charger du corps et l'emporter dans un voyage aérien. A l'instant même où l'âme se sépare du corps, ne fût-ce que le laps d'une seconde, il y a mort. Rapatrier ce corps et cette âme, les réunir, ce serait opérer une résurrection; ce serait accomplir un vrai miracle, un miracle de premier ordre !

Défense donc à l'âme d'un vivant de voyager, selon la croyance des Lapons d'Olaüs, sous la conduite d'un démon qui la pilote dans l'espace.

---

[1] 1re p., q. cx, art. 1, etc., *Somme*, saint Thomas.

L'âme éclairée par un esprit *à qui elle lasche le nœud*, selon l'expression de Plutarque, ou bien encore l'âme à qui le nœud serait lâché pour se livrer à de lointains voyages, ce n'est qu'un rêve! Sinon, que serait donc le fil de ce nœud? Ne serait-ce point un fil magnétique, ou odyle, c'est-à-dire formé d'un fluide à part et tout spécial, mais dont nous avons démontré que l'existence est une pure et misérable chimère, une complète illusion. Ce serait un filet de cet esprit nervique dont les Voyants et leurs dupes affirment que s'enveloppe l'âme lorsqu'elle se dégage du corps. En d'autres termes, ou sous un autre aspect et selon les propres expressions de Bodin et de Görres, ce serait admettre la substance d'une âme secondaire et vitale; or, jamais en nous n'exista ce produit de l'imagination que forgèrent d'antiques et dangereux novateurs. Non, non; cette âme, ce système, ce principe vital, quelques sueurs généreuses que versent quelques-uns de nos plus éminents docteurs pour les ressusciter et les glorifier, c'est moins que fumée, ce n'est que néant[1]! Le prétendu voyage animique n'est donc qu'un mirage réel, qu'une transmission spirite des choses, une réverbération des faits opérée dans le miroir imaginatif de notre âme par l'action d'un être libre et spirituel, d'un esprit bon ou mauvais.

Et quant au phénomène objectif et *matériel* d'où résulte dans les faits de bilocation la vue réelle ou le contact des corps, l'expérience et la raison l'expliquent ou par la prestigieuse célérité du transport, c'est-à-dire par un effet de prestidigitation diabolique, ou par le jeu de fantômes formés à l'imitation de nos personnes par les anges de lumière ou de ténèbres, habiles à les animer et à les mouvoir.

---

[1] Lire sur ces points divers mon livre *Magie*, chap. Magnétisme et Voyantes; mon livre *Médiateurs*, chap. Fantôme humain et Principe vital.

Pour le moment, ces deux explications nous semblent suffisantes et claires. Ce sont des fils conducteurs que nous devons nous garder de perdre ; car, sans leur secours il y a danger de s'égarer à chaque pas, et surtout dans les labyrinthes où tout à l'heure nous allons poursuivre l'esprit de mensonge.

CHAPITRE TROISIÈME.

EFFETS DES ARMES SUR LES ESPRITS, ET RÉPERCUSSION.

Qu'est-ce que la répercussion? — Dans la personne humaine, une âme fluidique se replie-t-elle donc avec l'élasticité d'un ressort, pour y photographier ses blessures? — L'âme d'Homère, son corps et son simulacre parlant. — Les fantômes, ou les esprits, semblent craindre les armes et les coups ; raison de cette crainte. — Sort de l'invraisemblable devant les sages de ce monde. — Le docte Psellus et le démon de sa belle-sœur, que dompte une pointe d'épée. — Doctrine magique expliquant le fait; sa fausseté. — Opinion de P. Thyrée. — L'expérience se trouve d'accord avec la théologie. — Poésie et croyance du Nord : l'archange Michel fend Satan d'un coup d'épée, et Fingal perce de son fer l'esprit de Loda. — Bodin ; un des esprits qui *tombent avec la foudre* est chassé par le moulinet d'une épée. — L'archevêque Olaüs et son récit; ces phénomènes, se mêlant à ceux de la bilocation et de la répercussion, y jettent quelque jour. — Longue étude d'un fait de répercussion faite par nous, et précédée de faits similaires authentiques. — Le tambour de Tedworth. — Jane Brooks traversant la muraille. — Juliane Cox et sa jambe. — Note sur M. de Saulcy. — Nagualisme et répercussion, Mexique. — Universalité du phénomène. — Glanvil et la force vitale, dans les faits de Mohra; erreur perfide. — Görres; même erreur poussée à son comble. — Ce qui peut être. — Fait de *répercussion vampirique;* or point d'âme ni d'imagination dans les cadavres. — La question posée de nouveau. — Quels esprits craignent les armes! — Solution au point de vue de l'expérience et de la raison. — Conclusion. — Note finale. Comment s'arrange un Limousin pour prendre au piége les mauvais esprits, ou traditions campagnardes.

Intimement liés aux faits de la bilocation et du transport aérien, les phénomènes de la répercussion prennent rang en tête des prodiges les plus étourdissants de la magie, et leur tour est venu de nous apporter un tribut d'étonnement ou de scandale. Ils sollicitent, ils provoquent depuis longtemps nos regards ; mais, que sont-ils donc?

Le prodige, ou disons plutôt le prestige de la répercussion, s'opère lorsque le coup porté sur l'esprit, *visible* ou *non*, d'un vivant, sur le fantôme qui le représente, frappe, en même temps, et à la partie même où le spectre fut atteint, cette personne absente! Il faut donc supposer alors que le coup se répercute, et qu'il arrive, comme par rebond, de l'image de ce vivant, de son duplicata fantasmatique, sur l'original en chair et en os.

Ainsi, par exemple, tel individu m'apparaît, ou, restant invisible, il me dénonce la guerre, me menace, me fait menacer de ses obsessions. A la place où je vois agir son fantôme, à la place où je l'entends, où je sens quelqu'un, quelque chose qui me moleste et me résiste, je frappe; le sang coule quelquefois, et des cris percent l'air; *il* est blessé, peut-être est-il mort! Voilà le fait.

Et pourtant, au moment où je le frappais, sa présence en un lieu différent était authentiquement constatée. On court le chercher; j'ai vu, j'ai clairement vu le spectre que je blessais à l'épaule ou à la joue, et cette même blessure à l'épaule ou à la joue se trouve répercutée sur sa personne. Il est donc aisé de concevoir comment les faits de la répercussion ont, avec ceux de la bilocation ou d'un prétendu dédoublement animique ou corporel, un rapport étroit et sensible.

Voilà bien, en tout cas, si je ne me trompe; voilà de quoi renverser toutes les notions du bon sens. Eh quoi! nos corps auraient à redouter le coup que le métal d'une arme porterait à leur spectre, à leur houen, à leur fantastique image? Est-ce donc que, de notre vivant, ce fantôme, ces ombres quelquefois si ténues qu'elles sont pour nous invisibles, seraient *cette tierce partie* de l'homme que nous croyons avoir si complètement anéantie dans notre traité du fantôme humain? seraient-elles, car il faut de temps en temps encore reprendre cette question, seraient-elles un principe, un esprit nervique ou vital, intermédiaire entre nos âmes et nos corps, formant entre ces deux substances le trait d'union de la vie : TENUES *sine corpore* VITAS ? Et cet esprit, *simulacrum*, filant son câble, ou quittant le corps sans que le corps périsse, et voyageant à son gré, aurait-il, *en y rentrant,* en s'y repliant *avec l'élastique vivacité du ressort qui revient sur lui-même,* la vertu de daguerréotyper dans nos organes ses plus vives impressions de voyage, ses coups, ses déchirements, ses blessures ?

Une revue médicale et d'éminents docteurs nous ont félicité d'avoir fait justice et litière des erreurs qui touchent à ce faux et perfide principe de vie, dont l'histoire offre le plus singulier attrait. Mais de puissantes, mais d'inimaginables illusions doivent entraîner dans le tourbillon de cette croyance une foule d'hommes superficiels, quoique sincères. Car souvent, en magie, chaque nouveau phénomène paraît remettre en question le problème déjà résolu du phénomène qui le précède. La spectrologie n'est donc point en droit de reculer devant cette nouvelle et bizarre étude [1].

Et déjà pour l'histoire, une chose observée dans notre livre de la magie est certaine : c'est que, le plus souvent, les

---

[1] Il faut rappeler ici les idées de l'antiquité polythéiste sur l'homme; son âme d'un côté; son esprit, son simulacre *parlant* et *sentant* de l'autre, etc., etc.; puis un corps servant de gaîne, ou de pigeonnier, à diverses sortes de corps fluidiques, d'apparences, d'images, d'âmes, d'esprits... C'est là ce que nous peint, d'après Lucrèce, le vieil Ennius :

> Exponit. . . . . essé Acherusia templa
> Quo neque permanent *animæ,* neque corpora nostra,
> Sed quædam *simulacra,* modis pallentia miris ;
> Unde sibi exortam semper florentis Homeri
> Commemorat *speciem,* lacrymas et fundere salsas
> Cœpisse, et rerum naturam expandere dictis.
> (Lucrèce, *De rer. nat.,* liv. I.)

Idem, ces vers cités ailleurs :

> Bis duo sunt hominis, *manes, caro, spiritus,* umbra ;
> Quatuor ista loci bis duo suscipiunt :
> Terra tegit carnem ; — tumulum circumvolat umbra ;
> Orcus habet manes ; spiritus astra petit, etc., etc.

fantômes ou les esprits qui se donnent pour des âmes affectent une inexplicable terreur à l'aspect des armes. On dirait que le fer et le plomb exercent sur ces spectres de douloureux ravages. Mais le monde des fantômes et des illusions étant redevenu pour notre siècle un nouveau monde, une découverte à refaire, gardons-nous de nous étonner si, pour une si compacte multitude encore, ce monde est inexploré, s'il reste plein de mystères, et ne nous émerveillons qu'à demi si tant d'oreilles se mutinent et se crispent aux récits qui le décrivent. La position de la plupart des hommes, à cet endroit, est à peu près celle du villageois le plus éloigné du commerce des humains, le moins familier à toute chose qui n'est ni son sillon rebelle, ni le bœuf qui le dompte. Voyez, voyez-le là-bas! au coin de son âtre enfumé, près de ce marin à défroque graisseuse. Il écoute, mais avec quelle impatience, les exploits de ce harponneur de baleines; et comme il se démène, comme on voit tout son esprit se ruer à la fois dans les plus gros et dédaigneux éclats de son rire!... Oh lui! le malin de l'endroit, sembler croire à de tels récits! se laisser peindre par la parole des maisons, des forteresses flottantes, égalant deux et trois fois en volume l'antique église du village; puis, les montagnes d'eau d'un océan *sans bornes*, des espaces sans fin sur lesquels bondissent des monstres dont le corps le cède à peine en longueur aux granges du château. On le croit donc bien sot, ce rustre, de prêter une crédule oreille à ces révoltantes absurdités. Oh non! son droit d'homme de sens commun et *borné*, c'est de juger de l'inconnu d'après son modeste savoir, d'après sa copieuse ignorance. Il jouira pleinement de ce droit. Que voulez-vous, il n'a jamais vu d'autre poisson que le fretin de son ruisseau. Jamais la tradition des anciens ne lui retraça monstre aquatique, plus énorme que le brochet de l'ancien étang seigneurial; ce monstre mesurait quatre pieds sept pouces!

Pour nous, qui vîmes plus d'une fois l'invraisemblable se faire vérité, frappé de la bizarrerie non moins que de l'universalité de ces nouveaux phénomènes magiques au travers de l'immensité des temps et de l'espace, nous formulons notre pensée en traduisant celle de l'un des plus loyaux experts de la spectrologie. « Plus l'absurde et l'inexplicable se mêlent dans ces faits, mieux j'y vois la confirmation des récits qui nous les peignent, et la réalité des choses que les artistes en objections s'efforcent de détruire [1]. »

En d'autres termes, le menteur sait mentir. Mentir est sa profession, son talent, son génie, et, par conséquent, les tons criards et brutaux de l'absurde ne sont point ceux dont il aime à charger sa palette, à colorer ses récits. Qui donc nous expliquerait le miracle de voir les historiens, les écrivains de tous les temps et de tous les lieux, tomber comme d'un tacite accord dans la faute de pousser l'improbable jusque par delà des confins de l'impertinence et du grotesque?... Quant à nous, après avoir appelé sur ce point l'attention réfléchie du monde sérieux, hâtons-nous de reporter nos pas vers les deux questions principales de ce chapitre : 1° les fantômes redoutent-ils l'offense des armes agressives ? 2° lorsque une arme frappe le fantôme d'un vivant, l'âme fantasmatique, ou le principe de vie qui le représente, selon la doctrine de la magie, peut-il rentrer dans le corps? peut-il s'y replier s'il en fut séparé? doit-il en y reprenant sa place infliger aux parties *qui correspondent à ses formes* la blessure qu'il a reçue?

L'un des plus hauts organes de la tradition magique, Homère, nous peint, à cet endroit, les croyances de la plus haute antiquité. Pénétrant dans ce monde des fantômes, *où les réalités ont pour but d'enfanter des illusions*, Ulysse évoque l'âme du devin Tirésias, et suivez-le bien du regard. Il s'agit

---

[1] Glanvil, *The more absurd*, etc. *Sadducismus*, p. 10.

d'allécher, d'attirer irrésistiblement à soi le devin. Que fait-il donc? Il verse dans une fosse le sang d'une victime choisie; car tel est le breuvage, telle est la nourriture favorite des ombres. Mille ombres affamées vont se ruer vers la fosse pour s'en repaître; mais le héros, *tirant son épée*, se tient en quelque sorte à cheval sur le sang : ἐφ' αἵματι φάσγανον ἴσχων (Ὀδυσ. Λ, 82.) Et la pointe de son fer *dissipe* les légers fantômes; l'avidité *vampirique* le cède en eux à la terreur. Cependant la larve, lehouën du prophète évoqué a senti l'odeur de ce nectar des ombres. Il accourt; mais sa première, son instante prière, c'est qu'Ulysse *le délivre de cette épée*, dont la vue, même aux mains d'un ami, l'épouvante et le force à reculer devant l'indicible appât du sang.

Longtemps avant Homère, le Lévitique, où Moïse nous retrace *des antiquités qui le débordent*, effleure les temps diluviens et nous redit, selon toutes les probabilités, la foi des hommes dont les détestables pratiques firent éclater le grand déluge : « Vous ne mangerez point au-dessus du sang, » dit le législateur. Et, selon les remarques critiques du savant Pluche, l'usage d'employer l'*épée* dans ces sacrifices mortuaires, pour se débarrasser des âmes que l'on ne voulait point évoquer, est attesté par le reproche d'Ézéchiel aux Hébreux, d'avoir mangé les chairs de leur sacrifice auprès du sang qu'ils ont répandu, et d'avoir tenu près d'eux *leur épée* dans cet abominable repas [1]. »

Longtemps après Homère, un autre initié, Virgile, ce

---

[1] Lévitique, xix, 26; Ézéchiel, xxxiii, 25-26, 500 ans avant J.-C. interprétés par Pluche, v. II, p. 73. — Faisons observer toutefois que les traductions de la Bible de Vence diffèrent de celles de Pluche : *Non comedetis juxta sanguinem* ou *super sanguinem*, — ou *circa fossam victimarum sanguine conspersam*. Pluche avait l'avantage d'étudier ce sujet d'une manière toute spéciale, grande raison pour le mieux comprendre. La Bible de Vence ajoute d'ailleurs en note une réflexion qui la rapproche du sens de Pluche : « On convient que l'Écriture prohibe ici des superstitions magiques. » Vol. III, p. 174, sur le ❡ 26, Lév., xix.

chantre d'un héros bien antérieur au poëte même de l'Iliade, Virgile introduit Énée dans le royaume des ombres. A peine le pied du Troyen en a-t-il touché le seuil, que la sibylle qui le guide s'écrie : Vite, vite, l'épée hors du fourreau, et, le fer en main, va, fraye ta route :

> Tuque invade viam, vaginaque eripe ferrum.

Point de crainte, repousse à coups d'épée les âmes qui s'approchent pour boire le sang [1].

> Eductumque tene vagina interritus ensem
> Quocumque ante animæ tendunt potare cruorem...

Et voyez à quel point cette protection du fer est infaillible contre les spectres, dans l'opinion des peuples ! Énée se voyant entouré de ces âmes, dont il redoute l'attaque, saisit son arme, et va frapper à coups redoublés ces innocents fantômes.

> Corripit hic subita trepidus formidine ferrum
> Æneas, strictamque aciem venientibus offert ;
> Et, ni docta comes tenues sine corpore VITAS
> Admoneat volitare cava sub imagine formæ,
> Irruat, et frustra ferro diverberet umbras [2].

La même et impérissable doctrine se soutient ou se ravive dans le cours des temps, sans cesse entretenue par de semblables illusions ; et, traversant le moyen âge, elle descend jusqu'à nos jours [3], et prend pied dans nos croyances, après s'être rajeunie dans le onzième siècle sous la plume de Psellus, chargé de former par ses leçons l'esprit et le cœur d'un empereur byzantin.

Cependant ni la science, ni la pénétration de l'illustre Grec ne l'empêchent de choir dans les abîmes d'erreurs que la magie creuse sous les pas de ceux qui, sans autres guides

---

[1] Silius Ital. et Pluche, p. 74. Én., liv. VI, 260.

[2] *Énéide*, liv. VI, 290, etc.

[3] Glanvil, *Sad.*, p. 195 à 199, sous Charles II. — *Phénom. de Cideville*, et les faits ci-dessous.

que ses docteurs, sondent les replis de son mystique domaine. Aussi, cette même terreur que les armes semblent inspirer aux fantômes humains, Psellus la fait partager aux démons; car, les démons, qui, d'après nos spirites, ne sont que des âmes, ont, à l'entendre, un corps spirituel, et semblable à ceux de nos fantômes....

« Un vieillard, nous dit-il, et c'était mon frère aîné, était le mari d'une femme remarquable par ses habitudes de retenue et de modestie, mais sujette à des maladies fréquentes. Or, un jour qu'elle était en couches et souffrait d'atroces douleurs, elle se prend à déchirer ses vêtements, et de ses lèvres s'échappe un langage que nulle oreille, en ces lieux, n'avait encore entendu. Que penser et que faire?... Des femmes, cependant, vont en toute hâte quérir je ne sais quel étranger du nom d'Anaphalangie. C'est un vieillard desséché, noir, et plissé de rides qui, tout aussitôt, se pose et se tient debout près du lit de ma belle-sœur, le poing armé *d'une épée nue;* et, s'adressant du ton de la colère à la malade, il l'accable de railleries mordantes et d'insultes. La langue dont il use est sa langue maternelle; il est Arménien. Au bruit de ses paroles, ma belle-sœur saute en bas de son lit; on croirait qu'elle va le combattre, mais elle se contente de lui répliquer dans le même idiome : le vieillard conserve son aspect furibond, il semble près de la frapper, et redouble de formules conjuratoires. Ma belle-sœur alors se calme et se maîtrise; elle cède à je ne sais quel tremblement nerveux; elle se résigne à un langage plus humble, et bientôt elle tombe *assoupie.*

Nous restons plongés dans la stupeur, inhabiles que nous sommes à nous expliquer par quel art cette femme a pu converser en langue arménienne, elle qui, de sa vie, ne s'est rencontrée avec un Arménien, et qui jamais ne s'est écartée du foyer paternel.

Aussitôt qu'elle a repris ses sens, nous l'interrogeons. Mais que venez-vous donc d'éprouver, de grâce? Conserviez-vous la conscience de vos actes, et vous en demeure-t-il un souvenir? — Ce que je sais, dit-elle, c'est que je vis d'abord un démon de couleur obscure, ayant les formes d'une femme, les cheveux épars, et se précipitant sur moi. Ma terreur fut donc grande jusqu'à ce que je me fusse mise au lit. Quant à ce qui s'est passé depuis, il ne m'en reste aucun sentiment.

Or, comment ce démon qui, pour tourmenter une femme, se présente sous les traits d'une femme, et qui, parlant le langage de l'Arménie, infuse dans celle qu'il aborde le don de lui répondre dans le même idiome; comment ce démon s'apaise-t-il si vite aux menaces d'un magicien? Pourquoi tremble-t-il à la vue d'une lame d'épée? Quelle souffrance une épée peut-elle donc infliger à cet être indivisible et immortel [1].

De longues réponses sont faites à ces questions, mais notre oreille ne s'ouvre qu'à celles où les démons prétendent avoir à redouter l'effet des armes. — « Vous me demandez *si les corps* des démons peuvent être frappés? Oui, sans doute [2], et tout corps dur qui les atteint les rend sensibles à la douleur. — Mais comment expliquer ce phénomène? Car les démons sont des esprits, nous dira-t-on; leur nature n'est ni composée, ni solide, et le sentiment n'appartient qu'à ce qui est composé. — Soit : mais, dans les êtres doués de sentiment, ce ne sont point les nerfs eux-mêmes qui possèdent la faculté de sentir, c'est l'esprit qui réside en eux. Or, le corps des démons est naturellement sensible dans son ensemble, et dans chacune de ses parties. Sans le secours d'aucun milieu, il voit, il entend, il touche, et, si vous le

---

[1] Psel., *De dæm.*, cap. Quomodo dæm. occupent...

[2] *Id.*, Numquid dæmonum corpora pulsari possunt? Possunt sane, atque dolere solido quodam percussa corpore.

touchez, il le sent; si vous le divisez, il éprouve la douleur à la façon des corps solides.

« Une chose pourtant les distingue de ces corps, c'est qu'une fois divisés, ceux-ci ne peuvent se rejoindre, ou ne réussissent que rarement à réunir leurs tronçons, à se rétablir dans leur premier état. Tranchez, au contraire, le corps d'un démon, et vous le voyez aussitôt reprendre et se refaire. Semblable à l'air ou à l'eau que divise un corps solide [1], et, plus prompte que la parole, la substance des démons se rejoint, mais toute division subie par elle y engendre un sentiment de douleur. Voilà pourquoi les démons redoutent la pointe et le tranchant du fer. Que ceux qui prennent à cœur de mettre en fuite les démons aient donc soin d'avoir sous la main des épées et des armes [2]. »

Ainsi parle Psellus; mais, plus savant que ce Grec érudit, parce qu'il est éminent théologien, le père Thyrée nous dit à ce propos : « Erreur, erreur très-grave [3]! » et par conséquent utile à l'esprit de mensonge et d'illusion.

Ayant puisé largement aux sources de la science sacrée des peuples idolâtres, c'est-à-dire des peuples adorateurs des démons, Milton s'était poétiquement imbu de ces doctrines magiques, lorsqu'il imagina son singulier combat des anges fidèles et des démons.

« L'épée de l'archange Michel tourne, flamboie, tombe, et d'un coup de revers entame le côté droit de Satan. Satan, pour la première fois, a su ce que c'est que la douleur. Il se tort, il se roule dans les convulsions, l'épée torturante n'a fait de lui qu'une blessure immense; mais sa substance éthé-

---

[1] Ubi secatur, mox in se iterum recreatur et coalescit... dictu velocius dæmonicus spiritus in se revertitur.

[2] *Id.*, Psellus, chap. dernier des *Démons*. Doctrine adoptée à l'époque de la Renaissance par Corn. Agrippa, *De occulta phil.*, p. 298.

[3] Etc., etc. Lire le chap. XXIX, liv. I, Loca infesta, Th.

rée se rejoint, car une division de quelque durée répugne à sa nature [1]. »

Cette doctrine est d'ailleurs celle que professaient les Gaulois nos pères, et les deux extrémités de la terre se la répétaient dans leurs chants sacrés. Écoutons encore le chant des îles sur lesquelles se brise le flot du Nord, à l'extrême occident de notre Europe :

« Fingal, que menace la lance de l'esprit de Loda, tire son épée. Semblable à la lueur d'un éclair, le fer traverse le sombre fantôme. Il tombe, perd sa forme, et vous croiriez voir une de ces spirales de fumée que traverse et fouette une flexible et rapide houssine. Il jette cependant un cri perçant, roule sur lui-même et s'élève sur l'aile des vents [2]. »

L'un de nos plus illustres démonologues, Bodin, dont le génie fut si souvent hostile au christianisme, prend à son tour la parole sur cette question, et parcourant de longs siècles en un clin d'œil : « Les anciens tenoient aussi que les diables craignent fort le tranchant des épées et glaives : Platon même et plusieurs académiciens sont de cet avis que les

---

[1] .... Nor staid (the sword of Michael),
But with swift wheel reverse, deep entering, shared
All his right side, then Satan first knew pain,
And writhed him to and fro convolved, so sore
The grinding sword with discontinuous wound
Pass'd through him. But the ethereal substance closed,
Not long divisible, etc...
Paradise lost, liv. VI, v. 325-331.

[2] The gleaming path of the steel winds through the gloomy ghost. The form fell shapeless into the air... The spirit of Loda shrieked, as, rolled into itself, he rose on the wind! — Ossian, *Carric Thura,* p. 194, Lond., 1825. — Macpherson ne serait-il point l'inventeur des poëmes édités sous le nom d'Ossian? Dans son *Histoire des sciences occultes,* etc., M. le comte de Résie renvoie sur l'authenticité de l'œuvre d'Ossian aux leçons de M. Villemain et à celles de M. Fauriel : « Macpherson, dit-il, n'a pu inventer cette vieille poésie dont une enquête solennelle a constaté l'existence. » V. I, p. 398. — Ayant quelque peu parcouru moi-même le théâtre des exploits de ses héros, je suis loin de croire au néant de leurs poëmes.

esprits *souffrent division*. Il me souvient que, l'an 1557, un *malin esprit* FOUDROYANT tomba AVEC LE TONNERRE dans la maison de Poudot, cordonnier, demeurant près du salin, qui *jetoit des pierres de tous côtés de la chambre*. On ramassoit les pierres en si grand nombre qu'on en remplit un grand coffre que la maîtresse fermoit à clef, fermant portes et fenêtres. Ce néanmoins, l'esprit apportoit soudain autres pierres et, toutefois, sans faire mal à personne. Latomi, qui estoit alors quart président, *fut voir* ce que c'étoit. Aussitôt l'esprit fit voler son bonnet d'une pierre, et le hasta bien de fuyr. Il y avoit six jours quand M. Jean Morques, conseiller du présidial, m'en vint avertir pour aller voir ce mystère. Lorsque j'entray, quelqu'un dit au maître qu'il priât Dieu de bon cœur, et puis qu'il fît la roue d'une épée partout la chambre, ce qu'il fit. Le jour suivant, la maîtresse lui dit qu'ils n'avoient depuis ouy aucun bruit, et qu'il y avoit sept jours qu'ils n'avoient reposé.[1] ! »

L'un des Pères du concile de Trente, le primat de Scandinavie, Olaüs Magnus, rapporte que, pendant toute la durée d'une longue nuit, un roi de Suède, Regnier, eut à subir une de ces sortes d'attaques terribles, auxquelles un illustre Père de l'Église, saint Athanase, nous apprend que saint Antoine fut assujetti dans le désert [2].

Je ne saurais dire quelles bandes, quelles masses de larves et de fantômes immondes il eut à combattre corps à corps. Le jour parut enfin; mais, quelle ne fut point sa stupeur lorsque, ce combat ayant cessé, des messagers accoururent, lui apprirent que la terre était jonchée de cadavres du plus étrange aspect et couverts de blessures! Or, entre ces vic-

---

[1] Bodin, *Dém.*, 292. With swift wheel! Milton; — et lire sur les diverses sortes de foudres, *De la foudre*, 1855, par le Dʳ Boudin, médecin en chef, etc., etc., Baillière.

[2] *Vie de saint Ant.*, chap. V, IX, XXV, XXXIII, XXXVI, XXXVIII, LI, LIII, saint Athan.

times à formes hideuses, et qui semblaient avoir été frappées sur ce champ de bataille même, tandis que Regnier les avait combattues près de sa personne, l'attention s'arrêta surtout sur une femme dont chaque trait était l'image de Thorilde sa marâtre, la plus cruelle des femmes[1].

Qu'y eut-il de réel et de durable dans ces cadavres de monstres, frappés *loin de l'endroit* où les combattait le héros? Monstres semblables à celui qui, d'après la parole même d'Athanase, ce savant et illustre Père de l'Église, tomba comme tombe un mort, sous la main de saint Antoine, traçant un signe de croix sur sa personne[2]. Ces simulacres, ces corps fantastiques étaient-ils de ceux que les anges bons ou mauvais ont la puissance de former et de mettre en jeu? Ou bien, n'y eut-il dans l'aspect de ces monstres qu'un effet d'hallucination produit par les esprits agresseurs sur la personne de Regnier et des messagers qui l'avertirent? Quoi qu'il en soit, ce fait singulier de répercussion fantasmagorique plante un jalon dans le milieu du seizième siècle, et tire du caractère de son narrateur une réelle importance. Il témoigne au moins d'*une croyance* fortement établie, et que l'historien consciencieux ne saurait négliger; nous ne le rapportons, cependant, que pour mémoire, et afin de lier l'un à l'autre les témoignages dont l'étude nous initie à l'effet *réel ou trompeur* des armes sur les démons qui se donnent pour les âmes des morts, sur les esprits qui se forment un corps, ou sur le fantôme de ces vivants que des pactes infernaux associent à des démons par de mystérieux liens. A nous de suivre et de serrer de près les bizarres variantes de ce phénomène, au milieu des faits de bilocation et de sorcellerie qui l'enchâssent et le font ressortir dans son plus accessible éclat. Que

---

[1] Inter quas... larvarum formulas, et inusitata specierum figmenta..., et ipsius Thorildæ, crebris offusa vulneribus effigies videbatur, p. 143, *De gentibus septentrionalibus.*

[2] Supra Athan. LIII, 2. — Saint Thom., *Somme*, 1, q. 51, art. 2.

si nous ne présentions ces étrangetés en les enchaînant, en les relevant l'une par l'autre, le lecteur pourrait nous reprocher avec raison de lui offrir, dans la faiblesse de leur isolement, des prodiges qui perdent de leur caractère et de leur probabilité dès qu'on les arrache des tissus où de lumineux reflets aident à démêler leur nature.

Nous avons pris soin, pour notre part, depuis quinze à seize longues années, d'étudier et de contrôler une de ces prodigieuses histoires. Mais, afin de mettre les pages où nous la rapportons à l'abri de légères et injustes critiques, nous tenons à puiser d'abord quelques faits similaires et préparatoires aux sources les plus connues. Celui par lequel nous débutons a le double mérite d'une authenticité juridique, et d'une notoriété vraiment européenne. Il établit *la réalité* DE L'EFFET APPARENT des armes sur les esprits et les fantômes, et *nous conduit naturellement* aux exemples modernes de franche et incontestable répercussion [1].

« Des inquisiteurs papistes, et d'autres chasseurs de sorcières, ont fait un grand mal, et j'avoue que, sous ce nom de sorcières, ils ont mis à mort bien des innocents [2] ! »

Telle est la profession de foi du savant Anglais Glanvil, ce témoin patient et sagace auquel nous allons laisser la parole. On pensera volontiers que l'homme qui trace ces

---

[1] On trouvera ce récit dans le recueil anglais Howit, terminant la trad. du 2ᵉ vol. de l'Allemand Ennemoser, p. 396, etc., livre fort répandu ; et dans la *Démonologie* de Walter Scott, aussi habilement purgée par son auteur des circonstances essentielles et caractéristiques, que le sont nos traités médicaux d'hallucinations. La fatigante monotonie de ces œuvres y est celle du parti pris quand même. — Je tire mon analyse du très-rare et important ouvrage de Glanvil : *Sadducismus triumphatus*. Ce savant est témoin et investigateur d'une partie des phénomènes qu'il affirme. De quel surcroît d'autorité se revêtent ces faits lorsque nous les rapprochons des documents juridiques de Cideville ! 1851.

[2] Nous dirons ailleurs ce que fut l'inquisition romaine, ce que furent les inquisiteurs protestants, et combien la férocité de ces derniers *excéda* toute mesure imaginable.

lignes doit se tenir en garde contre la facile crédulité qu'il stigmatise en autrui, et dont les résultats lui semblent si criminels.

L'action de ce drame se passe en 1664, trois ans après la mort de Cromwell, et dans un pays que le puritanisme infestait de sa sanglante et ignoble hypocrisie. C'était en plein comté de Wilts, à Tedworth, et près de la ville de Ludgarshal[1].

Un vagabond, muni de faux papiers, troublait le voisinage du bruit de son tambour. M. Mompesson fit arrêter ce tapageur, qui trouva le moyen d'attendrir le constable et de s'échapper. Mais, hélas! ce ne fut point sans laisser sous les verrous son instrument chéri, pour lequel les entrailles de M. Mompesson, vainement sollicité, restèrent impitoyables. Au moment où il se préparait à partir pour Londres, ce même instrument de tapage et de malédiction lui fut envoyé par le bailli, et, dès cette nuit même, des êtres invisibles commencèrent dans son domicile un implacable sabbat.

Les premiers bruits qui frappèrent l'oreille donnèrent à penser que des malfaiteurs se livraient à une tentative d'effraction ; mais quelque sérieuse et rapide visite que les auditeurs se hâtassent de faire, l'œil le plus vigilant ne put rien apercevoir, rien saisir. Des coups violents ébranlaient une des portes de la maison; la famille s'y précipitait à toute vitesse; on ouvrait, on se tuait la vue à chercher quelqu'un ou quelque chose ; mais inutile était tout effort de découvrir, soit au dedans, soit au dehors, être vivant, objet, ressort, engin ou projectile imaginable. Seulement, le vacarme, dès

[1] Ces incidents furent l'occasion de la pièce de Destouches, *le Tambour nocturne* (Théât. Franç.); *id.*, de la pièce anglaise *The drummer*, attribuée au célèbre Addison (British, theat. Lond., 1792). La première scène montre bien l'intelligence que l'on avait alors de la façon de procéder des esprits frappeurs : « Il me semblait l'entendre — le tambour — *dans l'intérieur* de l'un des pieds de mon lit. » I thought I heard him in one of my bed post. — Je fus *témoin* de phénomènes tout semblables.

qu'on y accourait d'un côté, se transportait et retentissait de l'autre. Que si M. Mompesson, de guerre lasse et tout décontenancé, finissait par se jeter sur son lit, le bruit changeait de nature et les roulements du tambour éclataient en notes ascendantes dans les combles de la maison. Puis le tapage diminuait, s'affaiblissait, mourait, et tout retombait dans le morne silence de la solitude et de la nuit.

Un soir les pas de l'Invisible se sont dirigés vers le lit, au-dessus duquel un sabre est appendu. Jean, le valet de chambre, se précipite machinalement sur cette arme ; mais, ô surprise nouvelle! une force invisible s'en empare. A force de lutter, toutefois, Jean triomphe et se rend maître de l'arme. Le personnage mystérieux cesse aussitôt d'agir ; tout rentre dans la paix, il a disparu. Et l'on observe, dorénavant, que la vue d'une épée ne manque jamais de le mettre en fuite.

Les lits des enfants retentissaient souvent de coups affreux, et n'allons point nous imaginer que ces bruits ne fussent qu'imaginaires ; car le bois de la couche en éprouvait les vibrations les plus sensibles. Un beau soir, l'un des Invisibles, après avoir tourmenté M. Mompasson, se dirigea vers le lit de l'une de ses filles, âgée de dix ans, et dont il lui prit fantaisie soudaine de troubler le repos ; ce fut en lui passant sous le corps pour la lancer tantôt à droite et tantôt à gauche. C'était le cas ou jamais de faire usage d'armes agressives ; l'épée fut donc apportée, tirée, et l'on se mit de bon cœur à frapper l'Invisible de la manière dont on tire le gibier dans les broussailles, c'est-à-dire *au jugé;* mais il éluda le fer avec dextérité, semblant se réfugier à chaque coup sous le corps de la pauvre enfant, qu'il soulevait comme pour s'en couvrir.

La nuit suivante, on l'entendit haleter à la façon d'un chien ; et, comme l'un des assistants s'armait d'une barre de lit pour le frapper, cette arme lui fut vivement arrachée des mains et jetée à terre. On accourut au secours du lutteur, mais une odeur malfaisante infecta tout à coup la chambre; et, tout à coup *la température* atteignit, malgré la rigueur d'un cruel hiver, *un incroyable degré* d'élévation.

De temps en temps, on entendait chanter dans la cheminée, puis on en voyait descendre une lumière bleuâtre et dont les rayons, quoique faibles, jetaient un éclat blessant pour la vue. Des voix accompagnaient ces lumières; une fois, entre autres, ce fut le cri plus de cent fois répété : La sorcière ! une sorcière!... Ou bien, on voyait apparaître des fantômes. Aujourd'hui c'était un spectre énorme, arrêtant sur les yeux qui le regardaient ses yeux écarlates et flamboyants. Une autre fois sept ou huit fantômes à forme humaine s'impatronisaient dans la maison. Mais, ne cessons de le répéter, dès qu'on dirigeait vers ces détestables intrus le coup d'une arme à feu, tous ensemble se prenaient à fuir. Un certain jour, M. Mompesson vit, en plein midi, le bois de son foyer se déranger et se mouvoir dans la cheminée de sa chambre. Aussitôt fait que pensé, sa main toujours prête a frappé d'une balle de pistolet la place où le combustible se meut. A l'instant même des gouttes de sang tombent en pluie sur l'âtre ; puis d'autres gouttes encore maculent une à une les marches de l'escalier de la maison.

Une autre fois, et devant un grand nombre de spectateurs, une des personnes présentes, s'adressant à l'Invisible, lui dit : Satan, si c'est le tambour qui t'a mis à l'œuvre, donne-nous tel signe, puis tel autre, et laisse-nous ensuite en repos pendant le reste de la nuit. Les signes demandés furent l'un après l'autre obtenus; et, pour cette nuit, il y eut paix complète, repos profond.

Ce sang qui coule, d'une part; et, de l'autre, la température qui s'élève d'une manière si forte et si soudaine au milieu de l'hiver, n'y a-t-il point là mélange apparent d'action humaine et démoniaque? Mais observons, avant de nous arrêter à cette remarque, qu'entre ces phénomènes, l'un des plus remarquables ce furent le silence et la tranquillité des chiens au milieu du vacarme des Invisibles et de la terreur des gens molestés. Car, si forts, si soudains, si violents que fussent les bruits dont retentissait la maison, nul ne voyait un des chiens donner signe de sentiment ou d'alarme; jamais mouvement de surprise, jamais coup de gueule ne leur échappa. Les coups frappés du dehors aux portes, ou dans l'intérieur même de cette habitation isolée, s'entendaient au milieu des champs et réveillaient à quelque distance les gens du village. Il ne se trouvait de sourd à cet affreux tapage que l'animal vigilant dont l'oreille se dresse au soupçon du bruit [1]!

En nous décrivant l'histoire de cette persécution, dont le tambour, jugé et banni, s'était reconnu coupable, avouant son crime de sorcellerie, Glanvil, qui s'était entouré de nombreux et sagaces investigateurs pour observer ces faits, nous dit : — Ni mes amis ni moi nous ne fûmes les jouets de notre imagination. L'imagination, ah! oui, c'est là l'éternelle échappatoire des adversaires du merveilleux! Je fus alors persuadé, je le suis encore, qu'un esprit quelconque était l'âme de ces phénomènes qui, pendant plusieurs années, eurent un nombre si considérable de témoins oculaires et auriculaires... *Time after time for several years together!*
— Il ajoute : Et lorsque ma pensée se reporte sur M. Mompesson, je ne saurais lui découvrir le moindre intérêt au

---

[1] Dans une maison visitée par des Invisibles, et devant moi, *les mêmes bruits* étaient entendus des uns et ne l'étaient point des autres. J'y fus le plus souvent du nombre des sourds. — Sous le toit du sectaire Wesley, le patriarche du méthodisme, « la première fois qu'un esprit se manifesta, les aboiements du chien furent opiniâtres. Par la suite, et *longtemps avant qu'aucun membre de la famille s'aperçût de l'invasion de l'esprit*, le chien se sauvait en poussant des plaintes, ou bien il courait morne et silencieux se réfugier derrière les gens. »

singulier éclat de ces phénomènes. Bien au contraire, il eut à souffrir cruellement de la notoriété de ces faits. Il en souffrit *dans ses biens, dans son crédit*, et la paix de sa famille en fut altérée. Les incrédules le traitèrent d'imposteur ; d'autres s'écrièrent : Oh ! non, ce sont là choses indubitables ; mais que voulez-vous ? la justice de Dieu le punit de quelque crime inconnu. Disons le mot, ce fut pour lui le plus cruel des fléaux [1].

Les spectres, les agents invisibles et palpables *ou non* du merveilleux ou du surhumain, souffrent-ils de l'atteinte ou du coup des armes ? Nous commençons à pénétrer les obscurités de cette question, déjà légèrement touchée dans notre livre de la *Magie*. Voyons cependant si le spectre, si l'agent fluidiforme ou vaporeux, frappé par une arme, rend quelquefois, s'il rend toujours au corps qu'il représente la blessure dont il semble atteint ; et, d'abord, laissons les faits et la justice de juges et de jurés éminemment sérieux nous préparer à l'intelligence de ces énigmes ; car le moment arrive où nous posons le pied sur le franc domaine de la répercussion.

Un jeune fils de Henri Jones [2], le petit Richard, fut un jour *touché* par une femme du nom de Jane Brooks. Passant ses doigts du haut en bas de l'un des côtés de l'enfant, Jane, après lui avoir amicalement serré la main, lui fit présent d'une pomme. Il s'empressa de la cuire et de la manger. A l'instant même il tomba malade, et le mal devint menaçant. Or, un certain dimanche que l'enfant, tourmenté du mal étrange qui s'était emparé de son corps, était gardé par son père et par un témoin du nom de Gibson, il se mit

---

[1] Voilà qui explique pourquoi tant de familles *se taisent* et se sont tues autant qu'elles le purent sur de semblables vexations éprouvées par elles. Glanvil, 2ᵉ part., 95 à 112. *Id.*, Ennem, Howit, qui répètent partiellement Glanvil, v. II, p. 396 à 407.

[2] De Skepton-Mallet, Sommersetshire, 15 nov. 1657.

CHAPITRE TROISIÈME.

à crier tout à coup, vers midi : — Voilà Jane Brooks !... Jane Brooks ! — Mais où donc ? — Là, sur le mur ; là, voyez-vous ? au bout de mon doigt.

Car cette sorcière, ainsi que celle qui va figurer dans la narration suivante, semblait entrer dans l'appartement, de même qu'elle paraissait en sortir, en passant à travers la muraille ! Personne, il faut bien le dire, ne distinguait ce que le petit Richard prétendait voir. Il avait donc la fièvre ! il rêvait !... Gibson, néanmoins, s'élançant sur la place indiquée par l'enfant, y porta vivement un coup de couteau. — O mon père ! Gibson a fait une entaille à la main de Jane ; elle est tout en sang. — Que croire et que faire ? En deux pas, en un clin d'œil, le père de Richard et Gibson sont à la porte du constable. Le constable est un de ces hommes assez rares, et dont nos académies auraient le plus grand intérêt à se recruter, qui savent prêter l'oreille aux gens de sens rassis, quelque bizarre et singulière que leur parole puisse sembler être. Il leur prête donc une oreille vraiment magistrale, c'est-à-dire qu'aucune prévention n'obstrue ; et sur-le-champ il les accompagne au domicile de l'accusée. On s'y introduit brusquement. Jane, assise sur un tabouret, tient une de ses mains posée sur l'autre. — Comment vous en va, la mère ? lui dit le constable. — Mais pas trop bien, monsieur. — Et pourquoi donc l'une de vos mains si fort occupée de couvrir l'autre ? — Oh ! c'est là ma pose. — Souffrez-vous de cette main, par hasard ? — Mais non, nullement. — Vous y avez quelque mal, à coup sûr ; laissez-moi donc y regarder ? — Et comme la vieille s'en défendait, le constable, la tirant avec vivacité, découvre cette main *toute sanglante*. On la voit telle que l'enfant vient de la décrire. — C'est une grande épingle de toilette qui m'a si terriblement déchirée, s'écria la vieille...

— Mais il fut avéré, d'ailleurs, qu'une foule de semblables

méfaits, commis par cette misérable femme, s'étaient passés sous l'œil de nombreux témoins. Jane, traduite aux assises de Charde, y fut condamnée le 26 mars 1658, et ce fut l'époque où cessèrent les molestations éprouvées par le petit Richard... MM. Rob, Hunt et John Cary, *juges de paix*, devant lesquels Jane avait comparu, affirmèrent avoir vu de leurs yeux une partie des phénomènes sur lesquels l'accusation prenait sa base. Et l'on sait quelle est, en Angleterre, la haute position sociale de ces magistrats. Il va sans dire que tous les témoins avaient déposé sous la foi du serment. C'était alors quelque chose [1].

Une autre femme, du nom de Juliane Cox, atteignait sa soixante-dixième année; et, comme elle frappait un certain jour, en mendiante, à la porte d'une maison, une servante qui la reçut lui fit un disgracieux accueil. — Bien, bien, mon enfant! très-bien; avant ce soir, tu te repentiras! — Et la nuit survenait à peine que la servante se tordait dans les plus affreuses convulsions. Aussitôt qu'elle se sentit remise, elle appela de tous cris au secours, implorant avec instances les gens de la maison. — Voyez! voyez cette vilaine mendiante qui me poursuit!... — Et, de son doigt tendu, la pauvre servante prétendait montrer la maudite vieille que nul autre œil que le sien ne parvenait à découvrir!... Elle est donc hallucinée, maniaque, hystérique, quoi de plus clair! Qu'elle nous laisse en paix! Voilà ce que répétaient autour d'elle, dans la cuisine, les philosophes en jupon qui l'entouraient; et les molestations de suivre leur cours. Mais, un beau matin, notre servante, parfaitement certaine de voir revenir à la charge sa persécutrice, conçoit la pensée de s'armer d'un coutelas.

Le fantôme de Juliane Cox, accompagné du spectre d'un nègre, ne tarde guère, en effet, à renouveler sa visite,

[1] Glanvil, p. 124, 125, 2ᵉ partie.

et tous deux à la fois pressent la servante de boire une potion que la brave fille refuse obstinément de porter à ses lèvres. Loin de là, prenant sa belle et saisissant son coutelas, elle en frappe à l'improviste son ennemie; et, devant les témoins qui voient briller cette lame, son lit se trouve à l'instant même arrosé de sang. — C'est à la jambe que le fantôme a reçu le coup; allons-y voir, s'écrie-t-elle; et, sur-le-champ, elle se dirige bien accompagnée vers la maison de Juliane. Il s'agit de vérifier la blessure! On arrive, on frappe à la porte; mais on y frapperait longtemps encore, si l'on n'eût pris le parti de l'enfoncer. On pénètre donc chez Juliane de vive force. Vite, vite, que dit la jambe? — La jambe tout fraîchement blessée vient, il y a quelques minutes à peine, de recevoir un pansement. Et les lèvres d'une plaie ont souvent un indiscret et terrible langage! On en approche donc le coutelas de la servante. Que dire? La blessure s'adapte aussi exactement qu'elle doit le faire aux dimensions de cette lame. Le coup porté contre le spectre de la mendiante, dans une maison où tant de bons yeux qui pouvaient la voir ne la voyaient point, s'est donc répercuté sur cette même femme dans un lieu qui n'est point celui de l'apparition. Cependant les choses se sont passées de telle sorte que la blessure, qui semble avoir rebondi de son fantôme sur sa personne, est visible et palpable *pour tout le monde.*

Les obsessions auxquelles était en butte la pauvre servante ne cessèrent néanmoins que le jour de l'arrestation de Juliane Cox, qui fut jugée et condamnée [1].

Précédé de cet imposant concours de faits et de témoi-

---

[1] Cette relation fut envoyée le 24 octobre 1672 par M. Pool, attaché à la cour du juge Archer, etc., etc. Ce juge avait vivement recommandé aux membres du jury de n'admettre aucune charge qui ne fût positivement établie sous la foi du serment, etc., etc. Glanvil, p. 195 à 199, 2e partie, *Sadd.*

gnages, que nous pourrions indéfiniment grossir sous la dictée de la magistrature et de l'histoire, nous croyons devoir offrir un récit qui ne frappa point encore l'oreille du public. Entre cette page et celles que nous venons d'emprunter aux archives de l'Angleterre, il n'y a de différence essentielle que la date; et, pour atteindre la fin de l'épisode que nous retraçons, il suffit de rétrograder de dix-huit années environ. La discrétion ne nous permet de nommer ni les lieux, ni les personnes; et quoique l'Église intervînt dans ces faits par *une enquête suivie d'exorcismes*, cette anecdote ne repose que sur la garantie de notre jugement et de notre droiture. Mais bien qu'insuffisante par cette raison au point de vue de la critique historique, cette relation intercalée entre des faits d'une certitude parfaite, si elle ne brille que par un mérite de second ordre, ne laissera pas de répandre sur notre sujet de vives et d'utiles lumières.

Dans un village, et près d'une ville que nous connaissons également, deux jeunes filles d'une position sociale fort modeste, d'une beauté remarquable et d'une position pécuniaire assez rare, allumèrent les désirs de maints prétendants. L'une d'elles fit un choix et s'établit. Le Fausseux, surnommé déjà le jeteur de sorts, convoitait la main de la seconde. Mais quoique ce fût un garçon de très-belle montre, ses vœux ne rencontraient que glace. Loin d'avoir l'art si simple et si difficile à la fois du savoir-plaire, il inspirait autour de lui nous ne saurions dire qu'elle vague terreur, et la jeune fille objet de ses recherches n'avait pour lui que ce mot qu'elle jetait autour d'elle dans sa crudité naïve : cet homme est ma bête noire.

Ta bête noire, dit le Fausseux, nous le verrons! Et certain jour de noce venant à luire, un grand repas réunit les deux jeunes gens, qu'une main peut-être imprudente fit asseoir à table côte à côte. La jeune fille, insoucieuse, but et mangea mieux que du bout des dents. Puis, tout à coup, et sans qu'elle pût s'en expliquer le comment, la folie lui vint au cœur. Et, qui le croirait? la soudaine chaleur qu'elle y ressentit la jeta dans les bras de le Fausseux! En un mot, le sentiment de son aversion s'effaça *pour un temps;* elle s'éprit d'un amour éperdu pour celui qu'elle abhorrait tout à l'heure, elle en raffola; et presque aussi rapide que l'amour, le sacrement cimenta l'union de la belle fille et de sa bête noire! De cette passion subite, un fils naquit et mourut. Le Fausseux devint alors plus rogue et plus méchant que jamais. Que voulez-vous? le ciel seul donne le bonheur, et ne permet point qu'on le lui vole; il n'en laissé jamais voler au méchant que la fausse monnaie!

Assez pécunieux et fort entreprenant, il était en son faire-valoir le premier berger de ses troupeaux, dont les mille têtes paissaient l'herbe savoureuse et sans rivale d'un délicieux coin de terre. Mais le mauvais sujet fait assez naturellement de mauvaises affaires. Pressé par un besoin d'argent, il vint un jour à la ville vers sa belle-sœur : Il me faut dix-mille francs pour faire honneur à ma parole; avancez-moi cette somme, chère sœur, et je vous donne la garantie de n'y rien perdre. — Je le crois, mais cela ne se peut : mon argent chemine ailleurs; et n'en parlons plus, ami. — Ah! belle-sœur, vous prendrez bien pour y réfléchir une huitaine. — Non, car déjà plus d'une fois, et d'avance, j'y pensais : c'est tout fait, j'avais prévu le cas. Tenez, on sert le potage, asseyez-vous et restons amis, mais d'argent point, je vous le déclare.

Le Fausseux se mordit les lèvres, fit un pas, vint placer sa main sur le côté de la tête de madame M... *lui toucha* les cheveux, puis en arrachant cinq ou six qu'il enroula sur un de ses doigts, il lui dit : — Tu n'as pas voulu me prêter tes écus, *et pourtant je te paye.* Tiens, reçois les intérêts de ton argent. Bonsoir et à revoir, la belle!

Cependant, à peine son beau-frère eut-il quitté la pauvre femme qu'on l'entendit se plaindre de bruits étranges, puis de visions et de vexations. Plus de repos, ni de nuit, ni de jour! Mais ne tournerait-elle pas à la folie? se prirent à dire quelques personnes de sa famille;... et nous nous figurons les entendre encore!

Toujours rapprochées par le lien des affections, les deux sœurs, qui s'aidaient mutuellement à supporter la vie, tombèrent un jour chez le Fausseux sur un fort singulier petit livre, un livre qui les épouvanta : c'était son grimoire. Mais sa femme, surtout s'applaudit de la découverte, et d'un tour de main le livre vola dans les flammes. Fut-il consumé? — Non. — Expliquez le fait comme bon vous semblera. Le feu n'en voulut point! dirent-elles. Un trou fut alors creusé par les deux sœurs, et leurs propres mains mirent, sans chants funèbres, le grimoire en terre. Mais le Fausseux, qui pourtant ne le cherchait point, le retrouva dès son retour traînant à la surface du sol. Comprenant comme par intuition magique ce qui venait de se passer, il dit à sa femme : Quoi que *vous* puissiez faire, mon esprit (dans quel sens prononçait-il ce mot?) est plus fort que *vous*, car *tu* as quelque chose sur la conscience!...... Bientôt, cependant, il fallut prendre pitié des souffrances imaginaires ou non de la sœur de cette femme, de madame M∴, la belle-sœur du jeteur de sort.

Alphonsine, une de ses jeunes parentes, que le hasard nous fit quelquefois rencontrer un peu plus tard, lui fut choisie pour compagne. Douée d'un esprit vif et pénétrant, espiègle, enjouée, hardie comme un page, la jeune nièce, au nez à l'évent, n'était pas plus d'humeur à broyer du noir qu'à se forger des fantômes. Et pourtant, nous affirma-

t-elle plus tard nombre de fois, quelques-unes des choses
bien comiques dont se lamentait ma grand'tante commencèrent régulièrement dès les premiers jours de mon installation chez elle à frapper mes oreilles, et de temps en temps
mes yeux. Mille fois je m'efforçai de ne pas y croire, tant
elles me semblaient ridicules, et si peu je parvenais à m'en
rendre compte; mais mille fois mon esprit se sentit dompté
par ce qu'il me fallait entendre ou voir.

La fatigue et la peur finissant en peu de jours par gagner
la pauvre enfant, elle osa raconter à sa famille ce qui se
passait en sa présence. Mais elle y perdit sa peine et son
naïf français; car, de la meilleure foi du monde, frères et
sœurs, père et mère, oncles et tantes, cousins et cousines,
la raillèrent à qui mieux mieux *de son imagination!* Un
seul, la prenant à peu près au sérieux, lui donna du cœur.
Et les mois, qui sont rapides en cette province, se succédèrent !

Le temps vint où nous eûmes de fréquentes occasions de
rencontrer Alphonsine, à qui nous avions inspiré, dit-elle
plus tard, une confiance assez en dehors de ses habitudes.
Combien de fois, dès lors, moitié riant comme d'une folie
que l'on raconterait de soi-même, et moitié tremblante,
nous a-t-elle redit les épisodes de ces longues années!

Pendant quelque temps d'abord, nous l'écoutâmes sans
chercher à scruter ses récits, sans approfondir aucun des
détails qu'elle nous prodiguait, et notre regard, quelquefois
sévère, lui faisait monter le rouge au visage lorsque, dans
ses paroles, l'absurde semblait dominer de trop haut le vrai.
Une chose cependant nous paraissait remarquable, c'est que,
quels que fussent les artifices de nos questions, nous trouvions toujours d'accord avec elle-même cette pétulante jeune
fille, qui d'ailleurs laissait beaucoup à désirer du côté de la
consistance. C'est encore que nous la retrouvions constam-

ment d'accord avec la marche et l'enchaînement des faits analogues de la sorcellerie, qu'elle ignorait d'une profonde ignorance. Il est bon d'observer aussi que, docile à ses propres instincts et à ceux de sa famille, elle cherchait plutôt à cacher qu'à révéler ces faits étranges, dont la relation n'avait excité que les risées de ses plus proches, et c'était avec un vif dépit qu'elle en voyait rejaillir sur elle la défaveur.

Quelques années s'envolèrent, et le printemps de 1854 fit tomber entre ses mains notre livre tout frais éclos, des *Mœurs et pratiques des démons*. Alphonsine, à cette époque, était devenue madame ***. Elle nous fit prier un beau jour de vouloir bien lui consacrer quelques instants, car nous avions presque cessé de la voir. Nous nous rendîmes très-volontiers à cet appel; et, dès que nous fûmes assis, mettant le doigt sur notre volume : Tenez, dit-elle, j'ai là dedans toute mon histoire; je comprends tout aujourd'hui, je ne me moquerai plus de moi-même. Oh non! point n'était folle notre grand'tante!... Mais il est temps de rapprocher l'oreille du lecteur de la bouche d'Alphonsine.

Assise ou étudiant, maniant l'aiguille, allant et revenant à côté de ma grand'tante, j'entendais presque chaque jour et subitement sur le parquet, sur la muraille, au plafond, puis ailleurs encore, des coups distincts et souvent très-forts, que frappait la main d'un invisible. Le jour et la nuit, ces bruits renouvelés sans pitié nous agaçaient, nous tourmentaient, et quelquefois me glaçaient d'épouvante. Sans les railleries du dehors et les supplications de ma pauvre grand'tante, qui m'avait toujours idolâtrée, j'eusse bientôt quitté la partie. J'avais d'abord soupçonné quelque malice en elle, puis la malice et la ruse des domestiques ou des voisins. Mais j'y regardai de trop près et trop de fois pour qu'il fût possible de me tromper. Je pouvais d'ailleurs fouiller la maison tout entière, car elle n'était occupée que par les nôtres.

…Alphonsine, vois donc! viens donc!.... et ma grand'-tante m'assurait voir s'enrouler autour de son cou un serpent, dont les morsures lui faisaient jeter des cris... Une autre fois, c'étaient des bêtes hideuses qui filaient le long de sa chambre, et qu'elle poursuivait à coups de pincettes. Ne distinguant, d'abord, aucun des objets signalés, je me disais : Elle rêve ! Mais à mon tour, deux ou trois fois seulement, il est vrai, je vis d'effroyables bêtes, et fort semblables à des araignées de la grosseur d'un poulet, apparaître dans la chambre où nous nous tenions, la traverser et disparaître par la cheminée. Je ne pouvais en croire mes yeux !

Nombre de fois ma tante mit au feu des cafetières remplies par elle ou par moi d'une eau limpide. Mais l'instant d'après, nous trouvions ces mêmes cafetières souillées d'objets affreux, de peaux de lézards ou de serpents, par exemple, dont quelques-unes dépassaient la longueur d'un mètre. Et ces peaux, *que je touchais*, disparaissaient à leur tour par la cheminée, emportées comme par un courant.

Une belle nuit, les dentelles de ma tante furent hachées, non point grignotées, mais hachées menu à côté de moi, dans le tiroir d'un meuble hermétiquement fermé. Oh ! oh ! se dit la famille en conseil, pour le coup, voilà du vrai somnambulisme!... et pour des incrédules ce n'était pas supposer trop mal. Car une femme éveillée attenter d'une main sacrilége à l'inviolabilité de ses dentelles, cela serait contre nature !.... Cependant la tête de ma vieille parente était d'une force et d'une netteté peu communes ; et, même alors, on ne se fût point risqué dans la famille à trancher une affaire de quelque importance sans s'être éclairé de ses conseils!... Mais nous supprimons de précieux détails pour arriver aux circonstances les plus dramatiques de cette vie d'agitations et de tourments, c'est-à-dire aux apparitions du jeteur de sort. Écoutons derechef Alphonsine : Le vois-tu? tu le vois bien? me disait ma grand'tante. Le voici là, venant sur moi, oh! Seigneur! il veut me frapper; il me frappe. Le misérable!... Alphonsine, Alphonsine!

Mes yeux, en vérité, ne parvenaient à rien découvrir. Mais j'entendais le plus distinctement possible une partie de ces bruits étranges que vous savez; — puis, à mon grand étonnement, je voyais ma tante sortir de la crise couverte de contusions et noire de meurtrissures. Que si pourtant je m'avisais d'en parler chez les miens : Bah! tout ce tapage et tous ces contes, ce n'est que de la ruse, et c'est elle-même qui s'arrange de la sorte; fol entêtement de vieillard, qui ne veut point en avoir le démenti....... Je pestais et je rongeais mon frein.

D'autrefois, et tandis qu'elle reposait sans dormir, le Fausseux arrivait droit sur elle et l'oppressait de son poids, comme un cauchemar. Tu ne le vois donc pas, Alphonsine? il m'étouffe, il me foule, il me martyrise. Cours vite, appelle ton oncle.... Le grand-oncle, vieux militaire, ne croyait guère à ces sortes d'ennemis, et vivait fort à l'écart, très-ennuyé des manies ou des tours *de sa pauvre moitié!* presque honteux, il se donnait quelquefois la peine de venir, et, *le sabre* en main, il frappait par complaisance la place que sa femme indiquait. Je sais bien que je ne puis frapper que l'air, me disait-il. Mais il espérait donner satisfaction par cette pantomime à une pauvre tête égarée. — Courage. Bon! s'écria quelquefois ma tante, le voilà qui fuit; il saigne; vous *l'avez blessé.*

Nous nous taisions, mais, coïncidence inconcevable! nous remarquâmes que presque toujours, après ces ridicules exploits, les gens du dehors nous disaient : Le Faucheux a donc fait quelque chute? il a donc eu quelque querelle, car il est blessé....... Nous n'étions guère séparés de lui que par la distance d'une à deux lieues.

CHAPITRE TROISIÈME.

Un beau jour, je vis tout à coup ma tante se précipiter sur un vase d'eau bouillante et le lancer au milieu de la chambre. Tu l'as bien vu, cette fois, dit-elle, se croyant vengée. J'étais seule avec ma tante, et je n'avais vu voler que de l'eau chaude! On attendait ce jour-là le Fausseux à la ville où l'appelaient des affaires impérieuses, mais il s'abstint d'y venir. Quel motif si puissant a donc pu le retenir contre de si pressants intérêts? Oh! nous dit quelqu'un de son village, il est au lit, il lui est arrivé malheur, on ne sait comment; il a tout le corps échaudé.

Ces incidents, *bien rapprochés et bien constatés*, à deux ou trois reprises différentes, firent pâlir et déconcertèrent les rieurs de la famille. Mais, comme en présence de tels effets, on ne parvenait point à s'en expliquer les causes, il fut procédé dans cette modeste famille comme on procède en mainte académie : Le surnaturel est impossible, se dit-on, par conséquent il y a ruse, hasard, erreur. Et l'incrédulité, quoique cheminant d'un pied boiteux, finit par prendre les devants sur le bon sens[1].

Mère de famille depuis longtemps et parvenue à l'opulence, douée d'un esprit beaucoup plus pénétrant que cultivé; remarquable par une verve d'orgueil et d'impertinence dont elle nous permet quelquefois encore de la plaisanter, l'Alphonsine de notre récit repasse avec émerveillement en elle-même ce long épisode de sa vie passée. Ce qu'elle eut quelques raisons de nous confier dans l'origine, elle nous le raconte encore, ou répond à nos insidieuses questions de *juge instructeur* sans jamais varier ni sur les faits dont, à son insu, nous eûmes grand soin de prendre notes sur notes à plusieurs années d'intervalle, ni sur ses impressions primi-

---

[1] L'espace me manquant, je supprime des faits d'un intérêt énorme : exorcismes et autres, mais étrangers à la répercussion. Je suis autorisé à donner ce récit dans les termes où je me borne.

tives. Elle redit, sans broncher, et par quelque côté que l'on entame la question, ce que tant de fois elle nous raconta naïvement, et sans y rien comprendre. Mais nous savions écouter sans rire le récit d'incidents qui, par la raison même de leur apparente absurdité, nous semblaient ne pouvoir être la charpente d'un conte de la part de gens médiocrement lettrés, il est vrai, mais trop spirituels et sensés pour ne pas savoir, s'ils y prenaient le moindre goût, fort agréablement conditionner un mensonge.

Quelques paroles bien claires, échappées aux personnes les moins incrédules de cette famille, nous firent apprécier, d'ailleurs, tout ce qu'il y eut de gravité dans ce drame, où l'Église, après avoir mûrement conduit son enquête, intervint, et dont le moindre retentissement fut toujours soigneusement étouffé [1].

Le lecteur peut, sans inconvénients, supprimer ce récit s'il n'y découvre point une garantie suffisante, et je ne l'accepterais, *à sa place,* que sous bénéfice d'inventaire. Mais il me permettra de le transporter brusquement dans les régions du nouveau monde, aussi favorables que le furent celles du monde ancien à l'éclosion et à la multiplication de cette sorte de prodiges! Il me permettra par cela même de lui faire

---

[1] Parmi les faits étranges qui se sont passés sous les yeux de M. de Saulcy, ce membre spirituel et courageux de l'Institut, il en est que je lui entendis raconter à diverses reprises : « Sais-tu ce que j'ai dans ma poche, dit M. de Saulcy à l'un des invisibles qui se prêtaient à ses expériences tabulaires. — Un pistolet. — Et que dois-je en faire? — Tirer sur moi. — Me méfiant de cette réponse, j'hésitai, et je luttai pendant plus d'un jour, sans cesse près de céder à la démangeaison de faire feu sur la table; mais la crainte des résultats possibles me retint le doigt sur la gâchette. A quelque temps de là, l'invisible prétendit que ce coup de feu m'eût fait au visage une blessure inguérissable. — Mais, repris-je, la balle se fût enfoncée dans la table. — Oui, sans doute, et tu eusses compté deux trous : le premier dans la table et le second dans ta tête. » Il est vrai que parole de démon n'est point parole d'Évangile.

observer *le caractère d'universalité de ce phénomène étrange*, ce qui équivaut à dire une des plus fortes preuves de son existence. Et comment d'ailleurs imaginer, comment inventer un ordre de faits dont l'étrangeté bizarre étonne, bouleverse, irrite la raison, qui ne se décide à se rendre que devant la multitude et la qualité des témoignages; disons plutôt que devant la décomposition, la vue distincte, des parties dont se compose ce phénomène, inexplicable en dehors de son analyse? L'exemple unique et concluant que nous nous proposons de citer, sur ce terrain, appartient au nagualisme dont, plus tard et ailleurs, un de nos chapitres révélera les mystères.

Le mot *nagual* a le sens de génie et de démon. Les initiateurs du nagualisme, ou de la société occulte et magique du Mexique, se laissèrent facilement baptiser par les prêtres espagnols à l'époque de la conquête. Il s'agissait pour eux de conserver une vie tranquille, en couvant et en propageant leur haine contre la religion de conquérants barbares. Car, dans l'esprit des malheureux vaincus, la religion du vainqueur, le dieu de l'oppresseur était son complice. Aussi l'un de leurs premiers empressements était-il de retourner à leurs dieux, à leurs génies, au culte chéri du nagual, et de se purger de leur baptême comme d'une souillure.

Rentré dans sa voie première, et la foulant avec le rôle du sectaire, l'initiateur nagualiste pénétrait dans les familles indigènes; il y provoquait les défections à la foi chrétienne et faisait renoncer au Sauveur celui qu'il prétendait sauver, l'obligeant à maudire et la Vierge mère et les saints. Il lui lavait ensuite la tête et les parties du corps soumises aux onctions du baptême, afin d'en effacer la trace et de le débaptiser. Mais lorsqu'il ne s'agissait que d'un tout jeune enfant, le cérémonial nagualique précédait le baptême chrétien, et, d'avance, il en annulait les effets. Ainsi l'affirmait l'initiateur.

Dévoué au génie qui, selon l'expression de l'évêque de Chiapas, devait être comme son ange gardien, le nouveau-né subissait alors une première épreuve, celle du sang que le nagualiste lui tirait de l'oreille ou de la langue pour l'offrir au démon ou nagual, en signe de pacte et de servage. Un rendez-vous désignait ensuite à la famille de l'enfant le lieu secret, la forêt, l'antre, où le néophyte, ayant atteint l'âge de raison, serait tenu de se rendre pour renouveler ses vœux et ratifier de sa bouche le pacte conclu sous son nom avec son nagual.

A cette seconde et décisive époque, nous dit le R. P. Burgoa, cité par M. l'abbé Brasseur, le nagualiste endoctrine l'adolescent, et lui inculque d'innombrables erreurs. Le nagual, c'est le Dieu qui lui a donné la vie. Continuant son œuvre, il vient le chercher en ami, et, désormais, il veillera sur ses jours sous une forme qui sera généralement celle de l'une des bêtes de la création. Le néophyte acquiesce au sens de ces paroles, et l'initiateur l'engage aussitôt à le suivre au lieu du rendez-vous accepté par ses parents le jour de sa naissance. Là, au milieu des ténèbres de la nuit, il offre un sacrifice au génie qui se manifeste sous la forme de l'animal dont le récipiendaire portera le nom nagualique : lion, serpent, crocodile.... Mais, dès lors, plus de terreur à son aspect; cet animal se montre si docile, si prévenant, si doux, que la parole et la main de l'adolescent le recherchent et le caressent avec amour. Il sent à côté de lui le plus familier des esprits, le plus intime des génies.

Le pacte cependant a reçu son sceau. Les deux amis sont liés; et telle est l'étroitesse du lien qui les unit que, désormais, les deux ne sont plus qu'un. L'union s'étend même à ce point que l'on verra l'initié ressentir « jusqu'au contre-coup des dommages et des blessures que pourra recevoir l'animal », dont son nagual a revêtu la forme... Écoutons :

CHAPITRE TROISIÈME.

Le père Diégo était un religieux de grand courage, et que nul danger n'intimidait. Un jour, il lui arriva de punir avec rigueur un Indien coupable d'une faute très-grande, et l'Indien en éprouva le ressentiment le plus vif. Résolu de se venger, il se posta dans une rivière que le religieux devait traverser pour aller confesser un moribond. Le père Diégo partit tranquille et chemina sur sa monture en récitant son office; mais, à peine entré dans la rivière, le cheval se sentit arrêté. Le religieux, baissant la tête, aperçut un caïman qui s'efforçait d'entraîner sous l'eau l'animal. A cette vue, donnant des rênes, et invoquant le secours divin, il lança son cheval avec tant de vigueur qu'il entraîna hors de la rivière le caïman, que les ruades de la monture et une grêle de coups de bâton ferré appliqués sur sa tête contraignirent de lâcher prise. Le religieux continua sa route, le laissant étourdi sur le rivage; et son premier mouvement, lorsqu'il débotta, ce fut de raconter ce périlleux incident.

Or, il achevait à peine de confesser son malade qu'un messager passait, annonçant la mort de l'Indien qu'il avait puni quelques jours auparavant; le malheureux avait succombé sous les ruades du cheval que montait le père Diégo. En effet, le religieux s'empressant d'aller aux informations, on trouva le caïman étendu sur le rivage, et l'Indien portait les traces mêmes des coups dont avait péri le caïman, c'est-à-dire son nagual.

J'interrogeai plus tard un jeune homme sur ce sujet, ajoute le père Burgoa. — Oui, me dit-il, j'ai mon nagual. — Et, comme je l'en reprenais vivement : — Que voulez-vous, père? C'est avec ce sort que je suis né, je ne l'ai pas cherché! Depuis mon enfance *je vois* sans cesse cet animal auprès de moi; j'ai coutume de manger ce qu'il mange, *de sentir les dommages qu'il éprouve*, et jamais il ne me fait de mal... Il n'y avait aucun moyen de le désabuser, si grande est partout la puissance du démon; mais surtout dans les pays idolâtres. Les missionnaires et les voyageurs de bonne foi ne sont que trop unanimes sur ce point, hélas!

M. l'abbé Brasseur n'a pas même conçu l'idée d'envisager ces faits au point de vue de la magie. Je lui en exprimai mes regrets, lui témoignant l'espérance que, quelles que soient ses dispositions à l'égard du surnaturel, il voudrait bien profiter de quelque occasion nouvelle pour combler cette lacune dans ses ouvrages, et enrichir du fruit de ses recherches sur ce sujet ses très-remarquables travaux. Mais il fut, il est, il reste historien; et son histoire, par l'impartialité même que signale à l'endroit de la magie l'absence d'études et d'appréciations spéciales, jette sur l'universalité du phénomène démoniaque de la répercussion une lumière à laquelle nos yeux ne sauraient se fermer.

Quant à nous, faisons observer, en continuant notre marche, que les pages de notre livre s'enchaînent et se prêtent un mutuel appui; que chacune d'elles aide à mieux comprendre celle qui la suit, ou, du moins, à se représenter plus nettement les étrangetés qui ne cessent de se grouper et de s'entre-croiser sur la ligne de notre parcours. Patience, donc, si la lumière n'inonde point encore l'effrayante et singulière énigme de tous ces prodiges; patience si, devant ce double sphinx qui se pose et nous défie sur les deux lignes parallèles de l'ordre divin et de l'ordre diabolique, le dernier mot nous reste encore à prononcer. Ardent, sous l'égide de la prudence, à nous emparer de toutes les données admissibles, nous plongerons avec hardiesse jusqu'au cœur de ce labyrinthe dont tant de fantômes peuplent les détours, offrant à nos oreilles, et dans le dessein d'égarer nos pas, les décevantes paroles de la fausse science et du mensonge.

Ainsi, par exemple, Glanvil relève dans les archives de la Suède les faits du procès de Mohra, l'une des affaires les plus compliquées et les plus authentiques de la sorcellerie[1]. Et ce qu'il y remarque, c'est que les habitants de la ville de Mohra prétendirent que le démon les transportait en réalité. — Mais êtes-vous bien éveillés lorsqu'il vous transporte? — Oui, bien éveillés; et quelquefois le démon met à notre place quelque chose qui nous ressemble.

Ainsi, déjà, d'après ces premières lignes qui ne sont que la répétition de mille faits semblables et incontestables, le fantôme ou le faux corps de ces gens assistés par les démons est celui qui les représente à domicile, — tandis que le corps transporté magiquement est celui qu'il serait naturel de prendre pour le fantôme. Lors donc que celui-ci, le vrai corps, est frappé par une arme, il emporte tout naturellement avec lui sa blessure; et ceux qui courent vérifier leurs coups sous le toit qu'il habite, le trouvent *tel qu'il y est revenu,* mais nulle répercussion ne s'est opérée; celle que la vue du corps rapporté nous induirait à reconnaître ne serait qu'apparente et trompeuse. Pourquoi cependant le corps transporté, s'il est véritable, est-il quelquefois visible pour les uns, invisible pour d'autres? — La fascination de l'organe visuel par le démon résoudrait cette difficulté nouvelle. Mais redevenons attentifs à Glanvil. — Un fait le frappe, c'est que les dépositions des témoins de Mohra ne sont point unanimes, et voici, nous dit-il, les singulières paroles de l'une des inculpées. Mon corps repose, il reste en place et immobile; le démon se contente d'*emporter ma force.* Quelquefois, cependant, il emporte l'un et l'autre[2].

Or qu'est-ce que cette force, signalée *par une femme ignorante* comme une partie et une partie séparable d'elle-même, si ce n'est le principe vital ou l'âme secondaire, ori-

[1] Ce fait est attaqué par conséquent par tous les négateurs de profession, 1669 à 1670.
[2] He did only take away *her strength,* and her body lay still upon the ground. (Glanvil, p. 318, *Sadd.*)

gine du spectre? Que peut être cette force qui sort du corps et le délaisse, ou qui, le nœud lasché, selon le mot de Plutarque, se dévide et se déroule comme le fil d'un peloton..... se repliant sur elle-même, pour y rentrer [1], avec la vivacité de l'élastique qui se détend? Avec quel art, en vérité, le Prince des illusions et du mensonge ne met-il point dans la bouche de cette femme ignare la doctrine de l'antiquité païenne, c'est-à-dire la double idée de notre corps et d'une force animique *distincte de notre âme,* séparable de l'âme et du corps, et semblable à celle qui nous représente, non point l'âme ni le corps, mais un simulacre d'Homère *pleurant et conversant dans les champs élysiens* [2]! Avec quel naturel inimitable le grand menteur ne semble-t-il point accréditer, par le témoignage naïf des sens d'une simple villageoise,

[1] La force, βία, mot remarquable et signifiant la vie même, ou l'individu doué de la vie, lorsqu'on le place en société d'un nom propre; Exemple : Πριαμοιο βία, Priam, ou, littéralement, la force vitale de Priam, Priam animé, Priam vivant. D'où βίος, vie, vivres, ou soutien de la vie, et homme. βίος et βία prennent pour racine ἴς, force, et enfant ou produit de la force. On retrouve ἴς comme racine du verbe dans εἰς, εστι, εἰσί, ἴσθι et εἶσι, tu es, il est, ils sont, sois, et il va, c'est-à-dire dans le verbe qui exprime l'être et le mouvement; dans le verbe qui exprime la station, l'acte de l'homme se soutenant par *sa force,* ou plaçant d'un lieu dans un autre ce que sa force soulève, ἴσταμαι, je me place, ἴστημι, je place. On le retrouve dans le verbe qui exprime la science ou la force de l'esprit : ἴσημι, je sais. Et du mot grec ἴς sortent les mots latins *vis* et *vita,* force et vie, d'où *vir,* homme, et *virtus* ou virilité de l'âme, vertu, courage, etc. Toutes ces idées, transportées des langues savantes dans les langues usuelles, s'enchaînent raisonnablement lorsque nous prenons l'homme tel qu'il est fait en réalité. Mais tout autre et très-différent est ici le sens qu'il s'agit de donner aux mots : sa force, *her strength,* ainsi que le démontre ce qui suit, ce serait son âme animale, son principe vital, son fantôme visible. Or, comment une telle idée naîtrait-elle dans le cerveau de gens ignorants, si elle n'était inspirée par l'inspirateur des médium et des sorcières, par le Prince ou le principe du mensonge et des illusions, par l'inventeur de la doctrine de la pluralité des âmes humaines! Lire mes chapitres *Du fantôme humain* et *Du principe vital* dans *les Médiateurs et moyens de la magie.* Plon, Paris, 1863.

[2] Voir ci-dessus.

l'existence de cette âme sensitive ou animale, c'est-à-dire de ce principe vital, sujet fondamental d'erreurs en spectrologie : erreurs qui furent et sont des germes d'hérésies, erreurs que rajeunissent les médiateurs du spiritisme moderne, et qui, plus ou moins habilement mitigées, selon les temps et les lieux, se sont emparées de nos jours mêmes, au sein de nos écoles médicales, d'hommes aussi recommandables par la distinction de leur intelligence que par l'éminence de leurs qualités morales [1].

Un mot bien simple, et ce sera le mot de cette phrase, réduit à néant les fausses et intrépides doctrines créées pour l'explication de ces phénomènes, et qui leur donnent pour cause, tantôt l'action de cette âme secondaire, tantôt les effets naturels et réactifs de l'imagination sur les organes : est-ce donc que les coups d'épée, est-ce que les coups de feu, est-ce que les meurtrissures reçues en imagination pen-

[1] Épris de cette erreur, Glanvil disait : « That souls departed are embodied in aerial or ætherial vehicle, is most fully and plainly proved by those excellent men Dr C... and Dr M... and they have largely shown that this was the doctrine of the greatest philosophers and most ancient and aged fathers.... » (P. 70, v. II, *ib.*, *Sadd.*)

A son tour, l'Allemand Görres s'écriait dans un de ses énormes et délirants écarts d'imagination :

« Dieu créa l'homme non point cadavre mort, mais *animal plein de vie*. Le trouvant alors prêt à recevoir une âme immortelle, il lui souffla sur le visage, et c'est ainsi que l'homme devint le double chef-d'œuvre de ses mains. C'est dans *le centre même de la vie* du premier homme que s'est accomplie cette insufflation mystérieuse ; et là se sont unies, par un lien indissoluble, l'AME ANIMALE, *issue de la terre*, et l'ESPRIT, *émané du ciel!* » (V. III, ch. VII, p. 132.) Cette proposition est parfaitement anticatholique.

Pour le docte Glanvil, pour l'illustre et loyal philosophe allemand, le dernier mot de nombreux phénomènes démoniaques ou divins de la répercussion doit donc être une bien simple conséquence de cette erreur ! Ce doit être l'impression brutale et soudaine de l'âme animale moulant et façonnant le corps à son image, imprimant dès lors ses meurtrissures et ses blessures dans nos organes, par l'élan électrique, par le *choc en retour* de sa rentrée dans le corps, à la suite de ses pérégrinations spectrales !

dant les plus exaltés transports du rêve ou du délire, ont jamais NATURELLEMENT marqué, stigmatisé, percé la chair de nos corps? Et nous admettrons généreusement pour exemples les rêves et les délires où les plus furieux élans de la douleur remplissent d'épouvante, d'angoisses et de tortures les plus effroyables heures de la vie maladive ou nocturne.

Non, ni la science du médecin, ni l'expérience d'aucun observateur ne nous ont jamais rien enseigné de si fort. Non, mille fois! mais, dans les cas de répercussion marqués au sceau de *l'extase* divine ou diabolique, tout change, et les forces *de la nature humaine* sont évidemment aidées, accrues, surpassées, remplacées. — Quelquefois alors Dieu permettra, je le suppose, que, par une merveilleuse exception, le corps reçoive instantanément la contre-épreuve matérielle des images, des lésions ou des blessures qui se sont peintes aux yeux de l'âme. Dieu veut ou permet qu'en un clin d'œil, — si ce n'est plutôt un de ses anges qui porte le coup [1], — l'âme daguerréotype jusque dans les profondeurs intimes de nos organes la vision qu'elle a perçue, et rien ne nous défend de voir dans la soudaineté de ce phénomène extranaturel une œuvre, un gage, un signe sensible de grâce ou de colère.

Car le Dieu qui veut éprouver ou récompenser les justes et châtier ceux qui ne le sont point autorise souvent le démon à le singer. Comment alors répugner à croire que le démon puisse, d'après les vues mêmes de la Providence, user d'une puissance analogue à celle des anges fidèles, et qu'il éprouve quelque peine à tracer sur la chair vive de nos corps, ou *sur la chair conservée* de nos cadavres, sa parallèle inférieure et ténébreuse? Or, comme il nous sera facilement accordé que nulle âme, nulle imagination ne sau-

---

[1] *Sainte Thérèse,* P. Bouix, p. 394, ch. XXIX, etc.

raient jouer un rôle dans les corps morts, c'est avec intention que nous avons cru devoir nommer *le cadavre,* et produire un exemple *de répercussion vampirique.* Nous l'empruntons à l'illustre médecin danois Thomas Bartholin, qui le rapporte dans son traité *Causa contemptus mortis.*

Un homme du nom de Harppe était mort, et *son spectre* apparaissait dans une cuisine où il se livrait à son impérieux besoin de nourriture. Un coup de lance atteignit ce fantôme, *dont on s'empressa d'exhumer le corps.* O prodige! le coup de lance était marqué sur le cadavre, comme si le cadavre lui-même, et *non le spectre,* eût reçu la blessure [1]. La raison, le bon sens, l'expérience de tous les siècles nous permettent de reconnaître à de tels coups celui que la Kabbale appelait *le prince des corps,* à cause de son art à tromper les vivants en simulant dans les cadavres les effets de la vie. Mais se placer en dehors de toutes les données de l'expérience pour attribuer aux facultés naturelles de l'âme humaine, ou d'une force vitale distincte de l'âme, ce pouvoir exorbitant sur la chair de l'homme, c'est rêver, à coup sûr, c'est rêver jusqu'au délire, et ne serait-ce point aller au delà du délire ordinaire, lorsqu'il s'agit d'un cadavre?

Reprenons cependant quelque peu les choses, afin de rapprocher la question de sa solution. Les Esprits craignent les coups et redoutent jusqu'à la vue des armes. Les coups portés aux Esprits, aux fantômes, aux spectres, se répercutent sur certains vivants au profit desquels ces agents opèrent ou qu'ils représentent. — Mais où donc trouver la raison, la cause d'un préjugé si peu compatible avec la nature incorporelle des Esprits?... On la trouverait, à la rigueur, dans les fausses et trompeuses idées où les prestiges

---

[1] Lire la *Revue spiritualiste,* Piérart, vol. IV, p. 103-4, et voir ci-après *le Vampirisme.* Il s'en faut de beaucoup que cet exemple soit unique.

et les illusions démoniaques jetèrent l'antiquité païenne sur la constitution de la personne humaine, sur les corps fluidiformes des Esprits, sur leur enveloppe aérienne; erreurs et sottises fatalement renouvelées des Grecs et des Romains, sous le nom de *périsprit*, par les écoles spirites, réduites, aussitôt qu'elles s'écartent de l'Église, à chercher la voie du progrès dans les plus profondes ornières du paganisme; mais la plus forte raison nous paraît être tirée de l'expérience; de l'expérience, il est vrai, s'arrêtant à mi-chemin et prenant pour des âmes à corps fluidiques de purs Esprits qui, tout bonnement, transportaient des êtres humains! — Peu de paroles rendront la chose assez claire.

Quelques invisibles agresseurs, ayant pris pour but de leurs sévices des hommes armés, avaient reçu le coup de leurs armes. Des cris quelquefois, des lamentations, des prières avaient suivi ces coups, et le sang avait coulé; quels étaient donc ces Esprits sanguins et sanglants? — Mille faits de sorcellerie nous le disent : ils étaient, le plus simplement du monde, des hommes et des femmes, des spiritisés, des sorciers ou des sorcières transportés par de malins esprits qui les rendaient invisibles en fascinant les yeux de leurs victimes. Mais ces malfaiteurs avaient compté sans la justice de Dieu, sans la malice et la perfidie de leurs démons auxiliaires, sans le mouvement si naturel à l'homme armé de frapper, fût-ce le plus invisible des ennemis, en dirigeant ses coups à la place où l'agression signale un agresseur.

Entre les exploits de sorcellerie les mieux-avérés et les plus propres à placer cette vérité dans la plénitude de son jour, nous pouvons nommer sans hésitation ceux du trop célèbre Gaufredi, ce prêtre indigne, dont l'histoire est si misérablement travestie (comme le fut ailleurs celle d'Urbain Grandier), dans le livre immonde et détestable intitulé *la Sorcière*, lancé dans les voies de la publicité sous le nom de M. Michelet, doué d'un talent qui l'appelait à mieux faire [1] ! Le peu de lignes que nous nous mettons en devoir d'emprunter à cet épisode suffit à élucider notre pensée.

Gaufridi envoyait à Madeleine des spectres invisibles pour nous, dit le P. Michaelis, mais visibles pour elle seule ; et ce qu'on pouvait attribuer à son imagination *fut vérifié...* « Quand on fut certain *que c'était réel*, les révérends pères et les assistants décidèrent qu'on poursuivrait *ces agresseurs invisibles avec des épées et des hallebardes*, afin de défendre Madeleine... Messire Gombert, un gaillard homme, faisait le moulinet près de la cheminée avec une épée, d'autres parcouraient la chambre et frappaient partout avec leurs hallebardes, quand Madeleine s'écria : O pauvre Marie !... puis elle s'agita, elle cria comme si elle était témoin d'un meurtre... Interrogée : C'est ma meilleure amie, dit-elle, venue avec sa servante Cécile, pour m'apporter un message de la part du magicien. N'osant plus sortir par la cheminée, *et portées par leurs démons, elles voltigeaient invisiblement* par la chambre, quand Marie a reçu un coup de hallebarde au cœur, et Cécile dans les reins ; Marie en mourra ! — Au soleil couchant, *nous entendîmes tous*, dit le P. Michaelis, la voix plaintive d'une femme se mourant. Madeleine, appelée, leur dit : Ne voyez-vous pas

[1] Afin de placer le lecteur sur la voie des recherches, ou pour lui en épargner la peine si le temps lui manque, nous le renvoyons au second volume de M. Bizouard : *Des rapports,* etc., ch. ix, commençant par ces mots : « On va citer trois procès célèbres dont tout le monde parle, et qui, *en réalité,* sont *fort peu connus.* » Pag. 364. — Lorsque j'entendis nommer la *Sorcière* et prononcer le nom de l'auteur, ma première pensée fut de le réfuter : je l'ai lu ; descendre à une réfutation ne peut convenir à une plume qui se respecte ! L'une des conclusions que les pages de ce livre voudraient obliger le lecteur à tirer est celle-ci : Le prêtre ne vit que de luxure, et le principal usage des couvents de femmes c'est de lui tenir en réserve les aliments de cette luxure. — Lire sur Urbain Grandier : *Des possessions,* par M. l'abbé Leriche : grande réponse à l'histoire moderne ! Plon, 1859.

le magicien qui tient Marie sur ses genoux, car elle se meurt.... A neuf heures du soir, *les pères et les assistants virent dans l'air des flambeaux*, suivis d'une grande quantité de *chandelles* allumées; on allait jeter le corps de Marie derrière l'abbaye de Saint-Victor [1]... » Et voilà comment les Esprits, voilà quels Esprits craignent les armes ! Que si ceux qui sont Esprits en effet, et que n'embarrasse aucun corps, feignent de redouter les coups, nous en avons signalé la raison : leur but est d'étourdir le jugement de l'homme en usant du mensonge et de l'illusion pour implanter erreur sur erreur au sein *des croyances et des sciences!*

Passant à côté d'une myriade de faits d'une authenticité parfaite, et semblables à ceux que nous avons exposés, laissons maintenant l'époque même de la Renaissance nous donner une solution non moins simple que raisonnable de ces phénomènes. Aussi l'accepterons-nous sans balancer, mais en même temps sans repousser celles qui s'adaptent à des faits de nuances et de qualités distinctes, bien qu'encadrés sous le titre du même chapitre.

« Bien souvent, nous dit Delancre, ce savant que M. A. de Gasparin lui-même appelle un magistrat éclairé, distingué et intègre [2], bien souvent le diable fait reprendre le mal au sorcier mesme qui l'a donné, voire à plus rudes conditions. » Et, dans le cas de répercussion, « comment est-il possible que le diable, supposant ou prenant la forme d'un absent, ou endormi en un lieu caché, ce corps de cet absent ou endormy se trouve néanmoins blessé de ces mesmes coups, et aux mesmes endroits et parties du corps, qu'on a donnés à ce corps supposé? C'est que le diable porte au vray corps de cet absent et luy rue les mesmes coups qu'il a receus soubs son image ou figure ! C'est qu'il blesse l'homme en la

---

[1] Pag. 368, 369, 370, vol. II.
[2] Vol. II, p. 154, *Surnat*.

mesme partie que le diable l'a receu soubs forme de beste [1], » lorsque c'est une forme de bête que le magicien fait apparaître, ou sous la forme même du sorcier, lorsque c'est la figure de celui-ci que le démon représente.

Ce que, d'ailleurs, nous ne saurions assez répéter pour l'intelligence de ce chapitre, c'est que, semblables aux prodiges de la bilocation, les phénomènes de la répercussion n'ont souvent qu'une trompeuse apparence; c'est que les corps que nous supposons être en double existent quelquefois sans *duplicata*, sans qu'un fantôme représente leur personne et leurs traits. Aussi la fille de Wesley, l'inventeur du Méthodisme, dont la maison est tourmentée par d'incessantes apparitions, s'écrie-t-elle devant un fantôme de bête qui la moleste et s'évanouit : Que ne m'a-t-elle laissé le temps de saisir un pistolet et de faire feu sur elle ! Car je suis convaincu, ajoute de sa main Wesley lui-même, que c'est là quelque tour de sorcière, que c'est *une sorcière elle-même*, — le grand fascinateur la faisant apparaître sous une forme animale.[2], et la rendant présente, ainsi que tout à l'heure les deux invisibles Cécile et Marie.

Tantôt donc une vélocité commune transporte simplement les corps, et l'œil qui les regarde est fasciné; tantôt une vélocité de foudre, les faisant apparaître presque au même instant en des lieux différents, y produit le phénomène décevant de la double présence. Mais le démon, qui rend ces corps invisibles, se garde bien, dans la plupart de ces cas, de les mettre à l'abri des coups. Le sang qui tombe de ces corps, lorsque nos armes les frappent, nous rappelle alors un ordre de faits où le naturel et le prodigieux se rencontrent et se mélangent; car le transport aérien est l'acte d'une

---

[1] *Inconst.*, 330, 324
[2] Wesley's diary. Voir *Magie au dix-neuvième siècle*, édit. 1864, p. 298, et ci-dessous Lycanthropie.

force surhumaine, tandis qu'il est on ne peut plus simple que le corps transporté souffre et saigne, lorsque le fer entame ses chairs. Mais, en l'absence de tout corps vivant, un tour de prestidigitation démoniaque fait aisément pleuvoir le sang. Ce n'est point que le sang coule du corps d'un démon, puisqu'un Esprit est dépourvu de corps; c'est qu'au lieu de le tirer de ses veines, il le recueille ailleurs; il le transporte et le verse, comme il verserait des cailloux, du sable ou de l'eau.

RÉSUMÉ ET CONCLUSION.

Maintenant que, d'un simple coup d'œil, nous pouvons embrasser l'ensemble des phénomènes dont ces pages portent au front le titre, et qu'il est inutile de voir se multiplier en interminables variantes, une vérité reste debout : c'est que depuis et avant Moïse, *ce prince des historiens* et *des savants;* c'est que, depuis *et avant* le siècle assez grand pour avoir produit Homère; c'est que depuis le prophète Ézéchiel et depuis Platon, dont le nom semble clore le siècle de Périclès; c'est que depuis Virgile et Silius, ces échos retentissants du siècle d'Auguste; c'est que depuis le docte Psellus, environné des lumières de la cour byzantine; c'est que depuis Bodin et Delancre, ces deux hommes si remarquables par la science et le talent, et le premier si peu favorable au catholicisme; c'est enfin que depuis Milton et Glanvil, ces habitants du siècle de Louis XIV, jusqu'à nos jours, jusqu'au siècle des dernières lumières, jusqu'aux procès-verbaux à peine terminés de Cideville et jusqu'aux faits du spiritisme contemporain, tous les témoignages se tiennent et s'enchaînent; c'est que, soit dans le monde anciennement connu, soit dans le nouveau monde, la croyance est invariable quant à l'effet apparent ou réel des armes sur les Esprits ou sur les corps atteints et frappés tantôt par voie directe, et tantôt par *report de coups,* dans les grandes scènes de fantasmagorie démoniaque. Et ces témoignages tout vivaces encore dans la foi des peuples sont descendus jusqu'à nous sous cette formule que notre plume a retracée, et que colore une des nuances de la superstition :

Les Esprits tremblent devant une arme. Une arme les met en fuite, ou leur porte de douloureuses blessures; et le fantôme de l'homme vivant rend au corps dont il est l'image la plaie que lui inflige un bras vengeur.

Mais, à côté de cette fausse expression de la réalité, et pour ne nous arrêter qu'à l'ordre démoniaque, une vérité reste et demeure : c'est que tantôt les démons qui transportent nos corps les exposent à de cruelles avanies, à des coups terribles; et que tantôt nos corps véritables reçoivent de la main des démons les blessures que semble recevoir le fantôme animé par ces mauvais Esprits. Ces misérables se font donc un jeu cruel et fréquent de nous exposer à l'ennemi qu'ils semblent livrer à nos plus sûres et perfides attaques! Ou bien, ils photographient cruellement sur nos corps les coups dont est frappé le spectre formé par eux pour nous représenter sous l'égide de leur puissance. Ainsi nous récompensent de nos œuvres de magie les Esprits de mensonge qui mettent au service de nos passions dépravées leurs sinistres et haineuses hiérarchies.

NOTE FINALE.

LA TRADITION DANS LES CAMPAGNES.

La tradition n'a point laissé périr la croyance à cet effet des armes dans toutes nos provinces; et, pour preuve, veuillez me suivre, ouvrez les yeux, et voyez dans le hameau que voici ce beau fils, cet enfant malin et barbu du Limousin.

Une course, une affaire nocturne l'appelle impérieusement hors du logis; il va partir, et sa porte est hermétiquement close. Mais derrière les verrous il a laissé son modeste pécule, son Ève fragile, ses douces et savoureuses châtaignes; humble trésor que lui envie l'esprit tentateur et méchant. Mille ombrages lui traversent l'âme et le rembrunissent. Ses défiances, qui l'une après l'autre défilent dans les étroites et sinueuses ruelles de son cerveau, le tourmentent et lui font croire un instant qu'il a des nerfs. Mais le diable, tout fin qu'il est, doit compter et compter encore avec le client de saint Léonard. Voyez-vous notre finot sourire? et qu'est-il donc en train d'ajuster? D'où luit soudain sur son visage ce placide rayon de confiance? Rien de plus simple en vérité! C'est par le trou de la serrure que le malin esprit a coutume de s'introduire. On le sait, on connaît ses allures et ses passes dans le pays. Vite donc et sournoisement notre madré compère, avant de tourner les talons à l'huis de sa chaumine, adapte le tronçon d'une vieille lame dans le for intérieur de sa serrure. L'esprit, le fantôme arrive, se précipite en étourdi, tête baissée, s'entonne dans le piége, et le voilà se débattant, rencontrant dans un ignoble trou de serrure le supplice de Régulus. Il rugit, il fuit; la douleur et la honte l'ont chassé; un frais et rebondi Limousin l'a vaincu!

Et pour vaincre, pour attraper et pourfendre l'auteur de toute malice, l'âpre enfant des montagnes n'a fait que ce que lui conseillaient de faire Virgile, Homère et Platon.... Il n'a fait que se conformer aux superstitions auxquelles Ézéchiel et Moïse, d'après l'interprétation du docte Pluche, défendaient aux Hébreux de se livrer : il a tendu le fer. Dans le dédale où s'entre-croisent les routes du faux et du vrai, c'est ainsi que se retrouvent et que se conservent ces pratiques bizarres, ces puériles et vaines observances à jamais inintelligibles pour quiconque n'en a point étudié les folies et la raison d'être ; us et coutumes de fausse science, dont le chant des siècles, dont l'épopée divine et humaine ont fait presque inutilement retentir jusqu'aux dures oreilles de notre siècle la mystérieuse et infernale histoire !

CHAPITRE QUATRIÈME.

LES VAMPIRISMES.

Le vampire est-il un être réel ? — Vampire magnétique vivant ; le Dr Kerner. — Vampires magiques et cadavériques ; incroyables et indubitables exemples. — Manifestations vampiriques, annonces de peste. — Un érudit bénédictin et son illogisme. — Les vampires-cadavres et les vampires-spectres. — Moyen singulier de venir à bout de ces cadavres ambulants et redoutables ; exceptions. — Tout vivant auquel ils font signe de venir, meurt. — Leurs promenades revêtus de leurs habits. — Jugement en forme et supplice des vampires ; ils se raillent du supplice. — Faits modernes. — Une secte spirite et le vampirisme. — D'après elle il y a catalepsie chez celui que l'on dit mort ; son corps fluidique s'attache aux vivants, suce leur sang et rapporte au corps cataleptisé sa nourriture. — Examen de la théorie devant les faits. — M. Piérart plus logique que le bénédictin, mais son erreur. — Goût vampirique des âmes suspectes ; ce goût tournant à l'alcool et pourquoi chez les âmes d'un château que visite le médium Home. — Le vampirisme d'après les médecins aliénistes. — Réponse, vérité, *conclusion*.

> But first on earth, as vampire sent,
> Thy corse shall from its tomb be rent.....
> And suck the blood of all thy race.
> (Lord Byron, *Giaour*.)

Dans les longues et bénies veillées de la chaumière ou du château, mais à l'heure surtout où, comme pour reculer le moment de la séparation nocturne, on aime, en se serrant autour du fagot pétillant ou du puissant brasier de l'âtre, à s'entr'épouvanter, qui de nous n'entendit, n'écouta l'oreille béante et tendue les exploits du brigand audacieux, du revenant, ou du vampire ? — Mais est-ce donc que le vampire serait quelque chose ? Est-ce que le revenant pourrait être vampire ?... On nous l'affirme ! Déjà même nous avons vu les coups portés au spectre vampirique se marquer sur son cadavre étendu dans la tombe. A nous de voir si, dans le pays de la science et du bon sens, ce mot ne sonne effectivement que le creux.

Le vampire! un monstre existerait donc sous ce nom terrifique, vivant du sang et de la substance d'êtres destinés à souffrir et à s'amaigrir en dépérissant sous sa fatale et néfaste influence! Et l'on ne s'étonnera point que cette influence, si souvent occulte, soit de temps en temps magnétique plutôt que magique, puisque ces deux mots, lorsqu'on les pousse avec quelque vigueur, rentrent nécessairement l'un dans l'autre et ne font qu'un. Nous ne pouvons oublier, en effet, qu'on ne cessait d'entendre répéter à madame Hauffen, la célèbre Voyante de Prévorst, qu'elle ne vivait que d'air et que des émanations des gens dont elle se sentait entourée; émanations que le voisinage de sa personne provoquait de la façon la plus singulière! La pauvre Voyante absorbait donc, elle pompait avec énergie et par l'effet d'un *vampirisme magnétique*, la vie de ceux qui se croyaient assez robustes pour la nourrir impunément de leur sang volatilisé. Et, chez ces mêmes personnes, la perte de cette partie d'eux-mêmes s'échappant invisiblement de leur corps, tarissait la source des forces. Tel est le langage que nous tient l'illustre docteur Kerner, l'une des gloires scientifiques de l'Allemagne [1].

« *Je n'examinerai point,* disait le savant évêque d'Avranches Huet, si les faits — de vampirisme — que l'on

---

[1] Lire cette étude dans la *Magie au* XIX*e siècle* et preuves à l'appui. — M. de Résie nous dit : « La croyance aux faits du vampirisme exista partout, et *dès les âges les plus reculés.* Les Grecs, les Chinois, les vieux Scandinaves, les Irlandais, les Slaves, les Anglais, etc., etc., tous les peuples vous étourdiront des témoignages les mieux assis sur ces *faux ressuscités* ou broucolaques qui, depuis l'établissement du christianisme, sont *surtout* des cadavres d'excommuniés! Et lorsque ces sinistres phénomènes se multiplient, « des auteurs jouissant de *la plus grande célébrité* rapportent UNANIMEMENT que les apparitions de ces sortes de spectres ont été suivies de la peste, ou de quelque autre fléau! » Liv. XIII, chap. III.

CHAPITRE QUATRIÈME.

rapporte sont véritables, ou si c'est une erreur populaire; mais *il est certain* qu'ils sont rapportés par tant d'auteurs habiles et dignes de foi, *et par tant de témoins oculaires*, qu'on ne doit pas prendre parti sans beaucoup d'attention [1]. »
Il était difficile de donner avec plus de réserve une plus sage leçon!

Nous allons laisser tout à l'heure parole et course libres à l'école spirite sur ce terrain; mais écoutons, avant de leur ouvrir nos pages, un vénérable religieux, un érudit, le bénédictin dom Calmet, dont la science, plus vaste qu'élevée, nourrit de documents solides notre foi au Surnaturel, contre lequel il arrive quelquefois à sa logique, devenue soudainement infirme et boiteuse, de se heurter et de s'estropier!

« Il y a, — nous dit dom Calmet, — deux moyens différents pour détruire l'opinion de ces prétendus revenants, *et montrer l'impossibilité* des effets qu'on fait produire à des cadavres. Le premier, c'est *d'expliquer par des causes physiques* tous les prodiges du vampirisme. Le second, c'est *de nier totalement* la vérité de ces histoires; et ce dernier parti est, sans contredit, le plus certain et le plus sage [2]. »

L'école des négateurs de la divinité du Christ ne connaît, en effet, ni de meilleurs ni de plus sûrs moyens, et nuls ne coûtent moins de philosophie ni moins de science! Mais, grâce à Dieu, notre siècle est en voie de réformer les siècles réformateurs; et quelles puissantes leçons de science courageuse et de logique ne donneraient point d'éminents bénédictins de nos jours à quelques religieux du dix-huitième siècle, si dignes à tant d'autres égards de notre reconnaissance et de nos respects!

Maintenant, après avoir repoussé l'inqualifiable doctrine

---

[1] Hueliana, p. 84, *ib.*
[2] Dom Calmet, *Apparitions,* etc., Paris, 1751, v. II, p. 47.

et les ingénus dénis de vérité de dom Calmet sur le chapitre effarouchant du vampirisme, il nous reste à recevoir humblement de ses mains une parcelle des trésors qu'il accumula contre sa propre thèse.

J'ai appris de feu M. de Sassimont, conseiller de la chambre des comtes de Bar, nous dit ce religieux, qu'ayant été envoyé par feu Son Altesse Royale Léopold Ier, duc de Lorraine, en Moravie, il fut informé par le bruit public qu'il était *assez ordinaire* de voir dans ce pays-là des hommes décédés quelque temps auparavant se présenter dans les campagnes, et se mettre à table avec les personnes de leur connaissance. Ces morts ambulants joignent au mutisme de la tombe de redoutables signes de tête; car le convive auquel ils l'adressent meurt infailliblement quelques jours après. Plusieurs personnes, parmi lesquelles un ancien curé, lui affirmaient en avoir vu plus d'un exemple.

Les évêques et les prêtres du pays *consultèrent Rome sur un fait si extraordinaire;* mais on ne leur fit point de réponse. — Rome, en effet, avant de répondre, veut toujours et doit être amplement, surabondamment renseignée. — Bientôt, on s'avisa de déterrer les corps de ces revenants et de les brûler; ainsi se débarrassa-t-on de leur importunité[1].

Ces apparitions donnèrent lieu, en 1706, à l'ouvrage *Magia posthuma*, de Charles-Ferdinand de Schertz. L'auteur y raconte qu'une femme étant venue à mourir munie de tous les sacrements[2] fut enterrée dans le cimetière. Quatre jours après son décès, les habitants du village ouïrent un tumulte extraordinaire et virent un spectre. C'était tantôt la forme d'un chien, tantôt celle d'un homme, et malheur à ceux qu'il abordait ! car, leur causant d'atroces douleurs,

---

[1] Page 32, *ib*.

[2] Les avait-elle profanés par le sacrilége, et y eut-il liaison constatée entre cette femme et les spectres vampiriques?

il leur serrait la gorge, il leur comprimait l'estomac jusqu'à la suffocation; il leur brisait le corps et les réduisait à une faiblesse extrême. On ne les voyait plus, à la suite de ces visites spectrales, que pâles, maigres, exténués. Le spectre s'attaquait même *aux animaux,* et l'on trouva sur ses traces des vaches abattues et demi-mortes. Quelquefois *il les attachait* l'une à l'autre par la queue, et ces animaux marquaient assez par leurs mugissements la douleur à laquelle ils étaient en proie. On voyait les chevaux comme accablés de fatigue, couverts de sueur, échauffés, hors d'haleine, chargés d'écume, et ces calamités eurent un cours de *plusieurs mois.*

Le spectre d'un pâtre du village de Blom, près Kodom, en Bavière, appela plusieurs personnes, et tous les appelés furent fidèles à mourir dans la huitaine. A la suite de ces sommations, les paysans déterrèrent le corps de cet infatigable huissier de cimetière, et le fixèrent au sol à l'aide d'un pieu qui lui traversa le corps. — Mais, *dans cet état,* le cadavre de cet homme, que l'école spirite de M. Piérart va ranger tout à l'heure parmi les cataleptiques, se moquait de ceux qui lui infligeaient ce traitement. Vous avez bonne grâce, leur disait-il, de me donner un bâton pour me défendre contre les chiens!... Là même nuit, le cataleptique de nouvelle espèce se releva, effrayant les uns par son aspect, suffoquant les autres, et même en plus grand nombre qu'auparavant. On crut alors devoir le livrer au bourreau, qui le transporta hors du village et le brûla. Ce cadavre hurlait comme un furieux, remuant les pieds et les mains comme un vivant. Lorsqu'on le perça de nouveau avec des pieux, il jeta des cris aigus et rendit des flots de sang vermeil. Les apparitions de ce spectre ne cessèrent qu'après que les flammes l'eurent réduit en cendres.

On usa de ce traitement héroïque dans les lieux où ces

revenants apparurent; et, lorsqu'on les tira de terre, on observa qu'ils étaient *vermeils* et non d'une pâleur cataleptique. Leur corps souple et maniable, exempt de vers et de pourriture, *exhalait néanmoins une puanteur insupportable!* leur barbe, leurs cheveux et leurs ongles donnaient quelques signes de croissance, et *le jour* paraissait aussi favorable que la nuit aux apparitions de leurs spectres. — Les objets qui leur avaient appartenu, mais surtout leurs vêtements, remuaient *d'eux-mêmes* et changeaient de place sans raison! Cependant, on ne voulut point procéder à couper la tête de ces cadavres et à les brûler, sans observer *les formes lentes et sûres de la justice.* On citait, on entendait les témoins, on pesait les paroles et les raisons, ainsi que dans un procès régulier. On examinait *ensuite* les corps exhumés, et, si les signes caractéristiques du vampirisme s'y rencontraient, tels que la souplesse des membres et la fluidité du sang, on les livrait au bourreau pour être brûlés....

Mais « la principale difficulté consiste à savoir comment les vampires sortent de leurs tombeaux, comment ils y rentrent *sans paraître avoir remué la terre* pour la remettre en son premier état; comment on les voit *revêtus de leurs habits;* comment ils vont, viennent et *mangent...* S'il n'y a là qu'imagination de la part de ceux qui sont molestés, d'où vient que ces vampires se trouvent dans leurs tombeaux ». infects quoique « sans corruption, pleins de sang, souples et maniables? De quelle sorte expliquer *leurs pieds trouvés crottés le lendemain du jour qu'ils ont couru* et effrayé les gens du voisinage, tandis qu'on ne remarque *rien de pareil* dans les cadavres enterrés dans le même cimetière? Comment se fait-il qu'ils cessent de revenir lorsqu'on les a brûlés et empalés? Qui veut enfin que ces scènes se renouvellent *si souvent* dans ce pays, qu'on ne

CHAPITRE QUATRIÈME.

s'y guérit point de ces préjugés, et que *l'expérience journalière, au lieu de les détruire, ne fait que les augmenter et les fortifier !?... »*

Cependant, et comme rien n'est plus opposé que la règle à tout phénomène démoniaque, quelques démentis sont donnés à ces assertions, et ce fut une remarque importante qu'après la bizarre et sauvage exécution des cadavres de certains vampires, *leurs spectres* continuèrent de plus belle, et pendant un laps de plusieurs jours, le cours de leurs apparitions. On ne dira probablement point que ces corps, une fois décapités et brûlés, fussent vivants et cataleptiques ! Cette exception répondrait donc d'avance aux lignes suivantes de M. Piérart, l'une des colonnes du spiritisme moderne.

Il semble résulter de l'observation que là où se trouvent « de pauvres cataleptisés, enterrés comme morts dans des lieux secs et froids, et où les causes morbides *n'ont pu amener la destruction de leur corps*, leur esprit, *s'enveloppant d'un corps fluidique*, s'est plu à aller exercer autour de leur tombe, sur des êtres vivants, des actes de vie physique, et particulièrement de nutrition, dont le résultat, par un lien mystérieux que la science spiritualiste expliquera peut-être un jour, pût être rapporté au corps matériel inhumé et l'aidât à perpétuer son existence vitale ». Ces Esprits, prenant ainsi un corps éphémère, *ont été vus sortant des cimetières*, allant embrasser violemment de nuit leurs parents ou leurs amis, dont ils suçaient le sang en leur pressant la gorge pour les empêcher de crier. De là une émaciation *d'où résultait souvent la mort*. Et de tels actes se répétaient *jusqu'à ce que*, allant au fond de la fosse du spectre apparu, on lui coupât la tête, ou qu'on le clouât au sol avec un pieu enfoncé à travers le corps, dans la région

---

[1] *Ibid.*, v. II, ch. XLIV, p. 212. *Ibid.*, p. 36, etc.

du cœur [1]. » Ce corps frais, cette couleur vermeille, ce sang liquide et abondant; voilà certes des caractères bien différents de ceux des catalepsies ordinaires; et que devrait pouvoir, d'ailleurs, contre les apparitions de *l'esprit d'un cadavre* et contre *le corps fluidique* dont il s'envelopperait à son gré, le pieu qui traverserait la matière inerte de son cœur?... Laissons cependant ce chef d'école prononcer quelques paroles en notre faveur.

.... Une enquête récente établit que deux cadavres subirent le cérémonial de ce traitement barbare en l'année 1861. O préjugés aveugles, s'écrie le narrateur de ces lugubres exécutions! — Aveugles? oui, tant qu'on voudra, reprend M. Piérart avec toute la verve de bon sens que peut laisser en nous l'invasion du spiritisme; mais qui donna naissance à ces préjugés? Pourquoi se sont-ils perpétués *dans tous les âges* et dans tant de pays? Après une foule de faits de vampirisme si souvent constatés, devra-t-on dire qu'il n'y en a plus et qu'ils n'ont jamais eu de fondement? Rien ne vient de rien. Toute croyance, toute coutume part de faits et de causes qui y donnèrent lieu. Si jamais on n'eût vu apparaître au sein des familles de certains pays des êtres *revêtant la figure d'un mort connu,* venant ainsi *sucer le sang* d'une ou de plusieurs personnes, et si la mort des victimes de l'émaciation ne s'en était pas suivie, on ne serait point allé déterrer les cadavres dans les cimetières; on n'aurait pas constaté ce fait incroyable de gens inhumés *depuis plusieurs années,* et retrouvés avec le corps mou, flexible, les yeux ouverts, une couleur vermeille, la bouche et le nez pleins de sang, et laissant le sang couler à flots sous les coups qui leur portaient des blessures et qui les décapitaient [2].

---

1 Lire la *Revue spiritualiste,* c'est-à-dire ici *spirite,* de M. Piérart, vol. IV, p. 104.

2 *Ibid., Revue spiritualiste,* IV, 343, 344.

CHAPITRE QUATRIÈME.

L'un des exemples de vampirisme les plus importants figure dans les lettres privées du philosophe marquis d'Argens ; la *Revue britannique* du mois de mars 1837 reproduit une de ces intéressantes histoires, constatée à Candie par le voyageur anglais Pashley ; enfin, le savant et spirituel M. Jobard, l'un des enfants chéris de la Belgique, et dont on ne soupçonnera point la partialité en faveur du catholicisme, pour lequel l'issue et le dernier mot de ces phénomènes sont un triomphe, établit que de nombreux procès-verbaux ont confirmé *la réalité* de ces prodiges dans les Cévennes, dans les montagnes illustrées par les actes magiques et les combats des camisards [1].

Après avoir pesé ces documents dans une balance impartiale, comment donc ne point plaindre M. Brierre de Boismont, l'un des plus estimables docteurs de la Faculté de Paris, et, nous affirme-t-on, l'un des plus progressifs, d'avoir pu livrer au jour son malheureux traité des hallucinations appelé par lui l'histoire raisonnée des apparitions et des visions !.... Hélas ! c'était en l'an 1845 que le docte aliéniste osait publier la page suivante. Il aura sans doute, et nous l'espérons, retourné ses raisonnements depuis cette époque :

« Lorsque l'homme est subjugué par la superstition et la terreur, il n'est point d'idées bizarres qui ne puissent devenir des réalités. *Une des plus singulières folies* de ce genre est celle qui est connue sous le nom de vampirisme, dont on trouve les traces dans les stryges du Talmud. Cette espèce d'épidémie régna au commencement du dix-huitième siècle dans plusieurs parties de la Hongrie, de la Moravie, de la Silésie et de la Lorraine. Les paysans qui en étaient atteints croyaient qu'après la mort *l'âme* de leur ennemi pourrait leur apparaître sous différentes formes. Quelques-

---

[1] *Id.*, Piérart, IV, 105, 104, 61. — Lire *De l'inspiration des camisards*, H. Blanc, 1859, Plon, Paris.

uns rêvaient que ces spectres malfaisants les prenaient à la gorge, les étranglaient, les suçaient; d'autres croyaient réellement voir ces monstres cruels [1]. »

Une chose, on le voit, manque et laisse un vide vraiment regrettable dans les traités les moins insuffisants de nos grands docteurs : c'est une étude spéciale et une connaissance approfondie des faits extraordinaires sur lesquels roulent et se cahotent les plus hautes roues de leurs systèmes. Appelés à guider un certain vulgaire érudit dans le dédale de ces étranges phénomènes, ils le suivent en se traînant à la remorque de ses préjugés ; et, lorsqu'ils paraissent s'élever au-dessus de ce public pour l'éclairer de quelques splendides rayons, ils ne l'illuminent que des faux et vacillants reflets de ses propres veilleuses.

Médecin en chef des aliénés de Charenton, le très-honorable docteur Calmeil, attribuant les phénomènes de vampirisme « à l'ignorance, à la transmission des idées délirantes, à la nature des aliments! » ne serait-il point tout simplement un de ces hallucinés qu'il fait profession de décrire ? Telle est notre conviction, et si notre devoir est de qualifier ainsi ce docteur au point de vue du surnaturel, il ne saurait se plaindre de voir la loi du talion retourner contre sa tête le terme même appliqué par sa plume doctorale à des personnes devant lesquelles il est et nous sommes bien peu de chose : au Christ, aux patriarches, aux apôtres, aux grands hommes qui crurent aux miracles, aux grands saints qui les opérèrent [2]. Eh quoi! l'homme sain d'esprit et de corps, ce sera le médecin aliéniste niant l'évidence dès qu'elle met en relief ses divagations scientifiques! Et l'halluciné, le malade que le doigt d'un aliéniste pourra menacer des pro-

---

[1] Pag. 338-9, *Des hallucinations*, 1845.
[2] *De la folie*, 1845, vol. II, p. 427; vol. I, p. 92. — *Idem*, chap. x, dans mon livre *Médiateurs et moyens de la magie* : Hallucinations.

menoirs d'une maison de santé, des douches ou des cages de Bicêtre [1], ce sera peut-être l'aigle de Meaux, ce génie dont le cri fit retentir la chaire évangélique des ruses et de la puissance du démon !

......Devant les faits du vampirisme largement et philosophiquement constatés, l'école spiritiste que représente M. Piérart, plus clairvoyante et plus loyale que la plupart des savants académiques, ne s'indigne, et nous l'avons dit, que d'un seul abus, c'est de l'exécrable superstition qui permet aux vivants de plonger dans la mort des malheureux inhumés à l'état de cataleptiques, tandis que leur esprit se dédoublant, et butinant ailleurs et buvetant le sang d'autrui, revient ensuite au domicile du corps substanter les organes. Rien de moins alléchant que ce régime ; mais afin de donner aux phénomènes du vampirisme, la physionomie moins repoussante que semblent exiger les mœurs de l'époque actuelle, nous devons exposer un fait récent que suivront nos réflexions, précédées du rappel des doctrines de M. Piérart : doctrines repoussées par l'Église, et que nous semblent ruiner de fond en comble les chapitres relatifs au fantôme humain de notre livre des *Médiateurs et moyens de la Magie*.

« Le fait d'un spectre venant sucer le sang, nous dit l'école de M. Piérart, n'est pas aussi inexplicable qu'on le croit, et ici nous faisons appel aux spiritualistes qui admettent le phénomène de la *bicorporéité* ou *du dédoublement animique*. Ces mains d'*Esprits que nous avons palpées,*

---

[1] Bossuet, *Deux sermons sur les démons.* — Pétition au sénat résultant de la terreur qu'inspire la possibilité d'emprisonnement pour cause légèrement appréciée de folie, relatée dans *Magie au dix-neuvième siècle*, édit. de 1864, chap. I. — Nous ne parlons de M. le Dr Calmeil, ou d'un monomane quelconque atteint de thaumatophobie, qu'au simple point de vue médical et avec un profond respect pour leur caractère.

étreintes, l'automne dernier en présence de M. Home, — l'illustre médium, — au château de C..., nous montrent ce qui est possible sous l'empire de circonstances physiques favorables. »

En effet, « dans ce même château, huit jours auparavant, les convives de M. T..., attablés et conversant avec les esprits, citent le fait extraordinaire *des mêmes esprits* demandant qu'on leur passât de grands verres de grog, vidant ces verres, et les redemandant ensuite sous la table *pour les remplir* de la même liqueur. — La vie, dans le corps des malheureux cataleptisés au sein des tombeaux, n'est peut-être entretenue, le plus souvent, que par la succion du sang des personnes au sein desquelles apparaît *l'esprit dédoublé* de ces malheureux. Et, selon toute apparence, cet esprit transmet ensuite par un lien invisible, mystérieux, qu'on expliquera peut-être un jour, le résultat de la succion au corps matériel demeuré inerte au fond de la tombe, l'aidant de la sorte à perpétuer l'état de cataleptisation [1]. »

Ainsi se remet à flot, sur l'océan des âges, la foi des anciens à ces âmes éternellement vampiriques dans leurs goûts, que les évocateurs n'attiraient que par l'appât du sang : spectacle attachant et instructif que nous conserve Homère, le poëte initié, le dépositaire des traditions divino-démoniaques les plus rapprochées du déluge ! Aujourd'hui, ces âmes toujours avides de sang, c'est-à-dire ces démons toujours fidèles à leur tactique, se montrent également avides d'autres liqueurs, et toute libation leur est bonne, *pourvu qu'elle les rapproche de leur proie !*

Non, non, pour nous, les vampires ne sont point et ne peuvent être des corps en catalepsie dont l'esprit dédoublé voyage et butine. Des cataleptisés, en effet, ne se mon-

---

[1] *Ibid.*, *Revue*, Piérart, ch. du Vamp., liv. IV, p. 64 et 343.

trent jamais ni souples, ni vermeils, ni gorgés d'un sang liquide et toujours prêt à s'épancher ainsi que se montrent les cadavres vampires ; que si, pour les besoins de la cause, on croyait utile de créer une espèce toute nouvelle de cataleptiques, nous supplierions les créateurs de reconnaître que ces nouveau-nés de la catalepsie, au moment même où le pieu du bourreau leur traverse le cœur, devraient avoir quelque peine, s'ils sont des hommes peu différents de notre race, et non des cadavres possédés par celui que la Kabbale appelle le Prince des corps, à parler, à plaisanter, à crier, à hurler, à menacer, à se démener en énergumènes. Prolonger le cours de ces facéties sépulcrales et de ce sinistre vagabondage, après s'être vus empalés et réduits en cendres ! Oh ! non ! ce serait par trop forfaire aux mœurs du cadavre et de la tombe.

Résignons-nous donc à chercher le spectre et le vampire à leur place, c'est-à-dire ailleurs que chez une race d'hommes qui jamais n'exista, celle de l'homme à double âme et à double corps. Mais aisément le rencontrerons-nous sur le terrain des spirites ; car là se meuvent, évoluent et nous déçoivent à qui mieux mieux les anges dévoyés, les mauvais esprits, ceux qui président au mensonge et à l'illusion, ceux qui se donnent pour un périsprit ou pour un corps fluidique habitant notre corps tangible ainsi que la lame habite sa gaîne ; ceux dont la perfide habitude, dès avant Moïse, est de se faire passer pour les âmes des morts : ceux que la Kabbale appelle les Princes des corps, parce qu'une de leurs ruses favorites est de s'introduire dans les cadavres, d'en conserver la hideuse fraîcheur, de leur donner les mouvements, les dehors et jusqu'aux plus trompeurs semblants de la vie [1]. Ce sont ces esprits, singes de Dieu, qui

[1] Exemples dans mon livre *Médiateurs et moyens de la magie*, chapitres : Le fantôme et Le principe vital. — *Id.*, dom Calmet, *Vampires*, v. II, ch. XXXIII, etc. ; raisonnements absurdes, ch. XI, XII, XIII, etc., réfutés par l'auteur lui-même, ch. XLVIII, LI, etc.

se font aussi les singes de l'homme créé à l'image divine ; ce sont eux qui, pour nous décevoir, donnent au cadavre une fausse et horrible vie [1].

CONCLUSION.

Des démons, des anges de ténèbres *logés dans des corps factices* ou animant des cadavres, voilà quels sont les vampires. Quiconque voudra les étudier et les suivre pas à pas derrière les faits surhumains, derrière les traces de sang et de méfaits qui marquent leur passage, les reconnaîtra dès les siècles fort antérieurs au siècle d'Homère, et que cet initiateur a peints dans ses poëmes. Qu'ils se nomment tour à tour dieux, démons ou âmes, c'est de sang qu'ils prétendent se nourrir, afin d'habituer l'homme à le répandre. Car, à leur nature homicide et révolutionnaire, il faut la destruction, il faut des ruines, il faut du sang; tandis que du côté de l'Église, c'est tout le contraire ! on ne professe que le respect de la vie de l'homme et l'horreur du sang ! Aussi, lors même que nous est présenté le corps de Dieu, cette nourriture qui doit nous assimiler à elle-même et *nous digérer;* lorsque le sang du Christ devient notre breuvage et nous divinise, le premier besoin de Dieu qui se donne à nous est, non de rougir nos lèvres comme celles du tigre, mais de ménager les délicatesses de notre nature en éprouvant notre foi; c'est de couvrir des douces et appétissantes apparences du pain et du vin sa chair et son sang adorables.

Tout le paganisme est spirite ; il évoque les âmes ; et les

---

[1] Quant aux simples fantômes, les démons en sont l'âme; cette vérité traînait dans les chants populaires bien avant les temps du vieil Homère, qui nous la livre dans ses vers théologiques : — Non, tu n'es pas Ulysse, tu n'es pas mon père ! s'écrie Télémaque devant le héros dont il craint de n'avoir devant les yeux qu'un simulacre décevant; tu n'es qu'un démon s'esseyant à charmer ma vue : ὐυ σύ γ' Ὀδυσσεύς ἐσσι πατὴρ ἐμὸς ἀλλά με δαίμων θέλγει. *Odyssée*, liv. XVI, 194.

démons qui se donnent pour ces âmes exigent de l'évocateur la boisson du vampire. Le sang, du sang! voilà leur cri! Tous ces démons sont vampiriques, et pourquoi donc une fois encore? parce qu'ils ne sont que les Esprits homicides de l'abîme [1]; Esprits qui portent brutalement le ravage et l'épouvante sous leur forme vampirique dans les lieux que Dieu maudit, et dont les exploits isolés sont, ainsi que de graves auteurs viennent de nous le faire observer, le prélude des épidémies, de la peste, des grands fléaux! Esprits qui semblent nous obéir et nous chérir lorsque, sous le voile du magnétisme, ils sucent notre sang et tarissent la vie de nos corps; Esprits enfin qui s'humanisent jusqu'à feindre de se désaltérer gaiement dans la liqueur de nos verres lorsqu'ils nous trouvent assez simples pour les accueillir sans terreur, pour méconnaître les périls et la sinistre fécondité de leurs œuvres.

[1] Lire Homère, *Odyssée*, liv. XI, commencement. — Ces esprits et ceux qu'ils possédaient aimaient les sépulcres et le voisinage des morts : Qui habitant in sepulcris, Isaias, cap. LXV, ℣ 4, et note, Bible de Vence; — saint Matth., *Évang.*, ch. VIII, ℣ 28, etc.

CHAPITRE CINQUIÈME.

TRANSFIGURATION, HAUTS PHÉNOMÈNES OPTIQUES, LYCANTHROPIE ET ZOOMORPHISME, C'EST-A-DIRE CHANGEMENT D'HOMMES EN LOUPS, EN BÊTES, ETC. FASCINATIONS VISUELLES, MÉTAMORPHOSES, AORASIES, INVISIBILITÉ.

PREMIÈRE DIVISION.

La lycanthropie. — Les négateurs, auxiliaires inattendus: M. Maury, etc. — M. le Dr Brierre de Boismont, exemples. — M. Bourquelot, exemples : la science moderne dit la lycanthropie folie. — M. l'abbé L...; effets de la science moderne ou académique. — La corne de licorne et ceux qui osent croire. — M. de Rougemont, magiciens, lycanthropes antédiluviens. — Bodin ; dépravation du goût des lycanthropes anthropophages, semblables aux sorciers chananéens. — Lycanthropie naturelle ; — Delancre, — Surnaturelle et réelle. — Étude sur Nabuchodonosor ; les Syriens et Élisée. — Sainte Rose de Lima, etc., et la contre-partie démoniaque. — Simon le Mage. — Apollon de Tyane et le vieillard chien. — Rémi ; sorcières. — Femme-jument et saint Macaire donnant à ce mode de fascination une cause d'optique morale. — Si ces phénomènes ont été de tous les temps, ils sont de tous les lieux. Exemples majeurs : l'Amérique, les naguals, etc. — Ce pouvoir est le même que celui dont use le démon quand il anime les statues ou se revêt de mille formes de monstres. — Exemples.

Ce chapitre est l'un des plus importants que nous puissions écrire, ou le lecteur méditer ; car il nous dit si nous devons ajouter foi aux phénomènes les plus excentriques de la magie, aux transformations les plus fantasques et les plus terrifiques des sabbats, et peut-être nous donne-t-il la clef de ces faits mystérieux.

A prendre son nom dans le sens littéral, le lycanthrope est l'homme loup, ou sachant se faire loup ; et, pour mieux dire, ce nom vulgaire caractérise l'homme qui peut à son gré changer de forme ou de figure, celui que nos pères ont appelé le loup-garou [1].

L'homme pourrait-il donc se changer en loup, et, par suite de la même faculté, en une bête, en un monstre, en un être quelconque? Ou, pour nous expliquer en termes plus justes, pourrait-il *sembler être* autre chose que ce qu'il est et doit paraître? Et, par extension, l'homme cessera-t-il, à son gré, d'être vu lorsqu'il est présent? Saura-t-il se rendre invisible? En un mot, a-t-il reçu la puissance de faire de sa personne un véritable et prodigieux *trompe-l'œil*? Tient-il cette faculté de sa nature? La doit-il à l'emprunt? A-t-elle pour lui-même, ou pour autrui, des résultats qu'il serait déraisonnable de nier?

La question nous semble nettement posée. Elle ne manque point de hardiesse; et, pour notre époque, véritablement admirable par la rapidité des progrès qui ont la matière pour objet; mais où la raison philosophique s'abaisse dans la même proportion que monte l'orgueil, elle est une scandaleuse témérité. De sérieuses investigations ne seront donc point sans utilité pour découvrir de quel côté s'ouvrent et débouchent sur ce terrain les sentiers de la raison. Mais, avant de nous élancer d'un bond au cœur de notre sujet, pourquoi ne donnerions-nous pas un instant la parole à des auxiliaires inattendus? Un des érudits de notre Institut, auquel vraiment il ne manque qu'un jugement sain et fort pour digérer sa prodigieuse érudition et *la transformer* en science, tient à nous donner de sa main un échantillon de l'universalité de cette croyance bizarre. Parcourant un nombre considérable de pays, il nous dit : Les sorciers, « non plus que les chamans, ne forment générale-

---

[1] La Picardie dit loups-varous, *varios*; la théologie nomme *versipellis* le mime, l'hypocrite, ὑποκριτής, le comédien consommé, le Protée par excellence, le démon.

ment pas caste proprement dite, mais ils vivent séparés du reste de la tribu, et ne se montrent plus que dans les grandes occasions. Voilà pourquoi règnent sur leur compte, presque partout, *les mêmes fables*. On assure qu'ils peuvent à leur gré se rendre invisibles ou se métamorphoser en animaux, qu'ils sont invulnérables, et que leur regard possède une vertu magique presque toujours malfaisante. *Ces contes* se débitent en Amérique, comme chez les musulmans; la Chine en est remplie, et ils forment toute l'histoire populaire des chamans [1]. »

Se métamorphoser en animaux? — Oui, d'un bout à l'autre des siècles et de la terre, ainsi pensent les peuples! La vue du corps est-elle donc faussée chez le commun des mortels? Ou bien, la vue des yeux de l'Esprit aurait-elle perdu toute justesse chez nos savants académiques, dont les lèvres n'ont pour de telles assertions que le sourire de la pitié? Les lignes qui suivent sont tombées de la plume de l'un des plus honorables docteurs de la Faculté de Paris, médecin, ainsi que M. le docteur Calmeil, de l'un de nos établissements d'aliénés, lauréat de l'Institut et de l'Académie de médecine, etc. Le sens fort clair qu'elles expriment ne semble guère propre à nous guérir de la crainte que témoigne notre seconde interrogation à l'endroit des savants académiques.

« L'origine de la lycanthropie remonte aux plus anciennes époques du paganisme; et, dans *cette illusion*, des malheureux *en démence* se croient changés en loups-garous. Quelquefois, *la prétendue* transformation se faisait à l'aide de boissons ou d'onctions vénéneuses [2]. Les compagnons

---

[1] Pag. 20, 21, Alfred Maury, *Magie, astrologie dans l'antiq.*, Paris, 1860. — Guinea 7^ale, Leighton Wilson, *Western Africa*, p. 398. — Darfour, Mohamed-el-Tounsy, Perron, p. 356. — Finnois, Léouzon Leduc, t. I, p. cviii. — *Researches in south Ireland*, Crofton Croker, p. 94, etc.

[2] Ces onctions n'avaient point en elles-mêmes la vertu de produire

d'Ulysse métamorphosés en pourceaux en sont un des plus anciens exemples. Et saint Augustin assure que certaines femmes, en Italie, se convertissaient en chevaux par une sorte de poison [1]. Mais ce fut surtout au quinzième siècle que cette singulière illusion se répandit en Europe. Les cynanthropes et les lycanthropes abandonnaient leurs demeures pour s'enfoncer dans les forêts, laissant croître leurs ongles, leurs cheveux, leur barbe, et poussant la férocité jusqu'à mutiler, parfois jusqu'à tuer et dévorer de malheureux enfants.

» Wierius a rapporté le singulier procès qui eut lieu à Besançon en 1521. C'est une observation de lycanthropie qui ne laisse aucun doute sur la folie des uns et l'ignorance des autres [2].

» Il est curieux de retrouver de nos jours, chez les Abyssiniens, une superstition qui se rapproche beaucoup de celle

les phénomènes démoniaques. Non ; elles n'étaient en général, comme l'huile de l'extrême-onction chez les chrétiens, qu'un signe sacramentel. — Les sorciers, nous dit le célèbre Remi, se frottaient *impunément* le corps de leur onguent; il n'était donc pas vénéneux. Mais que cet onguent touchât le bord du vêtement de leur victime, et c'était la mort, pourvu qu'ils y appliquassent une intention sinistre ! *Id illis continuo mortiferum, si modo lædendi est animis; nam, aliter, expertem injuriæ...* Remigius, cognit., pub. dæmon...— Coloniæ, ꓷꓷCꟾCXCVI, cap. III, p. 44.

[1] M. le Dr Brierre a entendu parler de ce passage, cité plus bas ; il ne l'a ni lu ni par conséquent étudié ; il suffit de le lire pour s'en convaincre. On lui a dit, et il juge !

[2] Pag. 327. — Elle ne laisse aucun doute à M. Brierre ! Soit, et cela est tout simple. Nous ne contestions point à ce médecin aliéniste le genre d'hallucination, quelquefois naturelle, qui porte l'aliéné à se croire changé en bête. Ce dont nous nous émerveillerions, si le milieu, si le siècle où il vit ne devaient avoir une si maligne influence sur les caractères ordinairement trempés, c'est qu'un homme de son mérite n'ait pas jugé digne de sa science l'étude sérieuse des phénomènes de transformation magique ; c'est qu'il se soit résigné à la redite des lieux communs les plus absurdes qui forment le fond du traité *De la folie,* publié par le très-honorable docteur Calmeil, médecin en chef de Charenton. Voir *Médiateurs et moyens de la magie,* ch. x.

de l'Europe au moyen âge. Comme eux, ils croient à un zoomorphisme qui est une image vivante de la lycanthropie. Ainsi, la classe des forgerons et des potiers est généralement regardée comme ayant le pouvoir de se métamorphoser en hyènes et autres animaux féroces, et de pouvoir causer des maladies par leurs regards. Mais, au lieu d'être traînés sur les bûchers comme les loups-garous du moyen âge, ils vivent tranquilles et *redoutés* [1].

» Les idées mystiques, d'où dérivaient la plupart des croyances que nous venons de signaler, étaient excessivement favorables à la production des hallucinations. Comme les convictions étaient générales, et le doute inconnu[2], la puissance en était illimitée. Tous les Esprits étaient tournés vers le ciel... Les uns se livraient aux rigueurs de l'ascétisme pénitent : les jeûnes, la crainte de l'enfer engendraient chez eux les visions les plus effrayantes; les autres, s'abandonnant à toutes les émotions de l'ascétisme contemplatif, avaient des ravissements, des communications avec les Esprits célestes. C'était par la même raison que, chez les païens, les individus à idées oppressives étaient poursuivis par les furies, tandis que les hommes à idées expansives voyaient les sylphes, les faunes, les divinités de l'Olympe [3]. »

Ainsi reste fidèle à elle-même une école qui, se gardant

---

[1] *Ibid.*, p. 327-9, *Des hallucinations*, etc., 1845. — Ce rapprochement paraîtrait un peu moins singulier à M. le Dr Brierre si, ayant étudié l'antiquité au point de vue de la question que pour le quart d'heure *il professe*, il se rappelait que, dans l'Orient, ces professions furent celles des Cabires, des Curètes, des Dactyles, des prêtres errants et *magiciens*, héritiers des traditions Caïno-Chamiques. Ces notions se rencontrent éparses dans mon livre *Dieu et les dieux* et dans le *Peuple primitif* de M. F. de Rougemont, docte protestant.

[2] Ce doute, inconnu de M. le Dr Brierre, n'est que trop connu de l'histoire. Que M. Brierre se donne donc la peine de l'étudier un peu, mais aux sources, ne fût-ce que dans le passage de Pétrone, où *il va être question des raisonneurs* !

[3] Page 329, *ib.*, *Des hallucinations*, etc.; Brierre de Boismont.

bien d'approfondir l'histoire, traite de maladie mentale toute croyance à certaines étrangetés dont les annales des peuples foisonnent. M. Brierre nous paraît homme néanmoins à devoir fausser compagnie tôt ou tard aux infirmes avec lesquels il se trouve, pour le moment, associé... Mais poursuivons, en attendant qu'il revienne à nous, les détours de notre route.

Les faits que nous avons rassemblés, sur l'antique croyance aux métamorphoses, nous dit en l'an 1849 un estimable écrivain, montrent combien certaines idées qui semblent antinaturelles sont vivaces et persistantes chez les hommes[1]. Ainsi Plaute affirme-t-il dans sa comédie d'*Amphitryon* qu'en Arcadie, des hommes ont été changés en bêtes, et n'ont jamais été reconnus de leurs parents.

> Nam verum ! It quod olim est auditum
> Fabularier, mutatos in Arcadia homines
> Et sævas belluas mansitasse, nec unquam
> Denuo parentibus cognitos.
> (*Amph.*, v. 912.)

On sait qu'en Thessalie les sorcières se changent en toutes sortes d'animaux, et se glissent en cachette là où il leur plaît, de manière à tromper les regards mêmes du soleil et de la justice[2] !

« Il paraît que les Neures *sont des enchanteurs*. En effet, s'il faut en croire les Scythes, *et les Grecs établis en Scythie*, chaque Neure se change une fois par an en loup pour quelques jours, — fort probablement hors de la célébration de quelques mystères, — et reprend ensuite sa première forme... C'est là ce que *ces peuples soutiennent avec serment*[3]. »

Ces herbes, s'écrie le Daphnis de Virgile, savant initié, ces poisons, sont choisis de ma main sur les rives du Pont-

---
[1] Bourquelot, *Lycanthropie*, 1849, Paris, p. 2.
[2] Pag. 6, *ib.*, et Apul., *Ane d'or*, liv. II.
[3] Hérod., liv. IV, ch. cv.

Euxin.... J'ai vu souvent Méris, grâce à leur vertu, se transformer en loup, et s'enfoncer dans les bois.

> His ego sæpe lupum fieri, et se condere sylvis
> Mœrim. . . . .
> (Églog. VIII, v. 97. — *Ibid.*, p. 9, etc.)

Mais partout les exemples abondent. Écoutons : « J'étais encore au service, raconte Nicotoros au festin de Trimalcion. Mon maître était allé vendre quelques nippes à Capoue, et je persuadai à mon hôte de m'accompagner à cinq milles de là ; c'était un militaire brave et hardi. Au bout de quelque temps, nous nous trouvons au beau milieu des tombeaux, et là, mon homme se met à conjurer les astres. Quant à moi, je chantais, je comptais les étoiles, lorsque, ayant tourné les yeux sur mon compagnon, je le vis se déshabiller et déposer ses vêtements sur le bord de la route ; il tourna en urinant autour de ses habits, et soudain fut transformé en loup. Ne croyez pas que je plaisante, je ne mentirais pas pour tout l'or du monde... Lorsqu'il fut devenu loup, il se mit à hurler et prit sa course du côté des bois. D'abord je ne savais où j'en étais ; puis, étant revenu à moi, j'allai pour prendre ses habits, ils étaient changés en pierres... Je mis *l'épée à la main, et, pour sauver ma vie, je frappai l'air à coups redoublés, jusqu'à ce que je fusse arrivé à la maison de ma maîtresse.* En entrant, je faillis rendre l'âme ; la sueur me coulait de tout le corps, et j'eus grand'peine à me remettre. Ma chère Mélissa s'étonna de me voir à une heure si avancée. Si tu étais venu plus tôt, me dit-elle, tu nous aurais été d'un grand secours : un loup est entré dans la maison, s'est jeté sur nos moutons, et en a fait un sanglant carnage. Mais, quoiqu'il se soit échappé, il ne s'est pas tout à fait joué de nous ; car un de nos valets lui a passé sa lance *au travers du cou.* A ce récit, vous jugez si j'ouvris de grands yeux ! et, comme il faisait jour, je courus vers notre maison... En arrivant à l'endroit *où les vêtements étaient devenus pierres,* je ne trouvai plus que *du sang.* Je rentrai au logis, mon soldat était au lit; il saignait comme un bœuf, et un médecin *lui pansait le cou.* Je reconnus alors qu'il était peau changeante, *versipellis,* et, à partir de ce jour, on m'aurait tué plutôt que de me faire manger un morceau de pain avec lui. Libre *aux raisonneurs* de ne point penser comme moi; mais, si je mens, que les dieux me fassent sentir leur colère [1]. »

Ainsi donc, alors comme aujourd'hui, nous dit M. Bourquelot, « la croyance à la lycanthropie paraît être *presque* exclusivement populaire. Les gens sérieux, les hommes de sens et de réflexion la tournent en ridicule... Les médecins l'expliquent comme une maladie naturelle, et la folie a la principale part dans les histoires de lycanthropie qui, depuis bien des siècles, occupent le monde. C'est là le résultat qu'ont proclamé la raison et LA SCIENCE MODERNE [2]. »

Et pourquoi? parce que la démence de la science moderne est de ne reconnaître que folie dans les croyances et les phénomènes spiritualistes *des peuples civilisés..* L'amour de Dieu et la crainte de l'enfer sont pour elle deux maladies de l'âme, deux grandes routes qui conduisent l'espèce humaine à ce dérangement de l'intelligence, et les plus grands génies de la terre, qui furent à la fois les hommes les plus religieux et les plus saints, ne furent à ses yeux malades qu'un troupeau d'illustres hallucinés.... A ces appréciations de la science académique, auxquelles M. Bourquelot est, nous le supposons, un homme trop progressif pour vouloir souscrire aujourd'hui (1865), laissons succéder, non point l'appréciation théologique des docteurs de l'Église, mais

---

[1] Pag. 46 (15-16). T. Petronii *Satyricon,* édit. Nodot, t. I, p. 360.
[2] Pag. 48 et 70. Ce dernier mot : *et la science moderne,* est la vérité, mais attendons la fin du chapitre.

celle d'un prêtre, docteur en théologie du clergé de Paris, et membre de plusieurs sociétés savantes. La plume qu'il s'est taillée avec la formelle intention d'entreprendre une vigoureuse campagne en faveur de vérités historiques et chrétiennes s'accordera-t-elle avec la plume de l'Ange de l'école? Aura-t-elle, au contraire, les allures de *la science moderne*, c'est-à-dire de la science négative?

« Parmi *les mascarades* les plus usitées dans les sabbats, il faut compter les travestissements en loup. Le loup était l'emblème du soleil et de l'année... Or, les fêtes de ces divinités et les mystères qui en faisaient partie se célébrant avec des travestissements analogues, il est des auteurs... qui ont cru que leurs adorateurs devenaient véritablement loups. Pline et Varron en citent des exemples prétendus. Cependant il n'est pas à croire, ajoute le premier, qu'un homme puisse se changer en loup [1]. Cette persuasion a pourtant été *si universelle qu'elle dure encore*. Elle a donné lieu, dès les temps les plus reculés, à *un genre de monomanie* qu'on a appelée du nom de lycanthropie, pendant la durée de laquelle *le malheureux aliéné* se croit transformé en loup et en accomplit, autant qu'il peut, toutes les actions. *Cette maladie*, très-fréquente dans les siècles passés, s'est éteinte à mesure que les causes principales qui la produisaient ont disparu. » Maintenant, elle n'existe plus que comme souvenir, et les médecins qui écrivent sur la matière *sont obligés de remonter aux siècles précédents* pour en assigner *les symptômes* [2]. Il n'y a point de doute, au reste, sur la nature *de la maladie*, et *les moyens curatifs sont*

[1] Les docteurs de l'Église qui admettent le changement apparent, ou l'hallucination démoniaque qui fait croire à ce changement, n'en admettent point en effet la réalité.

[2] Nous ne réfutons ni toutes les erreurs que nous rencontrons, ni chacune à mesure qu'elle se produit. Les autorités de ce docteur en théologie sont, pour le moment, l'*Encyclopédie*, le *Dictionnaire des sciences médicales*, etc., etc...; donc !...

les mêmes que pour toutes les monomanies furieuses. Les médecins modernes et les anciens sont d'accord en ce point [1]. On doutait moins, au moyen âge, de la réalité de ces sortes de transformations, qu'un siècle ou deux avant le christianisme. Le savant Pierre Damien lui-même essaya d'en établir la preuve en présence du pape Léon VII. Le docte Trithème paraît avoir cru de la meilleure foi du monde que Bajan, roi de Bulgarie, se changeait en bête quand c'était son bon plaisir. La métamorphose d'un jeune homme en âne fut alors célèbre; on ne le reconnut que longtemps après aux signes de dévotion qu'il donna dans une église, et les sorcières avouèrent ce maléfice. »

En un mot, « il n'est pas d'idée qui ait pénétré *plus profondément* dans les convictions de la multitude, et qui soit restée mieux gravée dans ses souvenirs. On connaît, *dans tous les pays*, le varou, le loup-garou, la bête bigorne, le bisclavaret, la galipode et les *autres êtres imaginaires* équivalents à un lycanthrope. Les Normands disaient *ga-roual* et les Anglais disent encore *were-wolf*, comme les Saxons du temps de Burchard. »

« Il fut une époque, encore peu éloignée, où de pareilles croyances étaient tellement passées en force de chose jugée, qu'on écorchait vivants de pauvres maniaques qui se disaient changés en loups, pour voir si, n'ayant point de poils sur la peau, ils n'en avaient pas du moins en dessous, ou bien, comme on disait vulgairement, s'ils n'avaient point la peau retournée [2]. »

« Les démonographes n'admettaient pas même le doute,

---

[1] *Ibid.*, 258. L'assertion, quant aux médecins, est fausse; ils sont loin d'être unanimes; ni les Fernel ni les de Haën ne sont de ce bord, ils ne tiennent point compagnie aux Calmeil et aux Chiara de 1845, 1861.

[2] Nous ne pouvons trop nous soulever contre ces écorchements s'ils eurent lieu, et nous ne nions la possibilité d'aucun excès populaire ou despotique. Mais que l'on nous permette de transcrire ici quelques

et, à plus forte raison, la discussion, sur la possibilité de la métamorphose. Leur critique *peu éclairée*[1] s'appuyait sur la transformation de Lycaon en loup, des compagnons d'Ulysse en pourceaux, et de Nabuchodonosor en bœuf. Venait ensuite la série *des exemples journaliers,* parmi lesquels toute anecdote faisait autorité. *Le savant* Gaspard Peucer, *qui avait longtemps douté,* se laissa convaincre enfin par tant de raisons; et l'empereur Sigismond, *longtemps incrédule,* fit débattre la question devant lui, PAR LES DOCTEURS LES PLUS HABILES DE L'ALLEMAGNE, et se rendit *à leurs preuves.* Cependant quelques jurisconsultes, ne pouvant se résoudre à admettre une transformation réelle, aimaient mieux croire à *une illusion produite sur les sens des spectateurs;* comme si la difficulté eût cessé d'être la même[3]. »

lignes que nous devons à l'un des plus doctes théologiens mystiques de l'un de nos ordres religieux les plus savants.

« Un prêtre avec qui j'eus une correspondance épistolaire avait été témoin du fait suivant. Un homme tenu pour sorcier dans le département de Vaucluse était en terre depuis longtemps. Le fossoyeur, revenant au lieu qu'il occupait, pour ouvrir une fosse nouvelle, trouva son corps en état parfait de conservation et couvert d'une végétation de soies de pourceau. Le public accourut contempler ce hideux objet, dont on ne se débarrassa qu'en creusant le sol à une telle profondeur qu'il ne pût être retrouvé ! Tel est le fait. » Et que chacun l'interprète à son gré.

[1] Peu éclairée au jour de la science profane *moderne,* mais passablement éclairée au jour de l'*observation,* de la *logique* et de la *science théologique !*

[2] *Ibid. Hist. de Satan,* par M. l'abbé L..., docteur en théologie du clergé de Paris, etc., p. 258, Paris, 1864. — Que d'armes M. l'abbé L... prodigue en ces quelques lignes contre son opinion! Dans ces temps où les anecdotes faisaient autorité, où *nul ne doutait* de ces prétendues merveilles, *nous dit-il,* où la crédulité était vorace, gloutonne, insatiable, les exemples journaliers que l'on persifle abondent, et les observations n'en font leur profit, ce nous semble, qu'après un bien mûr examen. En effet, le savant Peucer ne se rend à la multitude des raisons qui l'accablent qu'après *de longs doutes;* l'empereur Sigismond, *longtemps incrédule* et assez haut placé pour que la question fût sérieusement traitée devant lui, la fait débattre en sa présence. Elle a pour elle les plus savants docteurs de l'Allemagne, *aux preuves desquels* il

CHAPITRE CINQUIÈME.

Maintenant que le parti de la négation nous semble avoir suffisamment accentué son dire, laissons abonder à leur tour les raisons et les faits contraires, et ne nous alarmons point de leur nombre ; car les phénomènes inscrits en tête de ce chapitre étant une fois admis ou repoussés, la magie marche droit ou boite à jamais ! — Mais comment oser les produire ?

M. Charles Louandre, dans son épopée des animaux, confie à la discrétion du public cette plaisante anecdote : « Ambroise Paré raconte qu'il parla un jour à Chaplain, le médecin de Charles IX, de l'abus qui se faisait de la corne de licorne, que l'on trempait dans le vase où buvait le roi. La licorne étant l'ennemie du venin et des choses impures, cette corne avait la propriété de servir de pierre de touche aux poisons. Chaplain répondit qu'il était *parfaitement* convaincu de l'impuissance de cet antidote. — Eh bien, lui dit Paré, écrivez donc contre cette folie. — Je m'en garderai bien ! repartit Chaplain. *Celui qui écrit contre les opinions reçues* ressemble au hibou. Quand il se montre en quelque

---

finit par céder. Les jurisconsultes ne croient point à une transformation réelle ; et nul n'y crut parmi les gens qu'éclaira la moindre lumière ! Ils aiment mieux croire à une illusion produite sur les sens. Cette explication d'ailleurs est une de celles que la raison et par conséquent la théologie adoptent ; elle témoigne d'une hallucination *démoniaque* et de la réalité du phénomène. Cependant M. l'abbé L... semble aveugle aux arguments qui le combattent, et que sa plume même nous expose. Et pourquoi ? car ce docteur en théologie est catholique, et ses intentions sont excellentes. Pourquoi donc ? C'est qu'il se trompe d'arsenal ! C'est qu'il ne tire ses armes ni de la froide et philosophique observation des faits, ni du témoignage humain, ni de la théologie... ; c'est qu'au contraire il ne croit pouvoir les ramasser que chez les gens de la *science moderne* et sceptique, que chez les philosophes de l'*Encyclopédie*, que chez les médecins atteints de la maladie mentale qui transforme en hallucination toute perception de phénomène surnaturel ou surhumain. D'où le fait que, sur ce sujet, et malgré l'aide de son érudition, ce docteur aux intentions si pures n'a su comprendre même la valeur de sa propre prose.

lieu apparent, tous les oiseaux lui courent sus et le déplument à coups de bec[1]. »

Aussi Fontenelle eût-il eu la main pleine de vérités, ce charmant philosophe se fût bien gardé d'imiter les apôtres : il ne l'eût point ouverte. Chaplain montre donc, ainsi que Fontenelle, un tout autre courage que celui du martyre. Que la vérité soit à la torture, il ne lui en chaut guère, pourvu que cette torture n'expose ni ses digestions ni sa bourse ; pourvu que ses plumes restent à l'abri du bec des moineaux, des geais et des pies. Vivant de nos jours, et parfaitement convaincu des réalités de la lycanthropie, Chaplain aurait trop d'esprit et trop peu de cœur pour nous dire : Je crois aux lycanthropes. A quoi bon, en ce monde, servir à si gros risques les intérêts de la vérité ?

Un personnage qui sait notre affectueuse estime pour sa personne et son caractère, M. Frédérick de Rougemont, le savant auteur du *Peuple primitif*[2], n'est point de la famille des Chaplain ; ses paroles doivent donc avoir une haute portée pour les catholiques, lorsqu'elles concordent avec leur science et leur foi !

« Le peu de mots que la Genèse nous dit de Lamec et des Néphilim fait entrevoir quelle colossale oppression ces géants du premier monde exerçaient sur leurs frères. Au temps de Caïn et de la grande sécheresse, il y avait, d'après Sanchoniaton, quelque chose de magique dans l'ardeur avec laquelle les hommes se mirent à faire la guerre à la nature pour la contraindre à reprendre sa précédente fertilité. En effet, les antédiluviens *étaient tous des magiciens*; d'où le déluge, pour châtier des crimes inouïs ! — Et, sans doute, ils faisaient un libre usage de ces forces occultes du

---

[1] *Revue des Deux-Mondes*, 1ᵉʳ déc. 1853.
[2] *Suisse*, 2 vol., Genève et Paris, 1855. Ancien conseiller d'État, M. de Rougemont est protestant ; nos publications sur divers sujets nous ont mis en rapport, malgré les dissidences de notre foi.

somnambulisme qui, après un sommeil de plusieurs mille ans, semblent se réveiller dans les temps modernes pour nous *rappeler à une époque de prodiges*. Aussi pouvaient-ils, à juste titre, se croire des dieux terrestres et se glorifier d'une puissance qu'ils s'exagéraient à coup sûr, mais que nous n'avons pas le droit de leur refuser complétement parce que *nous ne la comprenons plus*. Ils se croyaient assez près de Dieu, — trompés qu'ils étaient par le démon, — pour se mettre à volonté en rapport direct avec lui. Le monde des Esprits célestes et des mânes ne leur était pas davantage inaccessible; ils prétendaient faire obéir à leur simple parole les éléments, conjurer les tempêtes, appeler la pluie, suspendre la marche des maladies, et même TRANSFORMER POUR UN TEMPS LES HOMMES EN ANIMAUX. Toutes les mythologies sont pleines des souvenirs d'une antique magie. Dans les Védas, dans tous les livres des Hindous, l'homme saint peut, par la prière et la contemplation, suspendre le cours de la nature, et devenir Dieu. Il n'y a pas jusqu'aux prosaïques Chinois qui n'aient conservé cette croyance [1]. »

Quoi de plus net! et combien de fois, lorsque les faibles d'esprit, savants ou ignares [2], s'effarouchent d'ouvrages semblables aux nôtres, le haut bon sens qui vient de nous faire la leçon par la plume loyale et savante d'un auteur protestant, ne devra-t-il point leur rappeler ces paroles de M. de Maistre : « Toutes les fois qu'une proposition sera prouvée *par le genre de preuves* qui lui appartient, l'objection quelconque, même insoluble, ne doit plus être écoutée [3]. »

[1] Vol. I, *Peuples prim.*, p. 19, 20. Se rappeler ce maître passage lorsque nous lirons plus bas les bulles et extrav. des Papes ou les passages des conciles sur la sorcellerie.
[2] Eruditum vulgus, Pline, *Hist.*, liv. II, c. VII.
[3] *Soirées*, t. I, p. 287, Paris, 1822.

...Mais la nature, toute seule, ne saurait nous rendre compte de la lycanthropie. Ne devrions-nous donc pas, en conséquence, nous unir aux docteurs de l'école de Charenton, pour la ranger au nombre de ces déconcertantes maladies qui travaillent l'humanité? — « *Plusieurs* médecins voyant une chose si étrange, nous dit Bodin, — et n'en sachant point la raison, — POUR NE SEMBLER RIEN IGNORER, ont laissé par escript que la lycanthropie est *une maladie* d'hommes qui pensent être loups, et vont courant parmi les bois [1]. »

Or qu'un certain genre de maladie ou de démence soit celle de malheureux se figurant être victimes de transformations qui n'existent que dans leur esprit, rien de mieux!... Mais que dire, lorsque telle est la veine de cette prétendue folie qu'elle porte l'homme à égorger ses semblables, et à rechercher leur chair jusque dans la pourriture du tombeau pour s'en repaître? Déjà n'éprouverions-nous point quelques hésitations légères à condamner celui qui pressentirait une influence démoniaque dans cette dépravation, dans cette transformation véritablement lycanthropique de nos appétits naturels?

« Quant à manger de la chair humaine, nous dit Bodin, cela est très-certain de toute antiquité. Les sorcières, — les véritables sorcières, — en étaient si friandes qu'il était quasi impossible de garder les corps morts; et au chapitre LXVII des lois saliques, il est dit : que si la sorcière a mangé un homme, et qu'elle soit convaincue, elle payera deux cents soldes [2]. » Ainsi agissaient en Chanaan ceux que la parole même de Dieu nous donne comme de véritables et sérieux magiciens. « O Seigneur, vous aviez en horreur ces an-

---

[1] *Démonom.*, liv. II, ch. VI. *Plusieurs*; c'est la contradiction dès cette époque, mais ne formant que la minorité médicale. — L'école de Charenton, voir notre livre des *Médiateurs*, ch. X.

[2] Pag. 250, *ibid.*

ciens habitants de votre terre sainte parce qu'ils faisaient des œuvres détestables par des *enchantements*, égorgeant sans pitié leurs propres enfants, mangeant les entrailles des hommes, et dévorant le sang [1]. »

Une certaine maladie lycanthropique, et naturelle, est d'ailleurs reconnue par les démonologues les plus experts; et Delancre nous dit des lycanthropes : « Quelques-uns ont plus besoin d'un médecin que d'un juge. » Mais il ajoute, avec son habituelle sagacité : « Il ne saurait en être ainsi lorsque cette maladie est accompagnée des métamorphoses lycanthropiques, *lorsque tout le monde voit effectivement ces prétendus malades* se transformer en chats, en loups, en je ne sais quels animaux. Le cas, alors, est franchement magique, et ne saurait avoir pour explication une maladie naturelle [2]. »

Ainsi donc, et d'après des experts du plus haut mérite, l'homme pourrait lier son action à celle d'un être surhumain capable de le transfigurer! il revêtirait, en se jouant, une physionomie, une forme différente de celle qui caractérise l'humanité; il posséderait un art équivalant au magique anneau de Gygès; il se rendrait invisible à son gré!... et l'on nous dira de plus qu'il lui serait donné d'attacher à la personne de son semblable le don de fasciner l'œil d'autrui, de le décevoir sur sa figure et son aspect... Quelques singuliers phénomènes que déjà nous ayons remis au jour, de nombreux points d'appui sont encore indispensables à l'établissement de pareils faits, et nous choisirons les premiers dans les pages sacrées de la Bible. Quelle que puisse être la vérité, nous espérons y ramener facilement le lecteur qui voudra bien nous prêter une oreille intelligente....

---

[1] Bible, *Sagesse*, XII, 4, 5.
[2] Delancre, *Inconst.*, p. 323. — Hoc magicum est, et a solo morbo nequit proficisci Delrio, liv. II, q. 48, p. 98.

Un jour, le prophète Daniel adresse au roi Nabuchodonosor des paroles que, douze mois après, fait retentir une voix éclatant du haut des cieux, *vox de cœlo ruit :* « Vous serez chassé de la compagnie des hommes; vous habiterez avec les animaux et avec les bêtes farouches; vous mangerez *du foin comme en mange un bœuf (fenum quasi bôs comedes)* et sept ans passeront sur vous, jusqu'à ce que vous reconnaissiez le pouvoir absolu du Très-Haut[1]. »

A l'instant où ces paroles *miraculeuses*, littéralement répétées par le ciel, confirmèrent *le miracle de la parole prophétique* de Daniel, la métamorphose s'accomplit. Voilà donc ce roi superbe chassé, comme indigne, de la compagnie des hommes. Il mange du foin comme en mange le bœuf; ce qui était cheveux sur son corps change et croît en revêtant l'aspect des plumes de l'aigle; et, pour compléter cet accord avec les cheveux changés en plumes, ses ongles deviennent des griffes d'oiseau. *Donec capilli in similitudinem aquilarum crescerent; et ungues ejus quasi avium*[2].

Dans ces traits, énergiquement burinés, verrons-nous ou non une preuve biblique, et par conséquent authentique aux yeux des chrétiens, de la transformation de l'homme en quelque chose de semblable à la bête? Il nous paraît, en y songeant, que le sens littéral et le bon sens s'accordent pour l'affirmative; et le rapprochement des phrases limpides du texte sacré nous énonce assez clairement qu'il en est ainsi. Dieu, semble-t-il, n'eût point fait coup sur coup deux miracles, celui de la vision prophétique de Daniel, et celui des paroles du prophète répétées à haute voix par le ciel, pour annoncer au roi de Babylone, *en termes trompeurs*, qu'il allait l'affliger d'une folie commune, d'une simple et

---

[1] Daniel, ch. IV, 28, 29.
[2] *Id.*, p. 30.

vulgaire hallucination ! Telle est d'ailleurs l'opinion d'un juge assez mauvais chrétien, mais fort compétent en ces matières.

« Et quant *au changement de la figure* humaine, dit Bodin, elle dure quelquefois sept ans, comme celle de Nabuchodonosor, en Daniel : — sept ans, pendant lesquels il ne vescut que de foin [1]. » Mais une opinion différente s'étant formulée dans une dissertation qui ne s'adapte que trop naturellement au sens rationaliste de son époque [2], nous consentons, quel que soit l'éclat des textes, à ne point nous reposer en vainqueur, cette fois, sur un exemple sacré dont quelque catholique mal disposé se sentirait en humeur de nous contester l'évidence. Nous aurons donc *la courtoisie* de supposer que le monarque despotique et terrible, voyant en lui ce qu'y virent, au même instant, ses serviteurs et ses courtisans, lorsqu'ils le chassèrent de la compagnie des hommes, tomba dans une hallucination profonde que partagea toute sa cour, et crut être devenu nous ne savons quelle sorte de bête ou de monstre, quoiqu'il n'y eût en lui rien de changé ; que ses idées sur lui-même. Et nous nous imaginerons, par le même motif, que sept années du régime le plus bestial, que sept années d'herbages bien broutés, bien digérés, à la façon du bœuf, et quoique sans appareil ruminant, n'eurent d'autre *effet naturel* que de déshalluciner la cour, et de faire remonter à la tête du prince le bon sens de l'homme exprimé de tout ce foin [3] !

---

[1] Bodin, *Démonom.*, liv. II, ch. vi.
[2] *Bible* de Vence, édit. 1829, vol. XVI, p. 39.
[3] O merveilleuse puissance du foin de Babylone ! La médecine hostile au surnaturel, si peu qu'elle ait de logique, doit s'emparer de cette découverte... Que de grands hommes à mettre au vert dans le domaine des sciences et de l'orgueil : Scientia inflat. — Devant ce fait bien historique, je me rangerais sans peine à l'explication de l'illustre théologien Delrio : Rationi magis consentanea explicatio, volentium affectionem regii corporis in bestiæ *temperamentum* com-

Cependant le phénomène sur lequel est basée la croyance aux métamorphoses ayant ses différents modes d'être et d'agir, et ne paraissant être dans les cas les plus ordinaires qu'une fascination de l'œil, une hallucination causée par les Esprits bons ou mauvais, attachons-nous d'abord à cette forme de prestige optique, et choisissons un terrain que nul catholique ne puisse raisonnablement nous contester.

Lot refuse de livrer aux habitants de Sodome les deux anges qui, sous forme de voyageurs, se sont abrités sous son toit. Ce sont les anges mêmes qui, *prenant un repas* sous la tente d'Abraham, viennent de débattre la rançon de Sodome et de Gomorrhe. Furieux de la résistance de Lot, les Sodomiens se mettent en mesure d'enfoncer la porte de sa maison, ils la cherchent et vont la faire voler en éclats. Mais, tout aussitôt, ces deux anges frappent la foule entière de ces misérables de cette sorte d'aveuglement *partiel* ou d'hallucination qui enlève à nos yeux la vue de tel ou tel objet présent sur lesquels ils s'arrêtent, ou qui les change d'aspect. Ainsi, nul des habitants de Sodome ne peut voir, nul ne peut trouver la porte de la maison [1]. Il y a donc, pour cette multitude d'yeux clairvoyants et largement ouverts, un seul et unique objet qu'il leur devient impossible de voir; ou plutôt, chacun en regardant *la porte* n'y voit que *la muraille!*

Mais poursuivons. Le roi de Syrie se plaint; il est furieux, et ce n'est point sans motifs; car tous ses secrets sont livrés au roi d'Israël. « Seigneur, lui dit un de ses officiers, c'est le prophète Élisée qui découvre à ce prince les choses les plus cachées dites par vous dans votre chambre [2]. » — « Allez,

---

mutatam; figuram, etiam humanam, *aliqua ex parte in ferinam degenerasse*, sensusque internos similes accepisse brutorum internis sensibus, etc., etc. *Disq. mag.*, liv. II, q. 18, p. 99.

[1] Genèse, XIX, 11. — Aorasie, saint Aug., *Cité de Dieu*, XXII, 19.
[2] Liv. IV, *Reges*, VI, 12.

voyez donc où se trouve Élisée, que je l'envoie prendre, » dit le monarque. Le prophète est à Dothan, et le roi de Syrie d'ordonner aussitôt l'investissement de cette ville. A cette nouvelle, le serviteur du prophète conçoit une mortelle frayeur. Mais Élisée fait sa prière et dit à Dieu : « Seigneur, *ouvrez-lui les yeux*, afin qu'il voie. » Le Seigneur ouvre les yeux de ce serviteur, et il voit aussitôt la montagne couverte de chevaux et de chariots de feu environnant Élisée comme d'un cercle [1].

» Cependant, comme l'ennemi s'approche, le prophète dit à Dieu : « Seigneur, frappez *les yeux* de ce peuple [2]. » Le miracle obéissant à sa voix, Élisée, *certain de n'être point reconnu*, leur dit lorsqu'ils furent arrivés près de lui : « Ce n'est point ici le chemin de la ville...; suivez-moi, je vous montrerai l'homme que vous cherchez. » Et c'est au cœur de Samarie qu'il les mène. Le prophète alors de s'écrier : « Seigneur, dessillez-leur les yeux, afin qu'ils voient. » Et le Seigneur leur dessillant les yeux, ils reconnaissent qu'ils sont au beau milieu de Samarie [3]. »

Le roi d'Israël, voyant les Syriens tombés en sa puissance, dit à Élisée : « Mon père, ne les tuerai-je point ? — Non, car vous ne les avez point pris avec l'épée ou avec l'arc; faites-leur servir du pain [4]. »

Rien de plus merveilleux, à coup sûr, que cette invisibilité, disons plutôt que *ce changement d'aspect d'une porte pour tous les yeux de la ville* de Sodome ! Rien de plus

---

[1] Liv. IV, Reges, VI, 17.
[2] Percute gentem hanc cæcitate; percussitque eos Dominus ne viderent, *juxta verbum Elisei*, VI, 18, *ib*. Cæcitate doit être traduit comme je le fais; car il n'y a ici aveuglement ni complet ni partiel, il y a vue d'une chose quand on en regarde une autre, c'est-à-dire dérangement de vue qui répond à la pensée, à la parole du prophète : *Juxta verbum Elisei*.
[3] APERUIT *Dominus oculos eorum*, VI, 20, *ib*.
[4] Liv. IV, Reges, VI, 12 à 23.

renversant que cette *fascination complète de toute une armée*, de toute une multitude de soldats, voyant tout à coup, *sous une forme menteuse*, tantôt le prophète qu'ils ont cessé de reconnaître, tantôt le pays et les murailles de Samarie, qui revêtent pour eux l'aspect exact de Dothan, et dans lesquels ils viennent, tête baissée, se prendre au piége ! Rien de plus bouleversant que ces yeux à paupières levées cessant tous ensemble de voir ce qui est pour voir clairement ce qui n'est point, et pour revenir à leur clairvoyance normale au premier bruit de la parole des anges du ciel ou du prophète [1].

Je le répète donc, et je le répéterai peut-être encore : voir de vue nette la personne de Pierre dans la personne si dissemblable de Paul; distinguer et nommer jusqu'au beau milieu de ses rues et de ses places les tours et les édifices d'une ville connue dans une ville toute différente; se figurer être au cœur de Paris et reconnaître le portique de Notre-Dame, lorsque tous ensemble on a tourné le dos à cette ville et pris à rebours une route familière pour aboutir au pied de la tour de Bourges, c'est avoir la vision faussée; c'est découvrir sous une forme ce qui ne subsiste que sous une autre; c'est voir *métamorphosé* ce qui ne l'est point, ce qui conserve ses apparences naturelles : c'est *être pris des yeux* et les avoir assujettis au phénomène optique de la lycanthropie, qui fait crier au loup, là souvent où ne se présente qu'un simple berger !

Avançons cependant et ne nous arrêtons point en si beau

[1] Ce sont là des hallucinations collectives, mais produites par des agents surhumains; elles tombent donc dans notre domaine, et n'ont rien de commun avec les hallucinations *naturelles* et purement maladives auxquelles les incrédules prétendent réduire tout phénomène de ce nom. Mais n'est-il point dans l'ordre que les demi-savants qui, faisant la guerre aux prophètes et aux miracles, peuplent les corps officiels de tant de royaumes, partagent le genre de cécité de l'armée syrienne?

chemin. Jésus étant ressuscité, Marie-Madeleine, celle de qui le Sauveur avait chassé sept démons, accourt le chercher au tombeau. Deux anges qu'elle y voit, sans les reconnaître, lui disent : Femme, pourquoi pleurez-vous? — Parce qu'ils ont enlevé mon Seigneur; si c'est vous qui l'avez enlevé, montrez-le-moi donc, et je l'emporterai.... Se retournant, ELLE VIT JÉSUS, et ses yeux ne lui dirent point que c'était lui; mais elle se figura voir le jardinier. Jésus toutefois s'écriant : Marie! ses yeux s'éclaircirent, la forme décevante du jardinier cessa de fasciner sa vue, elle reconnut le Christ et s'écria : Rabboni! Mais peut-être cet exemple ne semble-t-il point assez fort [1].

Eh bien, un peu plus tard, s'acheminant vers Emmaüs, Jésus apparaît à deux de ses disciples. Tandis qu'ils s'entretiennent et raisonnent sur les événements de la Passion, « ils les joint et se met à marcher avec eux; mais leurs yeux sont tellement pris qu'ils ne peuvent le reconnaître. Ils le voient, mais sous une forme différente *de la sienne* [2]. Jésus cependant leur explique les Écritures; puis « il prend le pain, le bénit, et, l'ayant rompu, le leur donne. A l'instant *leurs yeux s'ouvrent*, et, tous deux à la fois, ils *le reconnaissent* [3]... »

Un autre jour, Jésus étant sur le rivage, ses disciples ne le reconnaissent point : — Jetez donc vos filets, leur dit-il; et comme ils ne peuvent plus les retirer à cause de l'abondance des poissons, « le disciple que Jésus aime dit à Pierre :

---

[1] *Évang.*, saint Jean, XX, 14, 15.
[2] Oculi eorum tenebantur, et ostensus est in alia effigie. Saint Luc, XXIV, 15, 16; saint Marc, XVI, 12; la Bible Vence Drach dit : « Leurs yeux étaient retenus »; une force les occupait; elle leur représentait donc une forme autre que celle du Sauveur. Et ce phénomène *in alia effigie*, qui est ici d'ordre divin, *est le phénomène dominant de la lycanthropie* dans l'ordre démoniaque parallèle.
[3] *Aperti sunt oculi eorum, et cognoverunt eum; et ipse evanuit ex oculis eorum.* Saint Luc, XXIV, 30, 31.

C'est le Seigneur [1] ! » C'est que, loin d'être aveugle, l'amour de Dieu lorsqu'il s'allume guérit la cécité !

Il est donc dans la nature de l'homme de se prêter au surnaturel, de fléchir sous l'action d'un être surhumain; et, dans ce cas, par exemple, de découvrir sous une apparence trompeuse un objet qui frappe sa vue: L'Écriture sainte dit alors que ses yeux sont pris; qu'ils sont tenus, *oculi tenentur;* et l'esprit qui les tient en dispose à son gré!

Que si nous nous plaçons dans la pure atmosphère où déjà les prédestinés ne respirent que la paix et l'amour, une multitude de phénomènes optiques d'un ordre analogue se presseront pour captiver nos regards. Nous aurons pour garants de leur authenticité les plus rigoureux procès-verbaux qui puissent exister en ce monde : ceux de la canonisation des saints, et nous les laisserons se ranger sous le titre général de transfiguration, pris au sens que nous enseignent les grands docteurs de l'Église.

« Depuis que Rose *de Lima* avait choisi sainte Catherine de Sienne pour sa mère spirituelle, ses conférences avec cette sainte étaient fréquentes. Les entretiens de ces deux nobles âmes, dont l'une était déjà en possession de la béatitude éternelle, avaient le caractère de la plus tendre intimité. Catherine était le conseil de Rose, et celle-ci se modelait en toutes choses sur Catherine. Or, souvent, après avoir joui de sa présence, les traits de notre sainte se modifiaient de manière *à reproduire fidèlement* l'extérieur de sa chère maîtresse. Ce fait, observé *par une foule de témoins,* a été authentiquement constaté [2]. »

Raymond de Capoue était le dernier confesseur de

---

[1] Saint Jean, XXI, 4 à 8.
[2] *Le Pérou, et Vie de sainte Rose de Lima,* ouvrage savant et attrayant, par M. le vicomte Th. de Bussierre; Plon, Paris, 1863, p. 371. Bollandistes, liv. c, p. 939, 940. Gonzalès, Op. c., ch. XI, p. 41, etc. Ott., Op. c., p. 143, etc.

Catherine de Sienne ; et cette sainte étant malade le fit appeler pour l'entretenir d'une révélation toute récente. Raymond cependant *se prit à douter* des choses extraordinaires qu'il entendait. Alors, et comme il se tenait les yeux arrêtés sur Catherine, il vit tout à coup le visage de la sainte *se changer au visage orné de barbe* d'un homme, dont l'œil sévère remplit son âme d'effroi. Or, ce visage était celui du Sauveur [1].

Il nous paraîtra tout simple maintenant de voir sur la ligne parallèle tracée par le singe et l'ennemi de Dieu se multiplier les exemples de contrefaçon démoniaque. Le royaume de Samarie, nous dit l'évangéliste saint Luc, se précipitait sur les pas de Simon le Mage. « Tous le suivaient, depuis le plus petit jusqu'au plus grand, et disaient : « *Celui-ci est la grande vertu de Dieu.* » Et ce qui portait à le suivre, c'est qu'il y avait déjà longtemps qu'il leur avait renversé l'esprit par ses enchantements [2]. » Pour mériter ce haut témoignage de la part de saint Luc, évangéliste et narrateur des miracles dont le Christ et ses apôtres venaient de couvrir la Palestine, quelles merveilles ne semait donc point sur la terre ce puissant suppôt de Satan ? Écoutons.

« Je puis me rendre invisible aux gens qui veulent se saisir de moi ; mais je redeviens visible aussitôt que j'en éprouve le désir. Je romps les fers qui m'enchaînent, et je lie à ma place ceux qui m'ont lié. L'épaisseur des montagnes n'oppose aucun obstacle à mon corps, et je traverse le cœur des rochers comme s'ils n'étaient qu'une boue liquide. Si je me précipite du haut d'une cime escarpée, je me sens mollement porté vers la terre. Une âme descend dans les statues aussitôt que ma bouche en dicte l'ordre ; et ceux dont les

---

[1] Lire Görres, *Myst.*, v. I, p. 340, 1854.
[2] *Actes des Ap.*; viii, 10, etc.

yeux sont ouverts les voient se mouvoir comme si elles étaient douées de la vie. Des arbrisseaux, des taillis, de grands arbres sortent de terre à ma parole [1], et le feu m'enveloppe de ses flammes sans me consumer. Enfin je métamorphose mon visage; je prends toute forme humaine ou toute forme de bête, et, d'un vol rapide, je fends les airs [2]. »

Simon le Mage se présentant à la cour de l'empereur, ainsi que se présente aujourd'hui le médium Home à la cour de plusieurs souverains de notre Europe, aimait donc à changer subitement d'aspect. Un beau jour s'adressant à Néron, il lui dit : Celui qui vous parle est le fils de Dieu ! Et pour prouver à Votre Majesté que je ne me joue point d'elle, je la supplie que, sur-le-champ, l'ordre soit donné de me trancher la tête : je me ressusciterai le troisième jour. — De Néron au bourreau la distance était courte, et l'ordre fut à l'instant exécuté. Mais un bouc véritable, que l'art magique de Simon fit apparaître sous ses traits, le remplaça subitement. Les yeux des spectateurs du drame et des bourreaux subirent l'illusion complète. L'hallucination fut collective : *Oculi tenebantur*. Impitoyablement tranchée par le fer, la tête de l'animal barbu tomba, figurant celle de Simon. Et le Mage, faisant disparaître le cadavre du bouc, se tint caché pendant trois jours. Reparaissant alors aux yeux de Néron : Empereur, lui dit-il, faites laver la place où coula

---

[1] Le R. P. Palgrave, ancien officier de cipayes aux Grandes-Indes, missionnaire dans l'Arabie Heureuse, etc., etc., m'a affirmé *avoir vu* en un quart d'heure un arbuste naître, s'élever d'un mètre, pousser ses feuilles, ses fleurs et ses fruits, qu'il ne voulut goûter et que d'autres mangèrent, etc., etc. Certains prodiges de la verge d'Aaron, etc., sont de ce genre.

[2] Ostensus est in alia effigie. Saint Marc, XVI, 12. — *Antiquitat. Christian. institutiones*, nova methodo, in quatuor lib., ad usum sem., Neap., t. VI, 2ᵉ édit., Venetiis, 1794. Superiorum permissu, auctore Jul. Laurent. *Selvaggio*, presbyt., p. 72, 73.

mon sang ; j'ai promis de ressusciter au bout de trois jours, me voici ! — C'est le fils de Dieu ! s'écria Néron [1].

Appelé de Smyrne à Éphèse pour mettre un frein aux effrayants ravages de la peste, le philosophe magicien Apollonius de Thyane rencontre près du temple d'Hercule un mendiant, un vieillard : — Qu'on le lapide, Éphésiens ! cet homme est un ennemi public. Et la victime aussitôt tombe ensevelie sous une grêle de pierres. — Maintenant dégagez ce cadavre, Éphésiens, et voyez quel animal vous venez de mettre à mort. On le dégage, mais le lapidé n'est plus un vieillard ; il s'est métamorphosé, c'est un chien !... et, dans l'instant, la peste a cessé. Tel est le fait bien connu que relève, pour nous le rapporter, un contemporain de Voltaire, le célèbre et anti-jésuitique médecin de Haën [2].

Un fourbe aidé de la science et de la puissance du démon sait donc fasciner les peuples, les séduire, les entraîner et reproduire jusqu'aux miracles mêmes du Fils de Dieu ? — Reproduire ces miracles ! oh non ; mais il peut les singer et les contrefaire avec une si merveilleuse dextérité, que les ignorants et les imprudents restent stupéfiés sous le coup du prestige. Il est, il sera donc de plus en plus important de faire voir et toucher aux yeux des fidèles jusqu'où s'élève l'art du faussaire, jusqu'où monte et s'étend le pouvoir de fascination de l'implacable ennemi du Christ et de l'homme. Et comment reculer devant ce devoir, lorsque déjà l'époque actuelle, *ce vestibule des temps d'épreuve les plus redoutables,* tient en réserve les plus étranges périls pour ceux

---

[1] La statue élevée à *Simoni Deo sancto* diffère de celle qui fut élevée à *Semoni sanco Deo fidio.* Lire la remarquable dissertation du P. Baltus, 2ᵉ partie, p. 14. — Le trait rapporté se lit dans Ulrich Molitor, Tract. ad Sigismund. archiducem Austriæ., 1489, Parisiis, 1561. Ouv. fort rare, dont les feuilles sont collées, tome CXXVIII, du suppl. aux Mém. de l'Académie des inscript., Biblioth. de la rue Richelieu, p. 450-451.

[2] De Haën, *De magia,* Paris, 1777, p. 48.

mêmes quelquefois que les fidèles croient pouvoir compter au nombre de leurs forts ! Mais afin de nous bien pénétrer de notre sujet, restons encore à deux ou trois siècles du nôtre, et plaçons à côté des grandes autorités les grands exemples.

Il est difficile, n'hésitait point à nous affirmer le célèbre Nicolas Remi, d'échapper aux pièges tendus par les sorciers; car ils ont l'art d'arriver de but en blanc sous les apparences et les formes les moins suspectes dans des maisons closes et gardées. La plupart de ceux contre qui j'ai dirigé mes enquêtes ont prétendu s'être changés d'hommes en chats, chaque fois qu'il leur plaisait de s'introduire dans la maison d'autrui pour y placer, à la faveur de la nuit, leurs maléfices; et de nombreux témoignages, entourés de toutes les circonstances propres à établir la véracité de leurs dépositions, se réunissaient pour confirmer leur parole [1].

Un certain jour, des charretiers s'étant réunis dans la cour d'un château fort, leurs chiens, presque aussitôt, se prirent de querelle; mais on remarqua surtout l'un d'eux, qui courut se réfugier sous le fourneau d'une étuve, et vers lequel se dirigea la fureur de toutes les gueules aboyantes. L'un des gens du logis, se baissant pour y regarder, fut effrayé de l'horrible aspect de cette bête, et venant à soupçonner ce qu'elle pouvait être, il la frappa cruellement à la tête d'une arme qui lui tomba sous la main. A ce coup, l'animal fit mine de se précipiter au dehors, ou plutôt on cessa de le voir ! — Le bruit de cet incident se répandit dans la ville, et les soupçons tombèrent sur une vieille qui venait de prendre le lit, à la suite d'une blessure dont il lui était impossible de rendre compte. Déjà le renom de cette femme était fâcheux; on crut donc prudent de l'arrêter. — *Ses*

---

[1] *Ignota specie ac forma illabuntur... rem, locum, personas, tempus, cæterasque circumstantias atque accidentia quibus fides constare potest eadem omnia cum illis referentes*, N. Remigii ducis Lotharingiæ a consiliis. Lib. tres, colon. Agrip., an. ɪƆ.CIƆ.XCVI, 215, 226, lib. 2, cap. IV.

libres aveux confirmèrent presque aussitôt les détails de cette singulière bagarre, et de ses œuvres de sortilége[1]. Ainsi donc, nous disaient avec vérité le philosophe Alexandrin Porphyre, ennemi des chrétiens, et l'évêque Eusèbe de Césarée : « Les démons prennent des formes diverses, se travestissent sous toute espèce de déguisement, échappent aux regards et trompent la plupart des hommes [2]. »

Le célèbre Bodin, qui ne fut guère en odeur de sainteté dans le monde catholique, nous dit à son tour : « Les cinq inquisiteurs, qui étaient *expérimentés en telle cause*, ont laissé par escrit qu'il y eut trois sorcières, à Strasbourg, qui assaillirent un laboureur en guise de trois grands chats; et, en se défendant, il blessa et chassa les chats, qui se trouvèrent au lict malades, et fort blessés à l'instant même. Et, sur ce enquises, elles accusèrent celui qui les avoit frappées, qui dict aux juges l'heure et le lieu qu'il avoit été assailly de chats, et qu'il les avoit blessés. » Nous observerons, chemin faisant, que, dans une multitude de ces exemples, les phénomènes de la bilocation, de la lycanthropie, du transport aérien, et de la répercussion se rencontrent et s'amalgament sans cesse.

« Pierre Manor, en un petit traicté qu'il a fait des sorcières, dict avoir vu ce changement d'hommes en loups, luy estant en Savoie. Et Henry de Coulongne, au traicté qu'il a fait *De lamœis*, tient cela pour indubitable[3]. » Mais l'un des maîtres traits en ce genre fut celui d'un magicien Polo-

---

[1] *Ibid.* Telo in ejus (canis) injecto, grave vulnus inflixit. Quo accepto, ille se foras proripuit, saltem desiit amplius videri... Comprehensa... libere rem omnem sicuti hic recensetur, simul et alia... patefecit. — P. 228, l. II.

[2] L. IV, chap. XXI, Eusèbe, *Préparat. év.*

[3] *Ibid. Démonol.*, l. II, chap. VI. Exemples analogues. V[r] le p. Delrio, etc., q. 18, l. II, p. 98. — Lire tout le chap. XXXV de la *Myst.* de Görres, vol. V, que nous citons comme source de renseignements, et nullement comme autorité.

nais qui se rencontra dans la ville de Numbourg, et que les courtisans de l'empereur Ferdinand Ier voulurent mettre en rapport avec ce souverain. Leur but, nous dit le prudent et perspicace Delancre, était que Ferdinand lui demandât : « quelle isseue auroit le différent qui estoit entre luy et le grand Turc, touchant le royaume d'Hongrie. Mais l'Empereur, qui estoit remply de piété et grandement religieux, n'entra jamais en cette curiosité. Qui fut cause que les courtisans trouvèrent moyen, un jour, d'introduire — ce nouveau Simon le Mage, — dans sa chambre, où s'estant premièrement oingt de quelque graisse,... il se transforma en moins d'une heure en cheval, puis en bœuf, puis en lion... de quoy Ferdinand eut une si grande horreur qu'il commanda qu'on le chassast hors de sa présence [1]. »

Un autre trait se rencontre sous notre plume, et dont le caractère est si net que, pour répandre la splendeur du jour dans nos pages, nous le choisissons à titre d'exemple. Il est tiré de la *Vie des Pères du désert*, et de fort graves autorités s'accordent à lui reconnaître une authenticité parfaite.

Follement épris d'une femme dont la sagesse conjugale avait été son désespoir, un Égyptien eut recours à l'art d'un mage habile et lui dit : Cette femme rend amour pour amour à son mari, et cet homme m'est odieux ; hâtez-vous donc, et trouvez moyen de les séparer l'un de l'autre.

Ainsi fut dit et fait. Le mari bien-aimé, rentrant sous son toit après une légère absence, cherche sa femme et ne trouve plus à sa place qu'une jument. Il s'émerveille, et se désespère. Aucune parole ne sort des lèvres de cette bête, qui, cependant, conserve un reste d'habitudes humaines. Mais ce que le pauvre homme observe l'aide à saisir la cause de son malheur. — Que faire donc ? A quoi se résoudre ?

---

[1] Delancre, *Inconst.*; p. 243, 1613. — Ostensus est in alia effigie. — Saint Marc, Ev., xvi, 12.

Il hésite, il tâtonne, et ses tentatives de rendre à la forme naturelle sa bien-aimée demeurent infructueuses. Il prend donc enfin le parti de la conduire à Macaire, le grand serviteur de Dieu ; et, l'attachant de la façon dont on attache une bête de somme, il s'enfonce avec elle dans le désert... Cependant comme le couple dépareillé s'approche de la cellule du saint, les moines que rencontre le mari lui demandent :
— Mais à quoi bon vous présenter devant le médecin spirituel dans la compagnie de cette bête ? — Eh mon Dieu, cette pauvre bête fut ma femme ! Vous la voyez sous une forme qu'elle ne doit point à la nature, et, depuis trois jours, elle est à jeun !

Dieu venait d'éclairer Macaire d'un rayon de son esprit, lorsque les moines lui firent part de l'aventure. Il arrive :
— Comment ! que dites-vous donc ? Cette femme une jument ? Mais, en vérité, c'est vous-mêmes qui êtes des chevaux, mes amis, et vous n'y voyez qu'avec les yeux de ces bêtes, — *et equorum oculos habetis;* — cette créature n'est transfigurée que pour ceux dont les regards se laissent lier par des prestiges [1] ; et, lui jetant de l'eau bénite, il la fit redevenir aux yeux de tous ce qu'elle était quelques jours auparavant. Allez, lui dit alors cet homme inspiré, vous vous êtes éloignée des saints mystères ; soyez meilleure chrétienne [2].

[1] *Oculi præstricti,* de même que les disciples d'Emmaüs : *Oculi eorum tenebantur.* Un des Évangélistes nous donne un bel exemple de la pénétration que Dieu accorde aux regards des élus, lors de la lapidation de saint Étienne. *Act. apost.*, VII, 53 à 56.

[2] Il faut répéter aux démons les paroles que leur adresse saint Antoine, et que rapporte saint Athanase, l'un des Pères de l'Église les plus illustres : Argumentum sane imbecillitatis vestræ est *brutorum formas imitari.* — *Vit. Ant.,* cap. IX. Diabolus immisit feras, etc., cap. LII... Bestiam vidit femorum tenus forma humana, crura vero pedesque habens asini similes, cap. LIII. Sustinebat miser diabolus vel mulieris formam induere noctu, cap. V, IX, X, XIII, etc., etc. Nous renvoyons à nos chap. Hallucinations, les objections qui s'élèveraient sous ce titre : Voir *Médiateurs et moyens de la magie,*

Si les phénomènes de cette nature, qui devinrent aux yeux des nations, ou des gentils, *la démonstration de la vérité des religions idolâtriques*, eurent leur analogue dans *tous les siècles*, les diverses parties du monde et l'Amérique elle-même nous disent assez souvent et d'une voix assez haute qu'ils se répétèrent également dans *tous les lieux*. Mais, avant de raisonner ces merveilles, continuons un instant encore à les exposer.

Joseph d'Acosta, qui résida longtemps *au Pérou*, dit M. Eusèbe Salverte dans le plus irréligieux des ouvrages [1], assure qu'il y existait encore à cette époque, c'est-à-dire dans la seconde moitié du seizième siècle, « des sorciers qui savaient prendre telle forme qu'ils voulaient... Et dans un écrit daté de 1702, l'évêque de Chiappa attribuait le même pouvoir aux Naguals, prêtres nationaux qui s'étudiaient à ramener à la religion de leurs ancêtres les enfants que le gouvernement faisait élever dans la pratique du christianisme. Après quelques cérémonies, et à l'instant où l'enfant qu'il endoctrinait venait l'embrasser, le Nagual prenait tout à coup un aspect effrayant, et, sous la forme d'un lion ou d'un tigre, semblait enchaîné au jeune néophyte [2]. »

Ces prémisses posées, prenons pour narrateur de ces prestiges non point un auteur fréquemment en désaccord avec l'histoire et le gros bon sens, non point un adversaire systématique et à outrance du Merveilleux et de la foi chrétienne, mais un investigateur sérieux, étranger, d'après les paroles que j'entendis de sa bouche en causant *de ses*

---

chap. VII à chap. XV. Le fait de saint Macaire est tiré des saints Pères du désert. — *Ibid.* l'évêque Binsfeld, *De confessionib. malef.*, p. 209. *Ib.* Ulr. Molitor, p. 487, du vol. déjà cité. — *Id.* Sprenger, *Malleus mal.*, p. 108, Venet., 1576. Lire ces auteurs et autres, sur la question entière.

[1] *Des sciences occultes*, (voir dans *les Médiateurs et moyens de la magie*, chap. XII,) rééditées par M. le Dr Littré.
[2] P. 216.

voyages, à toute étude sur la magie, mais dont les courageuses et infatigables recherches ont jeté sur l'histoire de l'Amérique un jour d'une rare splendeur.

Le nom de Taxoxé, dit M. Brasseur, désignait au Mexique les Naguals, les génies malfaisants de toute espèce et les sorciers. A ceux-ci était échu le don de prendre les formes les plus variées, et leur pouvoir inspirait une grande crainte[1]. Et, de fait, leur puissance n'est inférieure ni à celle d'Apollonius, ni à celle de Simon le Mage ; écoutons : Une difficulté sérieuse s'étant élevée entre Ahuitzolt, roi de Mexico, et Tzotzomazia, regardé comme le plus illustre magicien de son temps, le monarque envoya vers celui-ci des messagers chargés de lui intimer l'ordre de les suivre. — Qu'on les introduise, dit le mage.

A peine entrés, il se change devant eux en aigle formidable, et les envoyés de s'enfuir ! Ahuitzolt, cependant, délègue vers le mage d'autres serviteurs moins craintifs, et leur signifie l'ordre de le ramener. Ils arrivent, mais le magicien se métamorphose tantôt en tigre monstrueux, tantôt en serpent épouvantable ; et, chaque fois, l'âme des satellites éperdus se remplit d'épouvante. Ces enchantements n'ont, après tout, d'autre résultat que d'irriter le monarque. Les habitants de Coyohuacan sont menacés de sa colère ; et, s'ils ne se hâtent de livrer Tzotzomazia, Ahuitzolt, fondant sur eux, va mettre leur ville à feu et à sang ! Contraints par la terreur d'obéir, et de braver leur Protée, les habitants s'emparent enfin de cet homme, et le roi s'en débarrasse aussitôt en dictant l'ordre de l'étrangler [2]... Peut-être le mage ignorait-il qu'il est dans les destinées de la magie d'échouer contre la justice du pouvoir social !

[1] Paris, 1857, vol. II, p. 143, l'abbé Brasseur de Bourbourg, membre de la commission scientifique du Mexique et Amér. centrale.
[2] *Ib.* v. III, p. 378.

Deux autres chefs de la magie, Hunapuer et Exbalanqué, annoncent qu'on ne peut rien sur eux, et que la mort ne saurait les atteindre sans leur consentement. Ils ordonnent d'élever un bûcher, et, s'étant embrassés, ils s'élancent fraternellement dans les flammes, au milieu des trépignements et des cris de joie de l'assemblée. Leurs ossements, presque aussitôt réduits en poudre, sont jetés dans la rivière voisine ; mais, ô prodige ! le cinquième jour on voit s'élever de ce lieu deux jeunes hommes d'une incomparable beauté, moitié poissons et moitié hommes. Les princes accourent pour admirer cette merveille ; mais ces êtres mystérieux se rendent invisibles ! bientôt, cependant, on les voit apparaître sous la forme de vieillards couverts de haillons. Ils dansent dans les rues les ballets du Puhuy, entremêlant à leurs danses une foule de merveilles. Ils brûlent des maisons, et l'instant d'après les font réapparaître. Que les flammes dévorent mon palais, dit le roi, et le palais est brûlé ; mais, le moment d'après, l'édifice royal réapparaît entier et splendide. — Bravo, courage, tuez-nous quelqu'un maintenant, mais pour le rendre aussitôt à la vie. — Ils saisissent à l'instant un homme, et, lui ayant ouvert la poitrine, ils en arrachent le cœur. Un moment après ils lui rendent la vie, ce qui paraît remplir le supplicié d'allégresse. — Bien, mais, à votre tour, tuez-vous vous-mêmes, s'écrie-t-on. — Exbalanqué, coupant sans hésiter les bras, les jambes et la tête de Xhunahpu, les lance au loin, lui enlève le cœur et le jette dans l'herbe. Cette scène remplit tous les princes de Xiballa d'un étonnement qui ressemble à l'ivresse. Exbalanqué seul continue à danser. Lève-toi, dit-il alors aux tronçons épars de son frère, et, à l'instant même, celui-ci ressuscité [1] !

---

[1] La puissance magique des Nahous et des Toltèques, leurs descendants, est confirmée par une foule de traits semblables. *Ib.*, v. I,

Prêtres et initiateurs des fausses religions, hauts magnétistes, spirites, fondateurs et fauteurs d'hérésies, faux christs, tous les hommes que les puissances démoniaques se donnent ou acceptent comme auxiliaires accomplissent les merveilles les plus étonnantes ; et qui oserait dire que nous, que nos fils ou nos petits-fils, nous ne les verrons point opérer au milieu de nous les plus grands prodiges? prodiges si grands que les élus eux-mêmes ne sauraient y résister, s'il était possible d'être à la fois séduit et de rester élu ! Qui n'a lu l'annonce de ces jours de chutes, conséquence de la tiédeur des croyances de ceux dont la bouche et la vie doivent faire parler la foi ; et pourtant, qui semble croire à

p. 1, et Sahagun, *Hist. de N. Espana*, l. X, cap. XXIX, § 12. — Cette fantasmagorie fut celle des magiciens de tous les peuples. — Les druides, dit Lucain dans le l. III, v. 420 de *la Pharsale*, incendient une forêt qui reste intacte.

  Et *non ardentis* fulgere incendia silvæ.

 Le Tasse redit les traditions du vieux monde et les faits de son époque lorsqu'il ranime à la fois tous ces phénomènes dans son admirable tableau de la forêt enchantée : Tancrède s'apprête à frapper les arbres, et la forêt se met en feu :

  Sorge improvisa la città del foco...

Il avance; ce n'est plus que ténèbres, et la voix des morts le supplie de respecter leur repos :

  Non dee guerra co' morti aver chi vive.

Il résiste à la fascination, il tire son épée, frappe un arbre, le sang coule, l'arbre lui crie : Je fus Clorinde! *Clorinda fui.*
 Renaud succède à Tancrède. Les chênes de la forêt s'ouvrent, et chaque arbre accouche d'une nymphe.

  Quercia gli appare che per se stessa incisa,
  Apre feconda il cavo ventre, e figlia.
  . . . .
  E vede insieme poi cento altre piante
  Cento ninfe produr dal sen pregnante, etc.; etc.
  (Cant. XIII, 33, 39, 43 ; cant. XVIII, 25, etc., etc.)

 La fantasmagorie est complète ; et, là comme ailleurs, la poésie se borne à traduire l'histoire.

ces jours de désastre et de mort pour les âmes, comme si ces temps pouvaient l'atteindre[1]? jours de dernière épreuve et de rigueurs, où la justice divine laissera se dérouler en tissus de merveilles les ruses les plus homicides de l'enfer; jours, enfin, qui devront être abrégés en faveur de ceux dont la miséricorde divine veut assurer le salut.... Ainsi parlent nos Écritures, laissant aux grandes leçons du passé de nous apprendre le caractère des événements dont elles nous signalent l'approche.

DEUXIÈME DIVISION.

LYCANTHROPIE.

Explication philosophique et incroyable de Cicéron. — Explication magique analogue dans Éliphas. — Dupotet, explication par le magnétisme animal. — Explication historique et mythologique de C. Crowe. — Croyance universelle. — Explication par un art perdu. Exemples divers. — Explications de théologie païenne. — Les prêtres revêtaient les formes de leur dieu, le dieu aidant, et les donnaient à d'autres. Exemples les druidesses de Séna. — Étude de Circé. — Pouvoir que justifient, chacun d'un mot, saint Paul et Tertullien. — Saint Augustin : Diomède et les oiseaux, Præstantius. — Explication. — *Idem*, saint Thomas et docteurs. — Fernel, illustre médecin, etc.; science religieuse et bon sens. — Leloyer et Virgile; Delancre et Costadau; récits et explications. — L'Écriture sainte et l'hostie consacrée nous expliquent le loup-garou. — Raison pourquoi Dieu permet ces illusions : elles ne sont qu'un jeu pour les démons. — Concours de témoignages établissant ces faits. — Conclusion.

Ayant tracé l'ébauche des grands phénomènes de métamorphose, nous croyons que cette première tâche en appelle une autre, celle d'exposer et de peser les principales explications que le génie droit ou faux de l'homme adapte à

---

[1] Vos estis sal terræ, etc. Saint Matth., v, 13 et le reste. Saint Matth., XXIV, 21 à 25. — *Actes des ap.*, VIII, 10.

ces faits, et d'examiner si l'évidence oblige de les attribuer aux agents que nous en avons accusés.

Les dieux des religions antiques ce sont des Esprits, ce sont nos démons; les annales des peuples, confirmées par l'expérience et par l'Écriture sainte, nous le disent et ajoutent que ces dieux cherchaient nos regards sous des formes variées, dont quelques-unes leur étaient favorites; mais en avaient-ils une qui leur fût propre?

Nous sommes portés à croire que leur forme naturelle est « la forme humaine, — nous dit Cicéron donnant la parole à l'un des philosophes de ses dialogues, dans un des passages les plus admirables d'orgueil qu'il soit possible d'imaginer; — et j'ajoute que la raison l'enseigne. Nous le savons par les lumières de la nature; car n'est-ce pas sous cette image que toutes les nations représentent les dieux? Nous le savons aussi par *les lumières de la raison;* car puisque la félicité et l'immortalité concourent à rendre les êtres parfaits, ne leur convient-il pas d'avoir la forme la plus belle de toutes? Or, quelle plus belle forme que celle des hommes?

» Certainement, de tous les êtres animés l'homme est le mieux fait; et puisque les dieux sont du nombre, faisons-les donc ressembler à l'homme. La suprême félicité, d'ailleurs, est leur partage; or, elle ne saurait être sans la vertu, ni la vertu sans la raison, *ni la raison hors de la forme humaine!* donc les dieux ont une forme humaine.

» Je ne dis pas, cependant, reprend le prince des orateurs païens, que les dieux aient un corps ni du sang; mais je dis qu'ils ont comme un corps et comme du sang... Épicure, pour qui les choses les plus cachées étaient aussi claires que s'il les eût touchées au doigt, enseigna que les dieux ne sont pas visibles, mais intelligibles; que ce ne sont pas des corps d'une certaine solidité, ni qu'on puisse compter un à un, mais que nous les connaissons par des *images* ressemblantes et passagères; que, *comme il y a des atomes à l'infini pour produire de ces images,* elles sont inépuisables et viennent en foule se présenter à nos esprits, où elles forment l'idée d'une félicité parfaite, et nous font comprendre, quand nous y sommes bien attentifs, ce que c'est que des êtres heureux et immortels [1]. »

Si l'interlocuteur à qui Cicéron vient de s'adjoindre en le comblant de ses éloges, faisant à son image la divinité, laisse éclater autant d'audace et de sottise que peut en contenir la parole humaine, ayons la justice de reconnaître qu'en sa qualité de philosophe étranger aux simples notions du christianisme, il était dans la plénitude de son droit. Combien cependant est précieuse son interprétation, puisqu'elle nous fait voir des êtres invisibles et divins liés par leur forme à des substances ou à des atomes à peine visibles ; atomes doués du don de reproduire à l'infini ces images des dieux, et de les rendre intelligibles à notre esprit; atomes divins, en un mot, atomes dieux, dont nous allons reconnaître les fonctions et le rôle dans la lumière astrale d'Éliphas, s'efforçant de nous expliquer dans ses leçons de magie, qui s'ajustent à la philosophie des idolâtres, le phénomène optique des apparitions et des métamorphoses de la lycanthropie!

Magicien moderne, le pseudonyme Éliphas Lévi, — (peut-être voulut-il écrire *Lévite,* car il porta la robe sacrée) — nous décrit un fluide sous la gaze duquel il est aisé de reconnaître le démon. Or, ce fluide est l'âme des phénomènes de ce monde et de la magie, qui, selon les magiciens, n'est que la science des grands secrets de la nature : proposition que, sous certains rapports, nous osons admettre avec eux. Éliphas le nomme lumière astrale, et le relie, à mots demi-couverts, aux lumières angéliques obscurcies et déchues. Mais laissons-lui le soin de le décrire :

---

[1] Cicero, *De natura deorum*, lib. I, cap. XVIII.

« La lumière astrale est le séducteur universel, figuré par *le serpent de la Genèse*. Cet agent subtil, toujours actif,... toujours *fleuri de rêves* séduisants et de *douces images*, cette force aveugle par elle-même et subordonnée à toutes les volontés ; ce *circulus* toujours renaissant d'une vie indomptée, qui donne le vertige aux imprudents ; *cet esprit corporel,* ce corps igné, cet éther impalpable et présent partout, cette immense séduction de la nature, comment la définir tout entière et comment qualifier son action ? Indifférente en quelque sorte par elle-même, elle se prête au bien comme au mal ; elle porte les lumières et propage les ténèbres ; on peut également la nommer Lucifer ou Lucifuge. Elle est *l'âme physique* des quatre éléments !.... Les femmes enceintes sont plus que d'autres sous son influence ; elle concourt *à la formation* de leur enfant et leur présente sans cesse les réminiscences *de formes dont elle est pleine.* C'est ainsi que des femmes très-vertueuses trompent par des ressemblances équivoques la malignité des observations, imprimant à l'œuvre de leur mariage une image qui les a frappées en songe.

» Lorsque le mage est parvenu *à la lucidité,* il communique et dirige à volonté les vibrations magnétiques dans toute la masse de la lumière astrale.... Au moyen de ces vibrations, il influence tout le système nerveux des personnes soumises à son action ; il calme ou tourmente, il guérit ou rend malade... C'est ce torrent de la vie universelle qui envoie à nos évocations, et aux conjurations de la goëtie, *tant de larves et de fantômes !...* En un mot, la lumière astrale livre bataille à l'intelligence de l'homme, qu'elle tend à pervertir par le luxe de ses reflets et *les mensonges de ses images* [1]. »

---

[1] P. 110, 111, 113, 124, 126, v. I, *Dogme et rit. de la haute magie.* Paris, 1854, Eliphas L. Je répète ce passage plus bas, chap. *Incube.*

« Transformée en lumière humaine au moment de la conception, elle est la première enveloppe de l'âme en se combinant avec *les fluides les plus subtils;* elle forme un corps éthéré ou le *fantôme sidéral* [1] qui se dégage à la mort. »

Et par les atomes de cette active et intelligente lumière qu'il appelle à la fois le serpent séducteur et le serpent de la Genèse ; par *ce corps sidéral* si semblable, dans sa constitution, aux atomes animés d'Épicure que Cicéron vient de nous présenter à titre de créateurs des images qui nous frappent dans nos visions, Éliphas se prétend en droit de nous expliquer les faits de l'ordre merveilleux qui nous préoccupent. « Nous avons parlé du corps sidéral qui est l'*intermédiaire* entre l'âme et le corps matériel, reprend-il. Ce corps reste souvent éveillé pendant que l'autre sommeille, *et se transporte avec notre pensée dans l'espace...* Il allonge ainsi sans la briser la chaîne sympathique qui le retient attaché à notre cœur et à notre cerveau[2]. » Et la forme de notre corps sidéral, *conforme à l'état habituel de nos pensées,* modifie à la longue les traits du corps matériel. Nous pouvons donc oser dire maintenant qu'un loup-garou n'est autre chose que le corps sidéral d'un homme... Ce corps sidéral ou spectral que nous voyons se promener dans les champs, par exemple, a revêtu la forme que lui imprime la pensée sauvage et sanguinaire de l'homme qui dort péniblement dans son lit, rêvant qu'il est un véritable loup. Le voilà donc, par ce rêve véritable, devenu visible aux yeux du public, grâce à la surexcitation quasi somnambulique causée par la frayeur chez ceux qui le voient[3], ou par la disposition parti-

---

[1] Celui dont parle Paracelse, et que le docteur Passavant appelle lumière spectrale, etc.

[2] Ce qui explique magiquement, c'est à dire faussement, la bilocation. — Se rappeler ce chapitre ci-dessus.

[3] Explication tout arbitraire, toute gratuite, où rien n'est ni vrai

culière aux gens simples de la campagne de se mettre en communication directe avec la lumière astrale, qui est le milieu commun des visions et des songes [1] ! On concevra, dès lors, que les coups portés au loup-garou, c'est-à-dire au fantôme sidéral du rêveur anthropophage, le blessent réellement dans son corps, ce contre-coup s'opérant par une congestion sympathique de fluide et de lumière astrale, ou, pour s'exprimer en d'autres termes, par l'effet de la correspondance du corps immatériel avec le corps matériel [2].

Que si la magie, sous son nom fièrement relevé, reconnaît et mieux encore explique de la bouche de ses hauts docteurs la réalité des étranges phénomènes qui nous tiennent en haleine, nous ne voyons que trop à quel point les subtiles et sophistiques explications qu'elle en prodigue sont dignes de cette fausse science. Mais passons outre, et hâtons-nous de recevoir le témoignage et l'interprétation de ces mêmes phénomènes tels qu'ils nous sont offerts par les princes de ce magnétisme dont le nom cachait naguère, et cache encore au grand nombre, l'une des physionomies de la magie.

Organe, il y a quelques années à peine, de centaines de milliers d'individus familiarisés sur la surface entière du globe avec de nombreux prestiges qui n'étaient connus, de la plupart des observateurs sérieux ou des rieurs, que sous le nom décevant de magnétisme animal, M. Dupotet remplit pendant un laps de temps considérable une mission providentielle;

---

ni clair, si ce n'est le grand agent du mensonge et des illusions, sous le nom de *lumière* astrale ou de *serpent;* et tel est l'Hermès Trismégiste dans *Pimander;* voir *Égypte*, Champol.-F., p. 141, Didot, 1847. Si la surexcitation qui rendrait visible le loup-garou formé par le corps sidéral *naît de la frayeur,* comment cette surexcitation existerait-elle avant la frayeur?

[1] Question prouvée par la question; car où se trouve la preuve de cette prédisposition des gens de la campagne au Voyantisme?

[2] Lire ce passage, p. 207-8, *ibid*. — Je l'arrange de manière à le rendre aussi intelligible que possible. Les faits y sont reconnus, c'est ce qu'il importe de constater.

mais il la remplit à son insu. Il fut l'homme de l'initiation, puis de la transition, et vit, à son inexprimable stupeur, l'art qu'il nommait sa science se métamorphoser entre ses mains. Laissons-lui donc la parole sur ce terrain où nous l'avons suivi d'un œil attentif, nous qui fûmes le témoin de son intrépide persévérance entre de sots railleurs qui l'obsédaient, ses disciples qui l'écoutaient avec respect, et les invisibles opérateurs que j'entendis ce grand maître reconnaître en présence de leurs actes. Il les proclamait sous le titre d'Esprits au moment où leur évolution presque soudaine rendait le nom même du magnétisme animal la plus complète des mystifications.

« C'est UN JEU pour les magnétiseurs d'ôter l'ouïe ou la vue au magnétisé, ou de faire *qu'il voie* un spectateur *à tête d'ours* ou *de chien*. Tout indiquera *qu'il croit voir une chose réelle;* et je déplore profondément que ces faits, qui courent les rues, soient ignorés des savants[1]. Et, dans ces phénomènes, est-il besoin que celui qui les manifeste soit endormi? Nullement, il verra éveillé, il verra avec ses yeux, il aura sa raison, et ne pourra résister pourtant *à une création* que l'on dit imaginaire! » Une force étrange le possède, *et se joue de ses sens!*

Je conçois à quelles profondeurs, et avec quelle brutalité singulière, cette doctrine et ces faits labourent l'ignorance et l'orgueil des savants d'un esprit vulgaire. Oui, leur criaient les grands docteurs de l'art magnétique, le temps de le dire est venu, le magnétisme c'est la magie, il est un de ses plus féconds rameaux! Et « si, dès les premières magnétisations,

---

[1]. Pour être juste, il faudrait dire : de la plèbe des savants, *eruditum vulgus*, Pline, c. VII, l. II, *Hist.* — Saint Thomas, le prince des docteurs, n'ignorait nullement ces prestiges, et nous allons le voir. Tant d'autres hommes éminents les connaissaient et les connaissent!
— Nous répétons ce passage et quelques autres, chaque fois qu'ils deviennent la démonstration d'une vérité nouvelle.

je ne l'ai point reconnu, dit l'un d'eux, c'est que j'avais un bandeau sur les yeux [1]. »

« Je ne sais si l'ignorance disparaîtra de la terre ; ce dont je suis certain, c'est que le magnétisme est la plus sublime des découvertes, et qu'il peut devenir LA PLUS PERFIDE. Avec lui, tant de choses sont possibles que ma raison en est à bon droit réjouie, mais, en même temps, effrayée. Vous doutez de la sorcellerie et de la magie ? Ah ! c'est que vous n'examinez pas autour de vous. » Oui, « nous sommes dans le domaine de la magie. Mon esprit haletant s'arrête au seuil du sanctuaire ; l'initiation commence.... Il n'est point permis d'en révéler les mystères [2]. »

Tel est le langage assurément bien clair de nos contemporains. Ces paroles ne s'échappent donc point seulement de la bouche des experts et des savants du moyen âge, pour lesquels tant de gens frivoles professent un mépris qui tire de leur suprême ignorance son caractère grotesque et son aplomb. Ceux dont l'expérience dicte une parole si précise, ce sont nos adversaires ; mais ce sont des hommes d'étude ; ils sont, pour la plupart, décorés de la palme officielle du doctorat, comblés des dons de la science profane, et notre dix-neuvième siècle les nomme ses fils. Un jour énorme, irrésistible, tombe de leurs aveux sur le sujet que notre plume élucide et dont les obscurités s'évanouissent à leur approche. Oui, oui, pour-

---

[1] *Mag. dév.*, Dupotet, p. 173-4, 50. — *Id.*, *Magnét. anim. expliqué.* Teste, 2e leçon, p. 74, et lire Tertullien, qui semble parler ici pour nos spirites : Quid ergo dicemus magiam ? quod omnes pene, fallaciam. Sed ratio fallaciæ solos non fugit christianos, qui spiritalia nequitiæ, non quidem socia conscientia, sed inimica scientia novimus, nec invitatoria operatione, sed expugnatoria dominatione tractamus multiformem litem mentis humanæ, *totius erroris artificem,* salutis pariter animæque vastatricem scientiam magiæ, *secundæ* scilicet *idololatriæ,* in qua se dæmones *perinde mortuos* fingunt, quemadmodum in illa deos, quid ni ? Cum et dii mortui. *De anima,* Tertul., c. LVII.

[2] Dupotet, *Journal du magnét.*, n° 196, p. 588-9, — 1853. — Arnette, *Journal du magnét.*, n° 165, p. 293-4, an 1853.

suit l'un des grands maîtres de cet art, « je suis convaincu que des agents d'une grande puissance existent *en dehors de nous;* qu'ils peuvent *entrer en nous,* nous opprimer, faire mouvoir nos organes », exciter nos humeurs et, par conséquent, produire les apparences trompeuses et les illusions des phénomènes de la lycanthropie [1]. Or, « si nous voyons le magnétisme humain pénétrer d'autres corps à une grande distance; si nous le voyons se comporter à la manière des agents spirituels, et comme doué de réflexion dans ses actes, *bien qu'il ne fasse plus partie de nous,* comment refuserait-on d'admettre que des forces semblables, mais venant d'autres sources, ne puissent même exister, et jouer un rôle actif en affectant tout ce qui vit, tout ce qui a sentiment? C'était du reste la croyance de nos pères et de toute l'antiquité. Toutes les religions admettent la réalité des agents spirituels [2]. »

Quiconque a compris le magnétisme se voit donc « reporté comme malgré lui-même à ces génies complaisants qui se mettent au service des hommes doués d'une volonté assez forte pour leur parler en maîtres ». Grâce à son aide, enfin, « les rêveries fantastiques des poëtes, des mythologues et des romanciers, deviennent une réalité », le livre des métamorphoses n'est plus qu'un livre d'histoire [3] !

---

[1] Nous ne saurions trop répéter qu'il y a des phénomènes subjectifs et d'autres objectifs. Dans les premiers, le sujet, celui qui voit, a les organes modifiés, travaillés, et croit voir ou sentir au dehors ce qui n'existe qu'en lui-même, ce qui ne se passe que dans son imagination. Dans les phénomènes *objectifs,* l'*objet* vu existe au dehors ; il est une réalité.

[2] N° 177, p. 598, *Journal du magnét.,* Dupotet, ann. 1853. — Lire le D^r en méd. Ordinaire, *Journal du magnét.,* 1854, n° 179, p. 9.

[3] *Grande note, très-curieuse.* — Lire l'article de M. Morin, du *Journal du magnét.* M. Morin est connu par des travaux d'expérimentations magnétiques très-remarquables. *Ib.,* n° 164, p. 251. Avant que M. le Dr Léger se fût emparé de la tribune, ainsi disait M. Morin, l'un des docteurs de cette école, devant la réunion des magnétistes occupés le verre en main à célébrer le 119e anniversaire de la fête de Mes-

Écoutons à ce propos le langage que nous fait entendre de l'autre côté du détroit une voix franchement protestante, c'est-à-dire, ainsi qu'elle le formule, une voix franchement hostile à toute religion dogmatique, à tout culte dont la prétention est d'incliner nos têtes sous la parole d'un ministre,

mer, et les plus chaleureux applaudissements *de ces experts* répondaient à sa parole. Mais à la suite de ces épanchements, de ces conciles à la fourchette du haut magnétisme, il est curieux de voir l'embarras de ses plus courageux apôtres, disons plutôt la peur dont les effrayantes vérités de leur Evangile saisissent leur âme, lorsqu'elles y luttent pour se répandre au dehors, pour livrer et retenir presque à la fois le secret des grandes merveilles :

« Et je me tais ! Est-ce nonchalance, ou paresse ? La peur a-t-elle le pouvoir de glacer mon esprit ? Non. » Ce qui me retient, c'est que, « en justifiant mes assertions, en montrant le fait qui prouve ma sincérité et la vérité ; je traduis *hors du temple* l'inscription sacrée *que nul profane ne devait jamais lire.* Quoi qu'il en soit, j'entrerai dans la question. » Mais « pourquoi ne dirais-je point ma pensée *tout entière ?* C'est que je crois qu'il serait *dangereux* POUR L'EXISTENCE MÊME DU MAGNÉTISME d'aller révéler à tous *ce que quelques-uns seuls doivent connaître.* Celui qui s'aventure ainsi, et qui laisse à la langue où à la plume la liberté de tout dire, dans l'ordre même des vérités, celui-là, disons-nous, doit s'attendre A BIEN DES SOUBRESAUTS DÉSAGRÉABLES, à *des surprises pénibles !* Ceux qui le loueront aujourd'hui l'accableront demain de leurs reproches..... Les choses dites ou révélées ont souvent une portée à laquelle on n'avait pas songé, et les regrets alors sont superflus *. »

O courageux champions de la vérité, vous dont les lèvres accusent avec justice tant de savants de la méconnaître, vous n'osez donc l'adorer que *dans les ténèbres !* O révivificateurs des mystères du paganisme, ô forcenés bienfaiteurs de l'espèce humaine, quelle est donc la monstruosité de cette vérité définitive que, dans la crainte de vos confrères, vous n'osez proclamer à haute voix, vous dont le zèle téméraire ressuscite l'art des opérations les plus formidables auxquelles l'homme rebelle à l'Eglise et au droit sens puisse livrer son intelligence ; vous qui faillîtes devenir la victime de votre science, malgré votre courage ; vous qui nous apprenez que, sans cesse menacés par les esprits vos auxiliaires, d'affreux tourments et une mort violente sont le sort vulgaire des insensés qui cultivent cet art vers lequel vos réticences mêmes ont attiré la foule. — *Magie dévoilée,* 1re édition, Dupotet ; lire les p. 220, 221, 50, 147-152, 153, 212.

L'expérience des sorciers, et celle dont M. Dupotet se fait l'inter-

---

* N° 169, année 1853, p. 415-416 ; n° 198, année 1854, p. 643-4, *Journal du magnétisme,* Dupotet.

où sous l'autorité d'un sacerdoce. Car nous tenons à réunir autour des faits qui semblent ne pouvoir être qu'un scandale pour la raison ou la science modernes des témoignages qui s'adaptent à toutes les natures d'esprit, et répriment toutes les variétés de préventions auxquelles il est possible à l'être qui pense de se heurter.

prête, concordent avec celle du vieux monde, dont Tertullien fut l'organe : ... Nullum pene hominem carere dæmonio; et pluribus notum est dæmoniorum quoque opera et *immaturas* et *atroces effici mortes*, quas incursibus deputant. — Tertul., *De anima*, cap. LVII.

Mais terminons cette page par quelques lignes aussi dignes de figurer dans un mandement d'évêque que paroles de magicien puissent l'être.

« La croyance au diable ou aux mauvais esprits, ajoute M. Dupotet, marche de pair, chez tous les peuples, avec la croyance à Dieu. La science est et sera toujours sceptique. — *Scientia inflat.* — Tout ce qui est tradition, révélation, la touche peu. Cette croyance s'est fort affaiblie chez nous depuis deux siècles, et nul prêtre aujourd'hui n'oserait, si ce n'est dans quelque village, parler ouvertement du démon. C'est que nul d'entre eux ne sait plus comment peindre cet être mystérieux, et n'a plus sous les yeux que les traditions du passé. Les exorcismes *sont devenus rares,* tandis qu'autrefois le démon semblait exercer sa puissance redoutable sur un plus grand nombre d'humains. »

Mais, « ce que vous ignorez existe. Ce que votre raison repousse est *en puissance parmi nous;* ce que vous ne voyez pas est *autour de vous,* ou dans votre personne, et rien n'est plus certain que l'existence de cet agent du mal : » — *Circuit quærens quem devoret.*

« Ah! vous parlez comme un curé! vont dire les mêmes hommes. Sans doute. Mais celui-ci vous parle par réminiscence du passé; moi, je vais traduire *ce qui est présent,* ce que *de jeunes faits révèlent.* Si vous voulez vous convaincre et sortir de votre erreur, vous n'aurez qu'à nous imiter, et, dès les premiers jours, vous en saurez plus sur ce chapitre que le confesseur de votre femme ne saurait vous en apprendre. Vous recouvrerez vos yeux et vos oreilles, en sachant quelque chose de certain sur les mauvais esprits. Vous comprendrez également Dieu, car ni l'un ni l'autre, je le suppose, n'ont été l'objet de vos méditations. » *Id.*, p. 484.

[1] That there does not exist a greater interest in the mind of man arises partly... from the hard and indigestible food upon which his clerical shepherds pasture him... for, under dogmatic theology, religion seems to have withered away to the mere husk of spiritualism. » Night. s. cat. Crowe, v. 1er, p. 12, London, 1852.

CHAPITRE CINQUIÈME.

« Il existe dans tous les pays des histoires extraordinaires de personnes molestées par des apparitions revêtues *de diverses formes d'animaux*. Le premier mouvement, lors de ces sortes de récits, c'est de crier à l'illusion; mais il s'y mêle de telles circonstances qu'il est *d'une difficulté sans pareille* de s'arrêter à cette hypothèse. Si donc les illusions ne sont pas admissibles, ces phénomènes ne peuvent avoir d'autre cause que la puissance formatrice ou l'influence magico-magnétique dans laquelle l'homme puisa sa croyance aux faits de la lycanthropie, c'est-à-dire aux phénomènes des transformations extraordinaires. »

Les histoires inexplicables de cette nature, qui sont consignées dans les procès de sorcellerie, jettent dans une étrange perplexité, par leur multitude, les hommes assez justes envers la nature humaine pour tirer d'un tel spectacle cette conclusion : Qu'il devait y avoir un singulier mystère au fond d'une conviction si folle en apparence, mais dont l'empire était tellement universel, et que partageaient une foule de personnes pleines de droiture, d'honneur et de haut bon sens. Quant à nous, nous fîmes de vains efforts pour essayer de nous rendre compte de la croyance à ces étranges phénomènes, jusqu'à ce que, vers ces dernières années, quelques-uns des mystères du magnétisme animal *ou vital*, nous fussent enfin révélés. Or, « *nous savons* maintenant, et *un grand nombre d'entre nous* se sont assurés par *le témoignage de leurs yeux*, qu'un magnétiste peut s'assujettir TOUS LES SENS D'UN SUJET, « all the senses of a patient », et lui transmettre au cerveau toutes les impressions auxquelles sa volonté s'arrête. Il ne nous est donc plus difficile de concevoir l'origine de la croyance au pouvoir des transformations, et nous possédons *le secret* qui permet à un magicien de se rendre à son gré *visible ou invisible*. Car l'ouïe et la vue ont été, sous nos yeux, enlevés et rendus dans la salle de

M. Spencer par un procédé qui ne pouvait laisser aucun doute dans l'esprit des spectateurs; et, *le plus déterminé des rationalistes sceptiques*, M. Eusèbe Salverte, reconnaît que nous possédons *de nombreux témoignages de l'existence d'un art* qu'il se confesse assez embarrassé d'expliquer! »

Enfin, « les diverses métamorphoses des dieux en aigles, en taureaux, en animaux de toute nature, après avoir été considérées comme de simples récits mythologiques, semblent maintenant AVOIR ÉTÉ *fondées sur un art connu dans toutes les parties du monde,* et à l'aide duquel le magicien, changeant de formes et d'aspect, trompait l'œil de son plus intime ami. » N'oublions jamais non plus que, dans la haute antiquité surtout, les prêtres et les prêtresses de l'idolâtrie représentaient les dieux; et ces paroles ne veulent point dire qu'ils se bornaient à les mimer, ainsi que dans les temps de la décadence du polythéisme [1].

De ce pouvoir des dieux et des prêtres de l'idolâtrie, nous dit l'un des hommes les plus distingués de notre antique magistrature, « vient que les anciens appelaient leurs dieux *Versipelles,* comme tournant leurs peaux; et que les Lombards ont donné aux sorciers le nom de masques ». Et ce n'est point à nous d'oublier que les dieux communiquaient ce pouvoir de transformation à leurs ministres, ainsi que nous le voyons dans les Gaules chez les redoutables druidesses de l'île de Sena. Bêler sous la molle toison de l'agneau, jeter en battant des ailes le cri de la chouette ou de l'épervier sacré, secouer en rugissant de fureur la crinière du lion, épouvanter, faire reculer d'effroi à leur changeant aspect les profanes indiscrets, voilà ce qui n'était qu'un jeu pour ces

---

[1] P. 266-7. Night s. c. Crowe, id. v. II. — Les mascarades de Mithra. Voir mon livre *Dieu et les dieux*, et se rappeler le passage du *Peuple primitif* de M. F. de Rougemont, auteur protestant, v. I, p. 19-20.

CHAPITRE CINQUIÈME.

vierges usant des secrets de l'art sacerdotal, et possédées de l'esprit des Pythonisses [1].

L'histoire, transmise à la postérité par la poésie sérieuse, veut que, bien des siècles avant ces témoignages si positifs, ces mêmes dieux aient doué leurs prêtres, de même qu'ils en douèrent le simple sorcier, non plus seulement du don de transformer son propre corps, mais du pouvoir d'opérer des métamorphoses. Ainsi le dieu Lumière-et-Nature le transmettait-il à sa fille, c'est-à-dire à sa prêtresse favorite, à cette Circé qu'en haine de ses maléfices et de ses crimes le cri de ses concitoyens chassa jusques aux rochers des plages Italiques. Regardez et voyez : la fille du soleil porte, ainsi que Mercure, le *rayon* sacré que lui donna son père, cette *verge* dont la vertu plonge dans le sommeil magnétique les yeux qu'elle a caressés. Armée de cette magique baguette, qui décèle les métaux et les sources, qui conduit et *qui évoque* les âmes, Circé sert à ses hôtes le *fromage* et les gâteaux, le pain et le vin, que corrompent ses préparations enchantées [2]. Elle leur offre, pour s'asseoir ou pour se coucher, des lits de repos remplis d'herbes magiques [3];

---

[1] *Inconstance*, p. 273, Delancre. — Ingeniis singularibus præditæ... seque in quæ velint animalia vertere, sanare quæ apud alios insanabilia sunt... Pomponius Mela, l. III, cap. vi.

[2] Ῥάβδον τῇ τ' ἀνδρῶν ὄμματα θέλγει.
(*Odys.*, V, 46.)

Ἀνέμισγε σίτῳ φάρμακα,
Τύρον τε καὶ ἄλφιτα καὶ μέλι χλωρόν...
(*Odys.*, X, 230 à 240.)

Semblable est-elle à ces magiciennes d'Italie, *ses arrière-disciples*, dont saint Augustin rapporte que *les fromages* changeaient les gens en bêtes de somme. Voir ci-dessous, et *Cité de Dieu*, l. XVIII, 48.

[3] Se rappeler le passage ci-dessus cité, de M. F. de Rougemont, auteur protestant, sur la *Magie antédiluvienne*. On sentira qu'Homère est historien autant que poëte :

Κλισμοῖς τε θρόνοις τε.

Ce mot est le datif de *thronos*, trône, et de *thronon* ou de *throna*, herbes magiques. Il a ce dernier sens; car, puisque *clismos* repré-

puis sa verge les touche, et le prodige s'accomplit. Soudain il ne leur reste plus de l'homme que l'intelligence, tandis que le corps, la voix, l'aspect reproduisent à l'œil qui les regarde et à l'oreille qui les entend le corps, l'aspect et la voix du loup, du lion, du pourceau.... Puis, une fois que ses charmes ont possédé ces imprudents, ce sont ces charmes encore qui les lui conservent. Elle les laisse donc tranquillement errer dans son palais, si mieux elle n'aime les renfermer dans des étables. Et ce n'est pas au figuré que veut être entendu le grand poëte, historien des transmutations magiques. Car ces pourceaux couchés à terre comme de vrais pourceaux, οἷα σύες, s'y nourrissent de glands, βαλανόν, ainsi que Nabuchodonosor se nourrissait du foin que, pendant sept années consécutives, il mangeait comme un bœuf. Enfin elle devient maîtresse de leur sort, par la raison qu'ils se sont *volontairement* livrés à elle, et que, par conséquent, ils doivent subir la loi *du pacte*, tandis que le seul Ulysse a su, par le *contre-charme* de l'herbe moly, opposer à la magicienne les vertus d'un signe sacramentel, la puissance de l'exorcisme démoniaque [1].

sente la forme du siége, *thronos* en dit la matière. Observez la liaison ou l'identité du magnétisme et de la magie. Tout l'appareil magnétique ou sacré des temples se développe dans cette description. Ce sont les lits, les drogues magiques, *pharmaca, venena;* les herbes qui prédisposent notre nature à l'action de l'agent spirituel, *throna;* c'est enfin la baguette magique *rabdos,* qui verse ou chasse le sommeil....

[1] *Odyssée,* X, 238. — Daniel, IV, 30. — Quant aux herbes magiques de ce passage, Gallien, ainsi que l'observe Enneumorer, I, p. 224-5, mentionne un certain Pamphyle qui, à l'aide de sentences et de formules magiques, *augmentait* singulièrement la vertu des herbes. — *De simpl. medicament. facult.,* IV, Provem. — Quelque chose d'extra-naturel s'ajoutait donc, d'après le grand médecin, à la vertu des plantes. — Saint-Augustin, relevant le philosophe Porphyre voué à ces pratiques détestables, mentionne certaines combinaisons formées d'herbes, de pierres, d'animaux, d'objets naturels, mais auxquels *devaient s'adjoindre* des paroles et des figures, c'est-à-dire des signes sacramentels... C'est là, dit-il, l'œuvre des démons mystificateurs des

CHAPITRE CINQUIÈME.

Mais cette question si riche d'étrangetés et de surprises ne nous laisse-t-elle plus rien à désirer? et que dire après le si grand nombre d'autorités et d'explications qui se succèdent dans nos pages? que dire, en un mot, lorsque nous voyons la fable elle-même redevenue simple poésie, nous tenir un langage plus sûr que celui de l'histoire, depuis au moins que l'histoire et *la science moderne*, désertant leur mission sainte, ont ourdi contre la vérité la plus grande et la plus sinistre des conjurations? Mais ne nous reste-t-il point à savoir encore, d'une manière plus explicite et plus sûre,

âmes asservies à leur pouvoir.—*Cité de Dieu*, X. — c. xi. — Shakespeare s'est emparé de ces données dans la scène i, acte IV, des *Sorcières de Macbeth*.
Scale of dragon, tooth of wolf, etc.

Virgile, dans la VIIIe églogue, épuise la description des charmes et des effets magiques.
Has herbas... his ego sæpe lupum, etc., etc.

« Il y eut des gens, dit le sceptique Bayle dans sa réponse aux questions d'un provincial, qui s'efforcèrent d'éluder les coups portés à l'ancienne religion, en rejetant sur les licences poétiques ce qu'on lui reprochait, mais ce faible retranchement fut forcé. On a prouvé que ce que les poëtes avaient dit des dieux était l'objet de la religion du peuple. » En tout cas, nul démonologue étudiant la scène de Circé ne saurait répéter et peindre en termes plus saisissants et plus vrais ces actes de magnétisme lycanthropique tirés de la plus haute antiquité. Et nous voyons finir les choses ainsi que se termine toute imprudence commise avec les ministres ou les suppôts des mauvais esprits : les victimes tombent dans un inévitable esclavage.

Si tôt et *si tard que ce soit*, l'histoire bien authentique de la magie nous permet donc de prendre à la lettre les paroles de saint Paul qui, du temps de cet apôtre, s'accomplissaient si fréquemment encore. Le démon dans les piéges duquel ils sont tombés « les tient captifs pour en faire *ce qu'il lui plaît* [*] ».

Et nous ne sommes point étonnés lorsque déjà l'un des maîtres de Bossuet, Tertullien, venant au secours des poëtes théologiens et de l'histoire contre notre incrédulité, s'est écrié : Le Démon ne sait-il point communiquer au magicien l'art de former des corps, et d'offrir à la vue des fantômes !... Et que lui en coûte-t-il de tromper l'œil du corps, lorsque ce lui est un jeu d'aveugler les yeux si subtils et pénétrants de l'esprit!

[*] A Thimot., c. II, v. 26.

ce que pensent de ces transformations magiques et les docteurs de l'Église et les hommes pour qui l'étude de ces faits devint une occupation spéciale?

L'un des plus éminents génies qui brillèrent en ce monde, saint Augustin, luttait en quelque sorte contre lui-même devant ces étranges et pressants phénomènes qu'il n'avait point étudiés d'une étude spéciale et suivie. Cependant il se sentait vaincu dans la lutte; s'épuisant en explications subtiles, il les rangeait au nombre des choses possibles, et rendait hommage à la réalité du prestige jusque dans les formes dubitatives de son style. Que si, d'ailleurs, le dogme est invariable, la science religieuse marche et progresse. D'éminents docteurs de l'Église, dont l'expérience sera plus complète sur cette question, la trancheront donc après lui d'une main plus sûre. Mais voyons-le d'abord aux prises avec le sujet qui, peut-être encore effarouchant notre raison, en humilie les fiertés.

« On fait un dieu de Diomède, frappé d'un châtiment divin qui le repousse de sa patrie. Ses compagnons changés en oiseaux, non pas au gré de la fable menteuse, mais suivant un témoignage historique, — *non fabuloso poeticoque mendacio, sed historica attestatione,* — ne peuvent obtenir de ce héros devenu dieu la recouvrance de leur première nature. Un temple s'élève en son honneur; et ces mêmes oiseaux, voltigeant autour, l'honorent en l'aspergeant de l'eau dont ils se remplissent le bec. Lorsque des Grecs ou des hommes de race hellénique abordent en ce lieu, ces oiseaux se montrent non-seulement paisibles, mais caressants; tandis que s'ils aperçoivent des étrangers, ils volent autour de leur tête, les frappent avec fureur, et leur infligent de telles blessures que la mort peut en être le résultat.

» L'espèce de ces oiseaux de Diomède s'est, dit-on, perpétuée jusqu'à nos jours; je crois, s'il en est ainsi, qu'ils le doivent non pas à une métamorphose humaine, mais à une substitution; *non mutatis hominibus, sed subtractis fuisse suppositas;* et de semblables prestiges, permis par les jugements de Dieu, ne peuvent être difficiles aux démons. Les compagnons de Diomède ayant soudain disparu, victimes des mauvais anges vengeurs de la justice divine, on les a crus métamorphosés en ces oiseaux qui, secrètement apportés des lieux où l'espèce habite, les auraient soudain remplacés. Quant à l'eau dont ils se remplissaient le bec pour asperger le temple; quant à leurs caresses pour les Grecs et à leurs fureurs contre les étrangers, faut-il s'étonner de retrouver ici la maligne influence des démons? Ces Esprits ne se montrent-ils point ainsi jaloux d'accréditer la divinité de Diomède, afin d'entretenir les hommes dans cette funeste erreur, afin de prostituer à des hommes morts l'hommage de ces temples, de ces autels, de ces sacrifices et de ce sacerdoce qui n'est dû qu'au seul Dieu de vie et de vérité [1]. »

Quelque incomplète que fût l'expérience personnelle de saint Augustin, relativement à cette spécialité de phénomènes magiques, il se gardait bien de procéder à la façon de nos grêles pyrrhoniens. L'élévation de son génie lui permettait de saisir non-seulement la possibilité d'un tel ordre de faits, mais la probabilité de ces déroutantes illusions, et l'utilité de s'en rendre compte. Veuillons donc accorder encore à cet admirable docteur quelques instants d'impartiale attention.

« N'avons-nous point nous-même, pendant notre séjour en Italie, entendu rapporter que des femmes de cette contrée, des hôtelières initiées aux pratiques de la sorcellerie, savaient communiquer à des *fromages* offerts aux voyageurs la vertu de transformer en bêtes de somme ceux qui

---

[1] *Ibid.*, liv. XVIII, 16, 18.

s'en nourrissaient. Elles faisaient travailler ces malheureux à des transports de fardeaux, et, lorsqu'ils s'étaient acquittés de leur tâche, elles leur laissaient reprendre leur première forme. Or, Præstantius, étant dans sa propre maison, avait goûté par hasard à l'un de ces fromages maléficiés, et l'effet en avait été prompt; car, tombant sur son lit dans un état semblable au sommeil, *quasi dormiens*, et dont nul effort n'avait pu le tirer, il s'était senti devenir cheval. Dans cette nouvelle condition, cheminant en compagnie d'autres bêtes de somme, il avait porté sur son dos les vivres destinés aux soldats et que l'usage est d'envelopper dans des filets. Tout cet incident lui avait semblé n'être qu'un songe! Et pourtant, *ce qui résulta de l'enquête ouverte à ce sujet*, c'est que chaque détail s'était passé conformément à son récit.

» Dirai-je qu'il faut refuser toute croyance à ces prodiges? Non; car, encore aujourd'hui, nous ne manquons point de témoins prêts à déposer que de semblables faits, parfaitement attestés, ont frappé leurs oreilles; ou, mieux encore, qu'ils les ont vus de leurs yeux, ou qu'ils y figurèrent en qualité d'acteurs. » Sans doute que si les démons usent du prestige de ces métamorphoses, « ils ne créent point de nouvelles natures, mais ils modifient tellement dans leurs apparences celles qui furent créées par le vrai Dieu, qu'elles semblent *être ce qu'elles ne sont pas*[1]. Ainsi je n'accorderai jamais aux démons, quel que soit leur artifice ou leur puissance, de pouvoir changer l'âme, que dis-je! le corps même de l'homme, au corps et aux formes de la brute. » Mais pour que le prestige existe, il lui suffira de changer les apparences de ces corps. « Si donc ces fardeaux sont matériels, que reste-t-il à dire, si ce n'est que ce sont des

---

[1] *Sed specie tenus commutant, ut videantur esse quod non sunt.* — L. XVIII, 18.

démons qui les portent, afin d'illusionner les hommes, dont les yeux voient un fardeau réel, en même temps qu'une bête de somme tout imaginaire! *Si vera sunt corpora, portantur a dæmonibus ut illudatur hominibus, partim vera onerum corpora, partim jumentorum falsa cernentibus.*

Et remarquons que « ces faits nous sont parvenus, non sur l'attestation de gens quelconques auxquels il nous semblerait indigne de nous d'ajouter foi, mais sur la parole d'hommes que nous jugeons incapables de nous tromper ». D'où nous devons conclure « que plus la puissance des démons nous paraît formidable ici-bas, plus il faut nous tenir étroitement attachés au médiateur[1], etc. ».

Ajoutant huit siècles d'expérience et l'autorité de son propre génie au siècle et aux paroles du grand évêque d'Hippone, saint Thomas d'Aquin trace ou répète sans hésitation, dans le cours du treizième siècle, cette sentence universellement adoptée : « Tous les anges, bons et mauvais, tiennent de la vertu de leur nature la puissance de transformer nos corps, *transmutandi corpora.* » Ainsi le démon « peut donner à tout être matériel la forme qu'il veut, et le faire passer pour être d'une autre espèce. Rien ne l'empêche de se former un corps aérien de telle forme et de telle figure qu'il lui plaît. Il peut donc, par la même cause, donner à tout être matériel la forme qu'il veut...[2] » Le démon compose aux sorciers un corps semblable à ceux qu'il forme à son usage lorsqu'il lui plaît de se rendre visible ; où, du

---

[1] *Ibid.*, l. XVIII, 18. *Cité de D.* — Aucune nécessité ne paraît avoir conduit ce grand docteur à l'étude approfondie de ce sujet ; et, de son temps, la grande victoire du Calvaire venait de renverser, d'étourdir le suprême insidiateur. Ces phénomènes bizarres pouvaient donc être alors d'une rareté comparative assez grande. Laissons-le d'ailleurs céder sur cette question à des docteurs qui l'égalent en mérite et le surpassent en expérience, tel que l'Ange de l'école.

[2] Sur le livre *des Sent. dist.*, VIII, 5. — *Somme*, CXIV, 4.

moins, il change et modifie l'aspect naturel de l'homme ou de la bête à l'aide de ce mystérieux composé. Car les anges, bons et mauvais, se font des corps, et, par conséquent, en modèlent à leur gré la forme et la modifient. Et « lorsque les démons font, par leur puissance naturelle, quelque chose d'extraordinaire, ces phénomènes ne sont point des miracles, absolument parlant; ils passent cependant pour tels à nos yeux, et c'est de cette manière que les magiciens opèrent les leurs. »

Les démons sont des anges, et les anges peuvent agir sur nos sens, « soit en leur présentant un objet sensible extérieur, soit *en excitant intérieurement les humeurs du corps* de manière à produire sur nous l'effet d'apparitions sensibles. « Mais pour ce qui est de la transformation des êtres matériels qu'une cause naturelle ne saurait produire, les démons sont dans l'impuissance absolue de l'opérer *en réalité*. Ainsi ne peuvent-ils changer le corps d'un homme en celui d'une bête, ni ressusciter un mort. Que si, pourtant, l'œuvre du démon paraît quelquefois *semblable à un fait de cette nature*, il n'y a pas là de réalité, ce n'est qu'une apparence, » et rien de plus [1]; mais rien n'est plus véritable que cette apparence !

D'après saint Thomas, l'un des plus vastes génies du monde philosophique et religieux, deux moyens d'opérer des métamorphoses apparentes se trouvent donc naturellement au pouvoir de l'ange et du démon : l'un agit dans notre intérieur, l'autre nous frappe par le dehors, et chacun d'eux permet aux Esprits qui se meuvent autour de nous de nous rendre les jouets de leurs plus décevantes illusions. L'archevêque Olaüs, l'un des Pères du concile de Trente, attache à ces fallacieux prestiges, qu'il explique en les décrivant, la grave autorité de son caractère d'historien et de

---

[1] Saint Thom., CX, 4. — CXI, 3, 4. — CXIV, 4.

sa science sacrée : « Rencontrer des magiciens ou des sorciers doués au plus haut degré de l'art de tromper la vue, c'est chose commune et presque banale chez les habitants de la Bothnie. Vous voyez ces gens changer la figure d'autrui, se donner un visage tout différent du leur, et couvrir leurs formes réelles sous le voile de formes trompeuses. Hommes, femmes et jeunes filles y sont experts; ils savent revêtir l'aspect terrible des fantômes, emprunter l'affreuse pâleur des spectres, ou dépouiller à leur gré leur visage et leur personne de ces ombres, de ces mystérieuses vapeurs qui les enveloppent et les transfigurent [1].

« Faisant la part des maladies de l'imagination et de celles du corps, les plus célèbres démonologues nous donneront des explications semblables ou analogues à celles qui précèdent, et nous savons que leur expérience se corrobore de celle d'illustres médecins, parmi lesquels nous aimons à nommer Fernel, l'un des savants et profonds restaurateurs de la médecine. Il a vu de ses yeux la formation de ces sortes de figures ou de fantômes. Il reconnaît et affirme qu'elles se produisent et apparaissent de diverses façons, et quelquefois en se jouant sur une surface unie. Elles sont pour ce savant une œuvre du démon, suscitée par la vertu des charmes magiques [2]. Renvoyons donc à ses récits et disons, comme réponse à des objections qui pourraient se produire à propos d'illusions fantasmagoriques, que nous avons vu de près les spectres de la salle Robin. Le célèbre orientaliste le Loyer, conseiller du présidial d'Angers, nous dit de son côté que « par le moyen de l'air, où

[1] Partim reperiebantur malefici ac magi, qui per summam ludificandorum oculorum peritiam, suos *alienosque* vultus variis rerum imaginibus adumbrare callebant, fallacibusque formis veros obscurare conspectus; pro voto suo larvas livido squalore terribiles, faciesque adulterino pallore distinctas, ab aeris teneritudine mutuari *consueverunt*. (Olaüs, *De gentibus septentrionalibus*, 3 c. p. 124.)

[2] Vidi quemdam, vi verborum, spectra varia in speculum... etc. *De abdit. rer. caus.*, lib. I, cap. II.

ils habitent, les démons peuvent se créer, avec les vapeurs grosses et terrestres dont se créent les nues, tous les corps qu'ils voudront, pour se présenter visibles aux hommes[1] ». Et que, d'ailleurs, « vrayment ils se forment leurs corps des vapeurs terrestres,... il appert par *l'attouchement* d'iceux corps,... qui cèdent sous la main, comme feroit du coton ! » Que leur en coûterait-il donc d'affubler autrui des apparences dont ils se revêtent eux-mêmes? car « quelquefois les diables seront discernés prenant des formes dignes d'eux, comme d'un loup-garou, de chats, de lions, d'ours, chiens, pards, léopards, hyènes, pourceaux et boucs, comme ils sont apparus à saint Anthoine qui, expert en la tentation, a cognu leur nature [2] ».

Contemporain de le Loyer, magistrat intègre et homme de génie, de Lancre nous dit : « C'est folie de croire que le diable transforme les hommes en loups, ny en âme et en corps, ny simplement en corps ; ains il les transforme simplement par illusion. Ce qu'il fait *de trois façons*, l'une substituant et supposant un autre corps, pendant que celuy qu'il veut faire paroistre qu'il faict courir est absent, ou endormy en quelque lieu fort caché. Alors le diable prenant le corps *d'un vray loup*, » devenu son médium, « ou s'en formant un de l'air qu'il s'amoncelle à l'entour, il fait tous les excès que les hommes pensent être faicts par ce pauvre absent ou endormy, qui est une finesse qui a esté découverte et manifestée à tout le monde...

» La seconde, quand luy mesme enveloppe et entourne quelqu'un *de peau de loup*, ou autre animal, si propre-

---

[1] Tum dea nube cavâ tenuem sine viribus umbram,
In faciem Æneæ ; visu mirabile monstrum
Dardaniis ornat telis ; clypeumque jubasque
Divini assimulat capitis....
Énéide, l. X, v. 636.

[2] Le Loyer, 417 ; *ibid.*, 297, les 4 l. 1586, Angers.

ment qu'on dirait que ce sont les bêtes mesmes et non les peaux. Ce qui se faict, leur donnant une peau de loup ou de quelque autre animal, laquelle il leur enseigne de cacher...

» La troisième quand, par pacte et convention expresse, il les entourne et environne *de quelque forme et apparence de peau de loup ou autre animal*, composée d'air, si bien qu'il accommode tous les membres, et les façonne et joint l'un avec l'autre, savoir la teste dans la teste, le visage dans le visage.... les pieds dans les pieds de celuy qu'il veut ainsi abuser, — ce qui arrive quand les loups-garous se sont graissés, comme ceux de Dôle, comme celuy que le duc de Russie fit déchirer à ses chiens ; ou bien quand ils ont dict certaines paroles que le mauvais démon leur a apprinses pour cet effect, ou qu'il leur a baillé quelque chose comme à ce Pierre, lequel se ceignant d'une ceinture large, qu'un démon qui lui servait de succube lui avait donnée, il prenait aussi tost la forme de loup ; et, en ce cas, ils ne laissent de marquer et imprimer aussi bien les traicts et pattes de loups, quand ils marchent sur la terre, que s'ils estoyent vraiment loups, ou s'ils avoyent une vraie peau [1]. »

S'emparant à son tour de cette question, comme si chaque siècle renouvelait la nécessité d'y éclairer les fidèles,

---

[1] De Lancre, *Inconst.*, l. IV, p. 323. Paris, 1613. — Cette opinion est le mot à mot de celle du célèbre théologien démonol. Delrio, homme d'État, etc. *Disquisit. mag.*, liv. II, quest. XVIII. *Verum solet diabolus...*, p. 98, éd. 1608, Lugduni. — Opinion semblable chez le célèbre théologal de Milan, Antoine Rusca, choisi par le cardinal F. Borromée. — *Non est dubium quin facillime... De inferno ac statu dæmon. ante mundi exitium*, p. 489. Le P. Thyrée dit : Hujusmodi tot suppeditent exempla litteræ sacræ quot opus est ad hanc rem etiam refractoriis persuadendum.— Thyrée, *Loca infesta*, p. 528-537. « Nunc humana, nunc brutorum animantium, nunc horrendorum monstrorum (forma) conspiciuntur. » *Id.*, p. 112-60. — « Nunc in Angelos lucis se transformant nequam, nunc Dei simulant personam, nunc sacrorum hominum. » P. 54, *ibid*.

le savant Père Costadau nous offrit un nouveau tribut de lumières après qu'une succession de longues années eut permis aux faits et aux explications de se reprendre et de s'accommoder les uns aux autres.

Les démons sont, à juste titre, accueillis comme des êtres réels par la croyance de tous les peuples, et « rien ne les empêche de faire paraître les hommes sous l'apparence de telle bête qu'il leur plaira. Cette décision apprête à rire à certaines gens. Ils en rient, et voilà tout ce qu'ils savent faire ! Mais qu'on ne leur demande pas leur raison de ne pas croire ce qui leur paraît si déraisonnable ; car alors ils ne font paraître autre chose qu'une ignorance profonde. » Or, de quel art use l'Esprit de malice pour susciter ces étranges illusions ? — Le voici : Veut-il, je le suppose, faire paraître un homme sous la figure d'un éléphant ? eh bien, il se sert d'une vapeur épaisse [1] qui revêt l'homme de cette forme ; ou bien il enlève la personne présente, et *la remplace instantanément* par un animal ; ou bien encore il affecte et modifie en nous l'organe de la vue, — *oculi tenentur*, — il interpose entre l'objet et la vue certains obstacles qui le dérobent, qui ne le laissent que partiellement apparaître, et, de telle sorte, que l'apparence de l'objet diffère totalement de sa réalité [2].

Mais le plus commun des prestiges est, de toute probabilité, celui des illusions exercées sur la vue ; prestige analogue à celui qui fit voir aux disciples d'Emmaüs une transformation déconcertante dans le visage du Christ, le Sau-

---

[1] Aliave materia. P. Thyrée, *Loca infesta*, p. 528 et 537, etc. — Ex certa materia illis satis cognita, etc. Schram, *théol. myst. ad usum directorum*, t. II, p. 207. Paris, 1848. En spectrologie, il est de notoriété qu'une multitude d'apparitions sont précédées ou suivies de vapeurs que l'on voit quelquefois se rassembler, former soudainement des corps et se dissiper.

[2] *Signes des pensées*, v. V, p. 154 à 157. Lyon, 1720. P. Costadau.

veur s'étant attaché à ne se faire reconnaître de ces familiers que dans le miracle eucharistique de son amour....

— Eh bien ! fondé dans ma foi par l'Église, et par le témoignage historique des miracles opérés par la sainte Hostie, ne pourrai-je dire à mon tour : J'ai vu, j'ai vu le Christ, en regardant le pain de l'autel ! oui, je l'ai vu, comme le virent les disciples d'Emmaüs, sous une autre forme que celle de son corps, ou plutôt sous des apparences, sous des dehors qui n'ont pour but que de tromper l'œil au profit de la foi ! *in alia effigie*... Lorsque nous regardons le pain eucharistique après les formidables paroles de la consécration, que voyons-nous en effet? — du pain? — Non! car on ne peut voir ce qui n'est pas, ce qui n'est plus, et la consécration a détruit le pain en le changeant au corps du Christ. Oui, c'est du pain que nous croyons voir, c'est là ce que nous montre notre œil, soumis à une hallucination régulière chaque fois qu'il contemple l'hostie consacrée; mais cette substance à dehors trompeurs, à formes décevantes, ce pain apparent, c'est le Christ; c'est sa personne tout entière, et ce n'est rien autre chose. C'est le Christ, ainsi que s'en assurèrent de grands saints chez lesquels le cœur ouvrit les yeux du corps, et quelquefois des foules entières, devant qui Dieu voulut que *les apparences* du pain disparussent pour laisser voir *la réalité divine*, l'enfant de Bethléhem, la victime du Calvaire, le Christ sous sa forme humaine.

Pour nous autres, chrétiens du menu, ou qu'aucun privilége ne singularise, le Christ se montre donc bien dans le pain de l'autel, mais sous une figure, sous une apparence qui nous le rend méconnaissable, *ostensus est in alia effigie*. Or, que fait de plus ou de moins le lycanthrope, le loup-garou, cet homme dont le démon nous fait voir la personne sous une apparence si différente de la figure humaine : sous la forme de ce cheval ou de cette cruche, de ce bouc ou de ce loup, de ce pain appétissant ou de cette panthère? — Ici donc, encore et toujours, règne un constant parallélisme entre la ligne d'ordre divin et la ligne d'ordre démoniaque infatigablement tracée par celui que Tertullien et Bossuet s'accordent à nommer le singe de Dieu : ligne de lumière à la station des anges et ligne de ténèbres au-dessous.

Aussi tout chrétien qui voudra se démontrer philosophiquement l'*existence* des phénomène slycanthropiques n'aura presque d'autre peine à se donner que de rappeler à ses souvenirs, outre les exemples des saintes Écritures que nous avons cités, la simple contemplation des espèces eucharistiques, qui ne sont plus ni pain ni vin lorsque pourtant elles nous semblent l'être, et qui sont en toute réalité le Christ, l'Homme-Dieu, mais le Christ trompant nos yeux *et les obligeant* à ne voir que le pain et le vin ; là même où rien ne se trouve et n'existe que son corps!

Par le simple fait de son existence et de son action, le démon m'impose la croyance au *Sauveur*, AU RÉDEMPTEUR, à celui qui ne vint en ce monde que pour *nous racheter* et détruire les œuvres du démon[1]. Le *Sauveur*, LE RÉDEMPTEUR, par la même raison, m'inculque la croyance au démon, à sa malice, à ses œuvres ; — *opera*, — à ses parodies, à ses prestiges ; et, sans qu'un blasphème rapproche ces deux mots, je puis dire de la sainte Hostie qu'elle m'invite à croire aux transformations apparentes de celui qui se fait le singe de Dieu, au loup-garou, au phénomène dont la vue n'est, pour nos yeux fascinés, que le résultat d'une hallucination démoniaque.

Et pourquoi donc, en définitive, plaît-il au Seigneur de donner aux mauvais Esprits cette puissance étrange de singer

[1] *In hoc apparuit Filius Dei ut dissolvat* OPERA *diaboli.* (Joan., Epist. I, cap. 3, v. 8.)

ses prodiges, de jeter nos âmes dans l'épouvante et dans l'erreur au moyen de ces illusions de nos sens? Je dois l'avouer à nos philosophes en toute simplicité : jusqu'ici Dieu ne m'a point encore fait l'honneur de me convoquer à ses conseils, et sa Raison me paraît condamner la nôtre à reconnaître avec une humble droiture *les faits* dont il nous dérobe *le motif*. Mais si l'on veut prêter l'oreille au Maître des sentences, raisonnant sous les inspirations de la science sacrée et du bon sens, voici ses paroles : « Les mauvais anges, auteurs de la magie, tiennent de Dieu cette science et cette puissance. Elle leur est accordée afin de tromper les trompeurs, » afin de punir les coupables, « afin de forcer les fidèles à se tenir sur leurs gardes, afin d'exercer et d'éprouver la patience des justes[1] ! » Saint Augustin s'étonne de cette puissance qui permettait, par exemple, aux magiciens de Pharaon de changer ou de paraître changer leurs verges en serpents[2], comme à nos sorciers de changer leur aspect en celui d'animaux ou de monstres. Mais il s'émerveille moins de ce pouvoir *que de la limite qui lui est posée*, lorsque, par exemple encore, les mêmes magiciens, s'efforçant de susciter des nuées de moucherons, sentent défaillir leur vertu diabolique, et sont réduits à s'écrier devant Moïse : Le doigt de Dieu est ici!

Eh bien ! ces verges des magiciens de Pharaon, qu'une parole *semble* transfigurer en serpents, ces habitants de Sodome, cette armée tout entière de Syriens dont les yeux grands ouverts découvrent tout ce que les regards peuvent découvrir, et ne peuvent voir la seule et unique chose que les anges ou le prophète Élisée veulent dérober à leur vue; ces disciples, ces amis de Jésus, qui, s'entretenant face à

---

[1] Ad fallendum fallaces, ad monendum fideles, etc. *De rerum corp. et spirit.* L. 2, distinct. 7.
[2] *De trinitate*, c. 7.

face avec lui, le prennent pour un voyageur inconnu, et qui, le voyant sous la figure étrangère dont il se revêt, ne le reconnaissent que lorsqu'il se donne et s'identifie à eux dans le sacrement de son amour; cette Marie-Madeleine, qui sait aimer pourtant, et dont l'amour même se laisse tromper; dix mille exemples authentiques de ces transformations d'anges, de démons, d'hommes et de choses, exemples plus frappants les uns que les autres, n'est-ce point là, dans l'ordre divin aussi bien que dans l'ordre diabolique, *le fonds même du phénomène* que l'histoire de l'Église, que l'histoire de l'idolâtrie, que celle de la magie ou du magnétisme exposent sous le nom vulgaire et générique de transfiguration, d'invisibilité, de lycanthropie? Et, s'élever à la démonstration d'une vérité fondée sur des autorités plus disparates mais plus universelles, plus sacrées ou plus détestables, plus abondantes et plus sûres, voilà ce qui, de notre part, peut faire l'objet d'un juste défi!

Les yeux fixés sur le téméraire, sur l'impie, sur le sorcier qui sait et qui veut pratiquer *ses* œuvres maudites, sur le magicien que Dieu permet au démon de séduire afin d'en faire le plus dangereux des séducteurs, nous ne nous étonnerions, en vérité, que si cet être n'était dès ici-bas l'objet de singuliers mais de lugubres privilèges; que si le démon, son maître, ne pouvait se communiquer et se prêter à lui par les voies toutes naturelles que lui offre sa puissance, tout angélique bien qu'infernale! Quoi d'étonnant, si l'homme qui se voue aux puissances de l'abîme peut s'identifier avec ces puissances; s'il peut se transformer comme le dieu et par le dieu de l'abîme qui s'incarne en lui? Quoi de contraire à la haute raison, si la foi démoniaque excite en son âme de surnaturels élans qui lui permettent de transporter des montagnes et d'opérer des prestiges avec cet éclat qui caractérisa jadis, mais qui doit surtout caractériser un jour les faux christs et les faux prophètes [1]? éclat qui séduisit jusqu'aux peuples les plus familiarisés avec la vue du miracle, et leur mit le blasphème à la bouche, en leur faisant nommer un Simon le Mage « la grande vertu de Dieu [2] » !

L'homme de la magie, le magicien volontaire, étant d'un seul et même cœur, d'un seul et même esprit avec ses dieux, portant en lui-même ses dieux, que l'Écriture appelle immondes et désigne sous ce nom : « la bête !... » l'homme de la magie étant à la fois possesseur et possédé de ses dieux, c'est-à-dire des démons, quoi, de plus naturel que de voir ces valets des hautes œuvres de la justice divine, les tout-puissants de l'enfer, produire dans la chair de leurs élus des transfigurations analogues à celles qu'ils se complaisent à opérer sur eux-mêmes? Quoi de surprenant si ces métamorphoses, si ces transformations, qui sont un jeu pour le souverain dans son isolement, restent encore un jeu pour le souverain trônant dans le cœur et dans la chair de son sujet?

Aussi, devant tous ces phénomènes de transformations ou de métamorphoses, serons-nous loin de nous étonner du grandiose et admirable concert dans lequel se rencontrent les saintes Écritures et l'Église entière avec le sacerdoce idolâtre, avec les initiateurs et les initiés, avec les plus doctes philosophes de l'idolâtrie, avec la magistrature qui, pendant un laps de plusieurs siècles, jugea les peuples les plus éclairés de l'Europe ; avec les magiciens, avec les simples sorciers, avec tant de docteurs dont se glorifièrent les écoles médicales de toutes les époques et de toutes les croyances ; avec ceux que le magnétisme transcendant compte

---

[1] Matth., XXIV, 24.
[2] Actes des ap., L. VIII. — Voir les bulles ou extrav. citées en cet ouvr., des papes Innocent VIII, de Jean XXII, de Sixte IV, d'Alexandre VI, de Léon X, d'Adrien VI, de Sixte V. etc. — *Id.*, Thiers, *Supers.*, p. 365, etc., etc.

au nombre de ses adeptes; avec une si grande foule d'hommes de tous pays, enfin, imbus, dans notre dix-neuvième siècle, et de la science et des idées les plus réfractaires aux idées et à la science de l'Église.

Quels miracles, en effet, autres que ceux d'une inévitable logique, auraient su rallier ces voix étrangères ou hostiles, et les mettre d'accord sur ces prodigieux phénomènes, sur la cause et l'explication de ces phénomènes? Qui leur donna le courage de porter leur attention sérieuse et leur inébranlable témoignage sur ces points d'où la crainte du ridicule écarte et sans cesse écarta tant de personnages à masque héroïque, mais à cœur de mouton! Est-ce que, pour concilier tous ces hommes, les uns religieux, les autres indifférents ou impies, mais investigateurs et profonds, ceux-ci dans la science sacrée, ceux-là dans les sciences profanes ou dans l'art du mal; est-ce que, pour les réduire à la nécessité de reconnaître en commun ces hauts faits du magnétisme et ces tours de force de la magie; est-ce que, pour abaisser leur intelligence et leur orgueil jusqu'à l'adoption de ces métamorphoses non point réelles, mais très-réellement apparentes, la vérité n'a point dû s'armer d'une force véritablement irrésistible et divine?

Croire donc à l'erreur universelle de cette élite des temps et des hommes, bons et mauvais; proclamer cette erreur sur un point que le témoignage éclairé de tous les peuples enlève de vive force aux résistances de la raison; et, disons le mot, voir dans cette vérité LA FOLIE CONSTANTE DES PLUS FORTES AUTORITÉS HUMAINES, en vérité, ne serait-ce point admettre un phénomène *de démence universelle* bien autrement merveilleux et incroyable que les prodiges amoncelés de la magie?

Dans ces questions si hautes, quoique si simples, mais que notre ignorance actuelle rend si fécondes en surprises, la théorie et le raisonnement s'unissent donc avec les faits brutaux qui frappent encore aujourd'hui nos sens. Mais, le plus souvent, lorsqu'une éducation demi-chrétienne et malencontreusement philosophique mêle aux facultés de notre nature ses dons artificiels et perfides, si la trempe de notre esprit est vulgaire, — et quoi de plus commun que de n'être point distingué ? — ce sont nos préjugés, *ce sont nos passions qui voient* ce que nos yeux devraient voir. La vue de notre esprit se fausse, par suite d'une fausse culture ; elle se dérange, elle se trouble, et c'est alors, hallucinés que nous sommes, que nous crions à l'hallucination d'autrui ; c'est alors, c'est dans la crise même de notre cécité, que nous nous applaudissons, que nous nous targuons de notre clairvoyance ; c'est alors, par exemple, que, d'un ton comiquement superbe, nous proclamons, avec *la foule des savants* du dix-huitième siècle, que les ossements des mammouths, que les coquillages fossiles ne peuvent être les débris d'êtres jadis existants, et qu'ils sont un jeu de la nature. Hélas [1] !

Et lorsque ce mal hallucinatif nous travaille, s'il se fait que nous passions pour être les gens de la science, s'il arrive que notre nom s'aligne sur le catalogue des savants officiels, oh ! c'est alors surtout qu'au grand dommage des vraies et saines lumières, notre manière de voir toute maladive s'impose aux masses inérudites et subjugue au loin les intelligences. — Sommes-nous, au contraire, gens de la foule, cette opinion faussée qui, par mille canaux, descend des hauteurs de la *science moderne,* nous gagne, nous atteint et nous pénètre ; elle devient pour nous une règle plus sûre que la vérité même. Et quel siècle ne fut pas témoin de quelqu'un de ces phénomènes bizarres d'aveuglement, ou de ces fai-

[1] Flourens, secrétaire perpét. de l'Acad. *Hist. des travaux de Buffon,* p. 201-204, etc., etc.

blesses naturelles à tout ce qui constitue le vulgaire. Du haut des rostres, l'orateur Romain nous signale en rougissant cette pauvreté de la nature humaine : « O vulgaire, que la vérité pénètre rarement jusqu'à toi, et combien l'opinion te gouverne! » Va, pauvre troupeau, suis ceux qui te la tracent et te l'imposent; suis tes maîtres. *Sic est vulgus; ex veritate pauca, ex opinione multa œstimat* [1].

Hélas! à force de nier *les œuvres* du démon, n'en sommes-nous point arrivés à entendre nier au milieu de nous, et à titre d'absurdité, le démon lui-même, par conséquent le sauveur, le rédempteur, le grand réparateur des ruines de l'humanité brisée, celui qui n'est venu que pour détruire les œuvres du démon et tout réunir dans la foi en sa divine humanité [2]! Répondez, ô vous qui lûtes les livres le plus lugubrement scandaleux de notre siècle!

CONCLUSION.

Quelle que soit la nature d'esprit du lecteur, s'il est loyal, et il le sera, nous n'avons donc à craindre de sa part aucun démenti scientifique et raisonnable en formulant les quelques lignes suivantes, où se résument les vérités et la morale de ce chapitre.

Le loup-garou, — si nous tenons à l'appeler de son nom vulgaire, — ou, pour mieux dire, le magicien, l'homme qui possède entre ses dons celui des métamorphoses, est, dès l'origine des temps, le sujet de la sérieuse, de la haute et *mystique* poésie : poésie historique et théologique, qui consigne et redit les merveilles des dieux! Homère le chante! Le sacerdoce idolâtre le range au nombre de ses ministres,

---

[1] *Pro Roscio*, vide supra. — Eruditum vulgus, Pline, vide supra.
[2] In hoc apparuit Filius Dei ut dissolvat *opera* diaboli. 1re Epit. saint Jean, chap. 3, ⚹ 8. — Instaurare omnia in Christo. Saint Paul, Ephésiens, chap. 1, ⚹ 10.

depuis les limites les plus lointaines du monde oriental, jusqu'aux confins extrêmes, jusqu'aux plages les plus farouches de la druidique Bretagne, jusque par delà les vagues de l'Atlantique, jusqu'aux dernières régions de l'occident Américain. L'histoire le nomme, le jurisconsulte le décrit et le flagelle, la saine philosophie le reconnaît, et le théologien catholique le stigmatise. Païen qu'il est, le monde purement profane, si cet homme de la magie est riche et savant, aura pour lui quelques palmes et quelques douceurs; et, s'il est pauvre, ignare ou sorcier, des sifflets, des supplices! *Magnum pauperies opprobrium* [1]; car le cri de ce monde ne peut manquer d'être le contre-cri du Christ : *Beati pauperes!* Mais, du haut en bas de l'échelle des intelligences, il se rencontre une multitude de spécialités scientifiques qui ne peuvent entendre sérieusement nommer le mage ou le sorcier sans écumer et sans bondir : ce sont ceux dont le Surnaturel et le Merveilleux font gauchir ou anéantissent les orgueilleuses et pitoyables doctrines!

Enfin, de la contemplation des faits surnaturels et surhumains, il doit, sans cesse et jusqu'à la fin des siècles, résulter une épaisse obscurité pour perdre les uns, une lumière éclatante pour guider les autres. Telle fut la nuée merveilleuse qui présida jadis à la sortie des Hébreux hors de la terre de servitude. Du côté de l'Égypte, elle était sombre et ténébreuse; elle couvrait et dérobait le jour; tandis que du côté d'Israël, chassant les ténèbres, elle convertissait la nuit même en lumière [2]!

[1] Horace, liv. III, od. 24.
[2] Lire *Exode*, XIV, 20.

CHAPITRE SIXIÈME.

L'INCUBE : COMMERCE CONJUGAL ENTRE DES ESPRITS QUI SE RENDENT TANGIBLES, ET LA RACE HUMAINE.

PREMIÈRE DIVISION.

Universalité, raison, et ténacité de cette croyance dans l'antiquité. — Si des esprits savent se former un corps, peuvent-ils en user pour les fins de l'incube ? — Assentiment universel des chrétiens et de leurs ennemis. — Dès les époques les plus reculées, des hommes privilégiés naissent de l'alliance des dieux avec les mortels. — Exemples positifs et dogmatiques. — Homère, Hérodote, Porphyre, Eusèbe.... — Questions : Est-ce sans cause que les dieux veulent être Phallus-Ctéis, ou organes générateurs ? — Est-ce sans raison que tant de races et tant d'hommes, dans le paganisme, ne peuvent voir leurs semblables dans tant d'autres hommes et tant d'autres races ? — Soins des peuples et du sacerdoce d'entretenir ce commerce sacré entre l'homme et le ciel. — Temples et couches. — Lois de Rome dictées à Numa par la nymphe et déesse Egérie qui « le recevoit à mari ». — Abus de cette croyance sous Tibère ; Pauline. — Abus plus éclatant au quatrième siècle, dans la grande ville d'Alexandrie. — On a cessé de croire à l'immortalité de l'âme, que l'on continue de croire au commerce des dieux et des déesses, des faunes et des nymphes... avec la race humaine.

> Qui s'adunan le streghe, ed *il suo vago*
> Con ciascuna di lor notturno viene :
> Vien sovra i nembi, e chi d'un fero drago,
> E chi forma d'un irco informe tiene ;
> Concilio infame, *che fallace imago*
> Suol allettar di desiato bene
> A celebrar con pompe immonde e sozze
> I profani conviti e l'empie nozze !
>   Tasso, *Gerusal.* lib. c. XIII, oct. 4.

L'Incube !... S'il est vrai que le démon puisse se composer un corps, et cette vérité nous fut manifestée sous mille formes, pourra-t-il, lorsque Dieu lui permet d'agir, user de ce corps si facilement formé par son art ? Oui certes, et la question principale de l'incube nous semble tranchée dans son nœud le plus fort par la question même de la formation du corps. Car, s'il plaît au démon de s'ajuster cette machine tangible, ce ne peut être sans but, et le but naturel de ce méchant esprit est d'en faire l'instrument de ses machinations, dont les plus détestables lui sont les plus chères. Nous ne sachions d'ailleurs aucune vérité, dans l'ordre des prodiges surhumains, que l'expérience et que le témoignage de la science humaine établissent, en définitive, d'une manière plus solide que le phénomène de l'incube. Nul sentiment ne nous sera donc plus étranger que celui de la surprise, lorsque nous verrons ce fléau prendre place au nombre des faits que la foi de tous les peuples, et la parole du sacerdoce idolâtre, nous affirment du ton le plus péremptoire. Et si, dans le domaine du Merveilleux, nous descendons du haut des siècles chrétiens jusqu'à nos jours, nous entendrons, sans nous émouvoir, les plus profonds et renommés docteurs du catholicisme unir leur parole à celle de légions d'hommes implacablement hostiles à l'Église, pour témoigner avec eux de la réalité subjective et objective de l'incube.

Dès les époques les plus ténébreuses par les nuages que l'antiquité condense autour d'elles, les dieux pullulent et sèment sur la terre des familles d'hommes, des chefs de race issus de leurs œuvres et du sang des mortelles. Un mot suffit pour rappeler l'histoire de ces amours, rangés sans discernement au rang des fables par une population d'écrivains plus légère que le peuple léger des ombres! Et qui de nous, en effet, compterait ici-bas les fils et les filles des dieux, avant même que l'Asie eût salué dans Énée le fils de Vénus, avant que la mère des jumeaux fondateurs de Rome eût subi les assauts du dieu Mars; avant qu'Apollon, revêtant la forme sabbatique du serpent, eût surpris, par ses caresses conjugales la mère d'Auguste endormie dans son temple, avant qu'il eût marqué de l'ineffaçable sceau du reptile le corps de celle à laquelle il daignait s'unir[1]?

Le langage de la mythologie, dont *le fond* est un merveilleux livre d'histoire, suffirait donc, à la rigueur, pour exposer avec justesse et vérité notre pensée. Et que Jupiter, sous un aspect majestueux, poursuive la génisse mugissante qui tout à l'heure était la nymphe Io; que, devenu lui-même taureau mugissant, il enlève la fugitive Europe; que, pour surprendre la belle Antiope, il unisse la forme du bouc à celle de l'homme; ou qu'épris de Ganymède il ravisse au sein de l'air, sur ses ailes d'aigle, cet admirable adolescent; l'esprit démoniaque qui se revêt d'un corps pour souiller de ses amours le simple mortel, voilà l'incube! Est-il besoin de le répéter, voilà l'incube historique! il est divin dans la fable, hideux et grotesque au sabbat, plein de séductions, de perfidies ou de violences, sous les abris du toit domestique... Mais laissons nos pages offrir, avant l'épanouissement progressif des doctrines catholiques, quelques exemples admirablement caractérisés et recueillis dans le monceau de ceux que nous prodigue l'antiquité la plus haute. Porphyre, ce philosophe magicien de l'école d'Alexandrie, implacable ennemi des chrétiens, introduit Esculape dans son ouvrage de la *Philosophie d'après les oracles*, et lui met à la bouche ces paroles:

« Je suis celui que ma mère, *unie à Phœbus*, mit au monde pour être le roi de la science, et pour être docte dans l'art de guérir; mais que venez-vous me demander? »

Mercure s'écrie: « Je suis celui que vous nommez le fils,

---

[1] Atiam obdormisse; draconem repente irrepsisse ad eam..... illamque expergefactam, quasi a concubitu mariti purificasse se, et statim in corpore ejus extitisse maculam velut depicti draconis, nec potuisse unquam eximi, adeo ut mox publicis balneis perpetuo abstinuerit. — Suetone, *Oct. August.*, ch. xciv.

de Jupiter et de Maïa; je viens à vous en quittant le roi des cieux. »

Apollon se proclame *né de Latone, simple mortelle à Délos;* et le savant évêque Eusèbe, s'adressant aux idolâtres devant ces dogmes de leur croyance, leur dit : « Veuillez considérer avec moi combien de dieux nés de mères *mortelles* et célébrées par les Grecs *comme telles,* nous avons à opposer aux traits plaisants qu'ils pouvaient essayer de décocher contre notre Sauveur [1] ! »

Le plus ancien des poètes et des initiés, Homère, s'exprime en ces termes dans l'*Odyssée:* « Adresse-toi d'abord à la reine. Son nom est Arété. *Son origine, comme celle du roi* Alcinoüs, remonte à Neptune. Ce dieu fut épris de Péribée, la plus belle de son sexe, et la plus jeune fille du fier Eurymédon, cet ancien roi du peuple *audacieux des géants;* les guerres qu'il entreprit furent le tombeau *de ce peuple pervers,* et son propre tombeau. De l'union de sa fille et de Neptune naquit le magnanime Nausithoüs, roi des Phéaciens, tige d'où sortirent Alcinoüs et Rhexénor [2]. »

Péribée est donc la fille de ces magiciens pervers et terribles que nous savons avoir porté dans la plus haute antiquité les noms de *géants* et de *serpents;* et celui qui l'épouse, celui qui paraît la rendre mère, est un dieu !

Le père de l'histoire, Hérodote, recueillant dans ses livres les traditions, les dogmes et les croyances des peuples, nous apprend que Démarate était roi de Sparte [3];

---

[1] Eusèbe, *Prép. evang.*, t. I, liv. III, c. iv.
[2] *Odys.*, ch. vii.
[3] C'est-à-dire qu'il était le chef de l'une des misérables et détestables républiques dont l'antiquité nous a conservé le modèle, et dont s'appliquent à nous inculquer la sotte et coupable admiration ceux que madame George Sand, se tournant vers une classe nombreuse et privilégiée des éducateurs européens du dix-neuvième siècle, a dénommés nos cuistres, mot qui signifie cuisinier de gargote, sous-cuisinier, empoisonneur; veut-elle dire que ces manipulateurs culinaires ont

mais ses ennemis ayant, à prix d'argent, obtenu de la pythie Delphienne la réponse qu'Ariston n'était point son père, on s'était rappelé que, le jour de la délivrance de sa mère, Ariston avait laissé s'échapper de ses lèvres une imprudente accusation contre la légitimité de sa naissance.

Or, chassé du trône, Démarate court à l'autel, immole un bœuf à Jupiter, et mettant une partie des entrailles de la victime entre les mains de sa mère, il la supplie, par les dieux qu'il prend à témoin de la manière la plus formidable, de lui révéler quel est son père.

« Mon fils, lui répond celle-ci, puisque vous me pressez avec tant d'instances de vous dire la vérité, je vais vous la déclarer sans le moindre déguisement. La troisième nuit après mon mariage avec Ariston, un spectre qui lui ressemblait vint me trouver. Lorsqu'il fut sorti de ma couche, *il me mit sur la tête les couronnes qu'il portait*, et se retira. Ariston entra ensuite, et *ayant aperçu ces couronnes* [1], il me demanda qui me les avait données. Je lui répondis : Vous-même ! Il le nia ; mais j'assurai ce fait avec serment, et je lui dis qu'il était indécent à lui de le nier ; qu'il était venu peu auparavant, et qu'après s'être approché de moi, il m'avait donné ces couronnes. Quand il me vit soutenir ce fait avec serment, il reconnut qu'il y avait là quelque chose de divin. D'un côté, il parut que *ces couronnes*

---

pour métier de nous cuisiner, outre l'histoire, tant d'autres mets, et de nous en déguiser la chair et le goût sous les assaisonnements de leur invention ? Quelle que soit après tout sa pensée, la république en question reposait sur la base de l'esclavage, ainsi que celle d'Athènes et de Rome. L'homme libre, rappelant les mœurs de la bête fauve et poussant le courage jusqu'à la férocité, vivait dans la brutalité du socialisme sous la férule de l'État, tandis que, dès la fleur de sa jeunesse, la femme y était systématiquement déshabituée de la pudeur.
— Lire les auteurs originaux, et non les histoires fabriquées par des pédants intéressés aux gouvernements révolutionnaires.

[1] Preuves objectives.

avaient été prises de la chapelle du héros Astrabacus, qui est près de la porte de la cour du palais; d'un autre, les devins répondirent que c'était ce héros qui était venu lui-même me trouver. Voilà, mon fils, tout ce que vous désirez savoir. Le héros Astrabacus est votre père, et vous êtes son fils, ou celui d'Ariston, car je vous conçus cette nuit! Vos ennemis insistent principalement sur ce fait qu'Ariston, ayant reçu la nouvelle de votre naissance, dit lui-même en présence de plusieurs personnes que vous n'étiez point son fils [1]. »

Voilà des faits d'une clarté parfaite, d'un positivisme dogmatique et complet. Acceptons-les à titre d'échantillons préalables. — Mais quoi! prendrions-nous donc au sérieux le commerce amoureux des simples mortels avec les dieux démons de l'idolâtre antiquité? Oserions-nous professer notre croyance aux relations corporelles et intimes de l'homme avec les Esprits usurpateurs de la divinité [2]; sous prétexte que ces agents de ruine savent se prêter à tous les rôles et se travestir sous toutes les formes?... — Mettons en réserve et conservons avec soin cette question, pour l'adresser, à la fin de ce chapitre, à ceux qui se hâteraient trop de nous la poser, et ne cherchons à les rendre complices d'aucune apparente hardiesse, avant d'avoir prodigué sur leur route les raisons devant lesquelles se courbe la tête des forts et s'incline la foi des sages. Répétons cependant, puisque ainsi le veut l'histoire, que ce fut sur cette croyance *positive* et universelle que se fondèrent et que se maintinrent, dans les âges *les plus éclairés* de l'antiquité, les plus hauts mystères de l'idolâtrie. Vainement, sur ce terrain, d'innombrables fables se mêlent-elles aux réalités, comme pour les étouffer et les ensevelir sous l'amas du ridicule. Vainement la ruse et le

[1] Hérodote, *Eralo*, liv. VI, chap. LXIX; édit. Panth. littér.
[2] Dii gentium dæmonia, ps. 95, v 5.

charlatanisme sembleront-ils, aux gens qui ne sauraient ni pénétrer ni récolter au-dessus des superficies, rendre compte des faits les plus indubitables; car, du point de la rive que nous occupons le long du torrent des siècles, la raison de cette foi profonde et inébranlable apparaît avec netteté dès que nous plongeons du regard au cœur *des doctrines* et *des phénomènes* de la magie. Après avoir jeté quelques regards sur notre terrain, à nous donc de nous emparer chemin faisant de toutes les questions où les Esprits, que reconnaissent depuis l'origine du monde les écoles spiritualistes les plus dissidentes de tous les pays connus, feignent de se donner à nous, en jetant avec d'hypocrites complaisances entre nos bras leur puissance qui subjugue notre âme, et leur être incorporé qui souille et insulte nos corps....

Et d'abord, était-ce donc, s'il nous est permis de fixer un instant notre pensée sur ce fait préalable, était-ce donc sans une cause bien moins allégorique que religieuse et matérielle, que, d'un bout à l'autre des siècles et de la terre, *tous les dieux et toutes les déesses de la gentilité* voulaient *être représentés* sous la forme des organes de la génération et adorés sous ces emblèmes [1]? Était-ce donc encore sans raison que, chez les peuples antérieurs au Christ, ou chez ceux qui le méconnaissent aujourd'hui même, l'homme refusait et refuse, ainsi que le brahmine de nos jours, de reconnaître dans un autre homme son semblable et son frère?... Le fils des dieux, l'homme né de leur substance mélangée au sang d'une mortelle, celui que cette insigne noblesse d'origine devait rendre le privilégié des puissances célestes et presque leur pair, pouvait-il, sans outrager le ciel, saluer son égal dans le citoyen vulgaire, dans l'affranchi, dans le fils de l'esclave, ce maudit que les mœurs païennes assimilaient, non pas à la brute, non plus même à

---

[1] Lire mon livre *Dieu et les dieux*, chap. Phallus-Cteïs et Yoni-lingam.

la chose, mais à une sorte de néant humain inférieur à toute bassesse : *Non tam vilis quam nullus*[1].

Une page d'Hérodote nous initie moins encore à l'universalité de cette croyance religieuse qu'au soin jaloux et religieux que prenaient les peuples et le sacerdoce *d'entretenir* entre les mortels et les dieux ce commerce sacré.

Ouvrant le premier livre de cet historien, et parcourant la description de Babylone, nous lisons : Un sanctuaire occupe la huitième des tours superposées dont la masse s'élève en pyramide au centre du temple de Bel[2]. En ce lieu, point de statue; mais, auprès d'une table d'or massif, un lit de parade. C'est là le saint des saints; c'est là le for de l'oracle. Nul n'y couche de nuit, si ce n'est une femme du pays, dont le dieu se fait choix entre toutes. Voilà ce qu'assurent les Chaldéens, ses prêtres. Ils disent que, lorsque le dieu s'est introduit dans ce petit temple, il vient *se reposer sur ce lit*. Et Thèbes d'Égypte répète cette merveille, s'il en faut croire les Égyptiens. Car, à Thèbes, non moins que dans l'enceinte de Babylone, la religion fait coucher une femme dans le temple de Jupiter, et l'on affirme que ni l'une ni l'autre n'ont le moindre commerce avec les hommes. Les mêmes formalités s'observent à Patare, en Lycie, lorsque le dieu honore cette ville de sa présence. On enferme alors la prêtresse dans le temple pendant la nuit, car il ne s'y rend pas d'oracles en tout temps[3].

---

[1] Lire mon livre très-curieux *Des prolétaires*; — id., celui *Du monde avant le Christ*, livre de jeunesse, où se sont glissées quelques propositions gallicanes ou d'un libéralisme aventureux dont la portée m'échappa. Je m'empresse de saisir l'occasion publique qui s'offre à moi de condamner absolument, et sans réserves, toute proposition quelconque qui, dans mes paroles ou mes écrits présents ou futurs, contenant la moindre erreur, pourrait être l'objet d'une censure ou d'une improbation de la part de l'Eglise catholique, apostolique et romaine.

[2] Jupiter Nature-et-Soleil; — huitième des tours, hauts lieux artificiels.

[3] Hérodote, liv. I, c. 181, 182. — Ainsi parle Hérodote, historien

C'est que, d'après la croyance universelle des peuples soumis à l'empire des esprits, croyance qui descendit et se propagea bien au delà des temps du Christ, le mode le plus saint, le plus régulier, de ce commerce entre l'homme et les dieux, s'accomplissait dans les temples! Les mortels empressés y sollicitaient avec instance les guérisons, la santé, les visions, les conseils ou les plus hautes et mystiques faveurs; et c'est alors que les dieux descendaient se mêler au mortel, offert à leurs désirs sur les lits du sanctuaire[1]. D'autres fois, et chez les peuples moins policés, le temple était une caverne, une grotte sacrée qu'environnaient de redoutables ombrages. Ce fut dans l'une d'elles que Rome, future maîtresse du monde, reçut une partie de ses lois : celles que dictèrent à Numa, vivant de la vie mystique et retirée de nos druides, les lèvres mêmes de la nymphe Égérie; « nymphe et déesse qui lui fit tant d'honneur, que de la recevoir à mari », nous dit le célèbre Plutarque, initiateur, prêtre de Delphes, contemporain de Néron et archonte dans sa patrie, dont il fut l'oracle[2]. Non, nul point de dogme ne fut mieux accrédité jadis; aucun ne fut plus vulgaire et plus universellement assis que ces intimités amoureuses entre les dieux et les hommes; c'est là ce que nous ne saurions assez répéter à des oreilles trop déshabituées de l'entendre. Et, lorsque le sacerdoce descendit de ses mystiques hauteurs, elles devinrent aux mains du prêtre un moyen d'exploiter la crédulité des gens les plus simples au profit de l'intrigue et de la débauche.

Le règne de Tibère nous offre, à l'époque même de la naissance du Christ, un exemple aussi connu que frappant

exact, mais trop philosophe pour ajouter foi à ces points de doctrine ou pour les approfondir.

[1] Ces mêmes lits où s'associaient, sous les noms des dieux, les hautes pratiques du magnétisme ou de la magie, puis de la débauche vulgaire. — Voir au chap. ci-dessus et à mes ouvrages antérieurs.
[2] *Vie de Numa*, c. III.

CHAPITRE SIXIÈME.

de ce relâchement du sacerdoce et de la foi tenace du monde idolâtre à ces relations conjugales entre le ciel et la terre.

Pauline, telle que nous la décrit l'historien Josèphe, était une illustre Romaine d'une rare pudeur, et Mundus, jeune chevalier Romain, brûlait pour elle d'une ardeur aussi malheureuse que vive; fidèle à Saturninus son mari, la jeune femme foulait aux pieds les vœux les plus tendres du malencontreux chevalier, laissant se perdre et se mêler au souffle du vent ses plus passionnés soupirs. L'amant repoussé desséchait et se livrait au désespoir.... Que fera-t-il, et qu'imaginer? Comment plaire à ce marbre vivant, comment le réchauffer et l'amollir? Insoluble difficulté! lorsqu'une affranchie de Mundus, Idéa, le rencontre, l'écoute, et mêle à quelques consolations banales ces provocantes paroles : Eh quoi donc! Auriez-vous perdu la mémoire des rendez-vous sacrés du temple d'Isis? Enfant! Quelle plus belle, quelle plus sûre et plus pieuse ressource pour l'amour? Vous savez pouvoir m'éprouver à l'œuvre [1]; laissez! il ne s'agit que de gagner les pontifes à deniers comptants, et ce soin me regarde.

L'or et l'amour, on le sait, se quittent l'un l'autre facilement, et, grâce à la cupide entremise de l'affranchie, le pacte sacrilège est bientôt conclu [2]. L'initiateur, le révélateur, le

---

[1] Tertullien rappelle dans son *Apologétique*, que je cite ici de mémoire, le mot fameux : *In casto Isidis esse.*

[2] *Erat Romæ Paulina, mulier non minus probitate morum quam natalium illustris... sed imprimis ornata pudicitia.*
L'affranchie de Mundus voit que Pauline est incorruptible : *Sciens porro eam vehementer addictam Isidis cultui, tale quiddam comminiscitur. Conventis aliquot ex ejus sacerdotibus, accepta fide silentii, et quod efficacissimum est ostentato præmio...*
Illi auri cupidine tacti, benigne sunt polliciti, quorum natu maximus propere se ad Paulinam contulit... Venire SE AIT MISSUM AB ANUBIDE, *captum ipsius forma et jubentem ut ad se veniat.*
Cette femme, d'une si délicate pudeur, se rend à l'instant aux ordres du dieu qui lui déclare son amour. Elle s'y rend du parfait consentement de Saturninus son mari, que l'historien appelle un

prêtre de la déesse Isis aborde donc et salue d'un air solennel Pauline, la femme vertueuse, et lui déclare qu'Anubis, la distinguant entre les frivoles mortelles de Rome, brûle pour elle d'un feu tout divin. Serait-ce donc vertu de résister aux dieux? Non sans doute, et Pauline se garde bien d'opposer une volonté rebelle *à la foi qu'elle professe*. Animée d'un saint empressement, elle se hâte de mettre dans sa confidence et son mari Saturninus, Romain d'une antique vertu, digne du rare mérite d'une telle femme, et ses plus chères amies; puis, toute joyeuse et fière, la pudique et religieuse Pauline, se recueille, part, se rend au temple, et se livre. Les ombres de la nuit la protégent, l'enveloppent, et Mundus, au sein des ténèbres mystiques, a remplacé le dieu.

Mais depuis quand, en amour, le bonheur se pique-t-il d'être discret? Rencontrant Pauline à quelques jours de là dans les rues de Rome : « Grâce vous soit donc rendue, ô rigide Pauline, vous qui, dans le temple d'Isis, et lorsque j'étais Anubis, m'avez si libéralement accordé ce que vous refusiez à Mundus et à son or... »

homme digne de cette femme vertueuse, à une époque où la vertu devenait *si rare*.*

Illa libenti animo accessit nuntium, moxque jactabat se, apud familiariter notas mulieres, quod dignata sit amore Anubidis; marito quoque indicat condictam sibi cœnam *et cubile* Anubidis... Itaque in templum proficiscitur, et post cœnam, instante sumni tempore, inclusa per sacerdotem, tenebris conciliantibus, in latentem ibi Mundum incidit, totamque eam noctem obsecuta est juveni, DEO SE GRATIFICARI EXISTIMANS.

Paulina, manè *ad maritum* reversa, congressum cum Anubide prædicat, et idem apud amicas quoque... — Josèphe, *Antiquit. jud.*, liv. XVIII, 4; trad. litt. de Sigismond Galerius.

La pudeur de l'héroïne, et le sacrifice qu'elle en fait de l'aveu de son mari, démontrent quelle était encore chez les personnes religieuses, jusque sous le règne dissolu de Tibère, la force de la croyance au commerce conjugal entre les dieux et les hommes.

* Voir Tacite, *Annales*, liv. II, c. xxv, etc.

Le cri de la vengeance s'échappe aussitôt du cœur de la femme, et le bruit de cette perfidie sacrilége a promptement atteint les oreilles de Tibère. Ce monstre, qui trouvait bon quelquefois que d'autres eussent des mœurs, ordonna de châtier aussitôt les coupables. La déesse Isis fut punie comme complice, et sa statue précipitée dans le Tibre[1]! Voilà ce que valaient alors et les dieux et les hommes. C'était le moment où la licence introduite par les philosophes de la Grèce, usurpant partout la place des mœurs et de la foi, les Paulines, les femmes *croyantes* et *fidèles* allaient commencer à devenir un phénomène, un prodige : *rara avis in terris,* tandis que la race des Clytemnestres pullulait de toutes parts[2].

Aussi, devant ces défaillances de la morale, qui sont les contre-coups de celles de la foi religieuse que les prêtres mêmes de la chaste Isis ébranlaient par leurs crimes éhontés, Juvénal de s'écrier de sa voix amèrement railleuse : O folie! croire à l'âme immortelle, croire au Tartare, croire aux Champs-Élysées; non, non! le siècle ne pardonne ces simplicités qu'aux enfants trop jeunes encore pour payer leurs places aux bains publics...

> Esse aliquot manes, et subterranea regna,
> Nec pueri credunt, nisi qui nondum ære lavantur.
> *Sat.* II.

On cessait déjà de croire à l'immortalité de l'âme, qu'on croyait encore aux amours des dieux pour les mortelles!

Les monuments que nous signalons témoignent donc d'un bout à l'autre du monde que, là où toute foi religieuse ne s'était point éteinte, nulle croyance n'était plus fermement assise encore que celle de ces intimités conjugales entre la race des dieux, ou les démons, et les enfants des hommes.

---

[1] Josèphe, l. XVIII, c. IV.

[2] Mane Clytemnestrem, nullus non vicus hadebit. Juvénal, *Satyre* VII. — Voir sur les femmes de cette époque Tacite, liv. II, cap. XXV.

Ou plutôt, si vivace était cette foi, qui, chez tous les peuples de la terre, s'appuyait sur le témoignage et l'*expérience de l'antiquité tout entière*, que longtemps après Tibère, en plein essor de christianisme, vers la fin du quatrième siècle, le fait si railleur et si concluant de Mundus refleurissait avec éclat. La passion des dieux pour les simples mortelles devenait, dans l'une des villes les plus grandes et les plus civilisées du monde, l'objet public de la plus impudente exploitation; et la fausse religion elle-même, en s'évanouissant, ne laissait plus subsister à côté de tous les liens rompus entre le ciel et la terre, que le libertinage pour unique règle de mœurs.

Nous laisserons le Loyer, ce grave magistrat, reproduire dans son style pittoresque et naïf ce trait caractéristique, dans lequel s'accuse une croyance trop universelle pour n'avoir point été fondée sur l'examen, la répétition et la certitude des faits [1].

Le célèbre Ruffin, prêtre d'Aquilée, « en son *Histoire ecclésiastique*, raconte qu'il y avoit un prêtre païen, de ceux qui sacrifioient à Saturne, en Alexandrie, ville d'Égypte [2]. Ce prêtre, nommé Tiran, quand il étoit amoureux d'une bourgeoise de la ville, ou d'une dame, ne failloit d'aborder *leurs maris*, tant grands et nobles fussent-ils, lesquels venoient présenter leurs vœux coutumièrement dans le temple de Saturne; et leur disoit franchement que le dieu Saturne étoit amoureux de leur femme, et qu'ils ne faillissent de les envoyer le soir coucher avecque lui. Alors celuy d'eux qui recevoit ce commandement étoit merveilleusement joyeux, que sa femme fût digne de l'amour du plus grand dieu qui regnast au ciel; et, l'ayant fait parer et orner des plus beaux habil-

---

[1] A cette foi légitime du public, il faut ajouter de temps en temps la crédulité de certains individus, provoquée dans leur for intérieur par l'amour-propre et la sottise, et, du dehors, par la convoitise et la cupidité des prêtres, beaucoup moins fréquente qu'on ne le suppose.
[2] L. II, cap. xxv.

lements, joyaux et affiquets qu'elle eût, lui donnoit encore plusieurs beaux présents pour offrir à ce dieu, afin de n'être pas chassée et répudiée si elle n'apportoit rien. Cela fait, il l'envoyoit au temple, où Tiran la recueilloit et bienviegnoit au nom de Saturne; et, en la présence d'une infinité de personnes assemblées, l'enfermoit dans le temple, et séquestroit les clefs en tierces mains, puis après se retiroit. Et alors que la nuict étoit close, il se mussoit par un pertuis faict en la paroy du temple, et entroit dans l'idole de Saturne, qui estoit faicte de telle façon que, derrière, elle avoit une grande fendasse, et, au reste, si bien cimentée et joincte à la paroy qu'on ne s'apercevoit point de la fendasse... Et lorsque la dame estoit attentive à prier Saturne, incontinent Tiran entonnoit une voix dans la concavité de cette idole faicte de bronze, et parloit à la dame, laquelle il ne faut point douter si, à l'heure, elle estoit surprise ensemble de frayeur et de joye, oyant, ce luy sembloit, un dieu parler à elle, et d'aize, à cause qu'un dieu luy daignoit tant parler d'amour!... Et ne saschant rien que penser de la fraude qui estoit cependant brassée à son honneur, escoutoit d'une grande ardeur et attention ce que ce Tiran luy disoit pour l'initier au plaisir mutuel de l'amour, et pour la mettre davantage aux adultères. L'ayant assez preschée à sa fantaisie, il faisoit que soudain les lampes et cierges du temple devenoient assopis et estains, et sous l'appuy des ténèbres de la nuict, accomplissoit sa mauldicte et abominable paillardise. Par ce moyen, ayant abusé de beaucoup de chastes et preudes femmes, il advint qu'une dame de rare chasteté et pudicité fut aussi de la danse; et commença à se prendre attentivement garde de la voix qui sortoit de l'idole, et ayant à son avis remarqué la voix de Tiran, se lieve toute troublée hors du lict, le repousse, et comme il feut jour, s'en retourna bien colère en sa maison, raconter à son mari la meschanceté du paillard. Le mari lui fit donner la gêne bien rudement, tant qu'il confessa tous les bons tours qu'il avoit joués, et fut condamné à mort. Les païens, enflambés de courroux, se ruèrent dans le temple de Saturne, rompirent son idole, et mirent pied rez le temple. Au reste, Ruffin seul ne faict mention de cette histoire. Il me souvient que Cyrille, escrivant contre Julian l'apostat, en discourt de cette sorte : aux temples de Saturne, les ministres et sacrificateurs mesmes ont été découverts larrons, violateurs du sacré mariage.... O quelles et quantes larmes suffiroient à celles qui ont esté trompées [1] ! »

DEUXIÈME DIVISION.

L'Incube tel que nous l'entendons. — Les Esprits se revêtant d'un corps pour nous tenter et nous souiller. — Volupté, piège universel. — Céder au démon, en magie, conduit à l'incube. — Chutes incroyables et vainement maudites. — Singe du Dieu qui est l'époux des âmes, le démon veut être à sa façon l'époux de ses privilégiés. — Pères de l'Eglise ; exemples. — Olaüs ; — Ulric Molitor à l'empereur Sigismond, de Lancre, Glanvil ; particularité remarquable de *la force*, sens de ce mot. — Ces faits sont une hallucination : Réponse. — L'Ephialte, le cauchemar, l'incube naturel, exemples ; énormité des théories ; le Dr Calmeil singulièrement appuyé de dom Calmet. — Revenir à la doctrine que légitime l'expérience. — Costadau, saint Liguori, Benoît XIV. — Pourquoi ces témérités pontificales, et cette conservation de vérités immondes ? — Réponse.

Notre plume, dans sa course rapide et sommaire, vient de retracer la foi dogmatique des peuples anciens, et l'incroyable durée de leur croyance aux faits par eux avérés d'un commerce entre le ciel et la terre, aux actes *devenus par leur certitude même un objet d'imitation et de contrefaçon* pour le charlatanisme et la débauche. Faisons pour le moment un pas de plus, et abordons, sans craindre de la nommer de son nom véritable, la franche question de l'incube.

[1] Le Loyer, quatre *Liv. des sp.*, p. 188 ; Ruffin, liv. II, ch. xxv.

Le corps DONT LES DÉMONS S'HABILLENT, et qui, nous le savons, n'est pas un corps *vivant et muni d'organes*, peut être fait à l'image du nôtre, et servir à mille fins diverses. Mais le but que, par-dessus tout autre, ils se proposent en se forgeant, pour la ruine de l'homme, cet instrument de ruse et de malheur, c'est de nous amorcer, c'est de nous attirer aux piéges que nous tend leur patiente et inassouvissable haine, c'est de perdre nos âmes!

Or, quel est, pour le tentateur, le plus sûr moyen d'attirer à soi, de capturer, de pervertir l'homme à l'aide d'un corps manœuvré par son intelligence inépuisablement féconde en astuce?

Plaire, charmer, séduire, faire mordre aux appâts de la volupté les voraces appétits de la chair, voilà son triomphe! Il est donc naturel de s'attendre à voir le démon multiplier les occasions de nos amours, depuis celle où la chaste et radieuse beauté de l'ange, mêlant ses harmonies suaves aux traits de la figure humaine, porte dans nos sens éblouis et déçus les délices et l'ivresse de l'extase, jusqu'à ces amours sans nom que les mille et ignobles dépravations de nos goûts font éclore au souffle pestilentiel de l'être déchu et franchement hideux : cet être dont les séraphiques attraits disparurent sous la superlative expression de toutes les laideurs...

Un mot nous le redira donc, et de la manière la plus nette : le démon revêtu d'un corps et, par ce corps, quelle qu'en soit la forme, se mêlant aux amours de l'homme, voilà ce que c'est que l'incube [1].

Ce que nul chrétien doué de quelque expérience ne peut ignorer, c'est que le grand ennemi de l'humanité, celui dont siècles et peuples ont signalé les noirceurs et l'astuce, s'em-

---

[1] Je laisse de côté pour le moment les questions de l'incube subjectif; celles où le démon n'agit sur les sens qu'à l'aide de l'imagination travaillée par son art.

pare de quelques hommes en touchant chez eux la veine de cupidité; c'est qu'il en attire quelques autres aux embûches de l'ambition; c'est qu'il en fait tomber aux piéges de telle ou telle passion favorite tant de milliers, puis tant de milliers encore ; mais aussi ce que la plupart n'ont appris qu'à une heure trop matinale de la vie, c'est que nommer la passion dominante et universelle de l'humanité, c'est nommer celle qui flatte et assouvit les fiévreux appétits de la chair. S'agira-t-il donc pour le suprême insidiateur de nous ravir à nous-mêmes, eh bien ! cet éternel, ce sagace ennemi de l'homme, usant de ses plus surhumaines ressources, devra se couler, s'insinuer en nous, caresser, exalter à la fois la fibre la plus chatouilleuse de notre être, incendier nos sens, nous embraser de ses feux adultères. Et, sur le terrain de la magie, cette marche de l'Esprit tentateur laisse en effet des traces aussi faciles à démêler que nombreuses et invariables. Tantôt, si nous l'y suivons de l'œil, nous le voyons recourir à la ruse; et tantôt, brusquant le coup, user de force et de violence. Mais la tendance habituelle de ses mœurs est de flatter, de promettre, de cajoler, de séduire, de charmer, jusqu'à ce que la cession volontaire que fait d'elle-même sa proie l'en ait rendu seigneur et maître.

C'est alors que va naître pour cette victime le sentiment du dégoût profond et de la terreur, parce que c'est alors que le vainqueur, assuré de sa conquête, peut brutalement et sans risques lever le masque; il a vaincu.

Et ne craignons point ici d'effaroucher le lecteur par le scandale d'une proposition que légitime l'expérience des siècles amoncelés : Oui, le téméraire, qui, dans le champ détestable de la magie, se laissant entraîner à la plus légère des séductions, cède à celui que le Christ appelle l'esprit immonde, s'expose au plus dégoûtant des dangers. Il peut, il doit se regarder comme à la veille de subir de redoutables épousailles! *Son cœur même,* dont il va, bon gré, mal gré, cesser à peu près d'être le maître, est sur le point d'y consentir. Mais, tôt ou tard, et sous quelques ravissantes apparences que l'esprit de vertige ait fait succomber sa raison, il maudit sa honte jusqu'au jour où la rapide dépravation de ses goûts ne lui laisse plus sentir d'autre volupté que celle de la fange des vices les plus opposés à la nature. Le spectacle de ces chutes, incroyable d'abord pour la plupart de ceux qu'elles précipitent dans les abîmes de l'ignominie, est *le tableau principal* que nous offre l'histoire de la sorcellerie, où, presque aussi sûrement que la vague montante jette l'épave au rivage, *les pactes* que nous formons avec l'un des mauvais esprits qui hantent notre monde nous jettent brisés et méconnaissables entre ses bras impurs. Et que cet esprit se rende visible, ou persiste dans son invisibilité, patience! il ne tardera guère à faire peser sur nous un despotisme implacable et atroce. Mais, pourquoi cela donc? Parce que le principe dominant de sa nature, et jusque sous les apparences du tendre amour, c'est la haine; parce qu'il nous tient de nous-mêmes *à titre de chose* qui s'est vendue; parce que le titre qui nous range au nombre de ses esclaves est sorti *de notre volonté libre et dégradante!* Et le Christ, notre Sauveur, s'appelant l'époux des âmes, le dieu jaloux, le *singe de Dieu,* qui ne cesse de se placer sur la ligne parallèle à celle de son Seigneur, doit tout naturellement user de toutes ses ressources pour s'approprier ces mêmes âmes; il accomplira donc son œuvre en épousant l'homme, en lui appliquant pour sceau de son amour les souillures directes de l'adultère infernal.

Traitant ce sujet de si délicate nature et qui pourtant ne devait répugner, en raison de son importance pour le salut des âmes, ni à la sainteté, ni à la science d'un docteur et d'un Père de l'Église, saint Augustin nous a tenu ce langage:

Devant nous se présente la question de savoir..... si les anges, étant de purs Esprits, peuvent entretenir un commerce intime avec les femmes [1]?

..... Que les anges aient apparu aux hommes *corporellement*, et sous des formes non-seulement visibles, *mais tangibles*, le témoignage authentique de l'Écriture en fait foi. « C'est d'ailleurs UNE TRADITION CONSTANTE, et que plusieurs confirment *par leur propre expérience*, ou par les récits de personnes dont la sincérité ne peut être suspecte, que les Silvains et les Faunes [2], généralement appelés incubes, ont souvent assouvi sur les femmes leurs sauvages instincts, *earum appetisse ac peregisse concubitum*. Nous savons par les mêmes voies que certains démons, appelés Dusiens dans les Gaules, s'essayent sans cesse aux mêmes violences. Et comment nier de tels faits lorsque, devant le nombre et la gravité des témoignages, la négation deviendrait presque *un acte d'impudence? Ut hoc negare impudentiæ videatur* [3].

Précédés de cet éminent philosophe, de ce merveilleux

---

[1] Corporaliter coïre cum feminis. — *Cité de D.*, liv. XV, ch. XXIII. — J'adoucirai les expressions françaises autant qu'il me sera possible de le faire sans cesser d'être suffisamment compris.

[2] Ce sont là les noms de l'époque, les démons se donnant alors pour des dieux, selon la remarque que Tertullien nous faisait au chapitre précédent; de même que, dans d'autres circonstances, ils se donnent pour les âmes des morts. La *Vie de saint Antoine*, par saint Athanase, Père et lumière de l'Église, grossie d'une multitude de documents authentiques, nous démontre que les démons prennent et choisissent leurs formes selon les besoins de leur cause.

[3] *Cité de D.*, liv. XV, XXIII. Tous ont failli au mot *Dusios*, dit Bodin, *Démonol.*, liv. II, chap. VII, car il faut lire Drusios, comme qui dirait diable forestier, de δρυς, chêne, d'où druides, pontifes ou esprits des chênes, des arbres sacrés et animés. — Voir mon livre *Dieu et les dieux, ou Un Voyageur chrétien*. — Les Latins les appelaient, au même sens, Silvanos. — Bodin, *Id.* Le démon devait naturellement fréquenter *les bois sacrés*, où il résidait en qualité de dieu; et, fidèle à ses habitudes de se faire *tout à tous*, il devait changer de forme et de nom suivant les pays et les temps.

théologien, ne craignons point de réclamer la tolérance du lecteur au bénéfice de certains faits que nous devons citer pour exemples, et que leur date l'engagerait peut-être à considérer avec un injuste dédain. Mais, en présence de phénomènes analogues *qui ne sont que d'hier*, et dont les récits vont se succéder, nous obtiendrons peut-être tout à l'heure, de la part de ceux qui savent appliquer les plus simples règles de la critique, beaucoup plus que de la tolérance.

Et d'abord, l'un des Pères qui figurèrent avec éclat au grand concile de Trente, l'archevêque d'Upsal Olaüs, fort de sa longue expérience, use à peu près des mêmes paroles que le grand docteur d'Hippone. Les noms de Faunes et de Satyres sont aussi ceux qu'il applique à ces Esprits des campagnes et des forêts, dont il affirme que les apparitions étaient d'une singulière fréquence dans le Nord.

Du bout de sa plume il nous les décrit tantôt revêtus de formes épouvantables et se ruant sur l'homme, tantôt empruntant l'aspect de divinités folâtres et lascives, qui s'égayent à répandre autour d'elles des leçons et des exemples de jovialité et de débauche. Consignant le témoignage de sa propre croyance dans un fait dont il se constitue le narrateur, le grave primat de Scandinavie termine par ce trait une de ses pages : Le roi Hother surprit un jour, à l'aube naissante, trois de ces nymphes foulant l'herbe humide de rosée. Il les poursuivit jusque dans une caverne où elles se réfugièrent, et où elles permirent au monarque de porter sur leurs ceintures une main victorieuse. *Tres nymphas ad earum antra secutus, victoriæ zonam et cingulum impetravit*[1].
— Légende ou non, ce trait, donné comme positif, décrit l'*état* de la croyance ; assez d'autres en prouvent la *justesse*.

Ailleurs, l'évêque Binsfeld, le célèbre conseiller de Lancre

[1] *De gentibus septentrionalibus*, p. 112-113.

et le professeur de théologie P. Thyrée [1] s'accordent à nous redire l'histoire de l'un des plus remarquables exorcismes opéré dans un cas de flagrant et irrésistible incube par saint Bernard, l'une des plus vives lumières de l'Église. Peu de faits obtinrent dans l'Occident une plus universelle notoriété.

La cérémonie s'accomplissait au cœur de la ville de Nantes, en présence de la population tout entière remplissant les abords et les nefs de la cathédrale, sous les yeux de Brictius, son évêque, et de Gaufred, évêque de Chartres. La malheureuse femme qui en avait réclamé le bénéfice s'était laissée séduire et fasciner par un jeune militaire de mâle et angélique beauté. Mais bientôt elle avait reconnu, et, promptement, la douleur lui avait fait sentir la formidable nature de son vainqueur. Terrifiée, brisée par le démon à figure humaine qui se riait de l'épuisement de ses forces et de ses tardifs remords, elle se désolait en vain. Le monstre angélique la poursuivait de ses plus implacables assiduités jusque dans la chambre conjugale, *vexabat incredibili libidine*, se faisant un jeu malin d'échapper aux regards du mari [2]. Une lamentable et longue expérience apprenait enfin à cette femme imprudente ce qu'il y a de dégoûts et d'horreurs dans les amours d'un démon. Hélas! le jour où sa faiblesse la plongea dans cet abîme, la pauvrette avait cru se rendre aux vœux et aux soupirs d'un merveilleux adolescent que ses charmes avaient enivré de tendresse. Que de larmes brûlantes et de tourments lui coûtait un moment d'erreur! Cependant, informée qu'elle fut un certain jour du passage de Bernard, elle se sentit la force de courir vers le saint, malgré les prévoyantes et terribles menaces de son persécuteur. Dieu, qui marquait par des grâces miraculeuses les

---

[1] *De Conf. Mal.*, p. 231. — *Inconst.*, p. 215. — *Loca infesta*, p. 496.

[2] Fait d'*aorasie*, décrit dans un chapitre précédent.

CHAPITRE SIXIÈME.

pas de cet apôtre; voulut bien suspendre l'effet des paroles de colère et de mort de celui dont l'amour même était pour elle un enfer. L'homme apostolique écouta cette malheureuse humblement prosternée; puis, mêlant à quelques consolations immédiates ses instructions pieuses, il lança ses anathèmes contre l'Esprit qui avait feint de s'embraser de feux si contraires à sa haineuse et homicide nature. Il défendit ensuite à cet Esprit de s'approcher de toute autre femme; et, la prière de ce saint et profond docteur s'unissant à celle de toute l'assemblée des fidèles, Dieu délivra celle que les tortures de ce bourreau à visage d'ange avait réduite à trahir de sa propre bouche les mystères de son ignominie [1] !

Une nombreuse assemblée de fidèles put voir une fois de plus, sous la crosse de ses évêques, combien il est difficile à qui s'est imprudemment livré de se reprendre, et surtout de se soustraire à l'ascendant de « ces démons, qui se complaisent à favoriser la volupté sensuelle [2] ».

---

[1] Voir la citation de ce même fait dans le commentaire du livre de Tobie, par Serrarius, que le célèbre cardinal Baronius appelle la lumière de l'Église d'Allemagne, t. XII: Collect. Migne, Script. sac. curs. 1839, p. 686-742.

[2] Saint Grégoire de Nazianze, Père de l'Église, *Oratio XXIV*, 10. — Lire l'histoire que rapporte le grave de Lancre d'un démon qui séduisit une fille de qualité en prenant la forme d'un gentilhomme dont elle s'était éprise. Car « il recognut aisément que cette fille, esprise et combattue d'amour, serait bientost abattue », etc. — P. 219, *Inconstance*. — La jeune fille cède, ainsi qu'il l'avait prévu ; cependant le gentilhomme, dont le démon avait usurpé la ressemblance, et qu'elle sommait de tenir parole et de réparer sa faute en l'épousant, démontra, par témoins, son absence longtemps avant et longtemps après le premier jour de cette union clandestine, suivie d'un commerce secret et assidu de plusieurs mois. La pauvre jeune fille reconnaît alors et enfin quel est celui qui l'a trompée ! Elle se repent, entre dans un couvent, vit et meurt en sainte. — *Inconst.*, liv. III; p. 249.
— Analogue dans Binsfeld, *De Conf.*; p. 234, etc. Dieu voulut souvent, par les phénomènes de l'incube, si bien connu de nos pères, épouvanter, étouffer la débauche lorsqu'elle n'était encore que naissante dans le cœur; et la punir lorsqu'elle passait dans les actes; en l'utilisant quelquefois au profit des âmes qui n'avaient point abandonné

Mais qu'importe à ces Esprits dont les multitudes remplissent l'air, l'élévation d'une tour, ou les vaines résistances d'une clôture? L'un d'eux revêtant un corps pénétra donc dans cette retraite et ne tarda guère à se faire agréer de la jeune fille sous les traits caressants et pleins de grâce d'un jouvenceau. L'erreur de la victime ne fut cependant point de longue durée; et, bientôt, la malheureuse crut s'apercevoir qu'elle avait été le jouet d'un démon. Elle éprouva presque aussitôt d'étranges et d'intolérables douleurs; la corruption l'attaqua toute vivante; des vers hideux sortirent de sa chair et, se détachant en masse de son sein, la jetèrent dans d'indicibles accès de fureur [1]. Elle les ramassait de ses mains; elle les portait avec rage à sa bouche comme une aliénée, jusqu'à ce que l'excès des souffrances et du chagrin l'eût poussée aux emportements de la démence. Ému de compassion, et se berçant d'une trompeuse espérance, son père, — dont la conscience gémissait également sous le poids d'une lourde faute, — voulut essayer d'un changement de lieu comme d'un moyen de l'affranchir des funestes assiduités de cet Esprit. Mais, hélas! puériles et vaines prétentions de la sollicitude paternelle! Car le démon, loin de s'abstenir et de respecter cette retraite, fit retentir *ses droits* avec un étrange redoublement d'audace et de cruauté, réclamant avec une insolence infernale celle qu'un premier pacte de débauche l'autorisait, disait-il, à nommer sa femme. Las enfin de s'en tenir aux paroles, et furieux des résistances opiniâtres que lui opposait le père de sa victime, l'Esprit incube, un beau jour, s'élança

---

tout honneur. L'étude de ce sujet nous initie au secret des tortures que les personnes qui se livrent *sciemment* ou *non* à ce honteux commerce ont généralement à souffrir dès ce monde, et dans leur âme et dans leur chair; mais je laisse à d'autres le soin d'envisager la question par cet endroit.

[1] *Ut vermiculos quos de sinu colligebat, in os mitteret, et masticaret.* — Binsfeld, *De Conf.*, p. 233.

sur ce malheureux, lui portant en pleine poitrine un coup terrible, et que suivit un flot de sang. Trois jours après, cet homme, doublement puni de ses propres fautes et de celles de sa fille, rendait le dernier soupir. Le père Thyrée nomme en toutes lettres de saints religieux qui furent témoins des principaux incidents de cette triste aventure [1].

Au quinzième siècle, le savant Ulrich Molitor appuyait sur de fortes raisons sa croyance aux phénomènes objectifs de l'incube, dans le très-rare et précieux traité qu'il écrivit sur les ordres et à l'usage de l'archiduc d'Autriche Sigismond. Les femmes qui sont interrogées sur les circonstances de ce commerce avouent, nous disait-il, et reconnaissent que les démons sont pour elles de véritables amants, des amants empressés, exigeants, inassouvissables. *Quod incubo commisceantur, et quasi ab amatoribus tractentur....* Elles répètent ces aveux en présence de la mort; et, lorsque tout espoir de salut a *disparu* pour elles, elles y persévèrent avec constance [2].

Nier ces faits étranges, dit « un magistrat distingué et intègre [3] », le très-savant et très-expérimenté de Lancre, « ce serait détruire ce que l'antiquité et NOS PROCÉDURES *nous en ont fait voir* ». Et, je le répète, ce serait détruire, en outre, ce dont autrefois, — et *de nos jours,* — la chair et le sang ont témoigné; ce que l'inspection médicale et la science théologique ont constaté chacune par les moyens qui leur sont propres [4].

---

[1] P. Thyrœus, *Loca infest.*, p. 120. — Hujus rei testis est abbas noster.; testis etiam Gerardus monachus noster., aliquando Bonnensis scholasticus — quibus res bene innotuit. — L'évêque Binsfeld, p. 233-234, *De Conf. Malef.*

[2] 459-60. — Double pagination de l'édition de la Bibl. impériale.

[3] A. de Gasparin, *Surn.*, vol. II, p. 454.

[4] Voir *Inconstance*, p. 214-247, etc. — Binsfeld, p. 220; etc. — *De Conf. Malef.*, etc., etc. — Denique nefanda obsequia spiritus exhibent; testantur qui ad mares succubi et ad fœminas incubi. Thyr., p. 200, *Loca*

Nous aimerons, sans doute, à prêter un instant l'oreille au naïf langage que nous tient à ce sujet le perspicace et judicieux de Lancre :

« On sait que les femmes n'ont pas accoutumé de se vanter de leurs paillardises. Et comment confesseraient-elles avoir eu commerce avec les diables, s'il n'était vrai? Or, nous lisons que les juges d'Allemaigne, d'Italie, de France, ont mis par escrit que toutes les sorcières qu'ils ont fait exécuter ont confessé et persisté en leurs confessions jusqu'à la mort inclusivement, et plusieurs aussi à qui on avait pardonné [1]... »

De son côté, le jésuite Thyrée nous rapporte l'histoire d'un père qui, surveillant d'un œil jaloux la conduite de sa fille, l'enfermait au plus haut étage de sa maison chaque fois que la moindre occasion l'obligeait à s'éloigner d'elle.

Or, voulût-on se restreindre à étudier les procédures conduites ou étudiées par cet homme, dont le génie prit les devants sur la science moderne [2], on ne saurait se soustraire à la nécessité de reconnaître la justesse d'une multitude d'actes judiciaires basés sur la conscience humaine, et réu-

---

inf. — A dæmonibus igitur, ut certum est, persæpe et ut plurimum fieri. *Id.* Thyræ., 204. Gaudent autem hoc exercitio plurimum immundi spiritus, non eâ causâ ut inde *sobolem tollant*, vel voluptatem aliquam capiant... sed *propter hominum perniciem*, quam impensè appetunt! 204, Thyræ., *ib.* —Non est dubium quin facillime corpoream speciem possint componere, ac eam intrare, sicque versari cum hominibus, eos alloqui, terrere, ac in peccata trahere. —Rusca, de Inferno et statu dæmonum, etc., liv. V, chap. vii, p. 489. — Les traits de ce genre foisonnent, et les plus graves autorités nous les garantissent. Mais notre siècle aussi paye au démon ce genre de tribut. Patience ! et nous allons le voir.

[1] *Suivent les détails matériels.* — « J'ai montré, ci-dessus, plusieurs exemples des procès particuliers qui m'ont été communiqués, où cela est très-bien vérifié et par confessions, *sans torture*, et par convictions. Joint aussi que les témoignages, convictions, confrontations et confessions semblables *de toutes nations*, se rapportent jusqu'au peuple des Indes occidentales, qui se trouvent semblables avec les autres. » *Incréd.*, p. 504.

[2] M. A. de Gasparin, vol. II, p. 154.

nissant les conditions les *plus rigoureuses de la certitude philosophique* [1]. On verra plus tard que ; si nous citons ces actes, nous ne sommes pourtant point d'humeur à nous faire l'apologiste des inutiles rigueurs qui, trop souvent, ont souillé les mains de la justice.

Parmi les exemples intéressants et bizarres d'où le savant conseiller de Lancre fait dériver ses conclusions, figure un procès intenté contre la femme Françoise Bos, accusée et convaincue de rapports avec ces sortes de démons. Rien de plus scandaleux, nous l'avouons, que ce procès, pour les oreilles d'un siècle aussi mesquinement rationaliste que tout à l'heure encore l'était le nôtre. Mais par cette raison même, et à cause des grands noms de la magistrature dont il est revêtu, nous avons pensé ne pouvoir mieux faire que de le choisir.

Cette femme « et son mary dormant, quelque chose se jeta sur son lict, qui fut cause qu'elle s'éveilla de frayeur ». Et voilà de quelle sorte la chose se mit en train ; car il ne se faut nullement imaginer que ces aventures ne prennent jamais naissance qu'accompagnées d'apparitions séduisantes et angéliques.

« Une autre fois, celle même chose s'était jetée sur son lict *comme une boule*, elle veillant et son mary dormant.... Et cela ayant la voix d'un homme, cela lui dit fort bas être capitaine du Saint-Esprit ; qu'elle n'eût donc crainte de le recevoir. » Mais l'accueil étant de nature assez décourageante, « cela sauta sur une met, puis à terre ».

Un peu plus tard, et l'Esprit sachant préparer et choisir son temps, on s'apprivoisa vite, et *beaucoup trop !* « Je suis le temple de Dieu, disait-il ; je suis envoyé pour conso-

---

[1] Un écrivain des plus consciencieux, M. Bizouard, démontre par des faits palpables cette vérité, dans son ouvrage considérable : *Des rapports de l'homme avec le démon*. Six vol. in-8°, Gaume.

ler les pauvres femmes... Tu es vieille..., » et l'Esprit se mit à conter... probablement de ces choses auxquelles ni l'oreille, ni le consentement ne se doivent prêter. — Bientôt donc la dévotion, le sacrilége, et de singuliers oublis de soi-même se mêlèrent, d'après les conseils de l'Esprit séducteur, dans la conduite de la pauvre vieille qui, non contente de sa propre faute, se mit en devoir d'établir entre le mystique visiteur et ses voisines le genre hideux de commerce auquel elle se livrait elle-même. Aussi ne tarda-t-elle pas à répandre autour d'elle un profond dégoût.

On me permettra de supprimer force détails qui m'amèneraient à dire comme quoi Françoise Bos s'entendit condamner à être pendue d'abord, puis brûlée..., ce dont elle appela. Mais sur le rapport de M. Monthelon, de la grand'-chambre, et *tout d'une voix*, la sentence fut confirmée, et y fut ajoutée l'amende honorable le 14 juillet 1606. — Présidents, MM. *de* Séguier et *de* Molé (*sic*) [1].

La parole méfiante de l'Anglais Glanvil nous a précau-

---

[1] De Lancre, *Incrédulité et mescréance du sortilége convaincue*, p. 793. — Paris, 1622. — « La malade, Françoise Bos, ne manquait pas d'engager de longues conversations avec ce *prétendu démon*, et *sa monomanie, comme il est facile* d'en juger, était *très-bien caractérisée.* » Ainsi parle le docteur Calmeil, véritable monomane ou halluciné à l'endroit des miracles et des prestiges démoniaques. — S'il n'est l'inventeur de l'hystéro-démonopathie, il est au moins l'un des ardents propagateurs de cette explication si grotesque de la science *moderne.* Voir t. I, p. 427, Paris, 1845, in-8°, *De la Folie au point de vue pathologique, historique, philosophique et judiciaire.* — Au point de vue philosophique, on jugera de la valeur de cet ouvrage dans mon livre : *Médiateurs et moyens de la magie*, chap. x, etc.; au point de vue historique, un simple échantillon du genre tronqué de ce docteur et des autorités sur lesquelles il s'appuie suffira pour apprécier son œuvre. Lisez, par exemple, vol. I, p. 264-265, la notice qui concerne Nicole Obry; puis, ouvrez le vol. intitulé *Nicole Obry*, de M. l'abbé Roger, ce livre d'un si puissant intérêt, et rapportant ces prodigieuses victoires du Saint-Sacrement sur le démon, que l'un de nos papes disait ne pouvoir être trop portées à la connaissance des peuples. — 1 vol., Plon, 1863.

CHAPITRE SIXIÈME.

tionné contre cette crédulité facile, dont les conséquences furent parfois homicides; et ce critique, avant d'ajouter une foi complète aux œuvres démoniaques, voulut avoir le témoignage de ses propres sens et de sa raison. Son attention, fort éveillée, se porta donc entre autres points sur les phénomènes consignés au fameux procès de Mohra, si furieusement attaqués, plus tard, par des hommes à systèmes intéressés et préconçus, mais vérifiés devant une population tout entière par les seigneurs hauts commissaires de Sa Majesté Suédoise, vers la fin du dix-septième siècle [1].

Eh bien, dans ce pays lointain, du plus glacial et *intolérable protestantisme* [2], on vit se produire et se développer au sein des orgies magiques, et sous l'empire de circonstances semblables à celles qui régnaient dans la plupart des autres pays et des autres siècles, le même fond de procédés ridicules et d'abominations morales. — Le démon qui se manifestait à des gens grossiers, entraînés et dupés par ses artifices, les traitait d'ailleurs avec un raffinement de méchanceté dont la simple supposition paraîtrait une insulte au plus humble bon sens, si mille exemples ne nous avaient appris quelle perversion opère dans nos sens et dans notre volonté le génie du mal, de quels liens inexprimables il enchaîne

[1] 1669-1670, p. 311-328, *Sadd. triumphatus*.
[2] L'an 1857, il en est encore ainsi. La loi, peu de temps après, change sans s'adoucir, et les tribunaux qui l'exécutaient ont banni des citoyens coupables de s'être convertis au catholicisme. Une souscription publique fut ouverte dans les journaux français pour faire un sort à ces malheureux, traités cependant avec une cruauté moins hypocrite et raffinée que ne le sont, aujourd'hui même, les catholiques en Russie. Et nous ne disons rien des indicibles horreurs qui font de la Pologne entière un de ces amphithéâtres où les martyrs se débattent dans le sang. Avec quelle réelle indulgence les célèbres lettres de M. de Custine, si détestées des Russes, avaient peint cette triste puissance! Non, l'Angleterre n'est point le seul gouvernement qui persécuta les catholiques dans la mesure où la prudence le lui permit. J'ai fait une promenade en Irlande, mais, au lieu d'en parler, je renvoie au livre admirable de M. de Beaumont, l'*Irlande sociale, politique et religieuse*.

notre personne, et avec quel art il transforme jusqu'à nos goûts, lorsqu'une fois notre libre aveu lui laisse prendre possession de notre être. Or, l'acte le plus universel auquel les grotesques démons de Mohra assujettissaient leurs élus, dont l'ignorance avait été la faute première, c'était l'*acte principal de toute réunion sabbatique,* c'est-à-dire la souillure du commerce charnel. Chacun d'eux, et tous ensemble, convinrent avoir eu positivement à subir cette flétrissure dans toute son ignominie. *He committed venereous acts with them... This indeed, all confessed, that he had carnal Knowledge of them.* — *P.* 323.

Imaginations! hallucinations! délire des sens ou de la pensée! voilà quel est, devant les plus indubitables de ces récits, l'immuable refrain des gens qui glissent et patinent, avec ou sans grâce, au-dessus de profondeurs dont les sépare une surface qu'il leur serait douloureux, qu'il leur serait peut-être impossible de rompre. Et chacun de nous ne pouvant agir que selon la puissance de ses facultés, il nous semble plus juste de plaindre que de railler cette ricaneuse et légère population des superficies! Pourquoi vouloir, en vérité, que des patineurs soient des plongeurs?

Notre livre *des Médiateurs et des moyens de la magie,* nous semble faire une part assez large, entre les espèces diverses et fort peu connues de l'hallucination, au phénomène de l'hallucination naturelle. Mais, à propos de ces gens qu'une incurable infirmité d'esprit pousse, contre le vent et la marée montante de la raison, à vouloir nous expliquer les phénomènes surhumains qui s'accomplissent dans la personne de l'homme par *les forces latentes* ou *les désordres physiques* de la nature humaine, il ne peut être inopportun de citer les paroles de quelques anciens démonologues, ni de rapporter les principales opinions physiques ou médicales qui se coalisent contre les doctrines du catholicisme. Ces pages, en résumant les données de la science aux différentes époques, nous apprennent que déjà, depuis un temps considérable, les docteurs de la ligne affirmative avaient su faire un savant usage de leur discernement et répondre d'une manière assez pertinente aux docteurs de la négation.

L'éphialte est devenu, de nos jours, un mot à double entente. Le plus souvent il est synonyme de cauchemar, et désigne une sorte particulière d'hallucination que subit l'homme agité par un sommeil anormal. Déjà, cependant, du temps que les académies permettaient à Dieu de laisser intervenir les bons et les mauvais Esprits dans les choses de ce monde, ce mot offrait un second sens. De là ces paroles de le Loyer, défenseur, sous le jour même de l'expérience, des doctrines que certains utopistes de nos facultés se font un devoir de ruiner au nom *de la science* moderne. « Et bien que les médecins nous veuillent battre de leur maladie éphialte, laquelle nous avons cy devant descripte, et de leur lycanthropie, desquelles maladies ceux qui sont atteints pensent avoir habitation charnelle avecque les Esprits, ou s'estiment être changés en loups, si est *véritablement* qu'il y a eu des hommes et femmes qui ont eu copulation comme incubes ou succubes avecque les diables, et ont été changés en loups *quant à ce qu'en pouvait discerner la vue extérieure,* ayant *même affection* que les loups, et qui, plus est, se sont couplés aux louves [1]. »

« Aucun de ceux *qui nous auront lu*, s'écrie le célèbre Nicolas Remi, ne doute que l'éphialte et l'incube ne soient un démon — invisible ou visible, — qui s'empare de la

---

[1] Le Loyer, *les Quatre Livres*, p. 272. — M. Bizouard cite, dans ses six vol. *Des rapports de l'homme avec le démon, une multitude* d'affaires juridiques parfaitement étudiées, où ces faits ont été constatés de la manière la plus certaine. On peut consulter ces extraits et aller aux sources. J'ai la satisfaction de me trouver d'accord avec ce qu'il rapporte et accepte.

femme dont il a le consentement, et s'unit à elle. A d'autres de croire avec des médecins, *s'ils le trouvent facile,* que ce phénomène *ne soit jamais qu'une maladie du corps,* ayant pour effet d'intercepter les esprits animaux. La même raison nous fait admettre que l'*hyphialte,* ou le succube, est un démon qui se livre à l'homme sous la forme féminine [1]. »

Un nombre considérable de sorcières s'accordent d'ailleurs à reconnaître qu'*une douleur véritable* accompagne le moment de ces alliances; et l'une d'elles, ayant depuis longues années l'habitude du mariage, avouait que *jamais* elle ne cédait à son démon sans que son linge, *copieusement trempé de son sang,* n'en portât la preuve. Aussi, dans l'épidémie démoniaque que ce magistrat nous a décrite, — et chacun de ces fléaux offre *son caractère particulier,* — entend-on la plupart des sorcières se lamenter *des violences* de leur démon, contre lequel vainement s'efforcent-elles de lutter.

Cette remarque nous oblige à faire observer que des plaisirs d'imagination, que des satisfactions d'orgueil ou de vengeance triomphaient chez ces femmes perverses de tout sentiment de douleur ou de répugnance... Et d'ailleurs, chacun de ces fléaux singuliers, chacun de ces règnes calamiteux offrant un caractère distinctif, ce ne peut être une règle universelle que le mal physique accompagne ces actes infâmes. Quant aux grands saints que l'Église honore, on sait que leurs luttes contre ces ennemis immondes étaient sérieuses, et suivies de la victoire; on sait que loin que le

---

[1] *Ephialtes,* incube, *hyphialtes,* succube. — Ac primum sicut ambiget nemo, qui superiora legerit, Ephialtes atque incubas esse dæmones qui addictas sibi mulieres, more virorum constuprent atque comprimant; nam hoc *semper* morbum esse corporis quo viæ spiritus animalis intercipiantur non facilè cum medicis censerim; ità et hyphialtes ac succubas esse qui se viris, habitu specieque muliebri submittant, non erit creditu difficile, etc., p. 184. V. Remigii cognitoris publici dæmonolatriæ, etc. Col. Agrip. Anno IƆ.CIƆ.XCVI.

démon fût leur maître, ils se rendaient les maîtres du démon ; et parmi ceux qui, s'étant retirés du monde et séquestrés, voulaient vivre éloignés du commerce et des séductions du sexe trompeur, il en est « bien peu qui n'aient été *visiblement* tentés de diables en forme de femmes [1]. » Leur volonté toujours ferme et pure, leur sainteté sans cesse vigilante repoussaient et brisaient les efforts de ces malins Esprits.

Mais sous les formes humaines, et sous le nom plus ou moins médicalisé d'éphialte, les démons se jouaient et se jouent de nombreuses victimes séduites par une honteuse débauche des sens. Et du même coup se jouent-ils, à un autre point de vue, de pauvres docteurs qu'ils stimulent à se glorifier d'une cécité dont le propre est de dérober et de faire nier aux yeux de l'esprit le soleil radieux des vérités que ne peuvent saisir les yeux du corps [2].

Il est, en définitive, loin de notre pensée de contester l'existence du cauchemar érotique et naturel que la Médecine aurait décrit ou décrirait sous le nom d'éphialte ; mais nous savons de science certaine que le genre d'hallucinations désigné jadis ou aujourd'hui par ce mot peut être, et qu'il est quelquefois l'effet d'une action démoniaque. L'éphialte constitue, dans ce cas, le phénomène de l'incube

---

[1] Le Loyer, *Quat. Liv. des Spectres, ibid.*, p. 514. — Lire les *Vies* de saint Antoine, saint Hilarion, saint Pacôme, *Bollandistes*, etc.

[2] Sagæ quoque omnes perhibent sic dæmonibus suis comparata esse quæ putantur virilia, ut sine sensu maximo doloris, præ vastitate, rigoreque nimio, admitti non possint. P. 27. — Claudia Fellœa expertam esse se sæpius instar fusi, in tantam vastitatem turgentis ut sine magno dolore contineri a quantumvis capace muliere non posset. Mazilœii, idas novemb. 1584. — Retulit et Didatia Miremontana, se, licet virum multos jam annos passa esset, tamen tàm vasto turgidoque dæmonis sui inguine extensam semper fuisse ut substrata lintea largo cruore perfunderet. Prœnerii, 14 calend. feb. 1587, p. 28. — Et communis ferè est omnium querela, *perinvitas* se a dæmone *suo* comprimi, non prodesse tamen quod obluctantur. P. 28, *ibid.*, Nic. Remigi.

subjectif, c'est-à-dire de cette qualité de phénomène où l'acte qui paraît s'accomplir au dehors, et par le concours d'un être palpable, n'a d'autre réalité que le rêve physiquement provoqué, d'autre siége que l'imagination travaillée du sujet.

Et ce que nous savons mieux encore, c'est que, plus prestigieux et non moins certain, l'incube *patemment* démoniaque, c'est-à-dire l'incube OBJECTIF, est de sa nature plus facile à prouver que celui dont l'imagination seule est le siége; car il a *son objet* au dehors; l'œil peut voir cet objet, et la main le toucher; en un mot, le démon qui suscite ce phénomène s'y rend tangible, et quelquefois visible; souvent même il y est l'un et l'autre. Ajoutons que le sang, les blessures, ou d'autres indices, témoignent de temps en temps de son passage et de ses actes. Quel tort les possibilités de l'erreur pourraient-elles donc causer sur ce point aux certitudes acquises de la vérité [1] ?

[1] Laissons cependant s'exprimer un instant sur le cauchemar, l'éphialte, l'incube, un des plus implacables adversaires du surnaturel, M. le docteur Calmeil.

Cauchemar, Ephialte, incube, épilepsie, asthme nocturne (*ludibria fauni*, Pline), oneirodunie (Cullen).

« Cullen, en classant parmi les vésanies cet état pathologique, qui intéresse la psychologie autant que la médecine, et dont *la superstition* s'est souvent emparée, lui a assigné, suivant nous, sa véritable place. Le cauchemar est, en effet, un mode de délire qui n'éclate et n'a d'existence que pendant le sommeil. »

« Ce que l'on raconte des succubes et des incubes est lié, dans la plupart des cas, à un tout autre ordre de phénomènes que le cauchemar. Il n'y a pas de rapport entre une sensation épigastrique horriblement pénible et les illusions d'un homme endormi qui aperçoit distinctement les formes et les mouvements d'une belle personne, qui croit entendre sa voix, le bruit de ses vêtements, qui la sent s'introduire à ses côtés, le presser dans ses bras, et dont le cerveau s'exalte au point de réaliser toutes les jouissances de l'amour. Nous connaissons une mère de famille, aussi distinguée par l'éducation que par son esprit, qui, chaque nuit, se figure recevoir les caresses d'un chien et d'un énorme singe, et qui entre en fureur chaque fois qu'en s'éveillant elle songe que, peut-être, elle porte dans son sein les fruits de cet

CHAPITRE SIXIÈME.

Mais imposons-nous maintenant la tâche de suivre de l'œil, afin de guider nos appréciations, les phénomènes accessoires attachés pendant une longue période, ainsi que l'ombre s'attache à son corps, au phénomène principal, à celui que M. le docteur Calmeil appelle *sans exception et dans tous les cas* la maladie *naturelle* de l'incube. C'est là le mal que, dans son traité spécial de la folie, il a sérieusement qualifié du nom scientifico-drôlatique d'hystéro-démonopathie ; et ce nom fortuné, nous l'avons vu devenir, dans la médecine vétérinaire, c'est-à-dire incrédule aux Esprits, le synonyme aussi commode que complet des deux mots : le surnaturel et le surhumain.

Les religieuses atteintes de cette affection « étaient averties du retour des accès par. *l'odeur infecte* », — et bien digne de remarque, ce nous semble, — « que répandait leur haleine. Quand arrivait l'attaque, *elles perdaient la*

horrible commerce. Il appartient donc à l'analyse de faire une nouvelle classification de toutes ces *sensations* morbides. »

« Le cauchemar est ordinairement sporadique, mais il semble positif qu'il peut, sous l'influence d'une impression morale puissante, attaquer à la fois un nombre considérable de personnes. Les auteurs parlent d'une sorte de cauchemar qui se manifeste sans que l'on soit endormi. Nous avons rencontré un certain nombre d'aliénés qui offraient, dans leur délire, les principaux phénomènes de l'incube, mais il ne faut pas confondre la monomanie avec le cauchemar. » Calmeil, p. 26 à 28. *Dictionnaire de médecine, par une société de médecins, ou Répertoire général des sciences médicales*, considérées sous le rapport théorique et critique. 2e édit., t. VII, Paris, 1834. MM. Adelon, Bérard, Blache, Breschet, Chomel, Cloquet, P. Dubois, Gerdy, Guersant, Itard, Marc, Marjolin, Littré, Orfila, Rostan, Trousseau, Velpeau, Villermé.

Cette première citation étant extraite d'un immense dictionnaire de la science médicale, nous aimons à supposer que les constructeurs de ce monument (tant nous y voyons de noms justement vénérés dans la science) ne se reconnaissent en aucun point plus solidaires les uns des autres que ne le voulaient être les constructeurs de la tour de Babel, s'efforçant encore de continuer leur œuvre au moment où les diversités du langage élevaient entre les diverses intelligences des travailleurs d'insurmontables barrières.

raison, tout en conservant une partie de leur connaissance. Si quelquefois elles voulaient uriner, le vase dont elles usaient *leur était* soudainement *ôté,* tellement qu'elles souillaient leur lit. Parfois, elles en étaient tirées par les pieds, traînées assez loin, et tellement chatouillées sous les plantes qu'elles se pâmaient de rire. *On* arrachait une partie de la chair à quelques-unes; aux autres, *on* retournait *sens devant derrière* les jambes, les bras et la face.... Aucunes étaient élevées en l'air *à la hauteur d'un homme,* et tout soudain rejetées contre terre... Une d'entre elles fut soulevée en l'air, et quoique les assistants s'efforçassent de l'empêcher, et y missent la main, *elle leur était arrachée* malgré eux, puis tellement rejetée contre terre qu'elle semblait morte; mais se relevant puis après, comme d'un somme profond, elle sortait du réfectoire *n'ayant aucun mal.* D'autres encore couraient comme des chiennes à travers la campagne, s'élançaient en l'air comme des oiseaux, grimpaient au tronc des arbres comme des chats, devinaient *les choses cachées* et présageaient l'avenir [1]. »

Or, quelle était la cause de ces phénomènes ? — C'était le diable qui, pour ces derniers cas, confessa avoir été introduit dans le couvent par une religieuse nommée Jeanne Pothière, avouant qu'il avait cohabité avec cette dernière depuis qu'elle était âgée de neuf ans [2].

Et quelle sera, d'après M. le docteur Calmeil, l'explication *naturelle* et par conséquent raisonnable de ce diable ? — La voici : c'est que Jeanne Pothière « *put être* victime d'une perversion survenue dans ses sensations et dans ses facultés intellectuelles [3], » etc., etc...

[1] P. 163.
[2] Vol. I, *Folie,* 1845, p. 258-267-268-143, etc.
[3] Page 165, *ibid.*

CHAPITRE SIXIÈME.

CONCLUSION.

M. le docteur Calmeil, et ses semblables en diagnostic, ne subissent-ils aucune perversion dans leurs sensations et dans leurs facultés intellectuelles, lorsqu'ils attribuent aux effets d'une telle infirmité la mutinerie de ce vase nocturne s'arrachant des mains qui l'étreignent; cette élévation en l'air et à hauteur d'homme de filles que les assistants s'efforcent en vain de retenir; ces facultés divinatoires, et que sais-je encore?...

Oh! combien j'ai souffert en votre absence, docteur! approchez; vite, voici mon pouls. — Inutile! — Le vase nocturne s'est-il révolté contre la destination que lui préparaient vos mains? s'en est-il arraché de lui-même? Avez-vous révélé des choses cachées? Vous êtes-vous élevée de terre malgré les efforts désespérés des amis qui s'épuisaient à vous y ramener? — Oui, voici les témoins de ces faits. — Bon! le mal est connu, *a dæmone nulla;* mais « perversion survenue dans les sensations intellectuelles! » Hystéro-démono-pathie!

O progrès de la science moderne! *O Minerva medica!*... Ainsi donc, *ici et ailleurs*, il faut nier, avec le plus forcené des aplombs, les faits mille fois et vaillamment attestés dont l'incomplète énumération vient de passer sous nos yeux; il faut les nier gratuitement, pour les simples besoins de la cause, et dans le but unique de fixer au nombre des dogmes médicaux *l'idée fixe* de M. le docteur Calmeil et de son école contre le surnaturel! Ou bien, puisque en énumérant ces faits on semble les adopter, il reste établi qu'au dix-neuvième siècle *une perversion des sens et de l'intelligence* cause des chutes sans douleur, et semblables aux chutes aussi terribles qu'innocentes dont le magnétisme magique étale à nos yeux la merveille; en un mot, il est reçu que *cette perversion* donne à de pauvres religieuses la faculté de grimper comme des chats, de rester suspendues et nageant en l'air contre les lois de la gravitation, de deviner les choses cachées, de se transformer en source jaillissante de ces vains ou malicieux prodiges que jusqu'au dix-huitième siècle toutes les religions et tous les peuples, magistrats et philosophes en tête, attribuent, d'accord avec l'Église, à la possession démoniaque, à l'action des mauvais Esprits!

Et, devant ces phénomènes, les mots hallucination, monomanie, démonomanie, hystéro-démonomanie, que sais-je encore, tous les trésors de la plus assoupissante et monotone phraséologie à l'usage de la médecine vétérinaire et antipneumatique reparaîtront, repousseront, refleuriront avec le luxe le plus infatigable de végétation philosophique! Et nous devrons nous incliner profondément, nous devrons saluer dans ces implacables redites *l'explication naturelle* des phénomènes énumérés par la plume de M. le docteur Calmeil. Oh! vraiment, depuis et avant Molière, l'outrecuidance doctorale est un travers que tout le monde en France sait accepter, au besoin, avec un bon goût parfait; mais à la condition, pour le bénéficiaire, de ne point en surcombler la mesure [1]!

[1] Nulle insulte ne peut s'adresser ni dans le fait ni dans notre pensée à ceux que les nécessités de la logique nous font appeler monomanes ou hallucinés. Monomanie, fièvre ou lèpre sont chacune une maladie; or une maladie n'est point un crime; elle ne devient coupable qu'autant que notre volonté réfléchie l'impatronise en nous et la tourne contre l'existence de nos facultés mentales ou physiques. Moins qu'un autre aurait le droit, l'honorable docteur Calmeil, de repousser comme offensants ces termes, les favoris de sa plume, lorsqu'ils se retournent contre lui-même, puisque, de sa propre main, il les déchaîne contre les personnages les plus respectables de ce monde, ceux que probablement il veut le moins offenser : les patriarches et les apôtres, les saints et le Christ lui-même. Voir vol. Ier *De la Folie*, etc., p. 400, 444, 92, 94, etc., etc. Voir à nos chapitres sur les hallucinations et les savants, celui qui concerne M. le docteur Calmeil et ses disciples, que, d'après le siége scientifique et professionnel de ce docteur, nous dési-

En présence des phénomènes universels de l'incube, ou devant toute autre action démoniaque soumise à d'aussi choquantes interprétations, ne craignons point de le dire, il est une maladie plus sérieuse et plus vraie que l'hystéro-démono-manie. Puisant, pour la qualifier, aux sources d'où jaillit la veine des admirables composés de l'école Charentonnaise, et lui rendant la monnaie de son or, osons lui construire le plus simplement du monde le nom gréco-médical de Thaumato-phobie.... Peut-être une longueur de quelques centimètres en plus ajouterait-elle à la puissance de son effet. Mais ne nous sentant la force de suivre que de fort loin nos modèles, nous sommes gens à nous contenter d'une médiocrité qui n'est point d'ailleurs sans mérite.

Or, le propre de cette maladie bilio-nerveuse est de provoquer, chez ceux qu'elle attaque et possède, soit une veine glaciale de dédain, soit une indomptable irritation à l'aspect, ou simplement au bruit du nom de l'objet qui la détermine. Au nombre de ses prodromes elle compte.......... Mais le caractère spécial et particulier (*sui generis*) de ce mal, — nous ne plaisantons point, — c'est de dérober aux regards du malade *la réalité* du phénomène qui le fait tomber en crise, c'est d'en ôter l'intelligence à son esprit. Il se range donc, *de plano*, parmi les désordres hallucinatifs; et tantôt cette hallucination, convertissant en faits naturels les phénomènes surhumains, est du genre transformateur qui, par exemple, à la vue d'un homme que tous les yeux voient en l'air et suspendu, cause la perception d'un malade délirant et alité [1]; tantôt elle est hallucination dissolvante, et son effet, en faussant les yeux, est de noyer dans le vide et de rendre insaisissable à la vue un unique objet, celui que

---

gnons sous le titre d'*École de Charenton*. Hors ce point de monomanie, nous ne voulons douter de la saine intelligence du très-honorable docteur.

[1] Docteur Michéa, *Revue contemporaine*, fév. 1862, p. 562, etc., etc.

cherchent les regards. — Je l'ai dit, et je ne saurais assez le redire : les Sodomiens furent atteints de cette singulière et merveilleuse infirmité ; mais elle n'affecta que l'œil de leur corps. Tous à la fois en subirent l'atteinte au moment où, cherchant la porte de Lot, qui frappait leurs yeux, cette porte devint l'unique objet qu'il leur fût impossible de voir!

Nous nous reprocherions, après tout, de nous armer de rigueurs contre ces infirmes de l'ordre profane et de nous récrier, sous le coup de la phraséologie dont ils s'essayent à nous flageller, chaque fois que les faits et les raisons dont ils ont la maladresse de se saisir pour nous écraser retombent sur eux et les meurtrissent. Oui certes, nous nous ferions scrupule de sévir implacablement de la plume contre de tels hommes, lorsque la parole qui retentit sur leurs lèvres n'est, en quelque sorte, que l'écho de celle que jetait au vent de la publicité celui qui devrait être leur maître et le nôtre, un théologien, un homme dont la science, lorsqu'elle est vraiment digne de ce nom, embrasse et domine de si haut toutes les sciences agglomérées [1]. Hélas! celui que nous voulons nommer, en nous exprimant avec cette agressive liberté, aussi contraire à nos goûts que peu convenable à notre position de laïque si la nécessité ne nous en imposait la loi, c'est le bénédictin dom Calmet, érudit remarquable et religieux digne de tous nos respects. Prêtons donc un instant notre oreille étonnée au langage que tenait, à propos des phénomènes incubiques, ce trop fécond écrivain du siècle dernier.

« Les auteurs LES PLUS GRAVES ET LES PLUS DIGNES DE FOI nous racontent sur ce point d'innombrables contes. Mais l'opinion qui prête un corps aux anges et aux démons trouverait à peine un champion ; à ce point que celui qui la

---

[1] Theologia imperat omnibus aliis scientiis tanquam principium, etc. Saint Thomas, liv. I, *Sent. proleg.*

soutiendrait *aujourd'hui* devrait être marqué d'un fer chaud pour le châtier de sa témérité. » Telles sont les paroles du célèbre religieux ; mais afin de les rendre plus claires, il ajoute : « Que celui donc qui s'en irait rapportant ces histoires du commerce conjugal des démons avec l'homme ou la femme sache bien qu'il fait acte de malade *en proie au délire*, et qu'il ne se rencontre en ces matières que des prestiges démoniaques, au lieu de démons revêtus de corps [1]. »

En vérité, lorsque nous nous cantonnons sur de telles pages, quelles différences saisir entre deux noms qui semblent ne pouvoir se rencontrer que pour se heurter jusqu'à ce que l'un fracasse l'autre ; et qui distinguerait, en pareil cas, le nom de Calmet du nom de Calmeil ?

N'avons-nous point entendu, cependant, le même bénédictin nous rapporter les faits les plus étranges et les plus prodigieux, que tantôt il emprunte, selon ses propres expres-

[1] Ce dernier membre de phrase, tout pitoyablement restrictif qu'il est, laisse subsister le fait de l'incube subjectif démoniaque ! — Mais citons le texte : Historiolæ hac de re innumeræ narrantur apud auctores *gravissimos et fidei exploratæ.* Sed opinio quæ tribuit corpus angelis et dæmonibus penitus ferme caret assertore, ut qui, hodie, illam in Ecclesia tueatur, temeritatis nota inurendus sit. Si quis expendat vulgatas de commercio dæmonum cum viris ac feminis per quietem historias, intelliget errantis esse potius, animi deliria, et dæmonum prestigia, quam verum quid et corporeum a dæmone præstitum. Tome XII, p. 562. *In lib. Tobiæ comment. Scripturæ sac. curs. compl.,* in-4º, Parisiis, 1839, coll. Migne. Nulle réfutation plus complète de l'erreur de dom Calmet n'existe ailleurs que dans ce même traité de Nic. Serrarius, que l'illustre cardinal et savant Baronius appelle la lumière de l'Église d'Allemagne. Voir aussi les ouvrages de dom Calmet lui-même, où il adopte des faits qui sont l'éclatante réfutation de ses incrédulités accidentelles. Paris, 2 vol. in-12, 1751, *Apparitions,* etc. Nous ne nions point la possibilité d'un désordre *organique,* d'une hallucination *naturelle* produisant des sensations incubiques ; non, mais nous nous bornons à établir *le fait* de l'incube *démoniaque.* — Ce commentaire du livre de Tobie l'affirme de la manière la plus positive, et l'appuie des plus hautes autorités : Sed hæreticus Wierius... impudens incubitiones et succubitiones istas negat..., etc., etc., p. 687-8, *ibid.*

sions, « aux auteurs les plus graves et les plus dignes de foi », et que tantôt il semble adopter à titre de phénomènes indubitables? — S'il conteste les premiers, que devient le témoignage historique? que devient l'histoire? Repose-t-elle sur d'autres bases que celles qu'il rejette avec dédain? et de quel droit alors se permet-il de l'écrire? Ne serait-ce que pour perdre à la fois et son temps et le nôtre [1]? Que s'il repousse les seconds, après les avoir adoptés, que s'il rejette à titre de fables et d'impossibilités les faits de même ordre qui se pressent sur sa route, quelle grossière inconséquence, quelle faiblesse désolante, et quelle affligeante claudication de jugement, ou bien quelle veine de concessions audacieuses, et dans quel but? Serait-ce afin de ménager la débilité morbide des incrédules ou des demi-croyants? Mais l'expérience a mille fois noté que ces ménagements ne sont qu'un moyen d'accroître le mal. Serait-ce donc que le milieu philosophique auquel on s'abandonne et dans lequel on respire enivre et fait vaciller la raison? Oh! ce que c'est, peut-être, et jusque chez de saints et savants Religieux que le besoin maladif de vouloir être de son siècle! Si ridicule que puisse sembler être la vérité, suivons-la donc sans faiblesse de cœur et de raison; car l'expérience, une fois encore, nous ramène par toutes ses voies à la sentence que prononce sur la nature de ces faits le naïf et judicieux père Costadau, dans son docte traité des signes. — Ne craignons donc point, lorsque notre sujet est si grave, de nous répéter, de multiplier nos autorités et nos exemples, et d'ajouter la parole de ce maître à celle des maîtres qui le précèdent:

« Quantité de gens, dit le perspicace investigateur, regardent comme des fables gratuitement inventées tout ce que l'on dit des Incubes et des Succubes, et *les beaux esprits du monde* ne les regardent point autrement. »

[1] *Hist. des apparitions*, etc., etc.

Nous ne voudrions point non plus y croire, « si, d'une part, nous n'étions convaincus du pouvoir du démon et de sa malice;... si, d'une autre part, nous ne trouvions une infinité d'écrivains, et même du premier rang, des PAPES, des *théologiens,* et des *philosophes* qui ont *soutenu* et *prouvé* qu'il peut y avoir de ces sortes de démons incubes et succubes, et qu'il y a, en effet, des gens assez malheureux que d'avoir avec eux ce commerce honteux[1]. »

La plume des princes de la pensée, l'expérience de tous les siècles, le témoignage éclairé de tous les peuples et des plus hautes autorités de l'Église confirment en effet les sages et courageuses paroles de cet expert de date assez fraîche. Croyons-le donc : « Palpable et souvent visible pour les misérables qui flagellent à la fois la religion et la nature en se livrant à la merci du démon, l'Ange de ténèbres rend quelquefois sa forme d'emprunt invisible aux yeux qu'elle devrait frapper. Il se contente alors de la rendre sensible au toucher. Mais il n'est point aussi rare que peut-être on le suppose de le voir s'afficher avec impudence au sein de réunions échevelées et d'assemblées frénétiques, où les raffinements DU SACRILÉGE et de LA LUXURE abondent et se multiplient, où naît un sel de volupté plus mordant, où se développe une saveur d'orgie plus chaude dans une atmosphère qu'embrase le souffle de prodigieux débauchés se mêlant au souffle de téméraires et de vicieux spectateurs. Tels sont entre autres, dans notre pensée, ces témoins qui promptement descendent et se vouent au rôle d'acteurs, et

---

[1] Le P. Costadau, *Signes de la pensée,* vol. V, p. 132-3. — *Id.,* Delrio, *Axioma,* Ire quest. 15, liv. II, p. 84. — L'Ange de l'école nous dit : Ut pote quod idem dæmon qui est succubus ad virum, fiat incubus ad mulierem. Saint Thom., *Sum.,* q. 51, 3. Voir mille autorités de premier ordre citées ci-dessus et plus bas, et qui démontrent sur cette question la conviction parfaite et fondée sur preuves des docteurs les plus philosophes.

que nous nous apprêtons à décrire dans les chapitres des sabbats. Que si même, et surtout dans les lieux où la foule est rare, la présence de l'Incube ne se manifeste point toujours par la vue de formes précises, il arrive cependant encore que, de temps en temps, la brutalité de ces démons se décèle et parle aux sens un irrécusable langage. Et l'on se figurerait à tort que nos paroles ne se fondent que sur les mouvements impudiques ou les excitations nerveuses des sens que travaille un cerveau délirant, une imagination dépravée; non, nous sommes loin de nous payer d'aveux sans valeur, ou de momeries n'ayant d'autre principe que la folie, le dévergondage ou l'astuce. Loin de là, nous parlons d'après des autorités aussi graves qu'innombrables, et dont un grand nombre invoquent à l'appui de leur parole le témoignage même de leurs sens. C'est ainsi que, dans plusieurs de ces cas, précisés avec la netteté la plus parfaite, ces témoins virent apparaître un de ces phénomènes fluidiques, une de ces vapeurs mille fois signalées et dont la présence est si souvent encore le signe de l'opération des esprits de malice. Il n'est point rare, nous disent à la fois Sprenger et de Lancre, qu'au moment où ces esprits invisibles accomplissent *visiblement* ces actes, des yeux parfaitement sûrs voient « une puante, sale et noire vapeur s'élever au-dessus du corps de la sorcière, et prendre les proportions d'un homme [1]. » Et, dans ces vagues et fantasmagoriques apparences, réside la vertu de produire une assez singulière et railleuse illusion ! Car « plusieurs maris jaloux, voyant les malins esprits acointer et cognoistre leurs femmes, et pensant que ce fussent vrayment des hommes, mettoient la main à l'espée. Les démons disparaissant alors, ils demeu-

---

[1] De Lancre, *Inconst.*, p. 214 ; — Sprenger, p. 204, *Mall. Malef.* Licet in fine actus, vapor *nigerrimus,* in longitudine hominis, sursum a malefica in aere elevabatur.

roient moqués et rudement bafloués par leurs femmes[1]. »

Qui donc, s'il n'ose se prononcer sans rien savoir, ou s'il ne proteste à la fois contre la morale et le bon sens, se permettra de blâmer le chef, le pasteur suprême de la catholicité, du cri d'alarme qu'il jette du haut de la chaire de saint Pierre au moment où cette maladie sinistre, scrupuleusement étudiée par ses ordres, envahit à la façon d'une épidémie de si vastes régions de la chrétienté ?

« Notre cœur, s'écrie le souverain Pontife, s'est vivement contristé d'apprendre qu'un grand nombre de personnes de l'un et de l'autre sexe, oubliant le soin de leur salut et s'éloignant de la foi catholique, se livrent à des démons incubes et succubes[2] ! »

Or, ce fléau, dont se lamente dans le quinzième siècle le vicaire, le représentant de Jésus-Christ, du haut de sa chaire pontificale, un texte positif, et que nous laissons dans sa langue naturelle, le décrit avec la même précision dans l'un des livres les plus vénérés de l'Église moderne. J'entends nommer un guide précieux des confesseurs, ayant pour titre *la Théologie morale,* et pour auteur un des princes de la science sacrée, un des derniers docteurs de l'Église, l'illustre Liguori, ce saint dont la bienfaisante doctrine, chassant devant elle la morale perfide du Jansénisme, rentre victorieuse dans l'enseignement chrétien. Les procès-verbaux de canonisation de cet éminent théologien sont d'hier, et peuvent être con-

---

[1] De Lancre, *id.*, 214. Maritis interdum cernentibus incubis, dæmones, quod tamen non dæmones sed viros putabant, cum eorum uxoribus talia peragere; dum arma arriperent et transfodere volebant, subito dæmon disparuit, se invisibilem faciendo ; ipsos tamen viros objurgantes an ne oculos haberent, aut si a dæmonibus obsessi forent, deridebant. Sprenger, *Mall. Malef.*, p. 204.

[2] Summis desiderantes affectibus, prout pastoralis sollicitudinis cura requirit... Complures utriusque sexus personæ... cum dæmonibus incubis et succubis abuti, ac suis incantationibus...., etc. Bulle d'Innocent VIII, Rome, 1484, nonas decemb., 1ª pag.

trôlés à loisir par l'olympe académique de notre dix-neuvième siècle.

Ad bestialitatem revocatur peccatum cum dæmone incubo : cui peccato additur.... An autem qui coït cum dæmone, apparente in forma conjugatæ, monialis, aut consanguineæ, peccat semper affective peccato adulterii [1]...

Un instant avant cette canonisation, le plus savant des papes modernes, le contemporain de Voltaire, Benoît XIV, se livrant à ses profondes études, avait jeté de ses mains pontificales aux beaux esprits de son siècle, comme on jette un tranquille défi, cette vieille, cette identique et inaltérable croyance des plus consommés docteurs de la philosophie, de la magistrature et de l'Église [2] !

Et pourquoi, se récrieront quelques-uns, pourquoi ces témérités pontificales jusque sous le fouet de la plume de Voltaire ? A quoi bon ces provocations de la foi, cet inhabile étalage de vieilleries immondes ? Dans quel but cet oiseux, ce malencontreux, ce grotesque entêtement de croyances ? Oh !... le voici, sans doute : c'est que la raison des actes de l'Église est dans la conduite des âmes ! C'est que toute vérité que renferment les sciences du catholicisme prend sa part à la garde et au salut des âmes ; c'est que, souvent et à l'improviste, un moment arrive, — il est arrivé, nous le croyons, — où, contre toutes les prévisions de la sagesse humaine, la réhabilitation de l'une de ces vérités persiflées, ainsi que le fut le Christ lui-même, par les sages du siècle et par ceux qui suivirent en aveugles ces sages, s'impose d'urgence ; c'est qu'une heure sonne où le besoin de la voir briller, libre de tout voile et de tout suaire, frappe les regards doués de quelque pénétration. Il importait donc de

---

[1] Saint Liguori, *Theol. moralis*, vol. II, pag. 233, 234, n° 475, Parisiis, 1834.

[2] *De servorum Dei beatif.*, lib. IV, cap. III, p. 3. Facile quidem alii tum concubitum, etc.

tenir en réserve CELLE-CI, de la conserver toute vive, toute vaillante de la vie qui lui appartient, et prête à conquérir l'assentiment de tant d'intelligences disposées à la repousser si d'indéfectibles lumières ne leur épargnaient cette folie !

Que dire en effet aujourd'hui, que répondre, si nous affirmons à ceux qui peut-être ne le savent point encore que déjà ces faits étranges ont repris possession de notre époque... que sur ces faits, sur ces obscénités diaboliques, sur ces manifestations à formes quelquefois sacrées, chastes, attrayantes, il est temps, il est urgent de prémunir les habitants du dix-neuvième siècle, il est indispensable de les instruire ?

TROISIÈME DIVISION.

FAITS MODERNES ; PHÉNOMÈNES PRÉPARATOIRES DESTINÉS A DONNER L'INTELLIGENCE DE CEUX DE L'INCUBE.

Amours spirituelles à signes sensibles. — L'honorable et savant M. de Caudemberg et la sainte Vierge. — Une amie céleste et les baisers. — Réflexions sur ces caresses invisibles et sensibles et sur des théologiens approbateurs. — Marie Ange et son très-honorable docteur en médecine. — Prodiges de sa conception ; gestation antérieure à la gestation de la mère ; autres prodiges et celui de sa naissance. — Nature de ces prodiges. — Cette grande sainte est-elle un médium, c'est-à-dire une sainte de l'Église spirite ou démoniaque ? — Signes et discernement. — Comment un invisible peut-il introduire à flots entre ses lèvres le sirop divin que goûtent et savourent les assistants ? — Conclusion à tirer de ces caresses publiques à physionomie INCUBIQUE.

Une question maintenant se présente à notre esprit, et voici dans quels termes elle se pose : Entre les phénomènes les plus dignes de crédit du spiritisme moderne, et que des *preuves palpables* accompagnent, n'aurions-nous point quelquefois à reconnaître un renouvellement de ces caresses, une reprise de ce commerce sensible et conjugal, que l'antiquité sérieuse disait être si fréquente entre la race humaine et ceux que l'on appelait alors les dieux, les demi-dieux, les héros aériens, les démons ou les mânes, c'est-à-dire les esprits ?

Un nom souvent répété *dans la littérature la plus grave*, et que les honnêtes gens prononcent avec cette sorte de respect qui s'attache à la bonne foi lors même qu'elle plonge au sein de l'erreur, est celui de M. de Caudemberg, savant distingué, trop initié aux phénomènes de l'hallucination pour se laisser séduire à ce mirage, et que la mort a récemment enlevé de ce monde: Il nous importe de recueillir et de méditer ses paroles. Quels singuliers acheminements, quels saisissants rapports ne découvrons-nous point de prime abord entre les faits qu'elles expriment et les phénomènes qui sont l'objet de nos recherches.

« Un des effets les plus extraordinaires des communications spirituelles, dit M. de Caudemberg, est, assurément, *ce plaisir* que fait éprouver à une âme heureuse *le baiser, la caresse* qu'on lui adresse en posant les lèvres soit sur la signature qu'elle a formée, soit sur le signe qui la représente. Cette trace matérielle n'est même pas nécessaire; et la seule pensée, avec *l'intention formelle*, suffit, comme je l'ai expérimenté un grand nombre de fois depuis; *la bouche ressent* bientôt *l'échange de la caresse* que l'air avait reçue. J'envoyais aux âmes de mes amis des baisers qui, toujours, m'étaient *sensiblement* rendus [1]... »

Un jour, M. de Caudemberg, devenu médium, veut adresser des questions à la sainte Vierge. Il commence à s'y préparer par la prière; puis, il laisse aller sa main qui trace le nom de Marie, y ajoutant pour paraphe le signe antique de la croix.

Un sentiment de reconnaissance, et non d'amour, nous dit-il, je n'en avais pas la pensée, « me porta à poser mes

---

[1] Pages 136, 190. L'intention formelle constitue le pacte.

lèvres sur la croix..... Quel fut mon étonnement, quand *je sentis* que *ce baiser* m'était *ostensiblement* rendu. Ce ne pouvait être un effet d'imagination, *car j'étais loin de m'y attendre!* Cependant, pour dissiper ce doute, je recommençai, et *la même caresse* fut réitérée de manière à dissiper toute incertitude; elle produisit dans tout mon être un frémissement qui n'était pas sans douceur. Bientôt après, dans l'ombre et le silence, avant de m'abandonner au sommeil, je portai ma pensée émue sur ce qui venait d'arriver; il me sembla qu'un être que je ne pouvais voir, toucher, ni entendre, s'approchait de moi. Une volupté excessive se manifesta soudainement, et me transporta dans un ravissement de bonheur qui ne peut se traduire que par des exclamations et par des larmes. *Ces sensations* indescriptibles, qui se sont prolongées ainsi pendant plus d'une demi-heure, surpassaient beaucoup celles de même nature que j'avais ressenties jusque-là; et, lorsqu'elles cessèrent presque subitement, elles me laissèrent dans un charme indéfini. — Le lendemain, et les jours suivants, *les mêmes plaisirs* se reproduisirent avec la même intensité, comme je l'ai expliqué, sous des formes variées. »

« Aujourd'hui, la persistance de ces faveurs célestes, les excellents conseils que j'ai reçus de la sainte Vierge, et la correspondance de ces mêmes relations écrites, avec *les délices* qui continuent à m'être prodiguées depuis deux années; l'espèce d'intimité, d'une extrême douceur, qui s'établit ainsi fréquemment entre cette créature incomparable et moi, tout enfin justifie ma conviction complète; et les considérations que j'ai exposées au commencement de ce chapitre ont détruit tous mes scrupules [1]. »

Ce nous est donc maintenant un devoir de reproduire les

---

[1] Page 214. Les bons conseils, au début et pendant longtemps, sont un leurre démoniaque des mieux connus, à l'usage des âmes honnêtes.

importantes considérations où M. de Caudemberg démontre, pour la loyauté même de ses peintures et la perfection de ses analyses, à quel point son imprudent abandon fit de sa personne le jouet des esprits des ténèbres, ces immondes et implacables tentateurs de l'homme transformés en anges de lumière, en âmes plongées dans la béatitude céleste, et jouant avec la plus onctueuse impudence jusqu'au rôle sur-angélique de la Vierge immaculée !

« Un jour, en demandant à une céleste amie de me dire quelque chose, elle écrivit : Le plaisir seul[1] est permis entre nous ; mais nous ne pouvons pas causer. » Un soir, *les baisers* qu'elle me rendait *« se précipitèrent;* ils me causèrent UN TROUBLE plein de charmes, que je n'avais pas encore goûté ; un extrême plaisir se développa dans moi, et remplit tout mon être d'un bonheur indicible. Le mystère était accompli ; le ciel et la terre étaient *unis par l'amour* ! Et, depuis ce moment jusqu'à celui où j'écris ces lignes, il ne s'est pas écoulé un seul jour sans que ces ineffables jouissances ne se soient produites plusieurs fois ; et non pas, comme on pourrait le croire, d'une manière fugitive, que l'âme puisse à peine saisir, mais, à chaque fois, avec des reprises et *des redoublements rapprochés* qui pouvaient durer des heures entières[2]. »

Or, « je commence par déclarer que, quelles que soient les expressions dont je pourrai me servir : délices, plaisirs, jouissances, volupté, il ne s'agit ici que de *sensations* éminemment vives et pures, qui n'ont qu'un rapport éloigné de ressemblance, mais aucune similitude, avec les plaisirs terrestres, ou, si l'on veut, charnels[3] ».

Et « la preuve que ces plaisirs sont purement spirituels »,

---

[1] Plaisir spirituel, disait-elle mais que nous allons apprécier d'après le texte de l'auteur.
[2] Page 191, *ibid.*
[3] Page 192, *ibid.*

ajoute M. de Caudemberg, dont l'illusion se proportionne à la vivacité des jouissances qui l'inondent, « c'est qu'ils diffèrent par les caractères les plus tranchés des plaisirs terrestres du même genre : 1° par leur intensité, qui surpasse tout ce qu'il est possible d'imaginer; et par cette circonstance, que cette intensité *s'accroît toujours* à mesure qu'ils se prolongent, ce qui est le contraire des plaisirs humains; — 2° par leur variété, qui tient vraiment du prodige, et dont j'essayerai bientôt de donner une faible idée; — 3° par leur durée et leur fréquence, souvent pendant près d'une heure, et plusieurs fois par jour; — 4° enfin par cette circonstance extrêmement remarquable, que ces voluptés si longues et si vives n'entraînent après elles aucune fatigue morale ou physique, voire même aucune satiété. Elles peuvent renaître, après un court intervalle, aussi charmantes, aussi vives que jamais; car, tous les médecins et les physiologistes attesteront qu'il ne pourrait en être ainsi si ces voluptés résultaient d'une excitation nerveuse, et les accidents les plus graves en seraient promptement la suite [1]. »

« Il convient d'ajouter que les organes qui participent au bonheur de l'âme restent pourtant tout à fait inertes; et que, jamais, le moindre effet physique n'est la suite de CES SENSATIONS. On sait qu'il en arrive tout autrement dans les rêves, où une image très-vague produit un résultat presque instantané [2]. »

« Il ne faut pas croire d'ailleurs que la volonté, et surtout la volonté persistante, soit utile à la manifestation de ces voluptés [3]. Elles me viennent le plus souvent sans être atten-

---

[1] Soit; mais il est d'expérience que les jouissances, ou les tortures mêmes, causées par un agent surhumain ainsi que dans les crises de la possession, peuvent ne laisser aucune fatigue.
[2] Page 193, *ibid.*
[3] Le contraire est dit (p. 136) de cette volonté, appelée dans cet autre passage intention formelle.

21.

dues, au milieu de mon travail ou d'une conversation commencée. » C'est dire que les facultés imaginatives y restent naturellement étrangères.

« Dans ces moments de bonheur si complet, on sent *réellement* près de soi, CONTRE SOI, l'être adorable qui vous aime et qui vous le prouve par de si inestimables faveurs. On le sent sans le toucher, sans le voir et sans l'entendre, comme l'explique si bien sainte Thérèse [1]; et l'on sait qui est cet Esprit. Dans cette intimité si tendre et si profonde, la pensée répond à la pensée, et chaque élan d'amour est à l'instant rendu par une volupté plus vive, et par *un baiser plus énergique*, qui retentit quelquefois *jusqu'au fond de la gorge* [2]. »

Hélas! et dans quel mortel alanguissement se traîne donc, au milieu de notre siècle, la philosophie rudimentaire, la science des rapports les plus simples et les plus connus entre l'âme et son Dieu, la Psychologie, la Théodicée, puisqu'un écrivain du mérite de M. de Caudemberg tombe dans de si grossières méprises sans que, du sein d'un public attentif, s'élève un cri de surprise et d'effroi!

Les faits modernes et analogues que disperse et répand au milieu de nous le souffle de la publicité; le contexte de l'ouvrage de M. de Caudemberg; le mot excellent par lequel il redresse l'imagination de M. de Gasparin, follement égarée sur le terrain des hallucinations [3], voilà qui nous oblige à le prendre au sérieux, si nous sommes sérieux

---

[1] Lisez la *Vie de sainte Thérèse* écrite par elle-même, chap. xxviii, par le P. M. Bouix, 1857, et vous verrez précisément les caractères qui distinguent les visions d'une sainte de ces manifestations où se dessine l'inévitable parallèle des esprits de ruse et d'illusion.

[2] Page 202, *ibid.*, le *Monde spirituel*, ou science *chrétienne* de communiquer intimement avec les puissances célestes et les âmes bienheureuses, par Girard de Caudemberg, 1857, Paris. *Cette science*, en langage technique, se nomme Nécromancie.

[3] Page 52, etc.

nous-mêmes; voilà qui nous force à reconnaître que ces pages ne s'échappent ni de la plume d'un homme à cerveau malade, ni de la tête d'un homme affecté d'hallucinations *naturelles*. Il nous reste par là même à nous rendre compte de la valeur de son langage!

Or, des plaisirs purs, et *purement spirituels*, ne sauraient affecter que l'âme, que l'esprit, cela va de soi! Comment donc ces plaisirs, que la vérité du langage l'oblige à nommer *sensations*, c'est-à-dire plaisirs jetés sous la dépendance des sens, affecteraient-ils, à la fois, le plus répandu, le plus voluptueux de tous les sens, le sens du toucher réellement affecté, malgré la parole qui le nie, puisqu'ils s'y *font sentir!* Comment ces plaisirs, si l'Esprit seul y prenait part, se rendraient-ils *sensibles aux lèvres* dans ces enivrantes caresses, dans ces baisers, dont l'*énergie retentit quelquefois jusqu'au fond de la gorge*[1]? Entre ce spiritualisme *de nouvelle école*, et le plaisir sensuel presque brutal, quelle serait la différence notable, et quel analyste supérieur aurait le talent de nous la signaler? Est-ce que, sans se rire du ferme et solide bon sens, il serait possible d'appeler céleste et divin un plaisir parce qu'il ne fatiguerait ni les muscles ni les nerfs? parce qu'il n'aurait pour résultat, dans aucun de nos organes, aucun effet physique, aucune effervescence érotique et matérielle?

Oh non! la raison de ce phénomène est bien simple, et se place d'elle-même au grand jour. Elle est une force *surhumaine qui nous pénètre* à la façon des Esprits; elle s'assimile à nous pour nous décevoir, elle prête avec art *ses énergies* à nos corps, *afin d'en prévenir les défaillances;* elle en soutient la vigueur contre les causes naturelles de fatigue et d'épuisement. Elle change, elle accroît donc ou modifie les facultés et les ressources de nos organes, elle y

[1] Page 136, 190.

développe des SENSATIONS inusitées; sensations réelles toutefois, dont le nom ne se glisse et ne revient inobservé sous la plume même de M. de Caudemberg que parce qu'il est une réalité! Ce que ce plaisir, dont les séductions se partagent l'âme et le corps, aura donc *de plus éminemment spirituel*, ce sera *sa cause*, c'est-à-dire l'*Esprit* qui leur donne naissance : Esprit de ténèbres et de mensonge, dont la malice nous inflige ces illusions railleuses; Esprit qui, dans le cas des possessions que poursuit et flagelle l'exorcisme, produit si souvent ces mêmes effets de jouissances ou de douleurs, que n'accompagnent aucun épuisement, aucune fatigue.

Aussi, d'après les termes exprès de M. de Caudemberg, *le trouble* est-il inséparable *du charme*, dans *les baisers de cette amie* céleste qui peut le caresser et qui prétend *ne pouvoir* causer avec celui qu'elle caresse [1] !

L'intensité d'un plaisir dont la vivacité progresse à mesure qu'il se prolonge; sa fréquence, malgré sa durée; la force, la puissance croissante *de nos corps* à supporter *le redoublement* de ses assauts, seraient-ce là des circonstances qui, toutes ensemble, pussent en changer *la nature*, et lui ravir son caractère sensuel?....

Nous ne saurions assez le répéter, tant il serait facile à la foule de s'y tromper : oh non! cette marée montante de voluptés, cette merveille, ce prodige d'accroissement dans la durée du plaisir, voilà qui devient le phénomène le plus naturel et le plus simple, dès qu'il s'agit de l'intensité progressive que causerait en nous une puissance spirituelle, c'est-à-dire un être ayant pouvoir d'élever, en les pénétrant, le diapason de nos organes.

Ayons d'ailleurs la certitude la plus parfaite de cette vérité : que les âmes célestes, les bienheureux, les anges

[1] Page 494.

fidèles, ont reçu d'en haut la mission la plus contraire à celle que vient de nous analyser et de nous décrire la plume de M. de Caudemberg. Ce sont eux qui, pour nous dégager des liens de la terre, et nous laisser prendre vers le ciel un libre essor, versent en nous les grâces divines, dont la vertu suprême est de nous aider à dompter notre nature et *à briser nos sens.* — Ces caresses perfides, ces sensations voluptueuses, ces baisers *retentissant jusqu'au fond de notre gorge*, ne sauraient donc éclore sous leur incubation, et leur mission n'est à coup sûr ni de raffiner les plaisirs auxquels participent nos corps, ni de *spiritualiser la sensation* pour nous décevoir en corrompant les puissances de l'âme par un mélange de voluptés sensuelles.

Nous abandonnerons donc *pour un instant*, si peu qu'on nous le demande, le contact de nos corps avec les membres isolés, avec les mains ou les corps complets, visibles et palpables, que se forment les Esprits, ainsi que nous l'apprennent de nouveaux et surabondants témoignages de la date la plus fraîche [1]. Ces phénomènes brutalement matériels nous sont inutiles; car, si ces simples baisers d'*êtres invisibles*, si les vigoureuses sensations dont leurs lèvres délectent nos lèvres, et dont se sentit enivré M. de Caudemberg, sont des faits aussi conformes aux traditions antiques qu'à l'expérience contemporaine, tout est dit; et que nous resterait-il à voir de plus incroyable dans les caresses positives de l'incube? L'impossibilité de ces caresses naîtrait-elle de ce fait, que l'être sensible ou palpable demeure invisible, et que la bouche ne serait plus le seul et unique organe destiné à en subir l'assaut?

Tous les hommes sérieux cependant, et pour qui le premier devoir d'état est la gravité sur les questions graves, ont-

---

[1] Lire toutes les *Revues spirites*; la *Revue spiritualiste*, nos ouvrages et plusieurs autres de savants de premier ordre.

ils envisagé ces phénomènes, et le canevas religieux sur lequel M. de Caudemberg les dispose, aux rayons d'un jour où leur physionomie perverse s'accuse en traits précis et fortement accentués? Hélas! le doute même est loin de nous être permis sur ce point délicat, si M. de Caudemberg ne s'est étrangement mépris au sens des paroles de ses prétendus approbateurs. — Écoutons : « J'ai communiqué, nous dit M. de Caudemberg, les bases de cet ouvrage pendant que j'y travaillais, et l'*ouvrage lui-même*, à des ecclésiastiques consciencieux, théologiens éclairés, et doués d'une piété fervente; ils n'y ont rien trouvé qui intéressât la conscience, *rien qui pût faire soupçonner la pureté des sources* où j'ai puisé mes convictions; ils ont pensé que la publication que j'accomplis aujourd'hui ne pourrait produire que d'excellents effets, surtout venant d'un laïque, et, je le répète, d'un homme à qui la science n'est pas étrangère [1]. »

Dupes d'un trop rapide et superficiel examen, ces ecclésiastiques se seront donc trompés eux-mêmes, et bien gravement! mais, quoi qu'il en soit, l'Église ne s'inquiète ni de quelques erreurs, ni de quelques défections isolées....

Lorsque le pape Innocent VIII, fulminant sa bulle contre les sorciers, laissa tomber sur l'Incube un de ses puissants anathèmes, le Saint-Père gémissait; les évêques, le clergé, les populations fidèles étaient plongés dans la stupeur. Et, cependant, observe M. Bizouart, au sein même de cette crise il se trouvait des curés pour publier et affirmer à leur prône que la sorcellerie n'était qu'un rêve... Aussi, bientôt, des prêtres eux-mêmes furent-ils accusés — et convaincus — du crime de magie [2]....

Loin de nous sont, à coup sûr, ces temps pestilentiels où

---

[1] Page III, IV, Préface, *ibid.*
[2] *Des rapports de l'homme avec le démon*, vol. II, p. 171-2, Paris, 1863. — Je rapporterai ailleurs une pièce épiscopale écrite à ce propos; et voir, sur *des Prêtres coupables de sorcellerie*, de Lancre, etc., etc.

le sel lui-même, ayant perdu sa saveur et sa vertu, sale la chair, qui se croit préservée, sans que la corruption s'arrête et la respecte! Mais que l'on y songe à deux reprises : expliquer à contre-sens les faits de la sorcellerie ou du spiritisme, ce n'est qu'une manière nouvelle *de nier* le Merveilleux infernal; c'est en couvrir dangereusement les piéges au moment où il importe le plus de les signaler; c'est en dérober à l'œil qui le méconnaît les perfidies et les abîmes.

Et si subtiles, si redoutables surtout pour les âmes les plus pieuses et les plus tendres, sont ces perfidies démoniaques, que je range au nombre des obligations de conscience le devoir de les signaler jusque dans des livres sortis des mains les plus pures, et qu'anime la plus orthodoxe des intentions : celle de nourrir et de relever la foi chrétienne.

Un de ces écrits s'échappa de la plume de l'un des docteurs de nos Facultés médicales, et je n'en connais l'auteur que de nom; mais cet écrivain me fit l'honneur de m'adresser son opuscule peu de jours après y avoir relaté le conseil d'un archiprêtre de son voisinage, de ne se point livrer aux Esprits vains et sots [1]. — A ne le juger que par ses pages et par les lettres qu'il daigna m'écrire, cet auteur, étranger à toute habitude, à toute prétention littéraire, est un de ces hommes en qui respire la candeur et la droiture. Que si donc j'avais le malheur de l'affliger en réduisant la grande sainte qu'il se propose d'honorer au simple et triste état de Médium, mieux qu'un autre il saura me pardonner *les nécessités de mon devoir.* Il se rappellera que, tous deux, nous marchons et devons marcher en frères vers un but identique; la défaite de tout Esprit d'illusion, et le triomphe absolu de

---

[1] Page 21, 1863. Cet opuscule fut suivi en 1864 d'un second confirmatif du premier, et qu'il a la gracieuseté de m'envoyer avec une nouvelle lettre. Je désignerai chacun seulement par son millésime.

la vérité. Rome, consultée par ses soins dès les années 1825 et 1859 sur les faits qu'il rapporte, n'a rien dit encore ; mais, s'écrie-t-il, « Rome est la ville éternelle, et c'est pour cela qu'elle fait attendre [1]. » Rome, en effet, sait attendre, et nous apprend à savoir pratiquer ce qu'elle prêche d'exemple. Attendons, puisqu'elle le juge à propos ; et, quelle que soit la raison de ce silence, la parole de l'Église est et sera ma loi ; puisse ce langage rassurer l'auteur.

Des baisers semblables aux baisers sous lesquels fléchit la raison de M. de Caudemberg ; des baisers avec accompagnement de sucreries, que savoure une fille qui, de sa propre plume, se proclame elle-même un Ange, et autour de laquelle pullulent les plus bizarres prodiges, voilà certes un fait de trop haute importance, et trop récent, pour le laisser passer sous nos batteries sans qu'il y reçoive un salut. Car s'imaginer que la brutalité soit le caractère distinctif de tous les Esprits incubiques, ce serait se tromper grossièrement ; et l'utilité capitale de cet épisode, par lequel se complète celui de M. de Caudemberg, ce doit être de redoubler à l'endroit de ces caresses angéliques notre vigilance chrétienne et notre méfiance.

L'héroïne de ce livre a nom Marie-Anne. Fille d'un simple paysan, elle habitait à deux lieues de Béziers. Son historiographe est un docteur appartenant à la Faculté médicale, et le conseiller qui l'engage à tracer la vie de la sainte, un curé. Un autre curé, le charitable et dévoué M. Chabaud, versé dans les arts, et pratiquant avec succès la science médicale, est le directeur de Marie-Anne et l'un des admirateurs de ses vertus. Obligé que nous sommes de nous restreindre au choix de quelques faits puisés dans le cours de cette existence singulière, nous nous essayons à

---

[1] Page 20.

mettre en relief ceux qui, caractérisant les œuvres et l'esprit de l'héroïne, révèlent sous sa forme la plus précise l'auteur des baisers dont elle s'enivre. Mais un nombre considérable d'ecclésiastiques et de personnes dignes de respect ayant, d'après la parole de l'auteur, professé leur croyance à la sainteté de Marie-Anne, nous supplions le lecteur de s'armer de toute sa gravité, quelque puérils, quelque bizarres ou absurdes que puissent et doivent lui paraître quelques-uns des traits de ce récit. Il voudra bien ne point oublier que les conséquences de faits semblables à ceux que nous expose l'auteur de ces opuscules sont incalculables pour l'affermissement ou la ruine des âmes. Car elles nous conduisent soit à vénérer dans l'Esprit immonde et tentateur un ange de lumière, c'est-à-dire à l'accepter comme guide et objet de nos reconnaissants hommages, soit à prendre, au contraire, un ange du Seigneur, un de ses saints, pour un Esprit de réprobation, ce qui nous conduit au mépris et à l'insulte de Dieu dans les ministres et les exemplaires de sa Sainteté.

Le 2 octobre de l'an 1799, Marie-Anne naquit on ne sait comment. Le terme de la mère semblait être prochain, lorsque l'enfant, un beau jour et tout à coup, se trouva sur son lit, tout venu, paisible et complétement *emmaillotté;* la grossesse avait disparu sans couches. Naissance vraiment extraordinaire, et prouvée par des témoins [1].

En l'année 1846, Notre-Seigneur et la sainte Vierge se prirent à dicter des billets à Marie-Anne, simple paysanne

---

[1] Ce fait nous aidera tout à l'heure à comprendre *les suppositions d'enfants,* dans les générations à apparences incubiques. *Vie de Marie-Anne,* etc., Béziers, premières pages, 1863, et p. 4, 5, 96, etc., 1864, Delpech, imp.— par M. le docteur en médecine ***, qui se nomme en toutes lettres dans sa préface. Mes rapports épistolaires et éphémères avec l'auteur m'inspirent pour la sainteté de ses intentions un sincère et profond respect, mais je crois que sa sagacité se laissa surprendre.

dépourvue d'instruction, qui, « ne sachant pas écrire et ne voyant pas ce qu'elle écrivait, traçait au courant de la plume les choses les plus admirables et les plus sublimes ». Ce fut de ces billets que la Vierge céleste et son divin Fils se servirent comme d'un Moniteur officiel pour révéler à la terre que notre Marie-Anne était *un ange incarné;* et, depuis ce temps, le nom de Marie-Ange remplaça celui qu'elle avait reçu.

Jésus-Christ avait donné l'ordre à un de ses anges de former du limon de la terre le corps de Marie, ainsi que le fut celui d'Adam. L'ange ayant obéi, Notre-Seigneur mit dans ce corps *une âme.* Le même ange reçut alors un nouvel ordre, et ce fut de placer ce fœtus sous l'os sternum, et dans un vide de la poitrine de M. Chabaud, curé de Lignan, mais sans troubler le profond sommeil dans lequel ce prêtre était enseveli. — Gardons-nous de rire, je le répète; car, à côté de ces absurdes assertions, nous allons rencontrer des faits et des témoins avec lesquels il s'agira de compter. — Le lendemain de ce miracle, le bon curé quitta la France, et huit longues années s'écoulèrent.

Au bout de ce temps, le Sauveur prescrivit à son ange de retirer ce corps animé de son sanctuaire provisoire, c'est-à-dire de la poitrine de M. le curé de Lignan, puis de le porter et de l'enclore dans le sein de Marie Tab..... Tel est le nom de fille de la mère de notre sainte, ou plutôt de *son enveloppe vivante;* car, le messager d'en haut, appelé l'ange du Père céleste, apportait à Marie, dans ce nouvel asile, où elle résidait nous ne savons dans quel dessein, la nourriture *nécessaire à son accroissement.* Elle le nommait son père l'Ange; elle le voyait souvent, elle conversait avec lui en présence de témoins, et portait au doigt un anneau que *ses billets* disaient être un don de cet habitant du ciel. M. le curé Chabaud, — à qui manquaient sans doute quelques notions sur l'*état de Médium*, — lisait et apprenait toutes ces choses dans les billets de Marie [1], sa pupille spirituelle, et suivait pas à pas avec émerveillement la vie toute semée de merveilles de cette jeune fille.

Ces mêmes billets, en proclamant Marie-Ange la véritable épouse des cantiques, disaient sa naissance miraculeuse, sa vie exempte de la moindre souillure, et sa conception *immaculée* [2]. Mais la prétendue sainte vierge qui dictait à Marie-Ange les paroles que sa main traçait, quoique ne sachant point écrire, n'y observait aucune des règles de langage auxquelles ont coutume de se soumettre les esprits inspirateurs des écrits sacrés. C'était une de ces orthographes, un de ces styles auxquels nous ont familiarisés nos *médium*, violateurs passionnés de toutes les lois. Il nous importe d'en juger le mérite d'après un échantillon tracé sur « un symbole virginal » dont nous ignorons la nature.

« Reçois o mon fils le sinbole virginal dont il m'a servi à moi Marie ta chère mère qui te parle et dont je donne en ce triste jour à ta chère enfant et souviens-toi qu'il est destiné celui-là pour faire le voyage de Cazoul. Et sitôt que vous y serez arrivé tu la lui feras maitre — *et memento* — car celui qui cet fait sentir hier avec tant de douceur — cet a dire notre bon père céleste — et bien c'est lui qu'il le désire.... *Nos com prole pia benedicat Virgo Maria mater mea* — et je te bénis » (p. 132. *Sic*).

Oh! combien différent était le style de Marie Eustelle, fille d'un simple couvreur, à qui Son Éminence le cardinal Villecourt *avait enjoint* d'écrire les actions de sa propre vie. L'éminent prélat ne pouvait contenir son admiration au seul souvenir de cette œuvre à laquelle avait présidé l'obéis-

---

[1] 1863, p. 10, 11, 12, 143, 163, etc.; 1864, p. 97, 5.
[2] Pages 237, 244, 251, etc.— Entre toutes les vierges, il en est une seule que l'Église appelle Immaculée : SOLA *quæ inviolata permansisti...*, etc.

sance, et s'écriait : « A peine en croit-on ses yeux, quand on suit le style si étonnant et si beau d'une pauvre fille, qui pourvoyait à grand'peine à sa subsistance par le travail de ses mains... Elle exprime des pensées toujours belles, dans un langage constamment lucide et toujours empreint du feu sacré qui embrasait son âme. Ah! c'est *qu'il n'y a point de meilleure école que celle de l'Esprit-Saint* [1]. »

Le simple passage d'une lettre de Marie Eustelle, écrite à un tout jeune homme admis au séminaire de Paris, nous permettra de juger quel est ce style : « Ah! frère de Jésus, enfant de Marie, consumez-vous à la flamme eucharistique; n'ayez que pour elle d'âme, de cœur, d'esprit, d'intention, d'amour, de vie, de respiration, de goût : en un mot, que votre être tout entier ne soit qu'un écoulement sacré et continuel vers ce Jésus inconnu, caché si amoureusement dans la prison du tabernacle. Oh! qu'il soit toujours notre joie, notre paix, notre but! Autant que cela peut dépendre de vous, approchez-vous souvent de la Table sainte, pour goûter la suavité de ce miel si doux » (p. 11.) Que l'on compare ce langage, qui s'échappe et s'écoule du cœur de la simple ouvrière, avec celui de la Reine du ciel et de la terre, guidant la main de l'épouse des cantiques... du bourg de Lignan!

Si nous cherchons dans la santé de Marie-Ange quelque raison ou quelque indice de son état, nous saurons qu'elle était sujette aux plus grands accidents nerveux, et que longtemps elle souffrit des maux étranges. Effrayée vers une certaine époque par *deux énormes serpents*, dont l'un s'enroulant à son épaule était venu se reposer sur son sein, elle avait eu une crise de vingt-quatre jours, pendant lesquels elle s'était abstenue de toute nourriture. Au bout de ce temps,

---

[1] Pag. 3-4, *l'Ange de l'Eucharistie, Vie ou esprit de Marie Eustelle*, recommandée par S. É. le cardinal Villecourt, Paris, Périsse. 1863.

s'étant habillée et placée sur la traverse de son lit, elle avait tourné sans le moindre appui sur la pointe de l'un de ses pieds. Dans cet état de derviche tourneur, ou de girouette affolée, « elle parlait d'une voix claire et forte, disant les plus belles choses, et surtout ces paroles : Faites pénitence, car *ma fin* approche. Ces prédications se répétèrent cinq fois dans l'intervalle de quinze jours.... Il y eut une affluence de monde extraordinaire » (p. 171). « Jusqu'à sa mort elle a souffert des douleurs de tête, des douleurs de poitrine et de bas-ventre atroces, et qui durèrent trois ans et demi, ne laissant que peu de relâche; souffrances qu'elle acceptait en soumission à la volonté de Dieu... et en expiation de nos péchés. Le démon l'a frappée, l'a prise par le bras avec ses griffes qui lui ont occasionné une fistule, et lui a soulevé trois côtes. Quand nous étions présent, nous ne connaissions ses souffrances que par l'impression qu'elles faisaient sur les traits de sa figure. Sa figure avait alors une grande ressemblance avec le tableau des meilleurs peintres qui ont peint de grandes saintes souffrant pour nos iniquités. On aurait dit qu'elle était en extase, ce qui arrivait souvent [1]. »

Un certain jour, Élisabeth Kayssac vit Marie-Ange « tout allongée, les mains jointes sur la poitrine, élevée en l'air à la hauteur de trente centimètres », et se soutenant dans ce milieu « pendant une heure et demie ». Une si grande clarté se répandait en même temps qu'on eût dit « que le soleil était dans sa chambre », dont les fenêtres se trouvaient closes. M. le curé, la sœur supérieure de Clermont-Ferrand et la sœur institutrice étaient du nombre des témoins de cette scène [2].

...: Cependant une multitude de prodiges oiseux ou ridi-

---

[1] 1864, p. 9-10. — Ce médium avant la lettre est, sous ce rapport, une seconde Voyante de Prévorst.
[2] 1863, p. 55; 1864, p. 7.

cules se répétaient indéfiniment sur la personne de Marie-Ange, et sans cause apparente. Ainsi, « tout en me parlant, dit son historiographe, le docteur X., je vis les doigts de ses deux mains couverts *subitement* d'anneaux de verre de toutes couleurs. Dès qu'elle s'en aperçut, elle les brisa tous avec ses dents, et les jeta dans un fossé. Après cette opération, il en revint d'autres à ses doigts, en aussi grande quantité, qu'elle brisa de même, puis d'autres encore... » Ailleurs : « Ces anneaux plusieurs fois brisés, broyés, jetés dans l'eau ou dans le feu, revenaient de suite s'attacher à ses doigts » (p. 102-131).

.... Mais l'obéissance et l'humilité sont la pierre de touche des vertus chrétiennes, et à quelle hauteur d'héroïsme ne les voyons-nous point s'élever dans la vie des saints! Après une naissance miraculeuse, après *une conception immaculée,* les exemples d'humble docilité que prodiguera « la véritable épouse des cantiques », ainsi que la nomment *ses billets,* nous révéleront sans doute une rare et grande précocité de vertus!...

Un jour, une vitre se casse à l'école, avant la première communion de Marie, qui se voit injustement accusée de ce petit malheur, et les choses se passent de telle sorte que la patience du curé se trouve en défaut; car, en même temps que sa main applique à Marie un rude soufflet, il lui commande de se mettre à genoux. — « Jetant son livre au milieu de l'école : — Moi, à genoux? Vous, et non pas moi! » réplique-t-elle *à son curé.* Et, pendant un certain temps, chaque fois qu'elle le rencontre dans la rue, elle essaye de passer du bord opposé [1], lui gardant rancune. Or, il nous semble avoir dit assez; et nous pouvons, avec la confiance d'avoir répandu, sur le genre de sainteté de Marie, l'abondance des lumières que nous offre son historiographe, redire

---

[1] 1863, p. 3-4; 1864, lire p. 25.

les véritables avalanches de baisers auxquels « cet ange incarné » se trouvait en butte. Respectant le style du texte, gardons-nous donc d'y changer une virgule, un *iota* (p. 11).

« Dans la nuit du 23 octobre 1816, M. le curé de Lignan et d'autres personnes étant dans la chambre de Marie-Ange, qui était en extase, entendirent *les baisers* que Notre-Seigneur et notre chère mère *faisaient sur sa bouche,* et s'aperçurent que *chaque baiser produisait une petite quantité d'une liqueur* que Marie-Ange *avalait.* Quand elle en eut avalé une bonne quantité, *les baisers continuant,* elle laissa échapper cette liqueur par un côté de sa bouche. Alors M. le curé, s'approchant, la recueillit avec son doigt, et l'avala. Quand il en eut avalé *une assez bonne quantité,* les baisers continuant, il en donna une léchée à chaque personne qui était dans la chambre. Les baisers continuant, et *la liqueur s'échappant toujours* des lèvres de Marie-Ange, M. le curé fit monter les personnes qui étaient dans la cuisine, qui *toutes* en goûtèrent, et la trouvèrent délicieuse. La source n'étant pas encore tarie, et les baisers continuant, M. le curé *remplit de cette liqueur un mouchoir* blanc de toile de Rouen [1], que j'ai avec les reliques de Marie-Ange... Ces baisers se renouvelèrent.... »

Plus bruyants que des baisers ordinaires, *les gros baisers* que recevait cette jeune fille étaient souvent accompagnés chacun d'un *joli bonbon.* On peut dire que « jamais on n'a vu ni connu une sainte qui ait reçu de la part de Notre-Seigneur et de sa divine mère autant de baisers que Marie-Ange ! » Et rien de plus naturel que ces faveurs de l'époux ; car, « Marie-Ange étant la véritable ÉPOUSE des cantiques, *comme le disent les billets,* comment s'étonner *qu'elle ait*

---

[1] Rapprocher ce fait de celui du mouchoir rempli d'une autre liqueur dont va nous entretenir M. Reg....

reçu des baisers? On devrait, au contraire, voir dans ces baisers la preuve irréfragable de ce que les billets disent et affirment [1]. »

Un jour, en juillet 1817, à Cazouls, dans la chambre du curé, M. Julien, nous étions huit personnes; Marie-Ange était en extase; et nous entendîmes les baisers sur sa bouche. Nous nous approchâmes et nous aperçûmes que chaque baiser produisait dans sa bouche un bonbon de la grosseur d'un pois. Elle en reçut près de cent. Quand la langue en fut couverte, Marie-Ange la sortit; et quel fut notre étonnement de voir ces bonbons de toutes couleurs rangés en lignes d'une manière admirable » (1864, p. 36-37).

Nous espérons que le lecteur saura nous suivre avec une attention croissante; car ces niaiseries apparentes ont, dans le chapitre des faits incubiques, une importance qui se dessinera d'elle-même, et nous devons laisser les propres paroles du docteur historiographe reproduire quelqu'une de ces scènes. Marie-Ange « recevait très-souvent, à ne pouvoir en douter, le pain vivant descendu du ciel *sous forme de bonbons*, sucreries, et liqueurs d'un goût délicieux... Elle en a donné dans plusieurs circonstances à M. Chaboud, son père spirituel, à M. Julien, curé de Cazouls, à moi, à son père, à son frère, etc., etc., etc. Nous avons un petit flacon et une boîte à hostie contenant des bonbons que le bien-aimé et sa divine mère déposaient dans la bouche de Marie en lui *faisant* des baisers sur les lèvres. Sur un petit paquet est écrit de la main de M. Chaboud : Baisers du bien-aimé!... Nous avons deux mouchoirs de toile imprégnés de la liqueur des baisers de Marie et de Jésus.... Cette liqueur fut si abondante que non-seulement Marie-Ange en reçut jusqu'à être rassasiée, mais que, *comme elle coulait toujours d'une commissure de ses lèvres*, toutes les per-

[1] Pag. 19, 20, 99, 129, 240. 1863, p. L, Introd., *ibid*.

sonnes présentes en reçurent, et que, après, M. le curé en remplit ces deux mouchoirs » (1864, p. 28-29).

« En preuve de ce que j'avance, que Marie-Ange recevait le pain de vie sous forme de bonbons et de liqueur, notez qu'elle recevait aussi plusieurs fois à la communion des hosties qui n'avaient aucune tache de sang, et qui néanmoins en étaient imprégnées au moment où M. le curé, son père spirituel, les déposait dans sa bouche. M. Chaboud lui-même reçut, pour la consommer à la messe, l'hostie contenue dans le précieux paquet que lui envoyait Jésus-Christ tout imprégnée de son sang frais et vermeil. L'adresse de ce paquet était faite avec le sang de Notre-Seigneur Jésus-Christ, et ainsi conçue : « J.-C. — Mon cher fils, reçois ce précieux paquet que je t'envoie du ciel †. » Hélas! saint Luc, qui s'y connaissait en Médium et en tours démoniaques, nous dit ici le mot : « Un aveugle peut-il conduire un autre aveugle? Ne tomberont-ils pas tous deux dans la fosse? » (*Evang.*, VI, 39.)

Que penseraient, en tout cas, de *ces baisers sensibles*, et déjà certifiés par le savant M. de Caudemberg, appuyé de ses *conseillers théologiens*, les négateurs de tout commerce et de toute caresse incubiques? Que diraient-ils de baisers accompagnés de cet intarissable épanchement de liqueur, de ce perpétuel transport de bonbons? Marie-Ange est-elle donc une sainte à miracles? ou bien ne serait-elle, prosaïquement, que le but des caresses d'un malin Esprit? Tout le peu que je saurais recueillir de lumières se soulève contre la première de ces suppositions; et pourtant je ne me permets de juger cette jeune fille que d'après les pages mêmes de son historien. Or, envisagée *du côté des faits*, cette histoire porte en elle *le sceau de la vérité*. Elle est écrite sur l'invitation d'un curé, et presque sous la dictée d'un autre curé que distingue une certaine culture intellectuelle, jointe à quelque renom d'habileté dans la médecine depuis un laps de plus de trente ans. Elle est, et nous le répétons, de la main d'un homme qui ne fut point créé pour écrire, et qui n'écrit qu'en croyant *céder à un devoir;* mais que l'étude et la pratique de la science médicale vouèrent dès ses jeunes années aux habitudes et aux méfiances de l'observation....

Soit, et nous l'accordons sans peine, se récrieront mille voix; mais cet homme modeste et rempli de sentiments chrétiens, était-il en jouissance du plein usage de ses facultés? — Ses pages et sa correspondance en font foi; voilà quelle serait notre réponse, quoi que puissent valoir contre son livre des naïvetés et des écarts de critique contre lesquels se récrieraient à juste titre le philosophe et le théologien. Que si le genre de crédulité dont son écrit porte l'évidence incline des juges trop rigoureux à déverser sur l'écrivain un excès de défaveur, il sera de toute justice d'observer que cette crédulité, loin de consister dans l'admission de faits absurdes, éclate et se révèle uniquement dans une regrettable *interprétation de phénomènes simples, admissibles,* et confirmés par de nombreux témoins. Une remarque de très-grande opportunité se présente d'ailleurs devant le tissu de l'histoire de Marie-Ange : c'est que l'erreur de son historien était, à différents degrés, partagée par un certain nombre de prêtres; aussi égarés sans doute au milieu des phénomènes dont cette jeune fille était le centre, que le furent les théologiens approbateurs de la doctrine des Esprits de M. de Caudemberg. D'autres, il est vrai, quoique pleins de respectueuse déférence pour les vertus et la piété du curé-médecin de Marie-Ange, tombaient quelquefois dans un excès contraire à ce respect, le traitant de visionnaire et d'imbécile, lorsque, pour preuve de la sainteté de cette extatique, il se prenait à raconter les merveilles qui se répétaient autour d'elle : les cheveux de cette jeune fille, par exemple, coupés par la sainte Vierge elle-même, et que les flammes d'un feu violent ne pouvaient parvenir à consumer ; son corps habillé, puis déshabillé par des mains invisibles, en présence même du docteur qui nous décrit ces phénomènes [1]..... Mais aussi, devant les risées de ceux qui ne se donnèrent point la peine de rechercher et d'examiner ces faits, nous nous rappelons que tels étaient le ton leste et la façon cavalière dont de pieux et zélés ecclésiastiques, amis du saint curé d'Ars, en usaient avec cet humble et puissant thaumaturge lorsque, dans sa simplicité chrétienne et rustique, l'homme de Dieu s'avisait de leur raconter les assauts trop sensibles du démon irrité contre sa personne [2].

Par suite de cette insuffisance et de ce conflit de lumières, il y avait donc partage, indécision, confusion nécessaire dans les rangs des simples fidèles, sur des points où l'unité de vue serait de la plus facile réalisation, si ceux qui sont et doivent seuls rester nos maîtres dans l'enseignement eussent assez fortement possédé les principes de ces graves questions pour nous y mettre d'accord par leur union préalable. Devant ces faits nouveaux, ou, plutôt, devant ces vieilles nouveautés qui, se répétant aujourd'hui de toutes parts, pullulent sous les pas de nos spirites, une nécessité de premier ordre se manifeste donc aux yeux de ceux dont la mission est de nous éclairer ; c'est que de nouvelles et profondes études de la question du Merveilleux, envisagée dans la prodigieuse variété de ses plus antiques et de ses plus récents aspects, occupent et attachent sur-le-champ leurs premiers loisirs. Un vernis d'impertinence semblerait peut-être couvrir notre parole si, tandis que nous semblons nous poser en moniteurs, notre rôle, déjà, n'était presque celui de narra-

[1] 1864, p. 16, 17, 20, etc.
[2] *Vie du curé d'Ars*, par M. l'abbé Monin, 1862, p. 400, etc., etc.

teur; si notre plume, en un mot, ne rapportait, en s'exprimant de ce ton positif, une chose qui commence à se réaliser, et que chaque jour trouvera, nous devons l'espérer, en voie plus rapide de s'accomplir. Béni soit et sera le nom des évêques et des Religieux éminents dont le langage doctoral, retentissant en face de notre public, réveillera, ralliera sans se lasser la foi des fidèles sur ce sujet de capitale importance, que tant de rires et de dédains accueillent et saluent encore de tant de côtés!

Que de régions, hélas! où jusqu'ici l'erreur exerce dans les intelligences et jusque dans les mœurs les plus affreux ravages, parce que nul au monde n'y possède encore le secret de ces phénomènes! On voit alors, médium ou extatiques, des suppôts du démon; on voit des saintes dignes du spiritisme, et autour desquelles pullulent les prestiges; on voit des épouses des cantiques, on voit des immaculées de l'échantillon de Marie-Ange jeter l'incertitude et le trouble au milieu des paroisses et propager l'illusion jusque dans les âmes les plus saintes, devenues les panégyristes de leurs œuvres[1].

Et que, pour répondre à ce cri d'alarme, à cet appel en tous lieux aux lumières et au zèle du clergé, quelque voix malsonnante ne s'avise point de s'écrier : Mais vous ne produisez là que des faits absurdes, que des témoignages d'hallucinés, que des convictions de village, et qu'importent au

---

[1] « MM. les ecclésiastiques et les laïques les plus pieux et les plus instruits de notre arrondissement m'ont conseillé et prié de continuer mes études et mes réflexions sur la vie de Marie-Ange; je viens, à cause de cela, de faire imprimer un petit livre (celui de 1864, le deuxième). » L'auteur ajoute, dans cette lettre d'avril 1864, que deux jésuites ont conseillé à son évêque de le prier de ne point *publier* son livre, parce qu'il ferait plus de mal que de bien. Éminemment honnête et chrétien, l'auteur obéit à son évêque, qui, par conséquent, a parlé. Les deux Religieux ont vu, ce que nous nous étions permis d'indiquer à l'auteur, que son confesseur n'avait pas assez le don « du discernement des esprits pour s'apercevoir qu'il était le jouet du démon ».

monde raisonnable et rassis les visions de vos villageois!

Je produis, et d'autres ailleurs produisent assez de faits positifs, assez de témoins irréfutables, pour que l'attention redouble. Je me figure, ensuite, que les âmes de village valent à peu près celles des grandes villes, où les hallucinations *démoniaques* deviennent aujourd'hui si fréquentes; et devant le fait de l'égarement de tant d'âmes, séduites par des baisers, quelquefois même par des caresses, dont la nature convient un peu moins à l'épouse des cantiques qu'à l'épousée des sabbats, je ne dirai que ce mot : Plus pitoyables sont dans les villes ou dans les campagnes les doctrines et les phénomènes qui deviennent de tous côtés des pierres d'achoppement pour un si grand nombre de chrétiens, plus urgentes et plus aisément victorieuses seront la propagation *et l'étude* des paroles d'irrésistible logique que déjà firent entendre quelques-uns de nos évêques ou de nos plus vigilants docteurs.

Aucune nécessité ne nous pressa de vérifier personnellement les faits consignés dans la vie de Marie-Ange, rapportés par un homme que nous croyons digne de notre parfaite estime, et dont les pages portent, chacune et toutes ensemble, un cachet de sincérité. Mais, à prendre tels qu'ils se présentent les phénomènes dont la foule s'y groupe, entourés des actes de foi qu'ils provoquent et des nombreux témoignages que le texte énumère, qu'objecter et que dire? Et parmi les froids plaisants qui se riraient de la crédulité de l'historiographe, de la bonhomie des ecclésiastiques qui la partagèrent, et de la simplicité des braves gens qui crurent à la Sainteté, parce que la vue des quelques prestiges avait séduit leur intelligence, combien en est-il qui ne se fussent point associés eux-mêmes aux élans de cette foi naïve, si, témoins de la même série de phénomènes, ils n'eussent, dans la sphère étroite d'un gros bourg, rencontré devant eux que ténèbres doctrinales sur la nature et la cause de ces faits étranges ?

Que de fois, à Paris même, c'est-à-dire au centre et dans le chef-lieu du monde *policé*, n'avons-nous pas vu les hommes de la plus haute éducation et quelquefois du caractère le plus vénérable, s'illusionner devant des prestiges analogues; les uns refusant, avec toute la vaillance de la sottise, d'y reconnaître une valeur surhumaine, parce qu'un tel aveu contenait une offense à leurs préjugés et blessait leur orgueil scientifique; les autres concédant avec le fol empressement d'une générosité prodigue les noms de saint Augustin ou de saint Louis, de Ravignan ou de Newton, au premier drôle venu du monde spirite, au premier esprit frappeur et railleur qui, se proclamant ange ou âme, se mettait en devoir de les mystifier; d'autres enfin, — et que les oreilles s'ouvrent à nos paroles, — d'autres choisissant pour *leurs directeurs* des somnambules, à défaut du prêtre qui, trop étranger à l'histoire de ces phénomènes, rebutait ses ouailles et levait les épaules aux apparentes absurdités de leurs récits. Comme si ce déni d'audience et de direction motivée ne devait point pousser un grand nombre de ces âmes inquiètes à chercher dans le magnétisme, *qui est la magie*, les remèdes *qu'y cherchait lui-même* le pieux mais ignorant directeur de Marie-Ange [1]; remèdes que l'Église ne permet de trouver que dans ses conseils, soutenus de l'eau bénite et du rituel.

Mais que nous reste-t-il à dire de notre naïve et *ignorante* Marie-Ange, placée, par son état de médium, côte à côte du *docte* M. de Caudemberg, et s'adonnant avec délectation, au milieu de ses admirateurs, à de perfides caresses, dont *le fait* n'offre en lui-même rien de plus merveilleux, ni rien qui soit d'une plus facile réalisation que les caresses de l'incube?

[1] Page 54. — 1864.

CHAPITRE SIXIÈME.

Médium à son insu, médium contre son gré, je l'espère et je le souhaite, Marie-Ange, redevenue simplement Marie-Anne, ne serait-elle point, au demeurant, une pauvre chrétienne encore amie de Dieu, bien qu'aveuglée par un esprit d'illusion et de mensonge? — Il ne peut m'appartenir de sonder les reins, et je veux faire du mieux de mon âme pour n'élever aucun doute sur la bonne volonté de cette fille, qui comparut devant son juge, et dont il me semble bien difficile d'admettre que la prudence et l'humilité ne se soient point laissé surprendre [1]!...

---

[1] Il ne fut que trop commun à toutes les époques de devenir la dupe de faux saints, de faux thaumaturges de ville ou de village. Citons comme exemple la célèbre madame Guyon, *médium* de premier ordre longtemps avant que l'usage eût vulgarisé ce nom. Cette femme d'élite, et dont nous sommes loin de suspecter le cœur, comblée des dons de l'esprit, trompée par les faux miracles qui s'échappaient de ses doigts et par les doctrines du mysticisme dont elle fut l'organe, séduisit jusqu'au pieux et sagace archevêque de Cambray, jusqu'à Fénelon lui-même. Plus tard, il est vrai, cet illustre pasteur, se ravisant, revint généreusement sur son erreur, vaincu par Bossuet, qui, si nous écoutons le mot cruel d'un bel esprit de ce siècle, « eut raison contre lui d'une manière révoltante ». L'esprit qui conduit la main de nos médium les plus ignorés, et leur dicte quelquefois de si merveilleuses pages jusque dans des langues qui leur sont inconnues*, guidait irrésistiblement la plume de madame Guyon, lui dictant des commentaires et des écrits ascétiques. Ces dictées se couchaient sur ses feuilles avec une rapidité si galopante, qu'elle déclarait impossible d'écrire en cinq jours ce que son bras emporté libellait dans le cours d'une seule nuit. Un de ces traités, ayant été perdu, fut une seconde fois tracé par l'impitoyable et fougueux esprit qui s'attachait à ses doigts; et, la première dictée venant à reparaître, il fut vérifié que la seconde l'avait reproduite avec une *minutieuse* exactitude. On vit plus d'une fois des maladies dangereuses, incurables, ne point résister à la parole de ce thaumaturge féminin. Elle lisait dans certaines consciences, et, par ses révélations, elle convertit ou parut convertir plusieurs âmes. Cependant le démon qui dictait cette doctrine, formellement condamnée par l'Église, semblait quelquefois, afin de mieux cacher sa ruse, obséder sensiblement cette femme et la soumettre à ses plus cruelles sévices. Dieu permit qu'elle mourût désabusée et dans les transports d'une

* Voir des faits de ce genre parfaitement authentiqués dans mon livre *les Médiateurs et les moyens de la magie*, ch. I, p. 4 à 60.

La prudence oblige donc quelquefois à se méfier des vivants qui semblent être des saints, *sanctorum in via;* et surtout lorsque, imitant notre Marie-Ange, dont la main écrit et révèle les billets qui la glorifient, il semble que ces saints ne se méfient guère d'eux-mêmes! Les prodiges qu'ils sèment autour d'eux, si peu que la nature en soit équivoque, doivent tenir toutes nos facultés en éveil; et ceux qui s'accomplissent sur leurs personnes, s'ils ont, ainsi que chez Marie-Ange, la forme de caresses, peuvent à juste titre nous effaroucher; ils doivent nous paraître, sinon le signe et le sceau de l'incube, du moins un acheminement vers ce terme où semblent fatalement aboutir la plupart des imprudents qu'un pacte formel ou implicite a liés par un premier fil au démon.

Mais n'attirons et ne fixons les regards de nos lecteurs, en terminant cet épisode, que sur le point capital et qui forme le titre de ce chapitre, c'est-à-dire sur ceux des phénomènes de cette vie auxquels il appartient de renouer, comme d'eux-mêmes, la trame de nos études sur l'incube. Les premiers, ce sont les baisers qui couvrent le visage de Marie-Anne et qui s'accompagnent *de signes* faciles à vérifier : tels sont *le bruit* qui les révèle, *le transport* du bonbon qui semble, si l'on me pardonne cette expression, pondu sous chacun d'eux; et L'ÉPANCHEMENT, L'INSERTION, entre les lèvres de l'extatique, de l'*intarissable* sirop qui, sans doute, en symbolise la douceur! Dans les circonstances où l'Invisible prodigue ces baisers, il nous sera permis, si nous les rapprochons de l'étude de Marie-Ange, des billets qui lui sont dictés comme à nos médium, et du caractère grotesque ou puéril des merveilles qui pullulent autour d'elle, de les nommer incubiques.

---

piété que nous aimons à croire sincère. Lire la *Vie de madame Guyon*, 3 vol.; — M. Bizouart qui la cite, *Rapports*, vol. III, p. 39, etc. — *Id.*, plusieurs biogr.

On voudra bien observer, en tout cas, qu'aucune raison ne peut exister pour que, chez ces privilégiées, les lèvres soient l'unique partie du corps humain qui se prête à ces flux de caresse et de liqueur!

Et souvenons-nous qu'entre les nombreuses merveilles dont le docteur historiographe de Marie-Anne nous garantit l'authenticité, le plus remarquable consiste dans la fausse maternité de sa mère. Car on se rappelle que cette grossesse, dont les circonstances ridicules nous ont frappé, se termine sans couches apparentes, mais par l'apparition d'un enfant nouveau-né, tout enveloppé de maillots!... D'où le lecteur initié aux œuvres magiques conclura qu'un être invisible l'a dérobé je ne sais où, pour le déposer à côté de celle qui s'en croit et s'en dira la mère. Le prodige de cette grossesse, dont le dénoûment échappe à celle qui s'imaginait devoir enfanter, est donc, selon toute probabilité, celui d'une enflure abdominale, c'est-à-dire un de ces *gonflements solides* dont le magicien magnétiste Regazzoni me rendit témoin, et que je décrivis ailleurs [1]. Ainsi s'explique, dans les cas de suppositions démoniaques d'enfants, le phénomène de ces illusions de maternité qui furent signalées chez *quelques-unes* des femmes dont on disait les enfants engendrés du diable... et nous serons entraîné tout à l'heure à nous occuper de cette nouvelle rouerie diabolique.

[1] *Magie au dix-neuvième siècle*, ch. IX, voir les détails.

QUATRIÈME DIVISION.

L'INCUBE MODERNE. — SUITE.

Le médium Home. — Jupes gonflées et tirées; baleine de crinoline violemment arrachée sous une femme assise. — Femmes touchées à la fois; faits authentiques, gracieux ou cruels, et d'où résulte la possibilité de l'incube. — Magie, exemple. — Magnétisme: M. X... ne peut plus magnétiser une femme quelconque sans qu'un même esprit, inconnu de cette femme, ne lui apparaisse et ne l'insulte. — Le capitaine X... perdant la liberté de ses actes. — Les tables : M. Benezet y sent la vie. — Élève d'école savante s'y essayant, perdant la liberté de ses actes, et mourant de marasme. — Spiritisme tabulaire. Le major hollandais Révius : esprits tabulaires et immondes attaquant les hommes et les femmes; réflexions. — Autres exemples. — Nuance aboutissant au *vampirisme* incubique. — Incube spontané : fait de longue durée écrit sous la dictée de Mgr. X... — Autres exemples. — Bilocation incubique, Loudun. — Cadavres incubiques. — Vivants, rebuts d'hôpitaux et formés en machine incubique. — Utiles réflexions. — Expériences Dupotet, ou preuves de la lycanthropie incubique. — Comment l'Esprit méchant, immonde et trompeur, illusionne ceux qui croient caresser l'amour. — Miracles épouvantables d'hallucinations incubiques. — Preuves. — Dieu tout seul ne veut point nous suffire contre l'illusion; exemple : la communion incubique. — La Chine et l'incube épidémique.

Après ce coup d'œil jeté chez les idolâtres sur le commerce fécond des dieux avec les mortelles, et sur les preuves de la vivacité de cette croyance; après le récit de deux exemples, *choisis entre mille*, de caresses moins conjugales, mais sensuelles et sensibles, que prodiguent de nos jours, à de pauvres élus des deux sexes, tels que M. de Caudemberg et Marie-Ange, certains êtres invisibles qui, s'attribuant un rôle surangélique, n'hésitent point à se donner pour la Vierge immaculée et son divin Fils, il nous reste, en usant des termes les plus chastes, à traiter la question de l'incube moderne dans sa plus énergique expression. Les faits qui se succèdent et se graduent sont autant d'échelons qui nous aident à descendre au fond de l'abîme qu'il s'agit de sonder et de décrire.

L'Europe et l'Amérique se sont beaucoup et fort diversement entretenues de M. Home le Médium. Pour les uns, c'est un intermédiaire avoué de la toute-puissance sur le monde des Esprits; pour d'autres, il est tout simplement un artiste en spiritisme, un habile et fieffé charlatan : insigne exagération et fausseté des deux parts. J'ai dit, dans mon livre *des Médiateurs et des moyens de la magie,* ma rencontre avec ce Médium, et j'ai donné, je le crois, une assez complète étude de sa personne et de ses œuvres, ajoutant quelques mots sur *la double espèce* de moralité qu'il faut s'attendre à rencontrer chez les tristes spécialités de ce genre. Or, ce que j'ai dit sur ces divers points, je dois sans hésiter le maintenir contre quelque contradicteur que ce puisse être, car mes persévérantes recherches ne se sont arrêtées que devant la certitude la plus positive. Je m'y sens d'ailleurs appuyé par le numéro d'avril 1864 de la *Revue (catholique)* de Dublin. Qu'il me soit donc permis de continuer à parler de ses œuvres au point de vue qui domine ce chapitre, et sans incriminer ses intentions.

De temps en temps, un souffle indiscret et mystérieux, s'engageant sous les jupes de femmes curieuses d'assister aux évolutions spiritistes que provoquait la présence de l'illustre Médium, les gonflait et les ballonnait. Plusieurs dames appartenant à la société la plus distinguée, et parfaitement étrangères de rapports l'une à l'autre, m'assurèrent avoir éprouvé de la manière la plus sensible ce désagréable effet, qui, plus d'une fois, les fit battre précipitamment en retraite; ou bien, ces mêmes jupes avaient été tirées par une force invisible contraignant de plier *celles* qui les portaient. Rien, jusque-là, que d'assez innocent. Mais un jour, entre deux dames de ma fort intime connaissance, et dont la moins jeune, madame la comtesse de ***, est dans un âge de respectable maturité, une troisième était assise, amie de l'une et de l'autre. Tout à coup, et tout isolée que fût celle-ci du *médium* et de ses deux compagnes, elle jette un cri de détresse, recule, et porte la main vers la partie inférieure de son buste. Elle est hors d'elle. Oh ! vous ne vous figurez pas l'audace....., s'écrie-t-elle en tronquant sa phrase qu'anime un accent de vive indignation contre ces maudits esprits, aussitôt que son émotion demi-calmée lui rend l'usage lucide de la parole... Et madame la comtesse de *** ne savait que penser du feu roulant de phénomènes qui éclataient autour d'elle. Un soir, un fauteuil s'était mis en marche vers elle du train lent d'une locomotive prenant son essor; puis, elle s'était sentie fortement tirée par sa robe; elle jugea que la qualité du fait dont elle avait été témoin lui permettait de se départir de ses habitudes de réserve, et me raconta ce que j'énonce. La même et identique version, sortie de la bouche du second témoin, son autre voisine, atteignit mon oreille à l'aide d'un léger ricochet ménagé par une personne amie, et que j'avais tout simplement mise sur la voie, afin de pouvoir élever mes documents au-dessus des régions du doute.

Un autre jour, une jeune dame d'assez riche embonpoint étant assise à quelques pas d'un médium, une baleine de son jupon, sur laquelle pesait tout le poids de son buste, fut aussi violemment extraite de sa coulisse que le serait une dent de son alvéole. Au même instant, un cri s'échappait de la bouche des autres femmes qui, toutes à la fois, se sentaient touchées à une même partie du corps ! Moitié respect pour la vérité, moitié respect pour elles-mêmes, cette partie fut par ces dames appelée : les genoux. Je ne parle point au hasard, mais je serais lapidé si je disais plus.

Quelque *forts* et *probants* que soient dans mon esprit *les nombreux témoignages* sur la foi desquels je produis ces faits, la manière discrète dont je me vois réduit à les énoncer oblige le public à ne les adopter qu'à titre de légers documents. Je ne prétends les offrir pour rien de plus, mais je suis loin de les considérer comme inutiles et indignes de figurer dans mes pages. Ce que, d'ailleurs, les faits et les témoins ont établi par myriades, c'est que les Esprits se forment des corps, ou s'adaptent en guise de corps des cadavres[1]; c'est qu'ils s'en revêtent, qu'ils s'en habillent, et qu'ils en usent au dehors de la façon dont nous usons des nôtres. Et dès lors, de quel droit *la raison* parviendrait-elle à les en priver pour les fins de l'incube? Cet acte, souverainement démoniaque, serait-il plus difficile à un mauvais Esprit que de passer la tête du corps qu'il s'adapte dans le cercle d'une couronne, ou le doigt dans l'anneau d'une bague? que de transporter en se jouant un fardeau? que de tordre et briser les membres d'un misérable possédé qu'il dompte et redompte? Et qu'importe à la réalité de l'acte incubique si la chair de ces corps est celle d'un cadavre, pourvu qu'une illusion démoniaque la fasse paraître vivante du moment où elle agit? qu'importe encore si la substance de l'un de ces corps trompeurs, et composés par le démon de je ne sais quels éléments, n'est formée ni de sang, ni de muscles, pourvu qu'elle se rende palpable et résistante? L'illustre cardinal Caïetan Thomas de Vio, après avoir dit que « les démons, bien souvent, prennent des corps humains et conversent familièrement avec les hommes », n'émet donc aucune proposition hasardée en ajoutant aussitôt qu'ils habitent « avec eux sans avoir une vraie chair, mais ayant une chair palpable, de sorte qu'à l'attouchement on la sent aucunement, comme beaucoup le rapportent par leur propre expérience[2]. »

---

[1] Étude sur le fantôme humain et le principe vital, dans mon livre des *Médiateurs*.

[2] Quest. 106, art. 3. Secunda secundæ. Le Loyer, liv. IV, p. 449.

Cependant encore, et malgré ces paroles d'un Prince de l'Église, avant d'engager le lecteur à se prononcer sur la réalité des exploits de l'Esprit incube, reproduisons et rassemblons quelques faits modernes puisés aux sources les plus diverses, mais sans liaison directe et apparente à cet ordre spécial de phénomènes. Devant le flux de ces étrangetés, et les étranges réflexions qu'elles suscitent, nous répéterons, pour les répéter encore au besoin, les deux questions suivantes :

Si les prodiges que nous avons relatés sont impossibles et faux, que va-t-il advenir du témoignage humain, base de toutes les religions, de toutes les croyances, de tous les contrats et de toutes les négociations humaines? Mais si des Esprits, visibles ou non, peuvent opérer ces prodiges, ne faudrait-il point un prodige plus inconcevable et plus inadmissible encore pour que l'acte incubique ne leur fût point un jeu facile?... Que mes récits éclairent donc *et préparent* le jugement du lecteur.

Appuyé sur l'autorité de Charles Linton, le sénateur Talmadge, ancien gouverneur du Visconsin, s'exprime en ces termes : Au mois de juin dernier (1855), je me trouvais à New-York dans un cercle composé des personnages de la ville les plus éminents : — *the very elite of the city*. Une main invisible nous ayant joué *Sweet-Home*, dans un style tel que jamais je n'entendis rien de plus délicieux, *des mains s'appliquèrent* sur différentes parties de nos personnes, et *j'en sentis distinctement les doigts*. Ces mains nous fouillèrent, *prirent des mouchoirs* dans nos poches, et les rendirent. Plusieurs lettres furent enlevées à l'un de nous ; elles lui furent remises une à une, et plusieurs manifestations s'opérèrent. Un soir, et dans la même réunion, trois guitares furent demandées; et l'accord s'en fit à ma requête. J'en entendis tourner les clefs et toucher les cordes, aussi nettement que lorsqu'on accorde un instrument. L'assemblée fut priée par les invisibles de chanter différents airs que les instruments accompagnèrent avec un art digne des concerts les plus exquis. Une des guitares passa sur la tête de chacun de nous, y battant la mesure avec le corps de l'instrument, tandis que les cordes jouaient le même air. Des tables furent soulevées sans que personne y touchât. Une main invisible prit une sonnette, et avec le bout du manche de bronze *grava profondément* un bois de cerisier *fort dur*. Enfin, une sentence fut écrite au nom et de la part de John Calhoun; ses amis intimes déclarèrent y reconnaître le *fac-simile* le plus parfait de son écriture. Or, toutes ces choses furent faites dans une chambre splendidement éclairée, et dans des conditions qui rendaient impossible l'interposition d'un agent humain [1].

M. Home, qui produisit dans plusieurs cours de l'Europe, et dans quelques excellentes maisons de Paris, une si vive sensation, est souvent enlevé, devant d'irrécusables témoins, à plusieurs mètres de hauteur. Il fait apparaître des mains; la main, visible pour tout le monde, n'est souvent ni vaporeuse ni translucide; elle a la couleur et l'opacité naturelle de la chair : elle offre la résistance, la solidité et l'impression d'une main vivante. La chaleur en est douce, moite, et comparable, me disait un de ceux qui l'éprouvèrent, à celle d'un gros oiseau tué depuis un quart d'heure. Elle agit, se prête aux mouvements qu'on lui imprime, *résiste* ou *étreint*; et de temps en temps, si vous vous efforcez de la saisir par surprise, vous ne touchez que le vide. — Quelquefois il y a plusieurs mains. Un jour, trois apparurent : l'une de grandeur naturelle, une autre très-grande, et la troisième toute velue.

[1] Pag. 49, 50, 52, etc. *The healing of the nations*, Ch. Linton, 1855, etc.

Une autre fois, M. Home était saisi par le poignet, les assistants virent *sa peau tirée*. Un instant après il se sentit mordre, et la trace de l'empreinte *de deux dents* resta visiblement marquée sur sa chair pendant une heure et au delà [1].

Mais laissons un de nos compatriotes, un homme dont le nom fait autorité dans le monde littéraire et religieux, nous tenir le même langage. Incrédule d'abord à ces exploits, mais jusqu'à bénéfice d'inventaire, M. Bénézet vit s'opérer et se multiplier sous ses yeux les faits les plus étranges d'Esprits frappeurs et de tables parlantes ou agissantes. Effrayé des conséquences de ces jeux, il eut promptement la sagesse de les interdire sous son toit. Cédant à la gravité de sa parole, M. et madame L..., qui lui sont étroitement unis par les liens du sang, et que ces Invisibles fatiguaient de leurs turbulentes prévenances, s'arrêtèrent donc à la sage résolution d'y mettre un terme. Mille agaceries importunes continuaient de se répéter autour d'eux, et madame L..., décidée surtout à se garantir de toute cause de *frayeur nocturne*, avait eu le soin de se précautionner d'eau bénite; lorsque des coups se firent entendre sous sa chaise. — Tremper les doigts dans cette eau, puis la secouer sur cette chaise, ce fut l'affaire d'un moment. Mais aussitôt un cri terrible lui échappe; elle frissonne et ne retire qu'avec peine sa main *saisie et mordue*. Effrayé de ce cri, son mari se précipite vers elle, et ne voit rien; ou plutôt il ne voit que l'empreinte d'une double rangée de dents fortement marquée sur sa chair rouge et gonflée.

A peine, cependant, est-elle remise de cette attaque inattendue, que son mari l'entend pousser un nouveau cri, la voit porter vivement la main à l'épaule et tomber en syncope. L'épaule, aussitôt découverte, offre une contusion

---

[1] D'après témoins et d'après la *Revue spirite*, Allan Kardec, année 1858, p. 64. *Ibid.*, p. 118, etc.

de la largeur d'une pièce de cinq francs, d'où découlent quelques gouttes de sang. La victime, toutefois, recouvre ses sens; mais à peine les a-t-elle repris, que deux nouvelles morsures la déchirent, l'une à l'avant-bras, l'autre aux reins.

Seize heures écoulées après cet assaut, on pouvait relever les traces des coups et des morsures laissées par *ces visiteurs invisibles,* et l'empreinte de deux dents canines marquait profondément encore l'avant-bras [1] !

Ici donc, en présence de ces faits récents, éclatants, qui s'accumulent en tous pays, que nous affirment à l'envi, non point de simples médiums, mais de graves témoins tels que M. Bénézet, mais des chrétiens au nombre desquels mon devoir est de me ranger, ainsi que des dissidents de toutes sectes et des ennemis déclarés de l'Église dont la liste serait inépuisable, ma question récemment posée se répète.

Que ne pourraient ces mains qui se font voir et palper; ces doigts qui vous touchent, qui frappent, qui promènent en l'air leurs instruments, et *gravent le bois le plus dur?* Que ne sauraient faire ces poignets visibles et vigoureux *qui vous serrent, qui vous étreignent,* et au delà desquels on ne voyait point le corps, quoique de temps en temps sa résistance et son poids se fissent tout entiers sentir?

De telles mains, visibles et palpables, palpantes, actives et vigoureuses; de telles bouches armées de dents qui savent infliger de si cruelles morsures; de tels corps si positivement sentis, quelles que soient leur substance et leur nature, voilà donc qui ne serait impuissant que pour l'accomplissement de l'acte incubique? que pour un acte superlativement caractéristique des esprits immondes? que pour un acte dont l'histoire, la magistrature et les sacerdoces nous affirment la fréquence dans tous les temps et dans toutes les régions de ce monde? que pour un acte, en un mot, qui ne demande

[1] Pag. 37, etc. E. Bénézet, *Tables tourn. et panthéisme,* 1854.

aucun art, aucune science, et dont, par cette raison même, l'exécution facile surpasse en possibilité ceux que ces mystérieux graveurs ou musiciens accomplissent en se jouant.

Mais quelle serait la stupeur d'une multitude d'hommes graves, et d'un si grand nombre de mères de famille, s'il leur était donné de voir les actes incubiques et les exploits des Esprits immondes se relier non-seulement à l'usage des charmes magiques, mais à la simple pratique du magnétisme, à ces puériles ou folles consultations de tables tournantes et savantes que signala si justement à notre réprobation la vigilance de quelques évêques? Si cette assertion paraissait forte et tranchante, peut-être que la science et le jugement de ceux qu'elle étonne seraient faibles et chancelants!

C'est dans un des procès de magie les moins étudiés, les plus concluants, les *plus travestis, et pour cause*, par les ennemis du catholicisme, et pourtant l'un des plus vulgairement cités par les catholiques, que nous tenons à choisir un exemple de la terrible et immonde influence des charmes magiques. Cette affaire est celle des Ursulines de Loudun et d'Urbain Grandier. Or, parmi les onze motifs qui déterminent la condamnation de ce détestable prêtre, nous remarquons ceux-ci : — 1° La possession des Ursulines est constante pour les juges. L'évêque de Poitiers, ainsi que chacun des exorcistes, la reconnaissent; les quatre docteurs en Sorbonne de Paris partagent cette opinion, et tous les médecins de Niort, de Fontenay, de Loudun, de Thouars, de Chinon, de Mirebeau, de Fontevrault, déclarent que les phénomènes provoqués par les exorcismes offrent le caractère du surnaturel. — 2° Soixante témoins déposent des adultères, des incestes, des sacriléges de Grandier; et, dans le nombre, plusieurs femmes déclarent que, ayant été *touchées* par Grandier ou regardées fixement par lui, elles ont ressenti un frisson, suivi d'un violent amour. Quoique vertueuses, elles se trouvent en proie à une violente et immédiate tentation.... — 3° Les dépositions des Religieuses portent qu'elles éprouvent toutes un amour déréglé pour ce prêtre magicien, qui s'introduit en dépit des clôtures, usant du bénéfice de la bilocation ; et que, quatre mois durant, elles le voient de nuit et de jour les solliciter par d'impudiques caresses. Il leur apparaît lorsqu'elles sont debout ou vaquant à l'oraison ; et ces *apparitions* présentent cette particularité remarquable que les Religieuses sont frappées par *quelque chose d'inconnu,* qui laisse sur leur corps *des marques visibles constatées par les médecins et les chirurgiens.* Ajoutons, pour laisser à ces phénomènes érotiques leur caractère indiqué par nous dès le début, qu'ils sont causés par des charmes non moins visibles que le charmeur [1].

Mais tournons le dos à la magie proprement dite, et saisissons de l'œil un des mille exemples qui rendent sensible aux intelligences les plus obtuses, l'étroitesse des rapports que laisse percer le magnétisme entre ses pratiques et l'action des Esprits homicides et immondes.

Capitaine dans un régiment de cavalerie, le héros de ce triste drame livre au public, dans l'*Union magnétique* du 10 février 1856, le numéro de son régiment et son nom ; peut-être en éprouvera-t-il quelque regret, et je préfère, en conséquence, ne le désigner que par ses initiales.

« En août 1842, nous dit le capitaine E. L. S., j'étais adjudant sous-officier ; je fus alors magnétisé pour la première fois ; c'était un acte de vengeance, et je me trouvai dans une agitation étrange. J'entendis que l'on me parlait ;

---

[1] Lire le *Traité spécial de la possession de Loudun,* ouvrage remarquable que précède une lettre de l'illustre P. Ventura, par M. l'abbé Leriche, p. 57, 70, etc., etc., Paris, Plon, 1859, petit in-12. *Id.*, Bizouard, *Abrégé du fait,* t. II, p. 408, etc.

je voyais apparaître un homme qui disparaissait aussitôt que j'avançais à sa rencontre; on me faisait approcher du mur, et c'était pour sentir le corps d'une femme. Enfin, par des attouchements *dont je ne pouvais me défendre,* et auxquels je me prêtais peut-être, puisque je n'avais plus la conscience exacte de ce que j'éprouvais, on me faisait commettre de ces impuretés que rien ne peut excuser chez un homme de l'âge que j'avais à cette époque. Cela dura près d'un mois, et c'est vainement que je cherchais à me défendre! J'allai chez mon père, où je fus moins tourmenté; puis je revins au régiment, où je fus nommé officier. On ne regarda donc ni comme un ivrogne ni comme un homme en démence ce sous-officier progressant jusqu'au grade de capitaine.... Le calme qui me fut enfin laissé dura l'espace de sept ans.

» Mais il m'arriva, vers l'année 1850, d'adresser quelques reproches mérités au nommé ***, servant sous mes ordres, et, quelques heures après ces paroles, je fus de nouveau magnétisé... J'avais défié mon magnétiseur, dont l'action s'exerçait à distance. J'éprouvai d'indicibles tourments. On m'appelait, on m'injuriait, des fantômes me poursuivaient, je me ruais contre eux en faisant des chutes dont l'infaillible résultat devait être la mort, *si je me fusse trouvé dans mon état habituel,* et les séances étaient interrompues.... Pendant ces interruptions, j'entendais des soupirs, des paroles obscènes; on me magnétisait certaines parties du corps, et malgré moi j'accomplissais, bien qu'avec un profond dégoût, ce que j'avais toujours considéré comme une action immonde....

» A force d'observations, je parvins à me procurer les preuves de ce que j'avance. Les nommés *** et ***, etc., étaient à la tête d'une société de magnétiseurs, et voici quel fut le résultat de leurs œuvres. Z..., adjudant, vrai militaire, insouciant et gai, mais peut-être un peu sévère, est tout à coup atteint de tristesse : il dit souffrir, ne peut exprimer ce qu'il éprouve, et se fait sauter la cervelle [1]....

» T... faisait ombrage à l'un des magnétistes, dont il avait froissé l'amour-propre. — Il commet une faute de discipline, est pris d'un accès de tristesse, aggrave sa faute et se fait sauter la cervelle.... En un mot, les faits et les conséquences de persécutions magnétiques se multiplièrent si bien, que, de guerre lasse, toujours menacé, toujours harcelé, je quittai le corps.

» C'est alors que j'entendis parler du célèbre magnétiseur bergamasque Regazzoni. Fatigué de traitements inutiles, je lui demandai de me débarrasser du mauvais fluide qui m'envahissait, et je me soumis avec plaisir à son action. Je ne tardai point à sentir un notable soulagement, et j'eus bientôt la pleine confiance d'être parfaitement guéri. »

Mon livre de la *Magie au dix-neuvième siècle* donne un long extrait de cette lamentable histoire, dont je ne puis suivre dans ces pages ni redire d'un bout à l'autre les détails. Si je juge opportun de la répéter, c'est que, d'abord, je l'envisage à un point de vue aussi différent qu'exclusif; c'est ensuite, qu'ayant aidé à la vulgarisation de ce fait énorme, j'ai facilité par cela même à mes lecteurs les moyens d'en vérifier les incidents, et de le reconnaître *comme typique*. Les traits de ce récit qui se rapportent aux actes immondes ne nous démontrent que trop clairement le jeu d'une Cause magnétique et savante, semblable dans ses effets à celle que la magie, ou la sorcellerie jadis, déchaînait contre ses victimes!... Mais le malheureux capitaine qui nous redit sa triste histoire ne serait-il pas, et tout simplement, un halluciné? — Oui sans doute, ainsi que le

---

[1] L'agent du magnétisme pousse au suicide. Tout ce qui est généreux se tue! dit le magnétiste Dupotet; consultez les statistiques. — Quant aux chutes, le même agent rend *innocentes* celles qu'il occasionne, *si terribles* qu'elles soient; et je l'ai vu maintes fois.

furent tous ceux que le magnétisme réduisit aux extrémités qu'il énumère, y compris celle de se faire sauter la cervelle. Mais que dire de crises hallucinatives qui ne se manifestent qu'à la suite de magnétisations, et que le magnétisme se glorifie de provoquer? Sont-elles de l'ordre naturel ou de l'ordre démoniaque? Que dire, en vérité, de ces crises, lorsque leur *inévitable* résultat est de placer l'image provocante d'une femme devant nos sens incendiés, ou de tourner nos mains immondes et frénétiques contre nous-mêmes? Quel nom donner à ce magnétisme et à ses actes?... Je me figure, en tous cas, qu'un second exemple ne sera point inutile à mettre en ligne contre les préjugés qui nous obsèdent, et le voici.

Je fis, il y a longtemps déjà, la connaissance d'un homme d'âge mûr, d'un esprit aimable, cultivé, et dont la constance dans l'étude et la pratique du magnétisme ne se démentit que vers une époque toute récente; il commençait à s'effrayer de *cet art*. Hâtons-nous de dire que les expérimentations de *cet observateur* le mirent en rapport éphémère avec un certain esprit frappeur et folâtre qui céda quelquefois à la fantaisie d'apparaître. *Je fus* moi-même témoin, non de ses rares apparitions, auxquelles j'ai d'assez passables raisons de croire, mais de quelques-uns de ses exploits surhumains rigoureusement vérifiés. Or, depuis les rapports de l'expérimentateur que je signale avec cet esprit familier, magnétiser une femme honnête a cessé de lui être œuvre possible. Car à peine une personne du sexe veut-elle bien se prêter aux actes de la magnétisation, à quelque distance respectueuse qu'il ait la prudence de se maintenir, qu'elle bondit et repousse par un geste de dégoût et de colère les odieuses insolences d'un Esprit qui, tout à coup, devient visible à ses yeux, apparaissant à chaque magnétisée sous un même costume et sous une même forme corporelle. Hallucinée par cette démoniaque influence, chacune sent son contact, le voit, le décrit et l'appelle du nom qu'il aime à se donner. Or, la plupart de ces femmes sont inconnues l'une à l'autre; nulle d'elles n'a reçu d'avance ni la confidence de ce nom ni celle de la couleur rouge que chacune à son tour déclare être la bizarre couleur de ses vêtements!...

Après ce coup d'œil jeté sur ces Esprits du magnétisme et de la magie, bien identiques à ceux que l'Évangile caractérise à juste titre du nom d'immondes, peut-être serait-il opportun d'abaisser, chemin faisant, nos regards sur les invisibles habitants des tables spirites, c'est-à-dire sur les cauteleux et primitifs agents de notre spiritisme. Entre ceux-ci, les plus célestes, suivant humblement la voie des moins purs, commencèrent par faire passer leur langue dans le bois mort, dans les pieds vernissés ou graisseux de nos tables de salon ou de cuisine. Nous entendîmes alors ces missionnaires dicter à l'homme d'un bout à l'autre de la terre des leçons de sagesse et de bonheur, et prêcher non point une doctrine, car il nous en faut une aujourd'hui, comme dans les protestantismes, pour tous les états et pour tous les goûts, mais mille doctrines à côté desquelles pâlit l'Évangile du Christ. Devant la face et devant le profil de ces divers esprits, il nous importe d'examiner si toutes ces physionomies ne se ressemblent point à s'y méprendre, accusant par leurs traits caractéristiques une seule et même famille, une engeance inquiète, immonde, tourmentée, tourmentante, implacable ennemie de notre race et de la religion qui nous sauve en nous régénérant.

Replaçons-nous donc un instant dans ce dessein devant la table de M. et madame L...., que M. Bénézet nous a si précisément décrite. On l'interroge, écoutons. — Esprit tabulaire, peux-tu nous apparaître? — Oui. — Peu d'instants après cette assurance, une femme âgée se fait voir dans un des coins de l'appartement... puis elle disparaît[1]. A deux autres reprises, une femme d'âge — était-ce la même? — se fait voir à deux autres personnes. Ici donc l'Esprit tabulaire prend forme, il se montre; et peu nous importerait la réalité *du phénomène optique*, puisque déjà, nous ne l'avons point oublié, l'action des dents qui mordirent si cruellement madame L... annonçait *un corps!* Mais ce corps ou tout autre va cesser d'être visible, et nous devons nous contenter de suivre de l'œil le guéridon que l'Esprit anime. Voyez-le donc : il s'agite, il frétille et se trémousse, semblable, quoique plus preste et plus leste, à la lourde table que *j'ai vue* sauter et bondir à l'improviste, tantôt sans qu'un être vivant la touchât de son corps, tantôt lorsque, *étant seul appuyé sur elle,* le poids de mes deux bras semblait devoir la river à terre.

Or « j'ai vu ce guéridon », dit M. Bénézet, et rappelons-nous la haute importance de ce témoin, « je l'ai vu plusieurs fois grimper par petites secousses le long de ma poitrine. » Un papillon de nuit entra dans le salon : Attrape cet insecte, lui fut-il dit. « Le guéridon se mit aussitôt à gambader à droite, à gauche, suivant exactement tous les mouvements du papillon, et sautant parfois pour l'atteindre. Quand nous voulûmes faire cesser ce jeu, il fallut chasser le papillon. Il en vint au point de se soutenir deux ou trois minutes en l'air.

» J'ai plusieurs fois mis la main sur le guéridon. Les attouchements singuliers que j'ai ressentis ont produit sur moi un effet étrange. Je n'ai pu m'empêcher de leur reconnaître *un caractère propre*, impossible à définir... Je le *déclare sans détour,* J'AI SENTI LA VIE dans ce morceau de sapin[2]. »

A combien d'imprudents, et de folles ou d'affolées, les Esprits de ces tables n'ont-ils point fait *sentir la vie,* la vie

---

[1] *Ibid.*, p. 31, 32, 33.
[2] *Ibid.*, p. 39-40, 25-26, 1854.

brutale cette fois, la vie sensuelle? Mais lorsque la promesse de taire le nom du confident est la condition des confidences qui nous sont faites, et de l'exposé des preuves ou des témoignages qui les accompagnent, combien de fois l'honneur ou les convenances ne nous obligent-elles point à nous effacer, ou ne viennent-elles point entraver notre rôle de narrateur!

Cette fois, cependant, nous pouvons rompre à demi le silence devant un fait que nous rapporterons en termes concis, pressé que nous sommes par la surabondance de nos documents [1].

Trois jeunes gens de mérite, étroitement unis par les liens de l'amitié, prenaient un plaisir mêlé de curiosité scientifique à faire tourner des tables. L'un d'eux, récemment sorti de l'une de nos écoles savantes, eut la triste chance de devenir presque aussitôt médium, et de la plus forte encolure! La plus lourde table que touchait son doigt se soulevait, se cabrait, fuyait, et mille exploits successifs révélaient en lui la plus singulière puissance. Mais bientôt les actes qu'il s'était figuré produire par la simple vertu de son fluide s'exercèrent indépendamment de sa volonté, puis enfin contre et malgré lui-même.

Un jour, à table, sa main se posant sur un grand verre : Enlevez ma main, vite, s'écrie-t-il en implorant ses amis; soulevez-la, sinon le verre écrasé par elle va me causer de cruelles blessures. — Il plaisante sans doute; et, dans cette conviction, ses amis se gardent de toucher à la main. Le verre est alors, non pas brisé par le choc, mais littéralement écrasé sous une irrésistible pression : les éclats en pénètrent sa chair, et la table est inondée de son sang....

---

[1] J'en acquiers la certitude le 1er février 1856, et je puis indiquer, entre ceux qui possèdent la connaissance de ce fait, celui que désigne ainsi M. de Mirville : « M. le baron N..., occupant une position officielle et considérable à Paris. » *Question des esprits, ses progrès*, 1855, p. 88.

Peu de jours encore s'écoulèrent; et, contre sa volonté la plus positive, son bras en vient à exercer sur sa personne des actes qui, lui inspirant le plus profond dégoût, le réduisent bientôt à l'épuisement. Il en gémit, hélas! et ne peut réussir à s'y opposer. Vainement, dans ses crises, ses amis lui saisissent-ils le bras; une action persistante finit par triompher de toutes ses résistances; et le plus rapide des marasmes, un marasme galopant, le précipite vers la tombe. Que faire donc? Un palais épiscopal est bien près de là; l'idée vient aux deux amis poussés à bout de demander audience et conseil à l'évêque. Les voici devant le prélat, expliquant sans préambule l'asservissement du pauvre médium, dépossédé de sa volonté. Mais de tels faits sont redevenus nouveaux; on en a perdu l'expérience, l'explication qu'ils en donnent est peut-être trop abrupte, et l'évêque se croit persiflé....

Cependant les phénomènes d'obsessions continuent, et le médium épuisé va périr; il est au lit. Les amis désolés, après avoir usé de tous les moyens imaginables, se présentent une seconde fois devant l'évêque, et le conjurent d'écouter favorablement leur humble supplique : — Vous me parlez de la puissance et de l'épuisement simultanés de votre ami, Messieurs, eh bien, amenez-le, s'il vous plaît, en ma présence; qu'il agisse, qu'il opère, et, devant les faits, je croirai, j'aviserai, j'agirai.

Le moribond est, à l'instant, porté chez l'évêque. — Vous voyez la masse énorme de cette table, monsieur; touchez-la du doigt, qu'elle se meuve, et je me rends. — Oui, dit le jeune homme, elle va se mouvoir. Il la touche du bout des doigts, et, tout aussitôt, prenant sa course vers un coin de l'appartement, la table s'y heurte. L'évêque a pâli. — Messieurs, retirez-vous maintenant, de grâce, et me laissez seul avec votre ami.... Celui-ci se confesse généreusement, l'évêque l'exorcise, et le médium, en perdant son fatal pouvoir, est affranchi de tout esclavage : il redevient le maître de son corps; mais, quelques semaines après, il rend le dernier soupir. Usé par l'invisible qui s'était installé dans sa chair, et à bout de ressources vitales, il meurt en chrétien.

Les Esprits de la *magie*, du *magnétisme* et des *phénomènes* tabulaires de second ordre sont assez vigoureusement caractérisés, ce nous semble, dans les pages précédentes, pour qu'il soit temps de laisser parler avec l'accent de la franchise un ami du spiritisme, un major de l'armée hollandaise. Le témoignage de cette bouche si peu favorable à la foi de l'Église me paraît avoir, dans la question catholique des Esprits immondes et de l'Incube, une autorité passablement décisive !

« Les esprits étroits m'accuseront ou de coupable *indiscrétion*, ou de mensonge !, s'écrie le major Revius.

» Les faits sont étranges et d'une nature délicate; quelques-uns les croiront propres à nuire au spiritualisme; mais est-ce lui nuire que de dire la vérité, le bien comme le mal, afin que la lumière se fasse, afin que *chacun puisse se mettre en garde* contre le danger de communications qui ne sont pas nouvelles, qu'on a révoquées en doute, mais dont toute l'antiquité et le moyen âge ont retenti [1]? Voici donc les faits dans toute leur vérité, *sauf quelques réticences que les devoirs de la publicité m'imposent.*

» Un soir, nous eûmes des attouchements inusités...; les dames étaient touchées *très-indécemment*. Une d'elles, d'ailleurs très-respectable, manqua de tomber à la renverse par un attouchement très-saisissant au-dessus des genoux, et sous ses vêtements. *Très-courageuse* », — et je n'en connais aucune pour ma part dont le courage eût été si viril! —

---

[1] *Revue spiritual.*, t. II, prem. partie. Esprits consolidant les parties de leurs corps, et s'adonnant à des attouchements parfaitement tangibles. Les incubes, les succubes, les sabbats, les vaudoux. — La Haye, 25 août 1859, par Revius, major de l'armée néerlandaise.

« elle ne voulut point finir la séance comme nous en avions l'intention. Se remettant à sa place, elle demanda à l'Esprit ce qu'il exigeait d'elle. — Vous embrasser. — Eh bien, embrassez-moi. — Non, pas ici, mais au lit. — Pour prévenir d'autres scandales, nous avons levé la séance. »

Dans une autre de ces réunions où n'assistaient que des hommes, « arrivèrent des Esprits femmes, et ce fut *une suite de scandales !* A notre demande, comment nous pourrions leur être agréables : — En vous mettant en costume de paradis. — Nous étions six amis ; sur notre refus, elles commencèrent à nous faire des caresses non équivoques, *nous touchant* d'abord les mains avec leurs mains, qui avaient *toutes les qualités de mains en chair et en os*, leur température étant chaude comme les nôtres. A ma demande si celle qui *s'était accrochée à moi* m'avait connu pendant sa vie, elle me répondit par l'alphabet : Oui ; et à cela ajouta d'autres paroles curieuses. Pendant cette conversation, deux autres Esprits féminins prenaient plaisir à faire à deux des assistants des caresses *telles que je m'abstiens* de les indiquer ici... »

« L'un d'eux se sentit étreint dans des bras invisibles, et accablé de telles caresses que, pour y couper court... [1] »

Or, ce qu'il est opportun d'observer chemin faisant, non point à titre de condition nécessaire, mais comme un fait servant à démontrer la connexion de ces phénomènes avec *les signes sacramentaux* du spiritisme et l'importance primitive de ces signes, c'est que lorsqu'on cessait d'avoir « les mains sur les tables, la scène finissait [2] ! »

Et notre brave et loyal major n'est ni théologien, ni catholique, ni logicien, ce qui l'autorise à nous dire sans se compromettre : « J'entends les démonomanes s'écrier : Mais vous le voyez bien, c'est le diable qui cause de pareilles

---

[1] *Ibid.*, p. 235.
[2] *Ibid.*, p. 235.

choses ! D'autres nous diront que rien n'est plus pernicieux que de se mettre en relation avec les Esprits ! ils demanderont de nouvelles proscriptions contre l'examen de *la plus importante des vérités*, cherchant à l'étouffer, comme autrefois, par tous les genres de superstitions. Aux éteignoirs, aux partisans des mesures d'interdiction, nous dirons : Si les communications avec le monde spirituel ont des dangers, raison de plus pour s'en occuper ! Pour mieux éviter le danger, il faut le connaître.... Ces arcanes, le plus souvent, se transmettent par la voie de la tradition, et chez des gens qui, loin de savoir ce que c'est que le spiritualisme, un médium, un Esprit, ne savent pas même lire, témoin nos bergers et nos sorcières de village... Ainsi donc, il serait permis à tant de gens de s'occuper *du mauvais* spiritualisme, sans qu'il soit permis aux honnêtes gens de *se livrer à la pratique du bon*, à la connaissance des vérités qui permettent de distinguer le bien du mal ? Si les honnêtes gens entraient plus souvent en communication avec le monde spirituel..., chacun aurait son ange gardien, son esprit bienfaisant pour l'avertir ou le protéger ; on trouverait toujours, auprès de quelque médium, les *avertissements nécessaires* [1] !

Ne sachant point distinguer de l'*initiation sacrilége*, et de la *pratique du mal*, la science qui l'observe et qui s'éclaire des lumières de l'Église, jetées devant nos pas par ses ministres et non par d'ignares médiums, le loyal major tombe dans un gouffre profond et sombre, je veux dire au fond de l'enfer philosophique, où les sectes protestantes se débattent et tourbillonnent, emportées dans le vide, sous la loi Babélique du *libre examen* et des inspirations de la *raison individuelle* ! Sauver et fortifier la raison de l'homme, tel est le but de ce brave militaire, et nous n'en connaissons point de plus noble. Mais faire reculer le genre humain, et le repous-

[1] *Ibid.*, p. 235 à 239.

ser jusque dans l'immonde giron du paganisme, voilà quel est, et contre son gré, l'inévitable résultat de sa doctrine. Dupé de la façon même dont le furent les idolâtres par les qualifications railleuses de bons et de mauvais démons, c'est-à-dire de bons et de mauvais Esprits que recommencent à se donner, comme du temps de Jupiter et de Junon, les astucieux habitants de l'air [1], le philosophe du spiritisme engage à se livrer aux anges gardiens de l'abîme un monde qui, s'abritant sous la bannière du prince des apôtres, s'est retiré avec horreur du joug de ces Esprits de corruption et de crime. — Qui cherche le danger, qui l'aime, doit y périr : tel est le cri d'alarme évangélique que nous devons jeter de nouveau devant les hommes honnêtes qui se proposent d'ouvrir, d'un bout de la terre à l'autre, une permanente école d'enseignements spirites où les Esprits du major Revius remplaceront le corps enseignant de l'Église. Mais profitons avec empressement des faits décisifs que ces loyaux adversaires veulent bien nous mettre sous la main, en les déposant dans les arsenaux où s'arment les soldats de la foi catholique.

Le récit qui va suivre, prenant sa place au rang des phénomènes *tabulaires* d'ordre supérieur, seconde tout naturellement celui du major hollandais, et nous allons y reconnaître un des Esprits dont ces pages viennent de nous dire les mœurs et les actes.

Une jeune fille de vingt-deux ans s'était livrée avec passion, avec fureur, à la consultation des tables spirites ou pythonisées. Un jour arriva bientôt où elle sentit naître en elle une force musculaire inexplicable, prodigieuse, turbulente, et qui, ne demandant qu'à s'exercer, lui permettait de briser sans effort des objets dont le bris exigeait une vigueur herculéenne. Or, un soir, quelque temps après cette exaltation singulière de ses forces, elle vit apparaître

---

[1] Spiritualia nequitiæ in cœlestibus. Saint Paul, Ephes., vi, 12.

près de son lit, au moment où ses draps se refermaient sur elle, un homme de bonne mine et bien vêtu, mais ayant sur le visage la pâleur de la mort. Cet homme s'approcha d'elle avec audace; elle lutta, mais faiblement et comme si quelque charme s'attachait à cet assaillant, malgré l'effroi que lui avait causé son aspect. L'audacieux triompha, et trois longues années se succédèrent à partir de cette date, pendant lesquelles il revint chaque soir prendre possession de sa proie, lui consacrant la nuit tout entière. Voilà ce que la jeune fille, bien éveillée, la plupart du temps lorsqu'elle recevait ces visites, affirme sur le témoignage constant des yeux, du toucher, de l'ouïe. Voilà ce qu'elle ne cesse d'affirmer avec la même conviction, aussi raisonnée que froide, depuis que Dieu lui fit la grâce de la tirer de cette servitude affreuse dont aucune idée préconçue, aucune notion antérieure et capable de lui troubler le cerveau, ne lui avait inspiré la crainte ou fait naître la pensée.

Les détails de ce drame incubique me sont transmis par le directeur de cette jeune fille, de laquelle je ne connais ni le nom ni la personne, mais qui voulut régler elle-même la mesure de la confidence que je reçois. Et je dois faire observer, à cette occasion, que souvent le repentir se mêlant à la charité, engage de sincères pénitents à donner d'eux-mêmes à leurs confesseurs l'autorisation de verser dans l'oreille de gens qui puissent en user pour l'avertissement des fidèles, une partie des secrets de leurs fautes et des conséquences redoutables qu'elles entraînent. Le directeur de cette femme est un prêtre sexagénaire du plus haut mérite au point de vue de la science et de la moralité.

Mais un mot encore à propos de ces phénomènes provoqués. Une jeune veuve avait formé le projet de se remarier, et de bons amis approuvant sa pensée, trouvèrent et se hâtèrent de lui proposer un parti digne de fixer son choix.

— Non, merci, cela ne se peut. — Vous renoncez donc au mariage ? — Oh! les choses ont bien changé! Grâce à Dieu, j'eus le bonheur de me faire initier au spiritisme, et je fus mise en rapport avec mon mari. Mon mari revient; il me visite la nuit, et, si je ne le vois point, je l'entends et je le sens à mes côtés; je ne suis plus veuve. — Cette anecdocte, que je recueille de la bouche d'un ami, et que peut remplacer auprès des amateurs de l'antiquité l'histoire si célèbre de Macate [1], trouve dans les intéressants récits du major Revius une explication aussi propre à satisfaire le cœur des spirites que l'intelligence des catholiques.

Une faible nuance séparant ce spiritisme du *vampirisme* incubique, décrit par le célèbre historien Pausanias, qui vivait à Rome sous l'empereur Antonin le Philosophe (second siècle), nous croyons devoir offrir en passant un échantillon de ce dernier genre. « Les Candiots, nous dit Pausanias, avoient des mânes, lesquels ils nommoient catéchanes, et qu'ils croyoient *retourner dans les corps ensevelis* des hommes défuncts, et aller voir leurs femmes vefves, et paillarder avec elles. A cette cause, il étoit ordonné par leurs lois municipales que tels corps et cadavres de défuncts, s'ils se présentoient et sortoient du tombeau pour connoître charnellement les vefves, eussent la tête percée avec un cloud, premièrement, et puis fussent brûlés [2]. »

Après avoir rapproché les exemples précédents les uns des autres, et placé chacun près de sa cause, acheminons-nous, il en est temps, vers quelques-uns de ceux que notre époque a vus naître sous une forme *plus spontanément* incubique. Les faits que nous rapportons sont récents, les personnes que nous y décrivons sont vivantes; et la certi-

---

[1] Kornmann, *De miraculis mortuorum*, vol. II, p. 49; 1696, Francf.
[2] Le Loyer, les quatre livres *Des spectres*, p. 487. Voir ci-dessus le chap. *Vampires*.

tude du plus grand nombre de ces phénomènes nous est attestée, ainsi que nous l'indiquons, par de graves et doctes personnages très-initiés à l'astuce de la femme et aux ruses du démon.

Une belle et forte jeune fille, par l'intermédiaire de laquelle se sont accomplis quelquefois sous mes yeux, et souvent hors de ma présence, les phénomènes spirites les plus étranges, fut, un beau jour, indignement malmenée par les Esprits, avec lesquels elle aimait à se jouer. Se marier, après cette mésaventure, serait presque témérité de la part de cette *innocente*, m'affirmait un maître médecin... Mais, sans le rendre indiscret et sans le devenir, je ne saurais ajouter un mot au très-peu que j'énonce, et *qu'il m'est permis* d'énoncer. Hâtons-nous donc de passer au fait suivant. J'avoue ne le devoir qu'à de simples documents épistolaires ; mais je le choisis entre plusieurs, et la source m'en semble *très-sûre*.

.... Une jeune fille, après avoir été l'édification du monde par sa grande et sincère piété, se vit soumise à une épreuve jusqu'alors inconnue pour elle. Elle se sentit tout à coup le cœur pris d'une sécheresse et d'une aridité si désespérantes que, se croyant perdue et abandonnée d'en haut, elle tomba dans un découragement profond. Dieu, dont les vues sont insondables, la soumettait à cette affreuse tentation ; et son humilité, sa docilité, ne l'ayant point assez prémunie, elle y succomba. C'était là le beau moment pour le démon, qui veillait cette proie. Revêtant les dehors d'un adolescent de la plus ravissante beauté, il apparaît soudain dans un état digne des dieux de l'Olympe, et se pose avec toute la grâce et l'aménité du plus habile consolateur devant cette jeune fille, déjà vaincue par le désespoir... Elle s'étonne et se récrie, mais écoute, et bientôt admire, se complaît, passe du désespoir au vertige, et accepte le crime.... Nous nous appartenons l'un à l'autre, dit le tentateur, mais je veux, j'exige de ta tendresse un gage : cette médaille bénie, et que j'apporte, il faut que tu la foules aux pieds. — Aussitôt dit, elle la foule avec une sorte de rage. — Bien; voici maintenant l'image de Celui que, du temps de ta sotte innocence, tu nommais ton rédempteur, ton céleste époux! tu ne me connaissais pas alors; fais de même, foule-la, marche d'aplomb sur cette face, ma colombe; va! qu'elle sente le talon de ton pied, elle est habituée aux soufflets. Courage! et sauve-toi de ton Sauveur. — La jeune fille hésite, frémit, n'ose, ne peut, ne veut... Ses yeux ont fixé cette face; et d'un regard de la sainte image la grâce est rentrée dans son âme, les remords lui déchirent le cœur... Misérable! tu n'es qu'un démon : arrière! Et le tentateur immonde, frémissant, s'évanouit, *laissant à terre* LES DEUX OBJETS, que couvrirent les baisers de la repentie.

« Monsieur, m'écrit encore un saint prélat d'une science et d'une maturité d'esprit aussi connues que remarquables, je suis autorisé, par la personne dont il est question dans cette lettre, à vous donner les détails suivants sur un fait qui rentre dans vos études actuelles.

» Une personne, âgée de trente-cinq ans, *saine d'esprit* et pleine de franchise, se sentit portée dès l'âge le plus tendre au vice impur, et, vers sa quinzième année, elle se trouva molestée pendant la nuit par un fantôme qui abusait d'elle[1]. Les visites duraient vingt minutes, une demi-heure, et quelquefois une grande partie de la nuit! Le lendemain elle était courbaturée, brisée.... Et, vers une certaine époque, la périodicité de ses fonctions se trouvant interrompue, elle crut commencer une grossesse, et disait : Malheureuse! j'enfanterai le faux Christ!...

[1] Suivent de fort intéressants détails, mais qu'il est difficile de livrer à la publicité.

» Lors de l'accomplissement de ces actes, elle était parfaitement éveillée, sentant, mais ne voyant point son agresseur. Une fois, cependant, et pendant l'espace d'une demi-heure, elle vit distinctement se poser devant elle un individu qui ne laissait apercevoir que son buste noir, affreux, et dont les mains, d'une largeur énorme, se terminaient par des doigts étrangement crochus. Les sens de la *vue* et du *toucher* se trouvaient confirmés chez elle par le sens de l'*ouïe*; car elle entendait, outre des soupirs, les mots d'un langage incompris, et des pas, des sifflets, des bruits de toute nature accompagnés du mouvement des meubles. Enfin, vers un moment où, grâce à une sorte de repentir, elle venait d'être délivrée, non point de toute obsession, mais de ces assauts incubiques, elle entendit distinctement ces mots : Je te quitte, mais je jure que je te ferai mourir de peur!... Je dois ajouter qu'elle fut prise d'une maladie fort grave, à laquelle on ne put rien comprendre.

» S'étant armée d'un crucifix, avec lequel elle s'endormait pour assurer le repos de ses nuits, ce crucifix lui fut enlevé, et jamais elle ne le revit, quelle que fût la minutie de ses recherches, et malgré la certitude que nul autre que le fantôme n'avait pu s'introduire dans sa chambre. Un scapulaire dont elle s'était munie dans le même dessein lui fut arraché plus de dix fois et jeté au milieu de sa chambre. »

Voilà bien, si nous ne nous trompons, des faits objectifs et auxquels l'imagination ne saurait s'attribuer aucune part. Les témoignages étrangers me manquent, il est vrai, pour en confirmer la réalité; mais il est rare, d'ailleurs, que les phénomènes incubiques s'accomplissent devant témoins, et c'est dans la santé, dans la portée d'esprit et la moralité, dans les actes et la teneur de la vie du déposant, que nous sommes réduit, de temps en temps, à chercher la valeur de sa parole. Mais cette femme, à demi pénitente, est-elle pieuse? Telle est une des questions que je posai. Non, me répondit Monseigneur X... « J'eus moi-même beaucoup de peine à lui faire invoquer la sainte Vierge. A la proposition que je lui en fis, je vis ses mains se tordre, j'entendis ses dents grincer, et je recueillis l'aveu qu'elle éprouvait pour la sainte Vierge une horreur extrême. Aujourd'hui les choses ont changé, la personne est plus calme, elle peut prier la Vierge immaculée, et j'espère enfin qu'elle sera complétement délivrée, mais je n'ose dire qu'elle le soit encore. Je désire, monsieur, que ces détails, aussi tristes qu'ils sont authentiques, puissent vous servir à ramener la foi sur un mystère d'iniquité qui, pour être nié, n'en est pas moins certain. — X..., 4 juin 1864 [1]. »

L'exemple que, maintenant, il me semble opportun de produire, offre à toute l'attention de la critique un ensemble remarquable par le développement et la précision de ses détails, par *la longue et scrupuleuse étude* à laquelle je me suis livré pour en constater les certitudes ou pour en saisir les côtés faibles. La vérité me paraît y faire un gain trop splendide, hélas! pour que je le taise inutilement. Je le reçus de la bouche même d'un membre du haut clergé français, non moins distingué par sa science que par l'éminence de son rang.

Depuis assez longtemps Monseigneur *** sait quel est le but actuel de mes recherches, et mon dernier ouvrage le lui avait fort clairement révélé. Un certain jour, il m'annonça donc, et *de lui-même, pouvoir* me communiquer, en s'entourant de quelques précautions, un douloureux secret de conscience. Parmi les âmes soutenues par les consolations que leur prodigue cet homme évangélique, il en est une qui,

---

[1] Le signataire de cette lettre est un saint et *savant* prélat revêtu de l'une des plus hautes dignités ecclésiastiques. Mes autorités ne sont point un mystère absolu, mais elles le sont nécessairement pour *le public.*

dans le silence et dans l'ombre, recherche depuis longtemps les voies de mortification que lui trace un repentir profond et sincère. Or, cette âme repentie crut devoir donner à celui qu'elle regarde comme son libérateur la liberté de révéler, — s'il y voyait quelque avantage pour d'autres âmes, — le plus terrible secret de sa vie; c'était un secret d'incube..

« Vous ne connaîtrez point cette personne, me dit Monseigneur; elle se refuserait à vous recevoir; mais, en faisant passer par mes mains les questions que provoque sa position, elles ne resteront probablement point sans réponse. »

Je m'entretins souvent et longuement avec Sa Grandeur; je lui soumis à loisir tout un plan d'interrogations, et lui faisant agréer les raisons de ce plan, motivées par mes études et par ma connaissance des principales difficultés du sujet, je lui remis enfin, sur une grande feuille à double colonne, une série de questions mûrement préparées, puis j'attendis. — Monseigneur revit alors notre inconnue, voulut bien lui communiquer mon très-vif désir de converser avec elle, fût-ce derrière l'abri d'un paravent, chez lui, chez elle, ou ailleurs. N'obtenant sur ce chapitre qu'un refus positif, il prit mon questionnaire, la pria de donner les réponses que provoquaient mes demandes, et me les remit de sa main. Je discutai plus d'une fois avec le plénipotentiaire sacré la valeur de quelques-unes des réponses, dont le nombre, — remarque importante, et qui caractérise, ce me semble, une grande simplicité de bonne foi, — n'égala point celui des interrogations. Car on ne répondit rien, fût-ce quelquefois aux questions les plus simples, lorsque la vérité ne donnait rien à répondre; tandis que les questions les plus embarrassantes obtenaient, la plupart du temps, des réponses aussi pertinentes que précises.

Un de mes premiers soins, on l'a certainement pensé,

ce fut de m'assurer de la valeur morale du personnage révélateur. — « J'y ai, pour ma part, pleine confiance, me dit le sagace prélat; et pour cause. Aucun doute, aucun soupçon ne me paraît, à cet égard, devoir planer dans votre esprit. Il y a chez cette personne sagesse et repentir, *amour et besoin de l'obscurité*, modération et rare sobriété de paroles. Ses développements sont clairs et brefs; ce dont elle n'a point la certitude, elle le tait; ce qu'elle avance, elle en est froidement sûre. L'expérience que j'ai de sa valeur intellectuelle et morale est aujourd'hui d'une date ancienne et qui me permet de la juger.... »

Je dirai maintenant, en toute simplicité, le résultat de mon enquête. Lorsque les faits dont je me constitue le narrateur commencèrent à se produire, la personne qui me les transmet, par le digne et très-judicieux intermédiaire que je viens d'énoncer, comptait vingt ans. C'est une femme. Son tempérament était sanguin, sa constitution robuste, et la position qu'elle devait à sa naissance, médiocre. Son éducation, plutôt chrétienne que décidément mauvaise, avait été soutenue en elle par une assez rare mesure de bon sens. Cependant la foi, — qui est un don du ciel, et que l'on obtient par la prière, mais que l'on ne réussit jamais à se faire comme on se fait une opinion, — la foi, chez elle, était courte, harcelée de doutes, et sujette à défaillir. Le nom du démon lui venait aux lèvres plus naturellement que le nom de Dieu. Que le diable m'emporte! était une de ses exclamations favorites; et, quelquefois, cette formule exprimait presque un de ses désirs. Il s'y mêlait alors, disons-le vite, plus de nonchaloir et de légèreté, plus d'impatience et de dépit que de malice raisonnée. Les choses allant ce train, le cœur pencha rapidement vers l'oubli de soi-même; puis une déplorable liberté, qui résultait d'un précoce orphelinage, jeta toute la personne à la dérive. Les connaissances, les intimités, après avoir été mauvaises, devinrent détestables, et les chutes furent lourdes. Bref, on se trouva bientôt vivre, la chaîne au cou, dans un abîme!... Mais de quelle sorte en fut touché le fond? C'est là ce qui me reste à dire.

Par une soirée d'été, c'était le 17 juillet 1844, notre jeune fille et seize autres amies appartenant à cette race de femmes que l'idée, que la vue du bien, quel qu'en soit l'aspect, blesse et détourne plutôt qu'elle ne les ragoûte, se trouvent réunies, toutes ensemble, dans une même maison. On s'est promis de mener vie joyeuse et bruyante. Mais deux hommes seulement figurent au milieu de ces étourdies. L'horloge vient de frapper dix coups. — Que faire? — Si vous le voulez, dit l'un de ces messieurs, nous nous *amuserons*, je vous le promets, je m'y engage! J'en ferai venir *un* qui s'y connaît, en plaisirs (*sic*). — Et pourquoi pas? Oui, oui. — Bien, bien, *vous le voulez? Le voulez-vous pour tout de bon?* — Oui, oui, *nous le voulons, nous le voulons!*... Que va-t-il faire? On s'entre-regarde.

Les portes sont fermées, bien fermées; les fenêtres closes; l'orateur ouvre un livre qu'il appelle le *Grand Albert*, et marmotte quelques paroles... On s'attend, on s'apprête à rire, et non pas du bout des lèvres, s'il vous plaît!... Mais au beau milieu d'elles, tout à coup, ô surprise! apparaît, comme apparaîtrait un fantôme, *un très-beau monsieur* (*sic*). On tressaille, on se regarde avec inquiétude; mais on est en nombre, on est en pleine lumière, on n'oserait pas avoir peur. — Oui, oui, je promets de *vous amuser soigneusement*, dit à cette joyeuse couvée de folles le nouveau venu, celui qui, *d'invisible*, vient de devenir *visible*. Il faut pourtant, avant tout, que nous tombions d'accord; j'y vais mettre une condition facile, n'est-ce pas?

Ici, je le répète, mon rôle se borne à réunir, à rédiger des notes officielles et précises.

Ouvrant donc un livre et présentant à chacune de ces femmes une feuille de papier blanc, l'inconnu dicte ces paroles auxquelles il leur demande en riant de souscrire : — Je renonce à mon nom ; — cinq d'entre elles se nommaient Marie, — je renonce à la foi, au ciel, *à l'enfer ;* je me donne à toi pour toujours!... Et toutes, successivement, sont mises en demeure de signer cette formule *avec leur sang.* Un coup d'épingle, devant lequel elles n'auront pas la lâcheté de reculer, le leur fait jaillir du bras gauche. Puis, le beau monsieur gardant pour lui le livre registral, chacune reçoit de sa main un billet ; c'est un double, c'est une contre-partie de ce pacte, que chacune doit signer encore, mais cette fois avec une encre ordinaire.

Une série de danses étranges, hasardées, voluptueuses, puis échevelées, puis ignobles, et qui se terminent en scènes de débauche, ouvre cette période de bonheur promis. La nuit se passe, et *l'on voit*, à certain moment donné, l'impudent et beau monsieur s'évanouir comme s'évanouirait une ombre. Une semaine et des mois s'écoulent.... Mais quel était donc ce cynique et prodigieux personnage, entrant et sortant portes closes, apparaissant comme un rayon de soleil, et disparaissant ainsi que disparaît un fantôme ? Quel était cet effroyable bon vivant, subitement sorti du néant, que chacune avait vu de si près et si fortement senti ? — Voilà ce qui, pendant toute une longue année, fut maintes fois mis et remis en question, mais toujours décidé dans les mêmes termes par les très-libres danseuses de cette nuit si singulière : Ce ne peut être que le diable, et le diable existe-t-il ? Sur ce point, la conviction de l'une ne diffère point de la conviction de l'autre. Rien ne paraît à toutes et plus simplement clair, et moins contestable, quoique plus difficile à comprendre; et rien de plus sérieux que le rire dont chacune accompagne au besoin cette profession de foi.

Mais quelle est donc la physionomie de ce diable, et sous quel aspect lui plut-il d'apparaître et de se maintenir? Se montra-t-il haut ou bas encorné? Ses oreilles furent-elles d'un bouc? Mesura-t-on la longueur et la courbe de ses griffes? Rien de tout cela! Il fut ce qu'il fallait être pour les folles qu'il se proposait de capter. Il eut, ce soir-là, figure de jeune homme, visage de quelque trente ans, habit de coupe élégante, voix doucement mâle, et ni plus ni moins de griffes que n'en a la femme coquette. On peut le dire en connaissance de cause; car il se mit fort promptement à l'aise, et bientôt rien ne resta caché de sa personne, pas plus ses pieds que ses mains : répétons que chacune de nos jeunes et licencieuses impudentes dut à la grâce plénière du contact de savoir ce qu'il était, et fut parfaitement certaine de ne s'y point tromper. Le témoignage de leurs sens ne fut, hélas! que trop complet.

Mais limitons-nous aux traits qui se rapportent à la jeune fille dont la description ouvre ce récit. Elle se retrouvait seule et occupée dans sa chambre le 17 juillet 1845, c'est-à-dire le jour anniversaire de cette apparition, à la date de laquelle elle ne songeait guère. Les portes de son logement étaient closes, bien closes, lorsque dix heures vinrent à sonner; tout à coup le même être, subitement formé sous ses yeux, lui apparut et la fit tressaillir de surprise. Le même, disons-nous, parfaitement homme d'apparence, et ne ressemblant d'aucune sorte à aucune personne qu'elle eût jamais connue, sauf lors de la mémorable nuit de juillet 1844.

« Te rappelles-tu le 17 juillet? » lui dit-il en l'abordant; et il ouvrit son livre, le livre où il avait écrit nos pactes, dit cette pauvre jeune femme. Je pouvais à peine en croire mes yeux; je demeurai interdite, ébahie! — Hésiterais-tu?

me cria-t-il; vois donc ton sang; signe vite, ou je te tue! — Et chaque année désormais, ainsi surprise, il me fallut renouveler *le bail* de ma personne. Un sentiment de crainte avait accompagné ma première signature. J'eus moins peur, cette fois, je me résignai; puis, la chose faite, nous redevînmes bons amis. Tout dut se passer conjugalement encore, et ce fut ainsi chaque fois qu'il apparut. Je le voyais, je le touchais, je lui parlais, et la longueur de ses visites était pour le moins de trois bonnes heures! *Onze ans de suite* il est venu, jamais n'oubliant ni la date ni l'heure précise de l'anniversaire, et sans que le moindre bruit annonçât sa visite. J'étais quelquefois plongée dans le sommeil, et je me réveillais le trouvant à mes côtés, sans que porte ou fenêtre, coulisse ou trappe, eussent pu s'ouvrir de l'intérieur de ma chambre pour lui donner accès; j'allumais ma lumière, et je le reconnaissais. Mais, le plus souvent, j'étais debout, et je le voyais subitement apparaître. Aucune illusion, aucune hallucination n'était possible, et je m'en donnais mille preuves! Ses visites commençaient en général par une conversation de près d'un quart d'heure; puis il s'emparait de ma personne. Je souffrais des craintes et du dégoût que m'inspirait cet inexprimable commerce; je le détestais plus que je ne saurais le dire; et la chasteté, cependant, n'était pas ma vertu. — Tu te plains, me dit-il un jour; mais il est trop tard. Tu m'appartiens, tu es à moi; c'est fini, bien fini! Défaire ton pacte est impossible. Et puis, à quoi bon? Amuse-toi donc, et tu ne seras jamais malheureuse. Veux-tu de l'argent? j'en ai volé dans un vieux château. — Non. — Bien; mais s'il te plaisait d'avoir quelque chose, si tu en éprouvais le désir, il te suffirait de lire notre pacte et d'avoir l'intention de me parler; je serais aussitôt près de toi. Tu vois ce poinçon d'or; il est à toi si tu le souhaites. — Non.... Qui sait, me disais-je, s'il ne se diver-

CHAPITRE SIXIÈME.

tirait pas à me causer quelque démêlé avec la justice! Et je redoutais tout don, toute faveur de la part de ce tyrannique et maudit amant.

Cependant je l'interrogeais avec liberté. Comment t'y prends-tu donc, lui demandais-je, pour disparaître et pour arriver portes fermées, fenêtres closes? — J'ai *des permissions*. — Mais pour un corps, c'est inconcevable; et pourtant, si tu es le diable, et par conséquent un Esprit, comment peux-tu donc être pour nous comme un homme? — Je prends un corps mort, et, avec cela, je fais *ce que je veux* [1] (*sic*).

[1] Cette réponse, qui n'a pu être inventée, ni moins encore avoir flatté le goût de celle qui nous la transmet, est d'autant plus remarquable qu'elle concorde avec des faits observés par d'illustres savants, tels que Kornmann, dans son traité *De miraculis mortuorum...* « Les démons sont accoutumés de se servir de ces corps morts, dit de Lancre, et ce ne peuvent être que cadavres de damnés. » Lire *Inconstance*, p. 373, etc. Par sa vertu, le démon, que la Kabbale appelle le prince des corps, conserve indéfiniment les cadavres et s'en sert pour opérer ses prestiges. Or ces cadavres qu'il anime, et dont il se fait un instrument d'amour et de licence, il peut les abandonner, se retirer d'eux, et les laisser au naturel entre les bras de ceux qu'il visite. Lire mes chapitres sur le fantôme humain, livre des *Médiateurs et moyens de la magie*. Lire le livre si remarquable et si authentique de *Nicole de Vervins*, où le Miracle du Saint-Sacrement. Le démon y désigne le cadavre qu'il prit, et dans lequel il entra pour se déguiser et agir, ch. XVI, prem. partie, p. 100, etc. Chez Plon, 1863; approbation épiscopale, Papale......

« Et quant est d'un corps mort on pourroit trouver estrange, de première abordée, comme il est possible que le diable le puisse prendre et mouvoir, veu qu'un tel corps n'a aucun sentiment de vie. Mais je dirai que cela n'est pas plus impossible au diable que de se saisir d'un corps qui aura âme et sentiment. Or est-il que le diable se saisit d'un corps vivant et luy donne mouvement..., comme il appert aux démoniaques, lesquels sont menés et agités au gré du diable. » Le Loyer, les quatre livres *Des spectres*, p. 376.

« Cecy me fait souvenir de ce qu'escrit Guillelmus Parisiensis, célèbre évêque de Paris, des mains de qui saint Louis reçut la croix, d'un certain soldat qui, pensant jouyr d'une belle jeune femme, se trouva couplé à la charoigne d'une bête morte. Et, pour fermer la bouche à ceux qui nient que les diables puissent entrer dans les corps morts, je trouve que les effets de la nécromancie sont assez forts pour

C'est donc grâce à un corps mort, si la parole de ce visiteur n'était point un mensonge, c'est à l'aide d'un cadavre conservé de la façon dont mille témoignages affirment que le sont les corps vampirisés, que notre démon semblait être toujours le même ! Ou bien encore, une hallucination démoniaque imprimait une image toujours semblable sur la rétine de la visitée, à l'aspect du premier cadavre venu dont s'emparait à chaque visite nouvelle l'Esprit visiteur. Mais, en somme, dit notre jeune femme d'alors, aujourd'hui mûrie par l'âge et par une vie de sagesse, rien n'était plus gracieux, plus engageant que la physionomie de ce démon incarné, bien qu'il y eût en lui je ne sais quoi d'impérieux et d'oppressif (*sic*) qui m'obligeait à fléchir. Enfin, l'excitation aux passions les plus vives préludait toujours de sa part aux actes d'un insigne et dégradant libertinage. Il y a même à dire qu'en fait de choses semblables, ni la malice ni les forces humaines ne sauraient aller aussi loin que les siennes.

.... Mais, une grossesse eût-elle pu naître de quelqu'un de ces rapports ? — *Réponse* : Je ne le sais. — Et quel est le mal que le démon développe en nous de préférence ? — *L'impudicité*.

« Il voulut m'enseigner à tirer les cartes, ajouta d'elle-même la repentie, et ce fut afin de m'apprendre *à favoriser le libertinage*. C'était là le plus constant de ses désirs. Ainsi nous engageait-il à perdre les petites et les jeunes filles, en leur promettant de l'argent, afin de les attirer aux mains des hommes. Je me rappelle aussi qu'il offrit à l'un

prouver cela, puisqu'ils peuvent faire parler un mort et le rendre mobile. » *Ibid.*, p. 412. — « Pourquoi donc est-ce qu'un esprit subtil et autant pénétratif que les rais du soleil et que la flamme du feu ne pourra, adhérant au corps mort, le mouvoir et le faire marcher, non comme agent naturel, ains comme lui influant sa propriété et son agilité accidentellement ? Je ne veux pas toutefois dire que le diable puisse *animer* un corps mort, car ce serait lui donner une forme (*une âme*), ce qui est le propre de Dieu. » *Ibid.*, p. 377.

des deux hommes présents à notre première scène d'évocation ; — un livre enseignant l'art magique d'empêcher les gens de manger, de boire, d'allumer le feu, et leur fournissant les moyens de causer du mal aux bêtes et de se venger[1], etc. Le livre offert fut refusé ; je ne sais pourquoi. »

Ce démon prétendait aimer ; il semblait aimer, et, par instants, on pouvait s'y tromper, à coup sûr ! Cependant, dans ses menaces il était terrible ; s'il arrivait surtout que j'hésitasse à renouveler annuellement la signature du bail ou du pacte primitif, il menaçait aussitôt de me rouer de coups et de me tuer. Une fois, et ce fut au commencement du troisième anniversaire de 1844, je me trouvais grosse de quatre mois ; lorsque, à l'heure ordinaire et sonnante, il apparut. — Tu me donnes cet enfant, n'est-ce pas ? — Non ! j'aimerais mieux le tuer.... Il ne répliqua rien ; et, dans son apparente ardeur de folles tendresses, il ne me ménagea pas plus que de coutume.

Nos conversations conservaient les dehors de celles de vieux et libres amis ; et ce qu'il exigeait le plus impérieusement, c'était que je l'aimasse ; c'était que je me tinsse en constant souvenir de mon pacte. J'adore cette maison, me disait-il en me désignant celle où s'étaient accomplies nos plus fortes scènes de débauche. — Mais que hais-tu le plus ? — Le signe de la croix et l'eau bénite.... En un mot, il désignait comme objets de son dégoût suprême ces choses sensibles auxquelles l'Église attache une vertu contre la puissance des démons. Eh bien, je vais faire le signe de la croix, pour te chasser ! lui dis-je en plaisantant. — Oh ! toi, tu ne le peux pas ; tu m'appartiens, toi. — Il y a donc un Dieu ? — Non ! mais je te défends de prononcer ce nom... Et il m'interdisait également de porter des médailles marquées à l'ef-

[1] Faits magiques mentionnés dans les bulles des papes Jean XXII, Sixte IV, Innocent VIII, Léon X, Adrien VI, Sixte-Quint, etc.

figie des saints. Remarquant un jour un de ces objets de dévotion sur ma cheminée, il m'obligea de le jeter. — Tu ne mourras jamais, me disait-il, tant que tu me seras fidèle; tu seras éternelle..., je veux dire qu'à ta mort j'aurai le pouvoir de te faire reprendre la vie. — Qu'entendait-il par ces paroles?...

Ce qu'il y a de certain, c'est que, par *une merveille de la grâce de Dieu,* la vie rentra dans mon âme à la suite du remords. Je compris enfin le mal dans lequel je vivais; je gémis de la pesanteur de ma chaîne, et je sentis l'affreuse misère de ma position. La foi, que je n'avais point eue, me fut donnée; je l'acceptai lentement d'abord, puis avec amour, et une véritable renaissance s'accomplit dans ma personne. Aujourd'hui le pacte est rompu, Dieu merci! mais ce ne fut point sans peine. C'est à Dieu que j'appartiens; il était temps! Le remords ne déchire plus mon âme, mais mon repentir est profond...

— Êtes-vous bien certaine que toutes vos réponses à ces questions expriment des choses réelles, et non point des illusions? — Oui, parfaitement certaine, aussi certaine que je le puisse être de quoi que ce soit au monde. — Et ses explications prouvèrent la justesse de ses paroles. — Sur quelques-uns des principaux points, la certitude de mes anciennes amies, ajouta-t-elle, est inébranlable et pareille à la mienne. Toute ma vie présente, ma vie de sacrifice, de paix et de liberté, repose sur cette certitude.

Cette rédaction étant terminée, d'après les notes et sur les réponses que depuis trois ans m'a successivement transmises Mgr X..., et à la suite des conversations que j'eus avec lui sur ce sujet, je la lui soumets; il la trouve exacte, irréprochable, et bonne à publier telle que je la publie.

Chacun jugera ce fait d'après l'abondance ou la pauvreté de ses lumières; mais une affreuse singularité que nous y signalons aura frappé plus d'un lecteur. Il s'agit de l'affirmation faite par l'incube que le corps dont il usait dans ses rapports impurs était celui d'un cadavre. Et qui pourrait empêcher, en effet, le cadavre manié par un esprit d'être *incube* aussi bien que *vampire*, ou d'être l'un et l'autre tout à la fois ? — Priant donc quiconque n'a jamais parcouru les recueils médicaux et scientifiques intitulés *De miraculis mortuorum*, de vouloir bien se reporter à l'étude des phénomènes spirito-cadavériques offerts dans le traité du Fantôme humain qui termine notre livre des *Médiateurs et moyens de la magie*, nous poursuivons notre route en ajoutant que, si le démon ne se livre pas toujours directement au crime incubique à l'aide d'un corps qu'il se compose, et que, s'il a souvent recours pour jouer son rôle impur à des cadavres fraîchement sevrés de la vie, ou conservés par son art, il lui arrive quelquefois aussi d'emprunter des corps vivants et de se les façonner en mannequins incubiques. Hâtons-nous d'observer toutefois que nous ne connaissons guère que des suppôts de sorcellerie, hommes ou femmes, par l'entremise de qui se soit opérée cette conjonction détestable de la personne humaine vivante et du démon pour la formation de la machine immonde destinée aux fonctions de l'incube ou du succube.

Exemple. Dans un bourg du comté de Sommerset, nous dit l'auteur anglais Barnelt, vivait, il y a cinquante ans, une femme âgée, sèche, hideuse, et ne traînant plus son étique personne qu'avec le secours de béquilles. Elle passait pour sorcière, et le feu sombre que lançaient ses regards inspirait l'effroi. Près d'elle habitait un jeune homme brillant de toute la fleur de santé dont vingt-deux printemps ont jamais couronné tête virile. Tout à coup ce jeune malheureux, visité de nuit par un être invisible et impur, sent sa santé décroître et menacer ruine. Il s'afflige, se raisonne, et ne cédera plus. Résolu de ne plus se laisser surprendre, et de savoir quelle est cette femme qui l'obsède, il attend tout éveillé son érotique visiteuse. Vers le coup de minuit, des pas se détachent du sol. Ce doit être elle ; elle s'approche de son lit, elle s'y faufile, il la sent... Lançant aussitôt ses deux mains vers la tête, il la saisit par la chevelure, et la plus furieuse des luttes s'engage avec cette terrible amante. Ses cris ont réveillé sa mère ; il appelle, il implore le secours de la lumière...... Une lumière enfin jette ses lueurs, et la sorcière hideuse que nous avons décrite, car c'était elle-même, aidée d'une force surhumaine, s'arrache des mains qui l'étreignent ; mais elle y laisse pour gage une partie de sa chevelure. La mère de l'obsédé les ramasse à terre au moment où la vieille, emportée par son esprit, disparaît.

Cet homme, si jeune alors, est vivant, nous dit Barnelt, qui le visitait ; et il ne cesse d'affirmer que, chez cette nocturne et dégoûtante visiteuse, souffle et chair ont déçu ses sens, dupes d'une fraîcheur apparente qui dénotait le corps et la vitalité d'une jeune fille [1].

Et quoi d'étonnant pour nous si, possédant la science des phénomènes magiques, nous y réfléchissons un instant ? Car ne nous concéder au prix de notre âme, et quelquefois aussi de notre corps, que *le plus dérisoire fantôme du plaisir*, et n'en créer l'éphémère sensation qu'à l'aide des instruments et des êtres les plus propres à soulever le dégoût ; que par des cadavres arrachés au linceul, que par des corps plus malsains et aussi hideux que des cadavres, voilà ce que nous savons devoir être dans les mœurs de l'esprit *immonde* et *menteur*. Dieu permet qu'il en soit ainsi, voulant sans doute ajouter dans sa miséricorde une barrière à tant de

[1] Lire ce même fait dans Görres, qui en contient plusieurs autres, vol. V, ch. xxxii, trad. de Sainte-Foi, Paris, 1855.

barrières si facilement franchies entre l'homme et le Prince du crime, de la mort et des horreurs.

Venez, venez donc, accourez, jeunes filles, femmes veuves, femmes mûres et incomprises ou trop comprises, jeunes hommes ou vieux barbons, vous que tourmentent de cruelles et dévorantes ardeurs; vous qui, semblables à l'animal que consume le feu de la rage, fuyez la source d'eau vive et pure où Dieu rafraîchit et régénère l'âme avouant son mal. Accourez, approchez-vous, pauvres affolées, vous dont l'imagination vagabonde et téméraire embrasse au milieu des fleurs ces ravissantes et angéliques amours : voici, voici l'objet de vos vœux et de vos soupirs, voici le bien-aimé, voici le caressé de vos rêves, de vos désirs et de vos transports nocturnes!

Oh! oui, femme sensible ou sensuelle, voici l'homme dont le souffle s'embrasait hier au souffle de vos lèvres dans le voluptueux balancement ou dans les tourbillons d'une valse; voici celui dont l'œil fascina votre œil, et que vous sauriez reconnaître entre mille... Et vous, vieillard froid et lascif, voilà celle dont la vue enivre vos sens; voilà celle dont les charmes se prêtèrent à votre or! Les tenez-vous, les sentez-vous, les voyez-vous, ces anges de volupté, ravissants de fraîcheur et de grâce? Oui, certes, vous croyez les voir et les reconnaître, les palper... Erreur monstrueuse et prestige. Oh! non, non! vous ne les voyez point, car ils sont absents, ils sont loin, bien loin de vous; et que mes doigts dessillent enfin vos paupières. Tenez, regardez, vous qui n'oseriez regarder un mort; vos yeux déshallucinés y voient-ils clair cette fois? Horreur! Eh quoi! c'est sur le cœur d'un cadavre d'hôpital réchauffé par un démon fascinateur que l'amour faisait palpiter votre cœur! O mystères de putridité recouverts par le livide épiderme que viennent de fatiguer vos tendresses! Les plus repoussants aromes s'en dégagent, mais votre odorat, magnétiquement atteint, les transforme en senteurs divines. Et pourquoi troubler votre jouissance ? Allons, baisez, baisez la mort qui vous déguise ses ordures et ses puanteurs. Allons, allons, un Esprit, un ange, vous a servi le fruit défendu, la coupe de l'amour : *mangez et buvez.* Mais peut-être me laissé-je égarer; peut-être celui que vos baisers dévorent, peut-être celle qu'étourdissent vos caresses et que brisent vos passionnés emportements, ce n'est point un cadavre ? Non, non, pas tout à fait encore ; et mieux le vaudrait ! car l'âge et la maladie se sont alliés pour outrager ce corps qui vous poursuit de ses amours... Oh ! que ma main s'empresse donc de repousser le voile sur ces rides, sur ces humeurs âcres et pleurantes, sur ces pustules malignes, ces plaies secrètes, ces maux innommés, que l'hallucination démoniaque, si féconde en miracles, dérobe magiquement à vos sens, et que j'avais l'impardonnable indiscrétion de laisser parler à vos yeux.

Mais en croyant révéler *une vérité rudimentaire,* j'ai le délire sans doute. Car, où jamais imaginer une habileté si grande qu'elle trompe à ce point la plus exquise finesse des sens et les clairvoyances de l'amour ? — Non, non, je n'ai point le délire, il s'en faut ; et je veux que votre bouche se condamne elle-même sous le coup des illusions que savent créer à leur profit les Esprits du magnétisme ou de la magie !

Un magnétiste veut, à l'exemple d'Apollonius de Tyane ou de Simon le Mage, que ce chien ou ce bouc soit un vieillard : il opère ; et, dans la face de l'animal, qui reste ce qu'elle est, les spectateurs ne voient plus que les traits de l'homme sous les rides de l'âge. — Un magnétiste, maniant une éponge, l'imprègne d'une odeur fétide, nauséabonde. — Quelqu'un lui dit : Je veux que cette éponge soit une rose... Et le magnétisé, saisissant l'éponge, s'extasie sur les nuances et sur les parfums de la rose. « C'est un jeu pour les magnétiseurs, nous dit M. Dupotet, d'ôter l'ouïe ou la vue au magnétisé; de faire qu'il voie un spectateur à tête d'ours ou de chien, » et par conséquent une fraîche et ravissante jeune fille dans un cadavre infect et livide. « Tout indique qu'il croit voir une chose réelle, et je déplore profondément que ces faits, QUI COURENT AUJOURD'HUI LES RUES, soient ignorés des savants ! — Je prends un verre d'eau ; ce liquide, à ma volonté, sera de l'eau-de-vie, une médecine produisant *des effets réels*. On peut ainsi empoisonner ; il faut qu'on le sache, afin que les magnétistes malintentionnés soient prévenus qu'on est instruit de ce qu'ils peuvent faire[1]. »

Oh ! je ne tarirais point s'il me fallait décrire les prodiges d'hallucinations magnétiques ou de fascination dont la notion est tombée depuis peu dans le domaine du vulgaire. Plusieurs de ces étrangetés se sont accomplies sous mes yeux. Et ce que peuvent les primats du magnétisme, que dis-je ? ce qu'opèrent en se jouant non point seulement M. Dupotet et les virtuoses de l'art, mais leurs élèves les plus obscurs, le dieu du magnétisme et de la magie, le démon lui-même serait inhabile à l'opérer ? En vérité, si rien n'est moins étonnant que de voir le maître dépasser quelque peu le disciple, disons que la lycanthropie incubique, si l'on veut accepter ce terme, est un des phénomènes les plus naturels dans l'ordre de la magie; disons que le corps d'un pilier d'hôpital suant le virus, disons que le cadavre putride, employés comme instruments incubiques par le démon, doivent acquérir sans effort, sous la touche hallucinative, sous le flux archimagnétique de l'esprit trompeur, cette fraîcheur, ces parfums, cette beauté d'aspect dont la menteuse appa

---

[1] Apollonius; voir plus haut, et Dupotet, *Magie dévoilée*, première et grande édit. in-4°, p. 173.

rence est celle des spectateurs à tête d'ours ou de chien, où de l'éponge empestée que peut vous offrir, à titre de rose, l'hallucinateur Dupotet [1].

Rapprochons-nous donc de Dieu pour lutter avec avantage contre *le prince du mensonge et des illusions*, contre ce subtil et odieux ennemi... Mais, que dis-je ? Dieu lui-même, Dieu tout seul, et dans le tête-à-tête que nous voudrions lui imposer, ne veut point nous suffire, et se refuse à nous préserver des pièges du démon. Le plus souvent il s'y refuse, si l'Église, que les ennemis de l'humanité s'efforcent d'abattre, ne nous accompagne et ne se tient près de nous par l'entremise de ses ministres pour soutenir notre amour, notre prudence et notre humilité. Mais il serait impossible de se rendre trop clair sur un tel sujet; je me pose donc cette question, et j'y réponds par un exemple.

Le démon oserait-il tenter et attaquer les fidèles jusque dans leur union eucharistique avec Jésus-Christ ? — Oui, oui sans doute et mille fois, si cette union n'est point accompagnée des conditions de vigilance et de sainteté sans lesquelles elle ne peut être inviolable à l'ange audacieux qui osa se saisir du Sauveur lui-même, transporter sur le pinacle du temple sa personne adorable, et le soumettre à l'insulte de ses tentations.

Une femme de ma connaissance, une chrétienne pratiquante et fort saine d'esprit, est venue me trouver, me dit un haut dignitaire de l'Église, sous la dictée duquel j'écrivis ces lignes, et me pria de vouloir bien lui donner mes conseils. Je ne suis ni son directeur ni son confesseur, et je voulus la renvoyer à ce premier. — Non; veuillez m'écouter d'abord... Dieu se manifeste à moi dans la communion de la manière la plus

---

[1] Lire ce qui concerne le démon comme *prince des corps*, selon le langage de la Kabbale ; voir son action sur les cadavres dans la partie intitulée *le Fantôme humain et le principe vital*, de mon livre *les Médiateurs et les moyens de la magie*.

sensible; et pourtant j'en éprouve un violent embarras. — Vous le voyez donc ? Vous apparaîtrait-il sous une forme visible ? — Non, mais je le sens ; il affecte mon toucher ; j'en suis aussi certaine que si, le voyant, je le touchais ; il m'embrasse et me comble de ses tendresses. — De ses tendresses ? Et de quelle nature ? — Il en coûte de le dire... il m'embrasse..., et ce sont des tendresses... maritales. J'en suis confuse, troublée, tremblante ; car aucune des impressions n'y manque !... Et non-seulement il s'empare de moi dans l'instant qui suit mes communions, mais, quelquefois même, je me sens saisie lorsque je médite... Si je veux lui résister, il me dit : Est-ce qu'en toute chose je ne dois pas être le maître ? Est-ce que je ne me donne point tout entier, moi ? Et son amour est si grand pour moi, qu'exagérant à mes yeux mes pauvres mérites, il me dit : *Le salut du monde est dans tes mains.*

— O madame ! ces paroles ne suffisent-elles point à vous faire reconnaître les deux signes évidemment sataniques de l'orgueil et de l'impureté ? Votre histoire, hélas ! est celle de bien des chrétiens !... Elle comprit, rentra dans la voie, et fut remerciée de vouloir bien permettre que la révélation de son erreur devînt salutaire à d'autres âmes...

Mais oserons-nous donner le nom pur et simple d'hallucinations aux conséquences de ces communions itératives, faites par une personne dont un maître-observateur nous affirme le parfait état de santé physique, intellectuelle et morale ? Et le bon sens défend-il de les nommer du nom de communions incubiques, c'est-à-dire de communions suivies des phénomènes au moins subjectifs de l'incube ? De quel nom qualifier, en effet, ces impressions puissantes *et inattendues* d'abord, qui n'ont rien de provoqué, de préparé, de périodique, de constant, qui jettent l'âme dans l'inquiétude, qu'on raisonne, contre lesquelles on lutte, on se défend, on consulte? Le mot hallucination démoniaque et incubique ne doit-il pas, en définitive, s'accoler à ce phénomène et le décrire?

.....Mais sortons un instant de notre Europe, sans sortir toutefois de notre siècle, et puisons à pleines mains nos exemples dans le lointain. La chose n'est en vérité que trop facile, car aujourd'hui même, dans les pays idolâtres qui forment encore tout un monde, mais un monde avant le Christ, c'est-à-dire, selon le mot de saint Jean, placé tout entier dans le plein milieu du démon [1], ces phénomènes sont loin d'être rares.

Je citerai, comme échantillon de leur fréquence extrême, l'une des villes les plus connues du Céleste Empire, Shang-Haï, dont le port s'est ouvert au commerce maritime des Européens. A Shang-Haï, me disait un de nos compatriotes, évêque en pays chinois, et avec lequel le R. P. Voisin eut la gracieuseté de me faire faire connaissance aux Missions étrangères, à Paris, rien n'est pour nous plus commun, ou, si vous aimez mieux, moins étonnant que les actes et les épidémies incubiques. On pourrait citer des rues tout entières où les femmes, sollicitées à l'époque de leur mariage par de mauvais Esprits, se sont livrées à ces Immondes, ressentant de leurs mystérieux rapports une délectation assez vive pour se dégoûter de leurs maris, et ne plus éprouver que répugnances pour le lit conjugal. Au bout de quatre ou cinq ans de ce genre de vie, elles tombent dans un marasme qui résulte de cette affreuse débauche et succombent. — Si vous voulez vous adresser au P. Desjacques et au P. Lemaistre, ajoute le digne évêque missionnaire qui me renseigne, vous devez obtenir sur ce sujet, ou je me trompe fort, de bien précieux documents. Il me fut impossible de voir ces Pères.

[1] Mundus totus in maligno positus est. Epit. I, v, 19.

Ce qu'il y a de plus saillant dans ces phénomènes démoniaques, m'écrit un très-docte Religieux, « c'est que les Chinois ont des idoles portatives et domestiques parlantes », des oracles semblables à ceux des pierres-dieux et des trépieds anciens, ou de nos tables pythonisées. « Quand le diable se tait, le Chinois », propriétaire de l'idole, se désole de ce malheur; mais il y ramène la vie, et la fait rentrer dans cette statue, « en tuant le premier homme qu'il rencontre isolé ». Toutefois ce qu'il y a de plus lamentable encore, c'est « une maladie presque endémique de certaines provinces de la Chine que nous avons explorées, et que nous y appelons *la maladie du diable.* Le démon, s'y faisant *succube* ou *incube*, séduit un homme ou une femme, et, dès que ces pauvres gens ont succombé, tout est dit; incapables qu'ils sont désormais de toute résistance, il leur faut supporter cette vexation de Satan jusqu'à ce qu'ils périssent de marasme. Il ne leur reste plus alors d'autre moyen de s'y soustraire que de se faire baptiser. Aussi les missionnaires disent-ils, à cette occasion, que le diable est leur plus grand convertisseur.

Le Religieux qui m'écrit ces lignes et l'évêque avec lequel me met en rapport le R. P. Voisin sont étrangers l'un à l'autre. La haute importance de ce sujet m'engage d'ailleurs à coudre une variante à l'expression du même phénomène; je transcris donc les lignes suivantes, écrites à mon intention par un prêtre qui me connaît, sous la dictée d'un Religieux qui m'est inconnu.

« Rien n'est plus commun que ce crime : c'est le mal propre de ces régions; et cette espèce de démon est connue, dans des provinces chinoises qui formeraient de vastes royaumes, sous le nom de Dragon rouge. Il abuse tellement des malheureuses qui se sont livrées à lui, qu'en peu de temps elles se voient réduites à l'extrémité. Il continue néanmoins à les opprimer; mais le désir de vivre fait que l'on a recours au seul remède reconnu pour efficace contre ce mal : on appelle alors le missionnaire, qui instruit le malade, et qui, après l'avoir disposé, lui confère le baptême. C'est ainsi quelquefois que des familles entières entrent dans la religion catholique. C'est là, nous pouvons le dire, *une des causes de conversion les plus fréquentes.* Quelle merveille de la Providence et de la bonté divine, que de faire sortir un si grand bien d'un tel excès de mal ! »

« La plus riche collection de *ces faits* diaboliques est assurément celle de toutes les lettres adressées à leurs confrères par les missionnaires des pays infidèles; *elles en sont remplies;* mais toutes, et un grand nombre de passages de la plupart, ne sont point destinées à voir le jour; elles ne pourraient circuler dans toutes les mains[1]. »

CINQUIÈME DIVISION.

UNE RACE DE MÉTIS PEUT-ELLE NAITRE DE L'UNION DES ESPRITS AVEC L'ESPÈCE HUMAINE.

Les esprits, les démons, peuvent-ils enfanter ? — Le succube, non; l'incube, oui; mais comment et avec quelles restrictions ? — Serrarius, etc. — Le démon, prince de la mort et grand *pénurien*, ne peut donner la vie, mais les apparences ne sont point la réalité. — Les anges d'ailleurs ne peuvent se composer qu'un corps inorganique; mais, femmes, une fois encore, garde à vous, et pourquoi. — Abrégé de ce que le démon peut faire en elles. — L'expérience des anciens idolâtres, et leur science physiologique sur ce point, égalaient-elles celles des théologiens du moyen âge que nous exposons et celles de la science moderne ? — Le magnétise Regazzoni. — Les savants Muller et Spallanzani ; expériences modernes qui démontrent la possibilité physique des conceptions incubiques. — Exemples.

Mais il est temps d'avancer d'un pas; et, si l'incube n'est pas seulement une rêverie, un cauchemar, un phénomène

---

[1]. Une note de mon livre les *Médiateurs et moyens de la magie* annonçait, p. 308, mon intention de publier l'histoire de grandes provinces

subjectif, c'est-à-dire ayant l'imagination pour unique théâtre; si les faits de l'incube sont quelquefois objectifs, ce qui signifie, en langage vulgaire, d'une réalité positive et matérielle, le démon pourra-t-il, en se croisant avec notre espèce, donner naissance à une race de métis?

Certes, plus d'une fois dans notre vie, pourraient se dire quelques observateurs d'une haute expérience, nous nous sommes rencontrés avec de bien exécrables natures. Si donc il est vrai que le démon se puisse conjugalement unir avec la compagne de l'homme, et la rendre mère, n'éprouverions-nous point quelque entraînement à dire de ces sortes de gens qu'ils doivent être les enfants du diable?... Patience! Aller si vite et si loin ne saurait entrer dans nos habitudes.

En tout cas, la légende, qui ne naît pas toujours dans le pays des fictions, a ses assertions les plus positives. Et que sont-elles donc, car un intérêt presque historique s'attache à la question? Mais, avant de la consulter, demandons-nous d'une parole aussi sérieuse que claire : Un fruit peut-il naître de l'union de l'homme et de ces anges déchus que l'on appelle ici démons, et là-bas, chez les spirites, simples Esprits?

Non, tout sec et d'abord; non, la chose est de tout point impossible s'il s'agit *du succube*, c'est-à-dire du démon qui, dans ces unions monstrueuses, joue le rôle de la

chinoises gouvernées par des Esprits fonctionnaires et dûment hiérarchisées. Ce document, que nous devons au savant P. Amyot, ayant été fidèlement publié depuis par M. de Mirville, qui ne savait point de quelles pièces je me proposais de faire usage, je m'abstiendrai de le reproduire. Il faciliterait singulièrement l'intelligence des phénomènes que je décris.

Dans la province chinoise orientale de Su-Tchuen, me dit Mgr Th...., évêque de Sinopolis et vicaire apostolique au Thibet, le crayon des médiums européens n'exciterait aucune surprise, car il a pour aîné le pinceau, ou le bambou, suspendus par un cordonnet au plafond, et, traçant *d'eux-mêmes*, sans qu'aucune main les touche, leur correspondance spirite sur du papier ou sur du sable dont on couvre le sol.

femme. Car, à toute semence devant produire un enfant, il faut une mère qui la reçoive, qui la porte, et la nourrisse de la séve de son corps [1]; il faut une âme qui s'y joigne pour former un tout substantiel. — A tout enfant, il faut, de plus, un père, un véritable père qui le forme de sa chair. Et cette raison péremptoire nous entraîne avec une égale force à nous prononcer pour la négative, quant à la paternité *réelle* de l'*incube,* ou du démon masculin.

Étayant sa propre expérience sur celle des anciens, le Loyer traduisait en ces termes une vérité si simple à saisir: « Car mesmes les magiciens d'*Égypte,* en leurs traditions anciennes, n'admettent aisément la conception *d'une déesse,* nians qu'elle puisse concevoir, en quelque façon que ce soit, d'aucun attouchement d'homme; mais bien ont pensé que *les dieux* pouvaient féconder les femmes. Ce qui est conforme totalement à ce qu'on maintient, que les démons habi-

---

[1] Dieu créerait-il une âme humaine dans le germe suffisamment développé que porterait un démon succube, c'est-à-dire à corps de femme? Le docte Serrarius n'a pas prévu, ce semble, cette difficulté, qui paraît, à elle seule, trancher la question. Mais citons son texte, que la suite de ce chapitre sur ces sortes de suppositions d'enfants élucide.

Potius ratione et auctoritate quam experientia quæ mihi extra controversiam videatur, inductus, de incubis aienti, opinione subscribere nihil timebo. Sed succubos, virorum semine accepto, id mulierum instar, utero includere, novem aut decem menses gestare, vitaliter confovere ac enutrire, tandem vero etiam parere, ac in lucem istam edere, mihi sane creditur difficilius. Ad breve siquidem tempus seminis vim, et tenuissimam veluti animam custodire, infra dæmonis potentiam non videtur, sed tanto tempore, et eo modo, non equidem opinor. Posset alioquin et eo versutissima dæmonum provehi calliditas; ut ipsi inter se mulieres virosque agerent, mirosque nobis partus ederent.

Ideoque succubos duobus tantum modis aliquam efficere sobolem suspicor, primo quidem aliunde *mulierum* quarumdam *infantes* accipiendo, eosque, veluti suos, e simulato utero proferendo, uti de Iphigeniæ cerva et Diomedis avibus censet D. Augustinus, lib. XVIII. Deinde *dæmonem alium,* qui infantuli formam suscipiebat, et *veluti nascatur* et adolescat, obtrudendo. Pag. 690, Serrarius, sur Tobie, *Script. S. cursus...,* tome XII, col. Migne, 1839.

tans avec les femmes, comme incubes, peuvent engendrer, et non autrement c'est-à-dire comme succubes ayans affaire avec les hommes [1]. »

En effet, est-ce que, pour être véritablement mère, il ne faut point avoir un véritable corps, un corps raisonnablement classé dans le genre qu'il s'agit d'engendrer et de reproduire ?

Les anges, il est vrai, peuvent se créer des corps, mais dont la similitude avec les corps vivants n'existe que dans les apparences ; et le prince de la philosophie, non moins que de la science théologique, nous dit : « Les corps pris par les anges ne vivent point ; le corps que prend un ange ne lui est point uni comme à sa forme [2] ; » c'est-à-dire comme à son principe de vie, et de même que, par exemple, le corps s'unit à l'âme, dans nos personnes, pour former le tout substantiel de l'homme.

Les anges sont des intelligences incorporelles, et n'ont par conséquent aucun corps qui leur soit *naturellement* uni. Ils ne prennent donc un corps que comme nous prenons nous-mêmes soit un instrument, soit un masque ! Mais cet ensemble, mais ce composé matériel, aussi étranger à leur personne que le sont à la nôtre nos vêtements ; mais cette apparence sensible, que Dieu n'a pas plus organisée pour les fonctions de la vie et de la reproduction que ne le sauraient être l'effigie d'argile ou de marbre modelée ou sculptée par nos mains ; mais ces membres, qui ne recèlent pas plus en eux la vie de l'être auquel ils semblent appartenir que l'image peinte sur toile, ou que l'automate ne possèdent la vie de l'être qu'ils représentent ; mais ce corps inorganique, en un mot, c'est-à-dire dénué d'organes vivants, voilà *la machine* qui ne peut donner ce qu'elle n'a pas ; elle ne

---

[1] Les *Quatre Livres*, p. 477.
[2] Saint Thom. d'Aq., *Sum.*, I, q. 51, art. 1, 2. — Forme, signifie âme.

peut donc donner la vie; et, se reproduire, serait pour elle l'impossible.

Le démon engendrer? oh! non! l'ange séparé de Dieu n'est-il point d'ailleurs, et par cela même, séparé de toute source de vie? Il n'existe plus que pour la mort, que pour la souffrir, que pour la sentir éternellement, et pour la donner! Dans cette effroyable séparation, la mort est *son état*. Et ne semble-t-il point que son impuissance radicale soit écrite jusque dans le nom que les langues les plus logiques donnent à la disposition, à l'état de son intelligence, à l'état de son reste et de sa difformité d'être [1]?

C'est cet état inégal à lui-même, ou déchu, que l'idiome latin, par exemple, et la langue théologique appellent d'un mot qui signifie à la fois la malice, la méchanceté, l'incapacité, c'est-à-dire, en définitive, l'impuissance : *nequitia!* Dans le langage inspiré de saint Paul, quelle est la définition des démons? la voici : *Spiritualia nequitiæ* [2], par où se peint l'état de celui qui ne peut s'élever à la stabilité, ni s'unir à l'être que nous pouvons appeler source et puissance unique de justice, de bonté et de vie.

Mais, ô surprise! ô phénomène inattendu! Le démon, qui ne possède pas la vie du corps, le démon, qui ne peut

---

[1] *Médiateurs et moyens de la magie*, lire le chap. XXIV.

[2] De nequeo, non quit, il ne peut. D'où *nequior* et *iniquitas*, formant le mot français iniquité. Le langage des Grecs exprimait par le terme analogue de πονηρία la méchanceté, la scélératesse, la misère, ou le manque, le défaut, le *déficit entier* de biens et de ressources vitales de l'ange déchu; ce qui est impuissance encore! Σῶμα πονηρόν signifiait chez le peuple pélago-hellénien un corps corrompu, un corps maléficié, c'est-à-dire un corps *où le pauvre de tout bien réel*, où l'impuissant, où le méchant, où le démon s'est logé. Et, dans les saintes Écritures, lorsque nous lisons ὁ πονηρός, ce mot, à lui tout seul, signifie le malin esprit, l'impuissant par excellence, *le grand Pénurien*, ou celui qui est dans la pénurie universelle; celui qui n'est puissant que pour le mal, parce que le mal diminue, réduit et supprime la puissance et la vie!

faire sortir de son néant de puissance créatrice le germe de la vie de l'homme, le démon pourra ravir ce germe [1] et le planter ! — Et pourquoi pas, en vérité ? quelle raison s'y opposerait ? Dans l'ordre physique ou spirituel, nous n'en pouvons soupçonner aucune ; et c'est ainsi que pense et que s'exprime l'Église, unissant aux règles qui gouvernent le sens du logicien, la science antique et moderne du naturaliste.

Oui, soit en soufflant de son inspiration maudite, soit en caressant de son haleine attiédie ces rêves voluptueux qui provoquent les fermentations éruptives de la chair ; soit même en usant avec l'homme de son rôle infernal de *succube*, le démon sait s'approprier ce germe. Il sait le détacher, le cueillir, et le transporter à point, aussi facilement qu'il transporte de plus lourds et de plus encombrants objets. Ainsi le souffle empesté de certains déserts détache-t-il, avec le parfum de certaines fleurs, la poussière fécondante du pollen ; ainsi la porte-t-il, au travers des champs de l'espace, jusqu'aux stigmates de l'ovaire... Accomplissant, après ce premier acte, le rôle de l'incube, et se mêlant aux filles des hommes, rien n'empêche le démon de déposer, dans le sein qui s'est une fois livré, ce germe qu'il a soigneusement recueilli ; rien donc ne s'oppose, dans l'ordre de la nature, à ce qu'il détermine chez la femme la conception d'un enfant qui n'est point le fruit de son corps [2].

La mère, en qui l'œuvre de la conception s'opère, reçoit alors le germe *d'un homme* absent, mais elle a *le démon* pour conjoint, *conjux*. Conçu par la puissance de l'enfer, et

---

[1] Nous ne donnons point ici au mot *germe* une acception scientifique ; nous le prenons dans son sens vulgaire. Voir, sur les germes, M. Flourens, secrétaire perpét. de l'Acad. des sciences ; ch. XIX, étude sur le Fantôme humain dans notre livre *Médiateurs et moyens de la Magie*.

[2] Voir, *id.*, Saint Thomas, *Sum.*, I, q. 51, art. 3.

sans que la plus légère atteinte offense les lois essentielles de la nature, le fruit de cette débauche infernale devra le jour à une œuvre de simple prestidigitation ; car, on ne saurait trop le répéter, celui qui engendre l'enfant, *le générateur* de ce germe est un homme. — Mais *le père* de l'enfant, si l'on veut donner au premier de ces deux mots son sens étymologique (*pater*, de *patrare*), je veux dire l'ouvrier, l'artisan de la conception, c'est un démon. Ces paroles sont agaçantes, je l'avoue ; elles déchirent peut-être et irritent plus d'une oreille, et la vérité qu'elles formulent est stridente ; c'est un signe qu'elle est infernale ; mais je n'en puis changer le caractère.

Laissons d'ailleurs celui que d'éminents philosophes appellent aujourd'hui même l'Ange de toutes les écoles, nous redire ce que sont et les corps et la sensualité des démons.

« Il semble que les anges ne prennent pas de corps... mais c'est le contraire.... Dire que leur corps est un effet d'imagination, c'est donner une explication qui répugne au sens direct de l'Écriture ; car l'Écriture nous montre les anges se manifestant de manière à être vus, en général, de tout le monde. Ainsi les anges qui apparurent à Abraham furent vus par lui, par toute sa famille, par Lot et par les habitants de Sodome.... Mais les corps pris par les anges ne vivent pas ; par conséquent ils sont incapables de se prêter *aux fonctions vitales*[1]. » Et cependant les anges déchus se délectent dans les obscénités et les péchés charnels ! Mais il faut observer que ces délectations ne les affectent point eux-mêmes. De tels actes proviennent chez eux, non du plaisir, mais de l'envie ; et ce sentiment les porte à se réjouir de tout péché qui met obstacle à notre bonheur, et nous précipite vers notre ruine[2].

[1] Quest. 51, art. 2, 3, *Sum.*, voir le *Développement*.
[2] Quest. 63, *ibid.*, art. 2.

Aussi, lorsque leur but est de nous pousser vers cette fin lamentable, leur astuce et leur habileté tiennent-elles du prodige; et quiconque est assez catholique pour ne faire aucun partage arbitraire de vérités dans le christianisme, adoptant les unes et repoussant les autres selon ses préjugés, son ignorance ou ses goûts, ne se convaincra que trop facilement des réalités de cette maudite et damnée puissance.

En présence de ces phénomènes exceptionnels, mais dont les exemples se sont affreusement multipliés, et qui reprennent vigueur d'époque en époque à la façon des épidémies pestilentielles, ne pourrions-nous, ne devrions-nous crier à tue-tête..., ou plutôt, et fallût-il répéter à peu près une de nos pensées, ne devrions-nous dire à nos pages, en étouffant à demi notre voix et du ton dont parlait le roi Midas à ses roseaux révélateurs : Garde à vous, ô femmes légères; ô vous qui, chaque jour, bravez le risque de tomber aux mains de l'être infernal dont le mensonger visage sait imiter avec une fidélité si perfide les traits de celui qui séduit vos sens! Garde à vous! oui, car cet homme dont le regard vous fascine; cet homme dont la tendresse et l'ardeur vous subjuguent; cet homme dont la main presse si doucement la vôtre; cet homme que *vos yeux reconnaissent* avec une certitude si parfaite; eh bien! pour donner à vos faiblesses un juste salaire, Dieu permet peut-être que ce soit un démon. Peut-être le corps dont il use pour vous halluciner n'est-il point un cadavre cette fois; mais aussi peut-être, et la science profane va nous autoriser à le dire, la difformité du monstre travesti qui déçoit vos sens, va-t-elle s'imprimer, par l'effet d'une possession anticipée, sur la chair ou dans le cœur de l'enfant dont il transporte en votre sein la semence : enfant volé dans son germe à quelque fou de cabanon, à quelque ignoble scélérat, au bourreau, qui sait? Enfant, quoi qu'il en soit, dont les empressements de votre amour sensuel, joints aux artifices de l'enfer, vont faire le fruit de vos entrailles !... Dieu nous garde, pour le moment, de rien ajouter; et, pour arrêter quelque mal, il suffit peut-être de ces avertissements que, dès ici-bas, la science divine et la science humaine jettent aux amours illicites, aux ardeurs qui bravent les lois de l'innocence et de la foi jurée.

De malheureux enfants peuvent donc se rencontrer [1] qui doivent le jour aux Esprits du mal, et non point comme une race bâtarde et mâtinée de l'homme et du démon, mais comme une race entièrement humaine, tout infectée qu'elle puisse être des venins de l'enfer, par l'agent de froide luxure et d'abomination qui la plante et qui la suscite.

Cependant l'évêque Binsfeld tient à nous faire observer que si les théologiens s'inclinent, — ainsi que *la science expérimentale de nos jours*, — devant la possibilité de ces conceptions artificielles, ils ne se résignent à les accepter qu'à titre de simple exception. Le but du démon est beaucoup moins, en effet, de mettre au jour et de multiplier ces faux fils de ses œuvres, que de resserrer les liens qui nous attachent à son commerce impur. C'est donc au mal qui souille l'homme que s'applique tout son art : *Cum dæmon non tam intendat generationem quam spurcitiam.* Aussi, d'après le témoignage d'investigateurs qui interrogèrent un grand nombre de sorcières, le démon, même en s'emparant de la personne de ces favorites, avait-il l'habitude assez générale de leur demander s'il leur plaisait ou non de concevoir. Il ne les violentait guère que par exception sur ce point délicat. Le détail des dépositions d'un grand nombre de celles que flétrissaient d'infâmes rapports avec le démon, établit que l'acte même de ces unions contre

---

[1] Bodin observe que Luther partageait cette croyance; *Démon.*, liv. II, ch. vii.

nature s'accomplissait dans les conditions médicales les plus contraires à la possibilité des fécondations.... *Se illius semine, si quod effundit, in tantum frigido contaminari, ut eo admisso totæ statim horrore dissiliant.* — Tel est le langage de Remi, que répètent un grand nombre de magistrats instructeurs [1]. De grands dégoûts, et de singulières douleurs, accompagnaient ces voluptés et ces actes de vasselage satanique; ce dont nous expliquerons *le plaisir* et la raison, en traitant des incroyables dépravations physiques et morales dont l'homme subit la fatalité, dès qu'il laisse naître quelques rapports entre sa volonté libre et le prince ou le principe même du mal.

Nos pages ont fait observer que l'antiquité païenne, pour qui les démons se divisaient en divinités, en demi-dieux et en mânes, n'a jamais laissé planer le moindre doute sur le fait et la possibilité de *ces unions fécondes* entre le monde des Esprits et les simples habitants de ce globe. Descendue quelquefois au rang de la fable, par l'exagération et l'usage abusif des vérités qu'elle enseignait, l'histoire, dont nos chapitres sur les incorporations et les transformations démoniaques aide à comprendre le sens, ne cesse de nous dire que les divinités champêtres, que Pan, que les faunes, que les sylvains poursuivent les filles des hommes, feignant d'allumer au doux éclat des yeux féminins leurs impétueuses ardeurs. Elle nous répète que les demi-dieux et les héros sont le plus souvent les bâtards et les métis de l'Olympe et de la terre. Et ce langage où, dès l'origine des temps, s'infiltre et se mêle le mensonge, concorde de la manière la plus remarquable avec la parole de la tradition chrétienne et les dictées de la raison. Car la promesse divine, l'idée traditionnelle d'un rédempteur, d'un fils *divin né de la femme*,

---

[1] Binsfeld, *De confess.*, p. 229, éd. 1596. — Nic. Remig., *Cognitoris publici*, etc., p. 25.

était pour la race humaine un trait puissant, une ligne de lumière sous laquelle, celui que nos Écritures nomment à chaque page l'Esprit immonde, le Prince du mensonge et de la mort, celui que Tertullien et Bossuet ont si justement appelé le singe de Dieu, devait s'efforcer de tracer sa parallèle impure. Lorsque s'écoulent les siècles de l'incrédulité païenne, qu'importe donc si Plutarque; ainsi que l'observe Delrio, nie dans la biographie de Numa, conjugalement uni à la nymphe et déesse Égérie, la possibilité de ces naissances! Qu'importe même si, renouant la chaîne des traditions, il pouvait affirmer, sans tomber dans une grave erreur, que cette croyance négative était celle de l'Égypte [1], trop savante en œuvres de magie pour qu'une telle assertion pût être sérieuse. Car l'Égypte, mère de la plupart des dieux de la Grèce, ainsi que le rappelle Hérodote, tenait de la Chaldée ses dogmes et sa science religieuse; et la Chaldée nous enseigne qu'il existait entre les dieux et les hommes un commerce que la pensée ne saurait, sans sacrilége, réduire à l'idée de pure et stérile débauche.

Mais les connaissances *expérimentales* et *physiologiques* des idolâtres de l'antiquité s'élevaient-elles, au point de vue de notre question, à la hauteur qu'atteignit la science de la haute magistrature européenne, celle des philosophes chrétiens et des puissants théologiens du moyen âge, cette science admirable qui, sous sa rouille, reste probablement un objet de mépris et de risée pour un si grand nombre d'esprits futils et de parleurs ignorants? Je ne le sais encore, mais la chose ne serait point impossible. En tout cas, poursuivant ma course, et justifiant la croyance des temps passés par les démonstrations visibles et tangibles que fournit le siècle actuel, je me hâte de relater une des plus effrayantes

---

[1] Delrio, q. 15, liv. II, p. 85, *Disq. mag.* — Nous avons vu le contraire de la négation de Plutarque ci-dessus.

expériences relatées par M. Regazzoni, que ne préoccupait point l'étude de ces incidents incubiques. Le récit en fut fait, de sa bouche, en ma présence, devant quelques sérieux et savants témoins, et lorsque mes interrogations *a parte* m'eurent confirmé la certitude de tous les détails que je croyais, d'ailleurs, avoir très-parfaitement compris, je les consignai sans perdre un instant sur mes tablettes. Nous arrivons par cette voie, en ligne nette et directe, au point de la science physiologique où se décide, par des faits matériels et probants, la question de savoir si la fécondité de la femme *peut ou non* résulter des actes de l'incube.

Je ne connais nullement la véracité de M. Regazzoni ; mais j'aime à la tenir pour ordinaire, excepté toutefois dans les actes où, figurant en qualité d'agent magnétique ou magique, il devient par ce fait même agent de l'Esprit inspirateur du mensonge [1] ; et, dans ce cas, si je lui prête l'oreille ou si je le suis de l'œil, ce n'est qu'avec une suprême méfiance. Quoi qu'il en soit, ce célèbre expérimentateur, que je recherchai plusieurs fois, qui ne savait ni mes études ni mon nom peut-être, et qui probablement ne vit en moi qu'un sérieux investigateur *de l'Inconnu révélé par des faits*, me parut être, dans son art, un de ces hommes dont la main puissante et hardie porte brusquement, et sans arrière-pensée, au fond des plus ténébreuses questions, la torche dont il éclaire ou incendie ce qui l'entoure.

[1] Une question me fut souvent adressée ; la voici : Est-ce que vous croyez à la candeur, à la droiture des magnétistes, des somnambules et des médiums ? — En thèse générale, non, tout à fait non ; et le charlatanisme, la ruse, se mêlent sans cesse à leurs actes, surtout aux actes de ces derniers, que possède plus directement l'esprit qui leur fait opérer des prestiges. A nous donc de redoubler de précautions et de défiances à l'égard de chacune de ces personnes, en tant au moins qu'elle agit dans son rôle de magnétiste ou de spirite. Mon étude du médium Home, dans mon livre des *Médiateurs et moyens de la magie*, répond de tout point à cette question et recommande la plus extrême méfiance, sans que celui dont on se méfie ait le droit de se formaliser.

Mais, avant de commencer le récit d'un fait dont je ne dois la connaissance qu'à mes oreilles, je me hâterai de dire que, parmi les expériences auxquelles j'ai vu de mes deux yeux se livrer ce puissant magnétiste, figure celle qui consiste à jeter les femmes dans les crises et les fureurs de l'amour, à les métamorphoser en bacchantes..... Je puis, nous disait-il, rendre passionnée la femme la plus froide. Je la passionne, non-seulement pour une personne vivante, mais, si bon me semble, je la transporte d'amour pour un meuble, pour ce fauteuil que voici, pour ce coussin, pour des objets qui, dès lors, cessent *nécessairement de lui apparaître sous leur forme naturelle,* et qui l'hallucinent. — Je puis, avec la même facilité, rendre de glace la femme du tempérament le plus pétri d'ardeurs.

Et ce dont il se vantait avec une assurance de Gascon, nous le lui vîmes opérer avec une exactitude rigoureuse et avec une rapidité singulièrement énergique ! Au milieu d'un profond silence, les yeux bandés, en un clin d'œil, et sur les plus insaisissables signaux, que nous imaginions au fur et à mesure de nos désirs, telle et telle femme magnétisée, ou pour vrai dire pythonisée, aimait et changeait d'amours. D'une main farouche, et avec tous les symptômes du dégoût, elle repoussait les hommes les plus attrayants; elle s'attachait avec un grotesque et lamentable entêtement à ceux que tout le monde eût repoussés; elle prodiguait à tel ou tel meuble anguleux les folles caresses d'une aveugle passion; en un mot, la puissance occulte s'était despotiquement emparée de leurs sens, et ces femmes *avaient cessé de s'appartenir.* Voilà ce que j'ai vu, bien vu, revu. Mais à partir du moment actuel, je cesse de rapporter le témoignage de mes yeux ; je cesse de redire une de ces choses qu'en raison du but de mes études et de l'autorisation religieuse dont je m'étais prémuni, je crus pouvoir me permettre de suivre de l'œil. Me voici donc simple témoin auriculaire, mais témoin fort attentif et infatigablement questionneur. Les réponses obtenues eurent cette rapidité, cette netteté qui sont un des caractères du vrai, et qui *nous* parurent fort habituellement distinguer M. Regazzoni sur le sujet de la magie magnétique. J'ai de fortes raisons de croire qu'il se rencontrera, dans plus d'une ville *de notre Europe,* un nombre plus que suffisant de docteurs qui pourront s'écrier en lisant cette page : Le fait que vous décrivez, je l'ai vu ; j'étais du nombre des spectateurs, et je l'affirme. Mais en quel pays, en quelle maison, de grâce, se passa-t-il donc ? Ma réponse serait peut-être une indiscrétion, et je ne crois licite de compromettre âme qui vive. Qu'il me suffise de placer les nombreux lecteurs auxquels ces malheureuses études sont nécessaires sur le passage et sur les traces sensibles de la vérité.

Des médecins et des magnétistes s'étaient donné rendez-vous pour je ne sais quelles sérieuses expériences...; et c'était au point de vue *purement médical* que l'on tenait à procéder, nous dit M. Regazzoni, dont une des illusions me parut être de se figurer qu'il appartient au magnétisme de surprendre et de saisir les secrets de l'art curatif. L'expérimentation fut conduite par un des médecins, et, le prétendu fluide magnétique aidant, une femme de peu de pudeur, mais de très-grande bonne volonté, fut mise en état de somnambulisme.

Le premier soin fut alors de s'assurer scrupuleusement de l'état intérieur de ses organes.... Usant d'un tampon de linge en guise de *speculum,* les docteurs avaient trouvé leur sujet dans l'état le plus normal, et ne sécrétant, ne laissant s'écouler aucun liquide. Le linge, au bout d'un temps jugé raisonnable, avait été retiré sec et sain. Ce fut après ce point établi qu'un magnétiseur, usant de ce qu'il appelait son fluide, jeta cette femme, selon *l'intention qu'il avait déclarée,* dans un état de fureur amoureuse (nymphomanie). En un moment les sens s'allumèrent, la passion monta, s'exalta, fut à son comble; et, comme les forces de la pauvre victime ne purent longtemps résister à ce furieux assaut, elle tomba sur le parquet ainsi que tombe un cadavre.

On veut bien ne pas oublier que je parle ici magie et médecine, ce qui m'assurera quelque licence de langage. Et, sans être le moins du monde un docteur, il me sera permis de dire que, dans ma première jeunesse, ayant expédié mes trois longues années de droit, et ne me voyant, hélas! quasi rien à faire en ce monde, si ce n'est les meilleures chasses possibles avec les chiens de la plus belle voix et de la plus joviale humeur, l'idée me prit de suivre quelques cours. Guidé par des praticiens dont quelques-uns repoussaient aussi décidément que M. le docteur Littré, de l'Institut, toute croyance à l'âme de l'homme, je pensai que les leçons de ces hauts vétérinaires, dont j'admire tout aussi sincèrement la science que l'ignorance, m'enseigneraient suffisamment à soigner mes chiens; tout en m'initiant à la structure assez intéressante, pour les animaux de mon espèce, de la brute humaine. Il me restait donc, en ramassant les bribes médicales éparses dans mon cerveau, une certaine richesse de souvenirs qui me permettait de me prêter activement à la conversation que je rapporte, et dont je reprends le récit.

La femme somnambulisée étant, ainsi que je l'ai dit, jetée sur le flanc par le magnétisme, et plongée dans une crise de nymphomanie, l'examen physiologique de ses organes recommença tout aussitôt. Un mouchoir en forme de tampon y fut pour la seconde fois introduit par les médecins, et resta quelques instants dans l'intérieur de la cavité...; puis, on le retira, mais, cette fois, tout imbibé. Nous devons répéter ici, par nécessité d'exactitude littérale, des expressions qui, sans doute, donnent à la vérité quelque peu de l'hyperbole méridionale : il semblait, dit le narrateur, que la virilité de quarante hommes eût trempé cette étoffe et l'eût saturée....

Oh ! mais, vous pouvez tomber dans une grave erreur, monsieur Regazzoni. Songez-y bien ; ne craignez-vous point de donner à de simples mucosités, plus ou moins copieuses, le nom de cette source de vie.... — Non, non ; l'on ne s'y trompait pas, et c'était bien ce que j'exprime.... Toutes les propriétés caractéristiques nous le disaient, et l'odeur d'abord. — Ainsi, tout à l'heure, la plume d'un médecin nous décrivait-elle *l'invisible insertion* D'UNE INTARISSABLE LIQUEUR *entre les lèvres* de Marie-Ange ! — Les docteurs qui présidaient à l'expérience cherchèrent alors des explications : c'était le devoir de la science ; mais faute de pouvoir en découvrir une seule qui rentrât dans l'ordre naturel, celles qu'ils se forgèrent valurent au moins celles de nos savants du dix-huitième siècle, décrétant «*jeu de la nature*» les ossements et les coquillages fossiles dont les écoliers géologues nous redisent aujourd'hui l'histoire.

— Mais vous, monsieur Regazzoni, qu'en pensez-vous, et vous est-il donné d'entrevoir une interprétation supportable ? Ce qui n'existe naturellement que dans le corps de l'homme, vous l'admettrez sans doute, ne peut, suivant le cours régulier des choses, se trouver subitement dans le corps d'une femme que n'ont point quittée des yeux scintillants de défiance ? Et si quelques signes de magnétisation l'y font invisiblement affluer, que pensez-vous et que croyez-vous ? — Le flot de cette liqueur pourrait-il inonder la cavité où le tampon de linge s'en sature, sans que d'invisibles agents opèrent cette insinuation, et réalisent ce transport ? — Non.

— Vous croyez donc à l'action des Esprits dans le magnétisme? — Il le faut bien, et je vous l'ai déjà dit. — Mais bien des gens refuseront d'y croire: — Pauvres gens! — Et vous, lorsque vous procédez à un acte de magnétisme, est-ce donc toujours à l'aide d'une évocation ? — Oui, toujours. C'est par l'évocation d'un esprit bénin, qui vient à bout des mauvais, qui les neutralise ou les chasse... Aussi M. Regazzoni considère-t-il son art comme un des bienfaits de l'humanité souffrante. Avec quelle candeur l'homme qui ne prend point le catholicisme pour premier guide ne va-t-il point quelquefois demander la lumière au principe même des ténèbres!

Le simple narré de ces expériences, et *du développement qui en fortifiait le récit,* intéressa si vivement l'illustre et R. P. Ventura, qu'il me supplia d'en rédiger la narration, et de lui permettre de l'adresser en Italie. C'était, si je ne me trompe, non loin de Bologne. J'y mis pour condition absolue que, jusqu'à la publication de mes pages sur l'incube, ma rédaction serait tenue secrète. Aujourd'hui que, dans ce chapitre spécial, les divers phénomènes de même genre s'expliquent et se soutiennent l'un l'autre, le moment du silence est passé.

Maintenant, continuons et reprenons notre marche. Car, du transport de la semence à la fécondation du sein qui la reçoit, il y a quelque distance encore! Et mon devoir est d'édifier authentiquement mes lecteurs sur chacun des sujets que j'aborde. Ils me permettront donc de placer sous leurs yeux de brèves notions relatives à la mystérieuse liqueur d'où se dégage et naît l'étincelle de la vie, et de jeter quelques lignes d'authenticité sur l'une des variantes du ténébreux phénomène de la fécondation. Devant ces documents exposés sans art, le travail de conclusion que ce chapitre réclame se formera sans effort dans leur esprit.

« Ce qui se passe dans la fécondation est encore *totale-*

ment inconnu.... On n'est pas même certain *du lieu* où elle s'accomplit [1] ! »

De là mille essais; de là l'opinion de la possibilité d'une fécondation qui s'effectuerait autrement que par les voies ordinaires, et qui deviendrait la conséquence d'une sorte d'inoculation de la semence au sang. — La liqueur séminale introduite et lancée dans le torrent de la circulation y provoquerait ainsi, par l'intermédiaire du sang, les résultats généraux de la fécondation [2].

Mais, dans l'accomplissement de ce phénomène, « il importerait surtout de savoir quel rôle jouent les spermatozoaires; à savoir, s'ils portent *en eux-mêmes* le principe fécondant, ou s'ils ne font que *le propager,* de même que les insectes contribuent à la fécondation des végétaux en disséminant le pollen [3] ». Et ce qu'il n'est point inutile de recueillir, lorsqu'il s'agit de joindre aux certitudes physiologiques relatives *aux fécondations à distance* [4] les hypothèses qui peuvent en donner la clef : c'est que « les spermatozoaires persistent plusieurs heures après la mort de l'animal qui a fourni la semence, et dont le genre de mort n'exerce aucune influence à cet égard [5]. »

Cette persistance vitale de plusieurs heures, chez les spermatozoaires, ne laisse-t-elle donc pas, dans le cas de fécondations incubiques, une ample marge pour la facilité *du transport utile* de la liqueur vitale, avec la vertu de laquelle leur action s'identifie ? Car il est aisé de voir que les germes, que les agents quelconques de la fécondation, ne pé-

---

[1] Muller, 2 vol. grand in-8°, annotés par J-L. Jourdan, *Physiolog. man.*, Paris, 1845, p. 630; vol. II.
[2] *Ibid.*, p. 627, 628.
[3] Pag. 634, *ibid.*
[4] Fécondations par voie de transport, et que j'appellerai, si l'on veut, magnétiques.
[5] *Ibid.*, 609.

rissent nullement par le seul fait de leur exposition rapide aux atteintes de l'atmosphère. Loin de là, leur résistance aux insultes de l'air se prolonge infiniment au delà du terme où l'on pouvait s'imaginer que s'éteignaient en elles les propriétés vitales, c'est-à-dire au delà du laps que le savant pape Benoît XIV, contemporain de Voltaire, indiquait dans les lignes qui suivent, mais sans courir les hasards d'en apprécier la mesure : *Receptabantur a succubis, et in uteros earum quæ se illis subdebant immittebantur ea celeritate ut genitivus non dissiparetur* [1].

Nous pouvons, d'ailleurs, en appelant à notre aide une des gloires de la science, l'illustre Spallanzani, donner à notre parole soit une imposante confirmation, soit une variante utile. Car, sous les yeux de ce savant, les gradations diverses de la chaleur modifièrent l'action du temps sur le germe humain jeté dans les milieux variables de courants atmosphériques, et réglèrent les différentes mesures de sa vitalité. Mais prêtons l'oreille à sa parole : « La durée du mouvement dans les corpuscules, nous dit-il, lorsqu'ils sont sortis de l'animal, dépend jusqu'à un certain point de l'atmosphère. A deux degrés au-dessus de zéro, ces corpuscules avaient perdu toute espèce de mouvement au bout de trois quarts d'heure; à sept degrés, au bout d'une heure et demie; à dix degrés, au bout de trois heures [2]. »

« Ayant observé le sperme humain dans les mois les plus chauds, je remarquai que plus la chaleur était considérable, plus la durée du mouvement augmentait dans les corpuscules, de manière que, au milieu de l'été, le thermomètre étant monté à 22°, nos corpuscules continuèrent à se mouvoir pendant sept heures trois quarts, et même pendant huit heures [3]. »

---

[1] Pag. 27, *De servor. Dei beat.*, lib. IV, cap. III.
[2] Vol. II, p. 10.
[3] Spallanzani, *Op. de phys. animale et végét.*, Paris, 1817, t. II. — Dominus Ham cognatus professoris Cramen, me invisens, secum in

CHAPITRE SIXIÈME.

La science a-t-elle un autre dernier mot sur ce sujet? Non; mais aussi l'expérience nous montre chaque jour, sans se fatiguer de cette irritante répétition, que le dernier mot de la science profane n'est jamais que celui du moment; un autre, tout aussi sûr, et non moins immuable, ne tarde guère à le remplacer, jusqu'à ce qu'un autre encore s'y substitue, académiquement décoré du prestige d'une infaillibilité doctorale sans cesse défaillante. Car c'est de toutes ces sciences profanes que Dieu parle, lorsqu'il nous déclare avoir livré *les choses de ce monde* aux vaines et éternelles discussions des hommes : *Tradidit mundum disputationi eorum* [1].

Laissons cependant le docte Muller trancher la question scientifique qui nous est soumise, et à laquelle il était loin de songer en produisant à l'appui de ses assertions les expériences positives de l'illustre naturaliste Spallanzani [2] sur les fécondations artificielles. Car les faits qui s'y répètent d'une manière sensible deviennent la clef, l'explication naturelle et irrécusable du mystère des fécondations incubiques.

« Le concours de l'organisme tout entier du mâle n'est pas nécessaire pour la fécondation, et le sperme suffit, pourvu qu'il soit introduit dans le corps de la femelle. C'est ce que Spallanzani et Rossi ont démontré en fécondant une chienne au moyen de la liqueur d'un chien, qu'ils lui injectaient avec une seringue. Ainsi, de quelque manière que s'accomplisse la fécondation, il n'est pas douteux qu'*elle ne dépend point d'une influence du mâle sur la femelle,* mais qu'elle tient

lagenula vitrea semen viri gonorrhæa laborantis sponte distillatum attulit.... animalcula viva in eo observasse dicens quæ caudata, et ultra 24 horas non viventia judicabat, p. 28, *ibid*. — La maladie produisait-elle une autre modification dans la nature des animalcules ou de leur durée? Autre question que je laisse à l'écart.

[1] Ch. III, v 44, *Ecclésiaste*.
[2] *Expériences pour servir à l'histoire de la génération*. Genève, 1786.

uniquement à l'influence de la liqueur séminale du premier sur le germe produit par la seconde. » — Et telles sont, en somme, les leçons que je me rappelle avoir recueillies moi-même de la bouche du savant et honorable professeur Ducrotay de Blainville [1].

Ces savants ne soupçonnaient guère alors donner pour bases leurs irréfutables expériences à l'explication théologique d'un phénomène démoniaque. Ils étaient loin de se douter que leur *découverte* fît monter, ou plutôt remonter la science profane, le progrès moderne, au niveau de la science gothique de ces moines du moyen âge dont certains ignorants d'académies proclament si solennellement l'ignorance [2] !

Un point fortement établi par l'*expérience scientifique* est donc enfin que, dans les fécondations artificielles et indépendantes de l'action du mâle, il faut voir une œuvre non-seulement possible, mais encore une œuvre facile.

Or, le transport aérien *des corps* par les Esprits, et à plus forte raison *des corpuscules*, étant aussi pleinement établi que nous l'avons constaté, la fécondation incubique, à laquelle la résistance vitale de la semence aux influences de l'air laisse un si long espace de temps pour s'accomplir, n'est plus qu'un véritable tour de passe-passe, un simple fait de prestidigitation démoniaque rentrant dans l'ordre des fécondations que l'art du physiologiste détermine.

[1] Muller, *ibid.*, 1845. *Phys. man.*, annot. Jourdan, p. 628, vol. II. — Je répète mon observation ci-dessus relative au mot germe et à M. Flourens. — « Jusqu'alors, dit Feller, Spallanzani n'avait été que le confident de la nature ; il en devint le rival. Ses expériences furent répétées par Rossi de Pise et par Bufaliani de Césène. » — Art. *Spallanzani*, p. 396, vol. XII, édit. 1833, Lille.

[2] Ce chapitre nous fait voir, dans quelques-uns de ses passages, le douzième et le treizième siècle en pleine possession de vérités physiologiques et médicales qu'atteignent tout juste, et à leur grand étonnement, les savants les plus distingués du dix-huitième et du dix-neuvième siècle. Oh stupor !

CHAPITRE SIXIÈME.

De nombreuses et d'irrécusables preuves ont quelquefois garanti la réalité de naissances humaines ayant pour cause l'action visible ou latente de l'incube, et ne pouvant avoir d'autre cause. Mais de tels faits sauraient-ils, oseraient-ils encore se reproduire? viendraient-ils, aujourd'hui, justifier des témoignages qui, pour les esprits frivoles de notre époque, ont pour capitale défaveur celle de leur date gothique? — Et pourquoi pas, en vérité? Quelque changement radical serait-il donc survenu dans les lois de l'univers? Non certes; et la question, descendue de ses arduosités, de ses escarpements, et se laissant prendre désormais de haut en bas, se trouve réduite aux termes bien simples dans lesquels nous allons la formuler, et qui en amoindrissent singulièrement l'importance; la voici : L'action des Esprits incubiques étant un phénomène mille fois démontré, le résultat fécondant de cette action est-il d'une possibilité certaine? — Poser la question, c'était la résoudre, et l'affirmative devenait l'unique réponse admissible.

Un pas de plus, et nous nous demanderons si des faits récents ont sanctionné cette conclusion de la théorie? Pour ma part, je ne l'affirmerais point, quoique j'aie quelques raisons d'y croire. Mais il est facile de se représenter à quel point les lois de la discrétion doivent arrêter sur leur chemin les faits probants qui, volontiers, se mettraient en route pour arriver jusqu'à ma plume. A quel point d'ailleurs la discrétion ne lierait-elle point mes lèvres pour ne laisser que trop imparfaitement s'échapper au profit d'un public sérieux ceux de ces phénomènes que le seuil de ma porte n'aurait point effarouchés! Je puis cependant transcrire, en les écourtant sous les inspirations de la prudence, quelques lignes extraites de lettres que m'adressent des personnes aussi intelligentes que sûres, à propos de quelques-uns de ces faits.

Les connaissances que M. X... avait acquises dans les sciences mystiques le firent rechercher à titre de conseil et d'expert dans une circonstance fort étrange. Une femme était venue trouver un prêtre et lui confesser un crime énorme, sous l'action d'un remords qui ne cessait de la poursuivre. Elle avait, en le consultant, levé d'elle-même le secret de la confession quant à la chose révélée, mais non quant à sa personne, désirant obtenir un complet et satisfaisant examen du fait dont elle se reconnaissait victime. Or, l'examen étant poussé jusqu'aux limites du possible, il parut indubitable qu'ayant perdu son mari quelques années auparavant, cette femme avait vu bientôt après ses nuits troublées par l'apparition bien réelle d'un fantôme qui, sous la forme et le nom du défunt, sollicitait son consentement aux intimités conjugales. A la suite de luttes assez molles, le persévérant tentateur l'avait vaincue. L'affliction de la femme, au bout d'un certain temps, fut extrême; mais ce qui excita sa stupeur en doublant sa honte, ce fut la naissance d'enfants issus de cette effrayante union. Le fait avait paru vraiment incroyable, et cependant toutes les raisons d'y croire s'accumulaient. Ajoutons que de tristes particularités donnaient d'avance pleine réponse aux objections banales, aux lazzis dont le flux découle en pareil cas de la langue des froids plaisants, et à ces redites usées qui, pour les bâtards de la noble et vraie science médicale, sont devenues comme l'accomplissement d'un devoir envers soi-même et comme un acquit de conscience!

Il y a vingt-cinq ans à peu près, me dit encore un docteur de mes amis, étant, par la nature de mes fonctions, attaché à un séminaire, j'ai su, j'ai pu très-directement savoir, et je puis, avec une discrétion parfaite, vous affirmer ce fait : c'est qu'un prêtre *éminent* de nos environs avait reçu la confession d'une *femme étrangère* au pays, qu'une honte invincible eût empêchée de faire ses aveux et ses consultations à domicile. Évidemment abusée par un Incube, la malheureuse avait mis au jour un fruit de ce crime; sa douleur et sa terreur en étaient extrêmes; elle venait donc chercher auprès d'un saint ministre de Dieu des consolations et des secours !...

Quoi qu'il en soit, nous ne voulons tenir que pour néant ces deux anecdotes, dont nous abrégeons le récit malgré la confiance que nous inspirent les judicieux témoignages qui les accompagnent; et d'ailleurs ils deviennent à peu près inutiles devant une masse de faits analogues et de toutes dates, en face desquels le doute ne serait peut-être que témérité.

SIXIÈME DIVISION.

L'INCUBE ET LA RELIGION POSITIVISTE.

Progrès anticatholiques. — L'une des écoles qui préparent et brassent l'avenir, ou la religion positive. — Philosophie positive. — M. Comte, son fondateur, et M. Littré. — Note sur l'Ecole polytechnique. — M. Littré, le fauteuil académique et Mgr d'Orléans. — Cette doctrine nous semble préparer le règne philosophique de l'incube. — La révolution française est catholico-féodale; il nous faut une révolution complète dans les doctrines et dépassant beaucoup l'athéisme, qui n'est point une émancipation véritable. — Le maître et sa doctrine régénératrice dans ses rapports avec l'acte de la génération et les fécondations incubiques. — L'éducation grecque et romaine devant les positivistes; facilité énoncée par eux de saper ce mauvais arbre qui produit de si mauvais fruit. — Rôle de la femme d'après M. Comte. Sa réhabilitation; plus de divorce ni de secondes noces. — Le principal office féminin sera indépendant de toute fonction propagatrice. — La vierge mère, phénomène réalisant le perfectionnement humain. — Comment ce prodige apparent ne se peut expliquer que par les fécondations artificielles et incubiques. — L'auteur de la doctrine positiviste prophète ou médium à son insu. — Comment sa doctrine se rallie à celle du spiritisme, qu'elle semble détruire, et comment cette union produit le plus invincible matérialisme. — Création d'une race d'hommes effrayante et Titanique, due aux inspirateurs de cette doctrine. — Danger de méconnaître cette possibilité, ou les signes entre lesquels figure cette doctrine. — Appel sur nos erreurs possibles à l'homme actuel de M. Littré. — Note sur M. Littré; ses travaux, et la falsification du dictionnaire médical de Nysten.

Maintenant si notre pensée nous porte vers les inévitables et maudites époques que nous annoncent, en termes d'une clarté parfaite, les saintes Écritures, il nous sera sans doute permis de rappeler aux hommes habitués à se préoccuper des événements futurs que la fréquente reproduction de l'espèce humaine à l'aide des procédés et des secours des Esprits incubes[1] est, de toute probabilité, l'un des moyens progressifs et supérieurs que nous ménage l'avenir. Ce ne sera donc point perdre son temps que de prêter l'oreille au mot que nous jette en passant une des sectes trop nombreuses qui préparent et brassent l'iniquité de ces sinistres mystères. L'énigme qu'elle nous propose à titre de dogme est une des variantes de la doctrine qui conduira vers cette fin le groupe des rêveurs avancés de la grande milice du progrès anticatholique. Ayons donc la patience de prendre les choses d'assez loin pour en faciliter à nos lecteurs la complète intelligence.

Une religion toute philosophique est en voie de se former. Elle doit, à une époque prochaine, se fondre et s'harmonier avec celle du spiritisme, à laquelle de prime abord, et lorsque l'œil se contente d'effleurer les surfaces, elle pourrait sembler hostile. Une partie considérable de l'Europe et de l'Amérique protestante la saluèrent avec admiration. Et déjà même en France, sa patrie, se faufilant et s'implantant au milieu des masses raisonneuses de nos grandes villes, elle a su se créer des points d'appui, se conquérir quelques patrons et enfanter quelques dévots; assez pour ne point

[1] Appelés esprits ou âmes par les uns; appelés force naturelle et obéissante à l'homme par les autres.

CHAPITRE SIXIÈME.

périr en naissant, assez pour pouvoir attendre son heure. Peut-être n'est-il donc point inutile d'envisager cette œuvre d'imagination froidement délirante dans ses rapports avec une certaine catégorie de cerveaux orgueilleux et dérangés dont je serais heureux d'empêcher le nombre de grossir [1].

---

[1] « Une recrudescence très-marquée de matérialisme a signalé ces dernières années. Broussais n'est plus, mais une nouvelle école le remplace et le remplacera, nous le craignons, avec les plus grands avantages. »

« Cette école a pour nom *la Philosophie positive*, et pour chefs deux hommes d'un rare mérite intellectuel, MM. Comte et Littré, le premier proclamé, dit-on, par l'Angleterre le *Newton* du dix-neuvième siècle, et le second, une des célébrités médicales de l'Institut. On affirme donc sérieusement que cette philosophie renferme *l'avenir* du monde, et (ceci serait bien autrement sérieux) que c'est elle qui, dans le moment *présent*, exerce le plus d'influence sur la jeunesse de nos écoles, et principalement, dit-on, sur notre École polytechnique. Tenons-nous donc pour bien et dûment avertis, car, s'il est vrai, comme on le prétend, que ces doctrines doivent un jour composer tout le *credo* politique, philosophique et religieux de nos enfants, nous connaissons notre avenir. »

« Pères de famille, sachez-le bien, pour ces nouveaux apôtres
» l'ordre ne peut se faire dans les esprits que le jour où la psychologie
» ne sera plus qu'une *physique cérébrale*, et l'histoire une sorte de
» *physique sociale*. » Ce sont leurs expressions ; quant à leur programme religieux, en voici le résumé : « N'empruntant aucune donnée à aucune
» intervention surnaturelle », la *philosophie positive* nous débarrassera à tout jamais des systèmes théologiques et métaphysiques qui supposent tout le contraire. Quant à la conclusion, la voici : « Grâce au
» progrès des sciences, si, par un besoin de satisfaction individuelle,
» on retenait l'idée *d'un être théologique quelconque, multiple ou unique,*
» il n'en faudrait pas moins aussitôt le concevoir réduit à la nullité et
» à un office nominal et surérogatoire... Car, ainsi que le disait la Place,
» c'est désormais une hypothèse inutile. »

« Eh bien, ce que nous voulons faire aujourd'hui, c'est de prendre MM. Comte et Littré par la main, de les amener à pas comptés jusque sur l'objet de leur épouvante, de le leur faire toucher, et de leur prouver son existence, non pas précisément, il est vrai, pour leur *satisfaction individuelle*, mais pour la nôtre ; car, une fois le *surhumain* démontré par des faits *visibles* et *palpables* tels que les réclament ces messieurs, ils ont trop de logique dans l'esprit pour ne pas tomber d'accord avec Bayle : « QU'ILS SONT DÈS LORS OBLIGÉS DE NOUS ACCORDER TOUS NOS DOGMES. »
(*Des Esprits*, de Mirville, 3ᵉ édit., Paris, 1854, p. 15, 16, v. I.)

Le nom sous lequel il nous est donné de la connaître est celui de philosophie et de *religion positive*. Je n'ai ni le temps ni la volonté de la décrire ; mais, si quelque lecteur se permettait d'en rire comme d'un simple et *innocent* amas de sottises élevé par la raison philosophique contre la foi chrétienne, peut-être importerait-il d'exposer quelques-uns des dogmes de la croyance nouvelle, de préciser ses tendances et de constater ses inexplicables progrès. Ainsi donnerions-nous le haut relief de l'évidence à *un signe capital des temps*, à savoir, qu'au plein midi *de la civilisation révolutionnaire*, la folie à laquelle cette doctrine humanitaire doit le jour ne parque point ses victimes dans les lugubres enceintes de Bedlam ou de Charenton ; bien loin de là, car elle vaut à celui qui s'en constitue le glorificateur, l'encens des habitants du vaste domaine de la philosophie et de *la science moderne*, et frappe à coups redoublés, en sa faveur, à la porte des académies.

En effet, M. Auguste Comte, c'est-à-dire le fondateur et le pontife suprême de cette religion, qui débarrasse l'homme de son âme et de son Dieu, est un philosophe mathématicien devant le nom duquel s'élève en Angleterre, en Amérique et en Allemagne, le plus enthousiaste Hosanna [1] ; et le

---

[1] L'Angleterre aurait appelé, dit-on, M. Comte, le Newton du dix-neuvième siècle !...

« Auguste Comte, ancien élève de l'École polytechnique, fut répétiteur d'analyse transcendante et de mécanique rationnelle à cette école, et examinateur des candidats qui s'y destinent. *Cours de phil. posit.*, 6 vol. in-8°, 1830, 1842, p. 1. — Littré, *de la Phil. posit.*, 1845.

L'École polytechnique, *si peu connue du public*, ne lui donne point tout ce qu'il croit recevoir d'elle, et le progrès semble y être désirable. On ne saurait trop consulter sur ce point la célèbre brochure du maréchal de camp d'artillerie de Chambray, l'un de ses plus distingués élèves. (Paris, Pillet aîné, Delaunay, 1836.) Cette institution a produit une multitude incroyable d'esprits faux et guindés ; d'expérimentateurs fouriéristes, saint-simoniens, positivistes, etc., etc., hommes pleins de confiance en eux-mêmes, et dont le génie malsain poursuit d'implacables systèmes. La foule de dangereux rêveurs sortis

suprême admirateur de M. Comte, l'apôtre qui doit lui soumettre les nations, ou la gentilité contemporaine, est le célèbre philologue Littré. Après s'être enivré de poudre et de révolte au milieu des combattants de Juillet, M. Littré gagna ses éperons dans les champs de la littérature sérieuse, et vit s'ouvrir devant son nom les portes de l'Institut de France [1].

L'Académie s'apprêtait, à son tour, à récompenser les infatigables travaux de cet érudit novateur, dont l'âme est aujourd'hui l'âme tout entière de la philosophie positive, lorsqu'un incident, dont le retentissement tourmente quelques échos encore, arrêta le cours de ses succès. Un fauteuil académique, que la main de quelques-uns de nos immortels avançait avec assurance, tendait ses bras largement ouverts à M. Littré, lorsque le pied de Mgr d'Orléans en poussa brusquement les roulettes. La chute du candidat fut malencontreuse et rude, et, devant l'évêque debout, l'apôtre de la philosophie positive toucha la terre [2]. Mais chacun sait qu'un fauteuil académique, pour être reculé, n'est point brisé.

de cette école, féconde en hommes de mérite ordinaire dans les sciences, mais d'une stérilité singulière en grands hommes, démontre *quel abîme existe entre les sciences exactes et l'exactitude philosophique*, que LE VULGAIRE en croit être la première et indispensable conséquence. — Que l'on se garde bien de supposer, pourtant, que nous sommes de ceux qui donnent à titre d'axiome le dicton allemand : profond mathématicien, profonde cruche. Ces sortes de brutalités, fussent-elles la vérité même, ne seraient point de notre goût. Nous savons que des hommes dont l'esprit est faux, ou faussé, peuvent fort malheureusement être doués d'une intelligence ordinaire, et quelquefois même assez remarquable, ce qui ne les rend alors que plus dangereux. Nous professons, d'ailleurs, un sincère et profond respect pour la très-grande généralité des élèves sortis de l'École. On peut, sans être grand homme, et tant s'en faut, occuper *fort honorablement* sa place dans les sciences, et dans le monde.

[1] Lire Vapereau, *Biogr. contemp.;* art. *Littré.*
[2] Lire l'*Avertissement à la jeunesse et aux pères de famille sur les attaques dirigées contre la religion,* etc., par Mgr d'Orléans, l'un des quarante de l'Académie. Paris, 1863, Douniol.

Or, ce même M. Littré, qui nous est devenu nécessaire pour jauger et peser l'importance de M. Comte, par l'intermédiaire duquel nous craignons de nous trouver fort rapprochés du domaine de l'incube, s'exprime ouvertement en ces termes : « M. Auguste Comte, dans un grand ouvrage et sous le titre de *Système de la philosophie positive*, a établi les bases de la philosophie *que comporte l'esprit moderne, et qui doit finalement supplanter toute théologie et toute métaphysique*. Un tel travail contient nécessairement une application directe au gouvernement des sociétés ; comme ici *il n'y a rien d'arbitraire*, et comme *il s'agit maintenant d'une vraie science*, mon adhésion aux principes entraîne mon adhésion aux conséquences essentielles. »

Ainsi donc, « nous sommes disciples d'Auguste Comte, nous le proclamons *aussi haut qu'il est possible*. C'est à lui que nous rapportons *ce que nous sommes*, si nous sommes quelque chose, ce que nous pouvons, si nous pouvons quelque chose »: Voici toutefois nos restrictions : « M. Comte a non-seulement cru qu'il avait trouvé les principes, tracé les linéaments, fourni la méthode, mais encore qu'il avait tiré les conséquences et construit l'édifice social et religieux de l'avenir. C'est dans cette seconde partie que nous faisons des réserves, déclarant en même temps que nous prenons la première en héritage [1]. » Mais quel lecteur serait assez simple pour laisser à M. Littré le bénéfice de telles réserves, et lui permettrait de rejeter les conséquences, lorsqu'il adhère aux principes qui les engendrent, lorsqu'il les exalte d'une voix si sonore ?

Quels principes, en vérité ! Et, du haut de leur orgueil, les Esprits de révolte eux-mêmes sauraient-ils en dicter de plus désastreux ?... Car, pour la philosophie positive, point de causes premières, point de causes finales ! Elle ne sait et

---

[1] Littré, *Paroles de phil. posit.*, p. vii, 57 ; 1859.

ne veut rien savoir ni des causes de l'univers, ni des habitants qu'il renferme. Ce qu'on en raconte est idée, conjecture, et ce fut là l'hypothèse primordiale de toute civilisation, de toute science... L'univers n'est à ses yeux qu'un ensemble, ayant ses causes en lui-même, causes que nous nommons ses lois [1]. — La philosophie positive, ajoute M. Littré, n'accepte point l'athéisme, car l'athée n'est point un esprit véritablement émancipé, c'est encore, à sa manière, un théologien; il a son explication de l'essence des choses; il sait comment elles ont commencé! Et, par une multitude de conséquences, le panthéisme est un équivalent de l'athéisme !. Ce système, tout théologique encore, appartient à ce titre à l'ancien parti... Ses conclusions sont, pour les intelligences éclairées, une explication transcendante des dogmes qui suffisent aux intelligences vulgaires [2].

Enfin, s'écrie le grand disciple, la force de la situation a fini par imposer à la doctrine vaincue, c'est-à-dire au catholicisme, ce qu'il y a « de plus répugnant pour des autorités qui se croient d'origine divine : l'obligation de tolérer et d'être toléré [3] ! » Que si, d'ailleurs, « l'ancienne doctrine n'est pas une solution, la Révolution n'en est pas une encore. Malgré ses prétentions et ses haines, elle a trop du passé *catholico-féodal*, dont elle émane, pour ne pas être entachée de beaucoup d'incompatibilités avec les véritables tendances de l'esprit moderne. Elle n'a point, sur le terrain spéculatif, de dogme qui lui soit propre, puisqu'elle peut renfermer et renferme des catholiques, des protestants et des rationalistes, des théistes, des athées et des panthéistes. Pendant ce temps, le terrain se dérobe sous les pieds des

---

[1] Pages 33-34. — L'univers ! quoi, cet aveugle qui ne se connaît point, et ne sait quel il est, aurait fait à son insu les lois admirables dont la régularité régit toute chose ?
[2] *Ibid.*, p. 32.
[3] *Ibid.*, p. 35.

combattants, et tout converge vers la conception positive du monde[1]. »

Ainsi s'exprime M. Littré, de l'Institut, et quasi de l'Académie. Car les portes de cet aréopage menacent de s'ouvrir devant le Dictionnaire monumental de la langue française, inédit, et déjà glorifié d'un bout à l'autre du monde par les bouches les plus sonores de la renommée ; dictionnaire auquel cet érudit consacre ses veilles, empressé qu'il est de hâter la régénération de l'humanité abrutie par sa croyance à un Dieu de sagesse et de justice, et à des âmes immortelles ! Laissons-le donc injecter les principes de sa philosophie positive dans cette effrayante machine de rénovation, à laquelle, plus tôt et plus complétement qu'on ne se l'imagine, nous devrons peut-être une révolution épouvantable et radicale, opérée dans les idées d'abord, puis inévitablement après dans les faits, grâce à la transformation et au renversement du sens des mots. Éloignons-nous du disciple, il en est temps, mais afin de laisser parler le maître auquel il a servi d'introducteur, et ne prenons les choses qu'au juste point où il importe de les envisager, afin de saisir, *en fait de génération*, la doctrine régénératrice du positivisme. A nous de l'examiner dans son alliance et ses rapports avec les fécondations artificielles, c'est-à-dire peut-être, et nous voulons que le lecteur en juge par lui-même, avec les fécondations incubiques.

L'éducation moderne a moins atteint l'intelligence de la femme, retranchée fort heureusement pour elle dans le sein de la famille, que l'intelligence de l'homme ; la femme est plus affranchie de ce virus anticatholique. Nous saurons donc ne nous guère étonner lorsque M. Comte nous affirmera qu'elle est peu sympathique à la Révolution, ses prédilections sociales étant acquises *au moyen âge*. Mais pour-

[1] *Ibid.*, p. 36.

quoi cette prédilection ? — Parce que, « seul, ce régime érigea directement en principe *la prépondérance de la morale* sur la politique [1] ».

« C'est donc à tort que, souvent, les femmes ont été taxées de *tendance rétrograde* en vertu de ces nobles regrets. Elles seraient mieux fondées à nous adresser un tel reproche pour *notre aveugle admiration du système grec ou romain*, tant placé encore au-dessus de l'organisation catholico-féodale ! Mais une telle erreur doit surtout sa persistance à *une absurde éducation*, dont les femmes sont heureusement préservées [2]. Quoi qu'il en soit, ces dispositions féminines représentent naïvement le besoin *de rétablir* la subordination systématique de la politique à la morale. *Le culte de la femme* constitue dès lors un résultat caractéristique d'un tel régime. Voilà donc à quel prix le mouvement régénérateur obtiendra l'intime adhésion des femmes [3]. »

Ajoutons que « la femme est supérieure à l'homme quant à l'attribut le plus fondamental de l'espèce humaine, c'est-à-dire la tendance à faire prévaloir la sociabilité sur la personnalité [4] ». La femme, d'après M. Comte, est donc moins égoïste, plus naturellement charitable et dévouée, c'est-à-dire, en bon français, plus naturellement chrétienne. Cette raison le détermine à lui confier ce qu'il appelle toute la morale spontanée, ou l'éducation des sentiments ; et sa politique veut que l'élève placé sous la main de la femme reste toujours au sein de sa famille, loin de l'influence de toute école [5].

[1] *Système de politique positive*, A. Comte, vol. I, p. 206, etc.; Paris, 1851.
[2] Mgr Gaume, le champion de l'éducation catholique, ne pourrait-il pas signer de son nom ce passage?
[3] *Ibid.*, vol. I, p. 207.
[4] *Ibid.*, vol. I, p. 240.
[5] Or, c'est là le contraire de ce que réclame à grands cris la Révolution, toujours ardente à détruire toute propriété, à s'approprier nos

Le jour de ces notions préliminaires ayant éclairé nos pas, hâtons-nous de savoir que la théorie des législateurs positifs, « sur le mariage et la famille, consiste surtout à rendre le principal office féminin pleinement indépendant de toute fonction propagatrice ». La femme cesse donc enfin d'être la femelle de l'homme; et « le positivisme l'appréciera, à tous égards, comme sa simple compagne, en écartant d'abord toute fonction maternelle ». « Ainsi conçu, le mariage élève... au premier rang le perfectionnement moral, caractérisé surtout par la subordination de la personnalité à la sociabilité. » Car, lors du mariage, « l'homme, gouverné involontairement par la femme, contracte envers elle, pour

fils et nos filles, au besoin, comme sa chose, afin de les jeter aux mains de ses mouleurs universitaires, de *ses fabricateurs* d'histoires et de mœurs ! Cette prétention est odieuse à M. Comte ; écoutons sa parole : « La restauration officielle de l'université fut la principale faute du dictateur militaire (Napoléon Ier), parce que les corporations métaphysiques, quoique moins onéreuses, sont *plus nuisibles* et moins discréditées qu'*aucun clergé*. Malgré leur bruyante influence, une dictature énergique peut, aujourd'hui, supprimer leur budget, sans susciter aucune résistance en faveur d'une institution abrutissante et corruptrice. D'après l'ensemble du passé moderne, cette abolition devient la suite et le complément de celle du régime parlementaire, qui se recrutait, comme le journalisme, au sein des colléges, *berceau continu* des *agitateurs* philosophiques et politiques, etc. » (*Ibid.*, vol. IV, p. 388.)

Notre pensée, dans une assez large mesure, peut donc se placer à côté de celle de M. Comte, lorsque nous énonçons que la femme *est la famille* : d'où se voit, dans les États chrétiens de l'Europe et surtout en pays catholiques, grâce à la doctrine enseignée par l'Église, grâce à ces admirables catéchismes de persévérance qui l'inculquent avec tant de charme et de profondeur, que la femme rectifie et désinfecte encore l'intelligence et le cœur d'un si grand nombre d'hommes. Mariés à des chrétiennes, après ne l'avoir été que trop souvent d'abord à des professeurs de sottises, ceux-ci deviennent souvent, au milieu de nous, les chefs de belles et fortes familles, celles qui sont et doivent être partout en honneur. En commentant ces quelques lignes de M. Comte, je déclare n'attaquer avec lui que *le système*, et non les hommes, dont un grand nombre sont parfaitement honorables ; j'excepte, bien entendu, ceux qui contribueraient sciemment à faire porter à l'arbre du mal ses plus mauvais fruits.

le reste de sa carrière, une subordination volontaire qui complète son éducation morale[1] ».

« Et cette alliance fondamentale ne peut atteindre son but qu'en étant exclusive et indissoluble. L'absence *actuelle* de tous principes moraux et sociaux permet seule de comprendre qu'on ait osé ériger doctoralement l'inconstance et la frivolité des affections en garanties essentielles du bonheur humain[2]. » Loin de là, la philosophie positiviste fera consacrer par nos mœurs, mais non par les lois, le devoir d'un veuvage éternel et la communauté du cercueil, complément final de la vraie monogamie[3] !

Trois volumes étant composés dans ce goût, M. Comte aborde le quatrième, et nous dit : Le dérèglement des esprits actuels ne permet pas d'espérer que ce volume soit lu mé-

---

[1] *Ibid.*, vol. I, p. 234-244. — Entre des absurdités mêlées d'observations remarquables et de vérités éclatantes, si le lecteur rencontre des obscurités et des contradictions, nous le prions de ne point perdre son temps devant ces fruits du système et de passer outre. L'ensemble de cet extrait est bref, et suffit pour nous conduire à la partie essentielle du sujet que nous traitons : *celle des fécondations artificielles.*

[2] L'inconstance veut dire ici le divorce, et surtout dans les États protestants, où manque tout lien réel de socialité par la raison que les Protestantismes ne sont point une religion, mot signifiant une loi qui *lie* (du latin *religare*). Ils sont en effet *tout le contraire*, car ils constituent chaque individu pape de l'Eglise qu'il forme à lui tout seul, c'est-à-dire juge, en tout cas, de tout précepte quelconque, et toujours apte à s'en administrer dispense. La religion dite réformée ne fut donc qu'une religion déformée.

[3] *Ibid.*, vol. I, p. 238. — Saint Paul, qui connaît l'homme, comprend qu'il ait un corps, et dit à la jeune femme et à la veuve : Il vaut mieux vous marier que de laisser l'incendie s'allumer dans vos sens : *Melius nubere quam uri.* (I Corinth., VII, 9); et : vivez ensemble, de peur que la difficulté que vous avez à garder la continence ne donne lieu à Satan de vous tenter. (*Ibid.*, ⅴ v.) — Les perfectionneurs en gros et en détail du genre humain suppriment d'un trait de plume ce corps, et le despotisme des sens. A ceux qui devront surtout aux ardeurs du sang l'irrésistible *vocation* du mariage, allez donc prêcher cette chasteté après un premier mariage, ou dans le mariage ! Ces vertus jansénistes, ou impossibles, sont un des cachets des grandes et sataniques erreurs.

thodiquement, et d'après une étude suffisante de ceux qui le précèdent [1]. Le lecteur de cet extrait tronqué sera donc, à peu près, aussi préparé que le commun des lecteurs de M. Comte à comprendre les idées que nous allons reproduire. S'il a quelque pitié des âmes égarées, nous le prierons de se rappeler d'abord que cette religion positive est en plein exercice, et, par conséquent, cette philosophie de même nom, à laquelle nous savons devoir M. Littré, c'est-à-dire, selon les propres paroles de ce membre de l'Institut, « tout ce qu'il est, s'il est quelque chose ». Au lieu de rire de ces absurdités à conséquences lointaines, mais déjà désastreuses ; au lieu de lever stérilement les épaules, celui qui daigne nous suivre saura plutôt, et nous l'espérons, se recueillir et mettre à profit les stries de lumière qui pénètrent et déchirent ces ténèbres mortelles.

Le changement qui résulterait du tissu de ce système, s'écrie donc le maître, « n'exige pas seulement que l'office moral des femmes prévaille sur *leur fonction physique*, grossièrement dominante jusqu'à présent. Il suppose aussi la rectification préalable des opinions actuelles envers cette attribution matérielle, qui fut jugée d'abord essentiellement masculine... A travers les notions très-confuses de la biologie, on reconnaît déjà que la participation masculine est très-inférieure à ce qu'annonce l'activité de son appareil. Je ferai cesser cette discordance en attribuant à cet organe une autre destination principale [2]. »

L'homme donc cesserait d'intervenir brutalement dans l'affaire assez importante jusqu'à ce jour de la procréation de l'espèce, et le plus turbulent de ses organes recevrait enfin de la bouche du nouveau Moïse une destination moins vulgaire. En effet, nous dit le religieux législateur, « afin de

---
[1] *Préface*, vol. IV, p. VIII.
[2] Vol. IV, p. 67.

CHAPITRE SIXIÈME.

mieux caractériser l'indépendance féminine, je crois devoir introduire une hypothèse hardie, que le progrès humain réalisera peut-être, quoique je ne doive indiquer *ni quand ni comment.* » Car, « si l'appareil masculin ne contribue à notre génération que d'après une simple excitation dérivée de sa destination organique, on conçoit la possibilité de remplacer ce stimulant par un ou plusieurs autres, dont la femme disposerait librement. Alors cesserait toute fluctuation entre la brutale appréciation qui prévaut encore et la noble doctrine systématisée par le positivisme. La production la plus essentielle deviendrait indépendante des caprices d'un instinct perturbateur, dont la répression normale constitue jusqu'ici le principal écueil de la discipline humaine [1] ! »

Et, « dès lors, l'utopie de la vierge mère deviendra, pour les plus pures et les plus éminentes, une limite idéale directement propre à résumer le perfectionnement humain, ainsi poussé jusqu'à systématiser la procréation en l'ennoblissant. Cette aptitude restera toujours indépendante de la solution réelle d'un tel problème, pourvu qu'il soit regardé comme accessible, d'après *l'empire à peine ébauché* jusqu'ici *que l'espèce la plus modifiable doit exercer sur sa propre constitution même physique* [2]. »

« ...La rationabilité du problème est fondée sur la détermination du véritable office de l'appareil masculin, destiné surtout à fournir au sang un fluide excitateur capable de fortifier toutes les opérations vitales tant animales qu'organiques. Comparativement à ce service général, la stimulation fécondante devient un cas particulier de plus en plus secondaire à mesure que l'organisme s'élève. On conçoit ainsi que, chez la plus noble espèce, ce liquide cesse d'être indispensable à l'éveil du germe, qui pourrait artificiellement

---

[1] *Ibid.*, vol. IV, p. 68-9.
[2] *Ibid.*, vol. IV, p. 241.

résulter de plusieurs autres sources, même matérielles, et surtout d'une meilleure réaction du système nerveux sur le système vasculaire. Un tel perfectionnement se trouve annoncé par l'essor croissant de la chasteté qui, propre à la race humaine, du moins parmi les mâles, y montre l'efficacité physique, intellectuelle et morale du bon emploi du fluide vivifiant. Mais cette indication se développe surtout chez la femme, vu le concours continu de trois symptômes spéciaux : la minime participation de ce liquide à la fécondation, l'établissement du flux mensuel et l'influence de la mère sur le fœtus[1]. »

« On conçoit que la civilisation non-seulement dispose l'homme à mieux apprécier la femme, mais augmente la participation de ce sexe à la reproduction humaine, qui doit, à la limite, ÉMANER UNIQUEMENT DE LUI[2]. »

« Le développement du nouveau mode ferait bientôt surgir une caste sans hérédité, mieux adaptée que la population vulgaire au recrutement des chefs spirituels, ou même temporels, dont l'autorité reposerait alors sur une origine vraiment supérieure, *qui ne fuirait pas l'examen*[3]. »

L'un des bienfaits de cette modification serait donc « d'améliorer la constitution cérébrale et corporelle des deux sexes, en y développant la chasteté. Et, quant à l'homme...., tout prétexte d'abus sexuel ayant ainsi disparu, l'éducation et l'opinion feraient aisément prévaloir le besoin de conser-

---

[1] *Ibid.*, vol. IV, p. 276.
[2] *Ibid.*, vol. IV, p. 277.
[3] *Ibid.*, vol. IV, p. 279. — Platon, dans le cinquième livre de sa *République*, perfectionne l'espèce humaine par l'élimination des individus de mauvaise constitution et l'appariade des plus brillants sujets des deux sexes. — Le positivisme la régénère, si je ne me trompe, par le choix authentique de la semence, reçue par la femme d'une manière qui ne serait plus immédiate, et seulement jusqu'à l'époque de progrès où elle aurait lieu de se figurer être parvenue à pouvoir se passer de cette inutilité!

ver le fluide vivifiant pour sa destination normale, alors plus développée et mieux appréciée [1]. »

Tout en traçant du doigt les grands et maîtres traits de son plan, M. Comte veut bien nous faire observer « que la Vierge remplace Dieu, qu'elle a radicalement supplanté chez les catholiques méridionaux ». Ses yeux sont frappés de « la coïncidence croissante entre l'avénement social *du mystère féminin*, et la décadence mentale du sacrement eucharistique, où consistait le véritable résumé de la religion de saint Paul ». Tous ces chrétiens se sont fourvoyés; mais « le positivisme, s'écrie-t-il de l'accent du triomphe, *réalise* l'utopie du moyen âge, en représentant tous les membres de la grande famille comme issus *d'une mère sans époux* [2] ».

Ainsi donc, d'après la philosophie positiviste, que j'ai dû photographier en respectant jusqu'à ses blasphèmes, l'influence directe de l'organe masculin devient inutile à la fécondation; et, sur ce fait, elle peut dire vrai, les expériences scientifiques ayant démontré la possibilité de cette abstention. Quelques atomes de la chair liquide et vivifiante de l'homme suffiront donc à la conception *de la femme chaste* qui voudra se donner la peine d'en choisir la source, qui s'en laissera pourvoir de confiance, ou dans le sein de laquelle un Esprit incubique, dérobant son action, et nommé Force latente par le positivisme, aura su l'introduire et le planter....

Oui donc! et, d'après les textes mêmes de cette doctrine, inspirée au philosophe prophète de la religion positive, et peut-être à son insu, par l'Esprit qui verse ses dictées dans l'oreille de tous les antechrists, le temps arrive où l'épouse saura concevoir sans l'action *directe* de l'époux,

---

[1] *Ibid.*, vol. IV, p. 278.
[2] *Ibid.*, vol. IV, p. 412-413.

en attendant un mode de fécondation plus mystique, plus fier, et qui semblera, grâce à la parfaite illusion des sens, ranger au nombre des inutilités le moindre atome séminal, la moindre raison séminale, *ratio seminalis*, échappée de la chair de l'homme.

Et, certes, il deviendrait superflu de redire à l'aide de quel art pourrait s'expliquer ce demi-prodige, puisque, tout à l'heure, nous avons vu Spallanzani féconder des mammifères par la simple injection du liquide vivificateur [1]; c'est-à-dire puisque nous avons vu la science profane user *mécaniquement*, pour la fécondation des femelles, du mode artificiel dont les Esprits incubes usent pour féconder les femmes, tout en parant leur ruse de cette prodigieuse habileté d'exécution qui les caractérise.

Mais que notre pensée ne se lasse point de poursuivre et de forcer à s'épanouir au grand jour la pensée du réorganisateur positiviste de la nature humaine. Qu'il parle donc, ou qu'un de ses disciples nous ouvre ses mystères! Nos yeux auraient-ils failli? auraient-ils traversé le dédale de ses œuvres sans y rencontrer, ou sans y déchiffrer avec sagacité la page qui révèle ou développe son arcane? Nous ne le pensons point; mais nous nous demandons qu'on le sup-

---

[1] « Il n'a pas manqué d'écrivains, nous dit le docte Müller, *qui ont imaginé* la possibilité d'une fécondation effectuée autrement que par la voie ordinaire, c'est-à-dire par une sorte d'inoculation du spermo au sang. »(*Phys. man.*, p. 628; 1845.)

Certes, au milieu même des ténèbres épaisses dont il plaît au Dieu créateur d'envelopper le phénomène de la conception, de telles tentatives doivent sembler absurdes. Mais l'expérience, en vain mille fois tentée, dût-elle une seule fois, un beau jour, faire éclater l'efficacité d'un procédé de nature semblable, que conclure? La vertu, la puissance merveilleuse de cette essence masculine, qui porte et fait vibrer la vie dans un atome, ne se prêterait-elle point toujours et dans ce cas même à une de ces fécondations artificielles que les lois du monde physique laissent accessibles aux esprits incubes, agents tantôt effrontés et tantôt occultes, dont nous saisirons d'une manière plus complète, dans un instant, les rapports avec la religion positive?

pose; et que nous importerait cette hypothèse ? Car, en définitive, la nature subit le joug de lois invariables; et, jusque dans les espèces les plus modifiables, la force modifiante s'arrête devant d'infranchissables limites. Or, l'une de ces lois inflexibles veut que l'être qui ne porte point, en lui seul, les deux sexes ne puisse, nulle part et jamais, se reproduire sans le concours, *direct ou non*, de celui dont la nature ne l'a point pourvu.

Que si donc une femme *paraissait* concevoir et enfanter sans le concours de la substance de l'homme, il y aurait illusion des sens chez celui qui, victime d'une supercherie démoniaque, accepterait cette apparence à titre de réalité. Il y aurait, chez cette femme, apport invisible de la molécule génératrice, par un Esprit incube; car, sans cette molécule, toute conception devient impossible. Et la science profane s'unit à la science sacrée pour veiller à la garde de cette vérité, de cet axiome. En un mot, des apparences plus ou moins facilement trompeuses, mais nées de l'art des prestidigitateurs spirituels que nos ouvrages démasquent, ne sauraient, non plus que les vains fantômes d'un système, renverser de sa base une vérité *si rationnelle*, si contraire au positivisme, et si positive !

Mais je me trompe ! Une seule et unique fois, depuis le commencement des siècles, cette inviolable loi reçut une violation flagrante. Ce fut lorsque s'accomplit, dans l'ordre divin, le miracle transcendant de l'incarnation, de la conception du Fils de Dieu dans le sein immaculé de Marie. Événement insigne et, d'ailleurs, attendu par le monde entier, sous la foi du miracle des prophéties divines, auxquelles était venu s'ajouter le prodige des prophéties sibylliques !

Le point capital de la Réforme positiviste étant donc « la participation croissante du sexe féminin à la reproduction humaine, qui doit, à sa limite, *émaner uniquement de lui!* [1] » il devient clair qu'après avoir traversé de dégoûtants ou de ridicules essais, le positivisme, s'il dit vrai, doit fatalement aboutir à des fécondations incubiques, où la mère elle-même serait la première et la plus misérable dupe de la conception dont elle se figurerait être l'agent et l'auteur.

Un large pont se trouve dès lors construit entre la réforme humanitaire qui conduit à ce honteux résultat, et le spiritisme dont les agents le réalisent. Les conceptions incubiques d'une part, et, de l'autre, l'orgueilleuse doctrine du positivisme, qui prétend grandir et régénérer la femme en lui enseignant le secret de concevoir par sa propre vertu, en lui conférant le don de procréer sans le concours de l'homme; ces conceptions spirites, disons-nous, et cette doctrine philosophique qui nous en déguise l'origine, empruntant pour se formuler la plume de M. Comte, son prophète ou son médium, ont toutes deux, en effet, un seul et même inspirateur implacable ennemi de l'Église : le démon!

Et cet inspirateur unique sait mettre *une parfaite unité* dans ses actes; il sait coordonner l'une avec l'autre chacune de ses œuvres et les pousser au même but, de quelque discordance apparente que certains dehors les revêtent! Aussi voyons-nous la religion de la matière, la doctrine positiviste, tenir bannière haute et formuler ses dogmes à l'époque où le spiritisme, *qui semble les détruire par cela seul qu'il* couvre du jour de l'évidence l'action des Esprits, fait refleurir à la fois dans les deux hémisphères le catholicisme démoniaque. Aussi voyons-nous cette religion philosophique et matérialiste dresser le front, chanter son triomphe, fouler aux pieds tout ce que nous appelons Surnaturel et Surhumain, et réclamer l'empire au moment où les prestiges qui de toutes parts pullulent et foisonnent, accusent pour auteurs des êtres spirituels, ou dénués de corps.

[1] Vol. IV, p. 277.

Triomphe bien naturel, en effet, si nous daignons observer ce qui se passe ; car déjà les plus avancés de ces Esprits, d'accord avec eux-mêmes dans les œuvres où ils révivifient le matérialisme, nous ont affirmé qu'il n'est d'autres Esprits que nos âmes, *mais que nos âmes ne sont qu'une quintessence de la matière*[1] !

Sous le jet de cet étrange spiritualisme, où l'esprit est aussitôt méconnu que reconnu, aussitôt travesti que signalé, tout lecteur intelligent ne se hâtera-t-il point d'observer que, pour l'homme à demi-matérialisé déjà par les leçons de la philosophie contemporaine, le plus actif et universel moyen de chute et d'abrutissement, ce sera l'autorité même des Esprits, s'il les consulte ; puisque, d'accord avec les gens du positivisme, les Esprits établissent qu'ils sont matière ?

Constater une seule vérité surnaturelle, au contraire ; faire reconnaître, sous son titre et sous son aspect véritable, un seul phénomène surhumain, ce serait renverser de fond en comble la grande Babel des Renan, des Comte, des Littré..., construite et armée pour la ruine et la mystifica-

---

[1] L'âme « c'est une matière quintessenciée et si éthérée qu'elle ne peut tomber sous vos sens... » (P. 44 du livre détestable *des Esprits*, que j'appelai le catéchisme de l'Antechrist, 1857 ; Allan Kardec, pseudonyme.) — Dans l'autre hémisphère, Jackson Davies nous donne *une recette* pour fabriquer un esprit, un dieu. Un esprit n'est qu'une résultante, une dernière élaboration de la matière : *an ultimate of matter* ; la sagesse et la toute-puissance sortent par évolution de la matière : *omnipotent power, containing wisdom*. Un creuset donc, du feu, de la matière, et nous allons créer des esprits, faire des dieux. Beaucoup de matière, et le dieu sera puissant ; moins de matière, et pourtant ce sera bien un dieu, un esprit, quoique de moindre valeur : *We should have a god still, a lesser one to be sure, but still a real positive mind*. Par Mahan, premier président de l'université d'Oxford : *Modern mysteries, explained* ; Boston, 1855, p. 10-11. — Lire *id*. Roger : *Philosophy of mysterious agents* ; voir ce qu'y est la force universelle : *the mundane force*. — Voici donc le spiritisme devenu la religion de la matière !

tion de la foi. Est-ce assez dire à ceux qui semblent ne pouvoir le comprendre encore, de quelle importance est la réhabilitation des faits de cet ordre ?

Initiés à tous les secrets de la nature, et déchaînés par les colères de la justice divine, qui sait si ces Esprits de malice et de ruine, opérant des fécondations positivistes, c'est-à-dire incubiques, entre des sexes *qui pourront se croire étrangers l'un à l'autre*, ne se remettront point un jour à choisir au sein de l'espèce humaine tout entière, et pour les placer *dans les circonstances* de développement *intellectuel et physique les plus favorables*, les germes les plus propres à la formation de ces géants de taille ; mais surtout d'intelligence et d'iniquité ; qui, jadis, furent la désolation de la terre [1] ?... qui sait ?. et quoi de plus probable, en vérité, si peu que la pensée s'arrête à ce sujet et le pénètre !... Mais bornons-nous, pour le moment, à énoncer que les doctrines de la religion positiviste, sous les dehors parfaitement naturels, dont il est possible qu'elles masquent et facilitent, les phénomènes incubiques, semblent laisser pressentir que leur règne serait celui des agents occultes ou patents du spiritisme ; ceux que le grand apôtre n'appellerait

---

[1] Lire la *Bible* sur les géants, et les commentaires sacrés. Le triomphe de la Vierge sainte, de la *Vierge mère* et immaculée, élevée par la puissance et dans la gloire de Dieu au-dessus de toute créature ; ce triomphe progressant, et dont le progrès est le naturel épanouissement de la foi de nos pères, devait avoir sa fausse et détestable imitation dans l'ordre satanique. Prenant à contre-sens la nature humaine, la religion positiviste, à défaut d'autre religion démoniaque, devait donc produire avec éclat ses vierges mères. La loi constante du parallélisme entre l'ordre divin et l'ordre diabolique, que nous avons plus d'une fois exposée, nous engagerait presque d'elle-même à supposer que, de ces fausses vierges mères (si le positivisme les produit), naîtront autant d'antechrists, autant d'insidiateurs de toutes variétés et de toutes tailles ; adaptés aux saisons diverses du monde religieux et moral, précurseurs successifs de celui qui doit être le Prince de ces monstres, et couronner l'ère des plus hypocrites et violents ennemis de l'Église.

jamais avec plus de justesse : « Esprits de l'air et de malice, puissances régulatrices des ténèbres, et princes de ce monde [1]. »

Quelques-uns vont se figurer que nous rêvons lorsque nous osons annoncer, bien que sans avoir la témérité *d'en préciser* l'époque, ces jours de lutte et d'agonie. Mais si les prodiges qui doivent accompagner les mauvais jours, les temps de l'Antechrist, doivent avoir eux-mêmes, ainsi que le dernier Antechrist, leurs précurseurs ; s'il est dit des prodiges que l'on verra se dérouler alors qu'ils seront de nature à ébranler les élus eux-mêmes, ainsi que nous l'affirme l'évangéliste [2]; il est à supposer que leur vertu ne sera point néant ; il est à croire qu'ils resplendiront d'un assez vif éclat pour éblouir et fasciner le monde. Et si les faits nous donnaient un démenti, le premier rêveur, ce ne serait point nous, à coup sûr; ce serait l'écrivain sacré qui, d'avance, traça l'histoire abrégée de ces temps; ce serait l'Esprit qui dicta cette histoire. Que si le monde, en effet, voyait venir et comprenait ces choses; que s'il s'abstenait d'en rire, et de passer outre, en levant les épaules, au lieu de les reconnaître, il ne serait plus le monde! Il ne serait point cet esprit fort qui prend en pitié les prophètes, lorsqu'il est assez débonnaire pour ne point les mettre à mort; il ne serait plus cet aveugle que les grands événements surprennent; et qui se rit du radotage de Noé, lorsque, clouant la dernière planche de l'arche, ce patriarche s'écrie : Pénitence, pénitence, car demain le déluge ! Il ne serait point celui que l'explosion du mal doit réveiller en sursaut et faire pâlir d'un soudain effroi, après que les signes avant-coureurs seront venus l'un après l'autre *toucher ses cils* et se heurter à ses yeux ! Lors donc que fondra sur la terre cette tribulation

---

[1] Saint Paul, Éph., VI, 12. — Saint Jean, Év., XIV, 30.
[2] Saint Matthieu, ch. XXIV, etc.

telle que, depuis le commencement des siècles, aucune semblable n'aura désolé les hommes..., il sera trop tard pour y voir clair, trop tard pour y aviser, trop tard pour que celui qui sera dans son champ ait le temps de rentrer dans sa maison et d'y chercher sa tunique. Car lorsque Dieu s'est fatigué d'être patience, il se fait éclair et tonnerre ! Mais s'il est des aveugles pour qui le soleil même est ténèbres ; s'il est des sourds que la foudre, brisant le dossier de leur fauteuil, n'avertit point de sa présence, il se rencontre aussi des hommes dont l'oreille ridiculement délicate et fine entend, en se baissant à terre, l'herbe qui pousse et verdoie. Hélas ! si, par hasard, je n'entendais que trop bien le mal bruire et accourir, tandis que d'autres plus agréablement doués ne sauraient parvenir à l'entendre, le plus grand excès sera-t-il d'y trop croire et de le répéter d'une voix trop haute aux endormis, aux myopes et aux rieurs, ou d'y croire trop peu ? Daignez répondre, ô vous qui vous souciez du salut de l'âme humaine !

Quiconque jette un regard attentif autour de soi commence à savoir les ravages causés par *le spiritisme*, que ses mouvements naturels rapprochent de la *philosophie matérialiste et positiviste*, dont se sont engoués sous nos yeux les pays les plus considérables de l'Europe. Et lorsque ces deux fléaux menacent de s'unir et de se souder l'un à l'autre, j'oserais craindre de grossir à l'œil du lecteur un mal qui peut avoir de tels éclats !

Que si, d'ailleurs, quelqu'un croit pouvoir utilement redresser mes yeux et mes paroles, je le supplie de m'accorder cette faveur. Qu'il se présente et s'avance ; qu'il sorte avec confiance du troupeau de ces « mammifères de l'ordre des primates, familles des bimanes, caractérisés taxonomiquement par une peau à duvet ou à poils rares, et par des muscles fessiers saillants, etc. », troupeau dont l'individu constitue l'homme de M. Littré, de l'Institut, ce candidat d'hier au fauteuil académique ; celui qui, du plus haut diapason de sa voix, nous, crie : Si je suis, si je puis quelque chose, je ne suis rien, je ne puis rien que par celui dont je suis le disciple, et je suis le disciple de M. Comte, — ce Moïse de la philosophie positive [1] !

[1] Voir, pour le passage ci-dessus entre guillemets, le *Dictionnaire de médecine* de Nystens, onzième édition; Paris, 1858, art. *Homme*. — Que le redresseur de nos inexactitudes, ou de notre raison, pour animer la question en l'éclairant, y mette toute son âme, son âme tout entière ; c'est-à-dire, entendons-nous bien, ce je ne sais quoi dont le nom, dans la philosophie *aussi négative* de M. Littré *qu'il la dit positive*, « exprime en biologie, et considéré anatomiquement, l'ensemble des fonctions du cerveau et de la moelle épinière, etc. » (*Ibid.*, voir à *Psychol.* et *Phrénol.*)

On conçoit l'importance extrême que, dans l'intérêt de son plan de *régénération sociale*, M. Littré attache à la destruction de toute croyance catholique et chrétienne. Aussi, déjà, lui devons-nous une traduction de la *Vie de Jésus* par le docteur Strauss (1853), dont l'ouvrage, plus ennuyeux, mais moins maculé d'ignorances, est moins remarquable par ses platitudes que celui de M. Renan, chèrement payé par l'État pour son voyage *scientifique*, professeur, hier encore, au collège de France, membre de l'Institut et de la Légion d'honneur, et qui, par reconnaissance, s'essaye si follement à détruire la divinité du Christ.

La science moderne lui doit, en outre, une troisième et posthume édition de l'ouvrage d'Eusèbe Salverte sur le surnaturel et les sciences occultes. — Nous avons relevé quelques-unes des grotesques et incroyables erreurs de ce livre, dans le XIIe chapitre des *Médiateurs et moyens de la Magie*. L'une d'elles nous dit assez quel historien profond et sûr doit être celui qui étend le patronage de son nom sur la réimpression d'un traité didactique où les soldats de Gédéon, armés de grenades, renversent les murs de Jéricho. Les enfants chrétiens savent que Gédéon combattait *à quarante-cinq milles romains* des ruines de Jéricho ! Ils savent que cette ville, renversée deux cent cinquante-six ans *avant cette bataille,* au bruit des *trompettes de Josué,* qui, j'en donne ma parole d'honneur, n'était pas le même que Gédéon, ne se releva de ses ruines que cinq cent trente-sept ans après sa chute. — Ce fait, accompagné de tant d'autres, permet de juger à quel degré s'éleva l'hallucination de nos novateurs ; ou bien, s'ils refusent de se croire hallucinés, à quelles énormités se trouvent conduits les hommes qui, *pour réduire à néant le surnaturel,* se voient obligés d'insulter au bon sens, et de falsifier outrageusement l'histoire la plus connue qui soit au monde ! Mais je viens de citer, à l'instant, le *Dictionnaire médical* de Nystens. La justice exige donc que, pour

SEPTIÈME DIVISION.

ENFANTS PRODUITS PAR L'ENTREMISE DE L'INCUBE.

Vérités et préjugés. — La qualité maudite de ces enfants possédés dès le germe est chose naturelle. — Quelques-uns des plus célèbres : Apollonius, Luther, etc. — Danger de s'illusionner sur ce point, et de trop attribuer au démon. — Les Romains appelaient *conserentes* les génies impurs qui s'unissent avec la femme pour produire, ce qui signifie *semant avec elle*. — La magie moderne reconnaît l'influence de l'incube sur la femme, et son action modificatrice sur l'enfant conçu.

Tournant enfin le dos à cette religion et à cette *philosophie*, dont les rayons et les splendeurs seraient l'aurore des plus mauvais âges, et reprenant le fil le plus direct de notre

ne point entacher un nom digne d'honneur, je me hâte de renvoyer le lecteur à la lettre écrite à ce sujet, de Lonjumeau, à la date du 28 avril 1863, et dont le signataire, petit-fils de Nysten, assuma la responsabilité. Le journal *l'Union*, du 6 mai 1863, reproduit cette lettre, publiée par la *Gazette de France*, et je serais heureux de connaître une réponse à l'honneur du docteur Littré :

« Monsieur, j'apprends par vos colonnes de quelle manière M. Littré a *revu, corrigé, augmenté,* MODIFIÉ le *Dictionnaire de Nysten* (sic.) Je dois à l'homme dont j'ai épousé la fille de protester contre les altérations de texte que se sont permises les nouveaux éditeurs. »

« Je m'étonne que des hommes qui se croient assez forts pour attaquer les principes fondamentaux de toute religion et de toute morale, soient en même temps assez faibles pour n'oser signer leurs œuvres, et qu'ils aient assez peu le respect de la pensée des morts pour mettre *sous le nom* d'un savant distingué des opinions matérialistes *si diamétralement opposées aux siennes*. »

« J'ignore quels seraient, dans ces circonstances, les droits des héritiers ;.... mais ma conscience, le péril de la jeunesse des écoles, recevant sous le nom de Nysten de si pernicieuses doctrines ; ma belle-mère, la veuve de cet auteur respectable et qu'on respecte si peu ; mes fils, qui pourraient me reprocher un jour de n'avoir pas défendu la mémoire de leur aïeul ; pourquoi n'ajouterai-je pas aussi le nom de mon père, de cet homme éminent dans la science médicale et dans la science chrétienne ? tout me faisait un devoir impérieux de protester hautement et publiquement. »

« Je désire donc qu'on sache que la veuve et les héritiers de Nysten n'ont ni approuvé ni permis *les falsifications* qu'on a fait subir à son ouvrage ; qu'ils les regardent comme une offense à sa mémoire, et

sujet, nous devons observer maintenant que les langues modernes ont des termes à part pour qualifier les enfants issus du commerce de l'homme et des Esprits [1].

La haute antiquité marquait d'ailleurs *du sceau de la malédiction* la race cruelle des géants, auxquels elle attribuait cette mystérieuse origine ; et la voix des nations modernes témoigna d'un même sentiment de mépris et de haine à l'égard des tristes enfants dont la naissance, accompagnée de phénomènes sinistres et démoniaques, semblait tenir du prodige. Ces fruits viciés de l'humanité, disait-on, arrivaient en ce monde doués de dons funestes ! Des aptitudes et des facultés singulières les mettaient dans un fâcheux relief ; et, le plus souvent, ils se faisaient remarquer par une monstruosité de goûts, de mœurs et d'aspect, qui laissaient percer en eux le secret d'une nature étrange et maudite.

Les préventions populaires ne furent, à cet endroit, qu'une source trop féconde de déplorables erreurs. Mais, pour quiconque sait les cruelles et détestables qualités dont

qu'ils déplorent amèrement qu'on se serve du nom respecté de leur mari et père pour enseigner et propager des erreurs qu'il eût combattues de son vivant, et que je désavoue en son nom.
» Recevez, etc., A. BAYLE. »

Faisons suivre cette note d'un fragment du *Pays*, journal de l'empire, 6 février 1864 ; il s'agit de la réception de M. de Carné à l'Académie : « Trop mal assis pour dormir, nous songions à ce qu'aurait été le même sujet, si M. Littré l'avait traité. On sait que M. Littré a été le concurrent malheureux de M. de Carné : mais supposez que les deux ou trois grands électeurs de l'Académie n'eussent pas opposé leur veto et leur intolérance à cette nomination que tout indiquait, l'immense savoir, l'*austère intégrité* du caractère, la variété prodigieuse et véritablement encyclopédique des connaissances, si, pour l'honneur de l'Académie et l'avancement de son chimérique dictionnaire, M. Littré eût été nommé ; si c'eût été lui qu'on eût reçu aujourd'hui, songez à l'éloge qu'il aurait su faire de M. Biot ; de l'homme, du littérateur (puisque enfin il y en avait un dans ce mathématicien) ! »

[1] *Tritum est sermone proverbium ex hujusmodi concubitu filios natos esse, quosi vulgus abjectos nominat ; etiam Alemanico idiomate veselbalg appellantur.* Ulrich Molitor, 462 ; — *id.*, Bod., l. II, VII.

la possession diabolique entache et vicie les adultes, comment s'étonner d'apprendre qu'un don prestigieux, une puissance, un signe sinistre et satanique caractérise ces antechrist miniatures que le démon sans doute a possédés dès le germe ; qu'il a semés de sa propre main dans le sein de leur mère ; qu'il a soumis à l'influence de sa détestable incubation ; que, dès le principe enfin, il a pénétrés, qu'il a saturés et suranimés de son esprit ? Le contraire seul nous semblerait étrange !

Parmi les rejetons les plus célèbres de cette lignée putative du démon, la voix publique nommait Apollonius de Tyane, l'un des plus illustres magiciens entre ceux qui luttèrent contre la religion du Christ, et qui s'efforcèrent de l'étouffer au berceau; elle nommait Merlin, le plus renommé des enchanteurs dont l'école du druidisme britannique nous ait conservé le souvenir [1].

Elle nomma, plus tard, le grand hérésiarque Luther, que sa mère elle-même disait avoir conçu d'un démon ! Et c'était bien à double titre que ce nom de fils du mauvais Esprit pouvait s'appliquer à Luther : d'abord à cause de sa naissance, si nettement caractérisée par sa mère; puis en raison de sa doctrine, qu'il soutenait avoir reçue de ce même démon, lui qui se courrouçait par-dessus toutes choses de la moindre hésitation devant sa parole magistrale [2].

---

[1] Merlin, ou Ambroise, enterré, dit-on, près du monument druidique de Stonehenge, à Ambresbury. — To *bury* signifie enterrer. J'ai visité et décrit ce monument, qui est à quelques milles de *Salisbury*, en Angleterre. Voir mon livre *Dieu et les dieux;* voir aussi, sur Merlin et les enfants nés d'un démon, les traditions populaires mentionnées dans le livre de M. le comte de Résie, *Histoire et traité des sciences occultes,* p. 84, etc., vol. I, ouvrage dans lequel respirent le scepticisme et la foi, deux esprits bien contraires!

[2] Quid de Luthero ipso dicemus, quem ex incubo sese in balneo, cui ancillabatur, concepisse propria mater professa est, quemadmodum in editis Lipsiæ libris, Petrus Sylvius testatur, nec ipse Lutherus inficiatur? Cum enim ei tam infamem nefariumque ortum objecisset

…Mais que nous est-il besoin de désigner par leur nom chacun de ces hommes ? Le peuple, les jugeant quelquefois sans doute à l'esprit qui respirait en eux, vous montrait du doigt, pour les désigner, tantôt un de ces grands hérésiarques que Dieu laisse porter le ravage au milieu des pasteurs et des peuples livrés à l'esprit de révolte, ou somnolents dans la mollesse; tantôt un de ces hommes brutaux et odieux, doués d'une force de géant, et qu'un souffle d'inspiration diabolique anime aux débauches révoltantes et aux excès de la scélératesse.

On se figurait les reconnaître dans la personne de ces êtres dont le bonheur est de répandre dans leur sphère maudite l'esprit d'erreur et d'illusion, le dégoût, la désolation et l'horreur [1]. Mais ce que nous nous hâterons de répéter,

---

Cochlæus, quid, homo alioqui lingua calamoque petulantissimus, in maledictorum et conviciorum palestra nemini cedens, victorque perpetuus, quid, inquam, respondit? Nihil plane nisi ut ipsemet symposiacorum, c. XXVIII, recitat, hoc unum, quod paulo post futilissimum intelligemus, non posse simul et mulieris esse filium, et ex incubo procreatum l'Dæmones vero infinita mentis vi et acumine, in naturalium rerum procreatione et conservatione, plures multo quam ingeniorum nostrorum tenuitas videat, modos perspiciunt. P. 689-690.

Ita ut Lutherus, duplici ratione diaboli filius dici possit : ratione scilicet ortus, quem, ut supra quæst. 20, indicatum, dæmoni acceptum retulit mater ejus; et ratione doctrinæ, quam ab eodem se accepisse diabolo, perspicua longaque admodum oratione, libro de Missa angulari, tomo VI, editionis Ienensis, tomo VII, editionis Wittembergensis, a folio 479 ad 480, ipsemet profitetur, nihil magis timens quam ne palam profitenti prolixeque asseveranti fidem adhibere quisquam cunctetur. *Ibid.*, p. 692.

Commentarium in librum Tobiæ; Scripturæ sac. cursus complet. in-4º, Parisiis, 1839, Migne; par Nicolas Serrarius, que l'illustre cardinal Baronius appelle la lumière de l'Église d'Allemagne.

[1] Luther lui-même, un des grands boute-feu du monde, admettait dans les termes les plus explicites le fait de ces naissances prestigieuses. Bodin, *Dém.*, liv. II, c. VII; *id.*, de Lancre, *Inconst.*, p. 233. *Vie de Luther*, par Audin, vol. III, p. 146, 7ᵉ édit., Paris, 1856. — De Lancre nous disait : « En mesme prédicament pourroit-on mettre ces gens, lesquels, parmi les mahométans, on appelle Neffesoliens, qui se disent être nés du Saint-Esprit, c'est-à-dire *sans opération*

c'est qu'il n'arriva que trop fréquemment à la multitude de s'illusionner sur ces caractères démoniaques, et de tomber dans de grossières, dans de détestables erreurs. Et d'ailleurs, sans que le démon use de la moindre de ses facultés pour aider à la néfaste production de nos corps, il ne s'insinue qu'avec une facilité trop grande au fond de nos cœurs, déjà si détestables *par eux-mêmes*; dès que Dieu cesse d'y régner. Le mal auquel il nous stimule et nous pousse avec un art suprême nous rend alors ses fils par la voie bien simple de l'adoption. Combien de fois, hélas! l'homme ne devient-il point, à ce titre, le plus parfait représentant du plus implacable ennemi du ciel et de l'humanité!

Les Romains donnaient aux Génies impurs qui recherchent les femmes la qualification de *conserentes*, marquant, par ce terme, qu'ils s'associaient à elles pour semer, et l'erreur, sur ce point, non plus que chez les modernes, ne pouvait être invincible et constante. Car telle femme se livrait à des aveux, à des dépositions, dont le contrôle, effectué par des hommes rassis, spéciaux, doués d'un esprit remarquable et que distinguait une ténacité sagace, ne pouvait laisser debout aucun doute.

Quelquefois des pécheresses repenties, et dont la vie, dégagée de tout intérêt d'orgueil, s'ensevelissait dans l'ombre et dans les froides austérités de la pénitence, avaient donné des preuves matérielles ou indubitables de leur crime et des conséquences de ce crime. D'autres fois, on avait vu

d'homme. Si bien que celuy s'estime bienheureux qui les peut toucher, ayant reconnu et expérimenté plusieurs fois que si un malade peut être touché d'un de leurs cheveux, il est guéry aussitost. Qui est cause qu'on leur porte un grand honneur, bien que ce ne soit qu'illusion diabolique! Je les tiendrais volontiers pour supposez ou nez de quelque démon. » *Inconst.*, p. 230, I. — On comprendra ces guérisons en lisant le chapitre des exorcismes diaboliques.

[1] *Id.* en Chine, voir ci-dessus; — *id.* en Polynésie, voir de Résie, vol. I, p. 92; 1857, etc., etc.

tantôt des figures de monstres, tantôt des formes vagues, ou humaines rechercher des femmes, s'unir à elles, et s'évanouir devant les menaces !... De grands saints, les saints les plus renommés par le discernement des Esprits et l'opération des prodiges, avaient personnellement témoigné de ces apparitions ; de hauts docteurs du catholicisme, tels que saint Bernard, avaient, dans des circonstances spéciales, regardé comme une certitude ces familiarités avec le démon ; et, dans quelques-uns des cas les mieux établis, la survenance d'un enfant, inexplicable de toute autre façon, n'avait pu laisser le plus faible doute sur l'origine de la conception. Enfin, dès l'aurore des temps historiques, *dans les pays et dans les siècles les plus variés*, on avait entendu des femmes, placées dans les circonstances les plus propres à donner à leur parole la valeur de l'authenticité, s'écrier, soit après avoir enfanté, soit après s'être assurées de leur grossesse : Je n'ai point connu d'homme, et pourtant j'ai conçu !

Eh bien, la plupart de ces dépositions, si contraires aux intérêts et aux instincts naturels des déposants, se trouvent être, entre elles, d'une frappante conformité dans le cours inégal des âges, et dans des États aussi étrangers les uns aux autres qu'opposés de mœurs *et de foi;* la plupart de ces dépositions, en un mot, et nous ne parlons que des plus sérieuses, étaient faites sans qu'il eût été possible aux déposants d'établir entre eux le moindre concert. Elles se multipliaient *simultanément,* en *termes identiques,* sur mille points divers, en des temps et des lieux où n'existaient ni les feuilles ailées de la presse, ni les voies de communication qui relièrent les peuples les uns aux autres, ni ces rapides instruments de transport qui, de nos jours, lancent à la fois d'un point donné, jusque dans les plus lointaines parties du globe, les mêmes idées revêtues des mêmes formes. Elles émanaient de personnes le plus souvent ignares; elles se répétaient au milieu de circonstances que leur simple concours rendait presque probantes; elles portaient sur des actes où le soupçon d'hallucination naturelle, généralement inadmissible, eût été quelquefois une extravagance; et le seul avantage qui les accompagnât, c'était d'attirer sur la tête du déposant un déshonneur et un danger que n'eussent égalés ni l'adultère ni le vol.

Tels furent, sans doute, une partie des raisons qui déterminèrent tant d'esprits éclairés, tant de savants illustres et graves, à voir dans ces unions monstrueuses, et jusque dans les naissances à interventions démoniaques, une possibilité constante, que *la raison,* que *la science physiologique* et *la théologie* devaient adopter, incapables qu'elles étaient de la rejeter avec la morgue pédantesque du dédain ou le niais ricanement de l'ignorance.

La provenance de ces enfants une fois reconnue, la difficulté d'étudier leur nature démoniaque et leurs instincts dépravés cessait d'exister. L'observateur, le physiologiste, le philosophe, l'historien pouvaient les dépister, relever leurs traces, les étudier, les rapprocher l'un de l'autre, et porter des jugements qu'il eût été téméraire de taxer de témérité.

Mais n'omettons point de rappeler que la magie contemporaine vient de reproduire hier, en l'adoucissant sous la forme vague qui s'adapte à la science des illusions et du mensonge, l'idée des conceptions démoniaques, dont les expériences de Spallanzani, et les scènes magnético-médicales que M. Regazzoni nous a rapportées, rendent le mécanisme si facile à saisir. Et nous observerons qu'elle s'attache moins à l'idée même de la conception *qu'à l'influence exercée par l'agent spirituel sur le fruit conçu.* S'exprimant en termes assez clairs pour exclure le doute, elle conserve donc à notre siècle une tradition qui, de tout temps, fit partie de ses annales, en même temps qu'elle trouve dans les quelques nuages enroulés autour de sa parole un moyen de se rendre moins dure aux oreilles que blessent les angles aigus de la vérité.

La lumière astrale, par exemple, est le serpent séducteur, le serpent de la Genèse; et dès que nous la passons au prisme, elle nous rend et nous peint, en certains cas, toutes les idées du catholicisme sur l'incube. Tel est l'enseignement du mage Éliphas, habile à masquer ce qu'il révèle, habile à révéler ce qu'il feint de couvrir d'un voile. Écoutons.

« Les femmes enceintes, nous dit-il, sont plus que d'autres sous l'influence de cette lumière qui *concourt à la formation* de leurs enfants, — *spiritus conserentes*, — et qui leur présente sans cesse les réminiscences de formes dont elle est pleine — *spiritus illusionis*. — C'est ainsi que des femmes *très-vertueuses* trompent par des ressemblances équivoques la malignité des observateurs. Elles impriment souvent à l'œuvre de leur mariage une image qui les a frappées en songe; et c'est ainsi que les mêmes physionomies se perpétuent de siècle en siècle. *L'usage cabalistique* du pentagramme peut donc *déterminer* la figure des enfants à naître, et une femme pourrait donner à son fils les traits de Nérée ou d'Achille, ceux de Louis XIV ou de Napoléon. Nous en indiquerons la manière [1]. »

[1] Eliphas, *Dogme et rit.*, p. 143, 1854. — Si l'on remarque qu'il s'agit de l'*action* de la lumière astrale, qu'Eliphas appelle le serpent de la Genèse, et que l'usage cabalistique du pentagramme met en mouvement, on se convaincra qu'il ne s'agit nullement ici d'imaginations naturellement frappées, mais de l'un des modes de l'incube, ou d'un travail de l'esprit incubique sur le fœtus.
Ces mêmes esprits, grands voleurs, non plus de germes seulement, mais d'enfants tout venus, sont également ceux dont le ministre évangélique, Robert Kirke, nous décrit les mariages et les naissances. Traducteur de la *Bible* en vers gallois, le *grave* et *docte* ministre est auteur d'un *Essai sur les lutins*, sur les follets, sur le peuple sou-

Quoi de plus clair et de plus facile à saisir, sous la gaze légère des paroles?

HUITIÈME DIVISION.

L'INCUBE, SUPPOSITIONS DÉMONIAQUES D'ENFANTS.

Fausses grossesses, ou phénomènes magnético-magiques de ballonnage, trompant la femme elle-même. — Le démon provoque en elle des crises douloureuses ; il use de sa vélocité prestidigitatrice pour placer à côté d'elle un enfant trouvé ou volé, et la femme croit à sa maternité. — Les fausses grossesses magnétiques ou magiques. — Regazzoni, Dupotet, le *Rituel romain*. — Faux accouchements de pierres, de bêtes, d'objets redoutables aux intestins. — Comment ce phénomène explique celui des suppositions démoniaques d'enfants. — Analyser et décomposer les phénomènes magiques, c'est en faciliter l'intelligence. — Conclusion et résumé du chapitre. — Digression sur l'infaillibilité du chef de l'Église, à propos de l'incube, et débats curieux. — L'évêque schismatique de Cambray, Bossuet, Fénelon, Mgr de Ségur. — Coup d'œil sur les épidémies sataniques et leur sens. — Conclusion morale et avertissement.

La scène, qui change souvent autour de nous, va changer encore ; mais le théâtre reste le même ; et, de plain-pied, sans nous écarter le moins du monde de notre sujet, la question bizarre et importante des conceptions subreptices et entachées des influences démoniaques, nous amène à celle

terrain, que *l'on dit être* GÉNÉRALEMENT *invisible*. Jugeant et décrivant cette race versatile d'après les illusions, d'après les hallucinations *extra-naturelles* dont elle sait éblouir les yeux de ceux qui se sont éloignés du giron de l'Église, l'investigateur protestant a tracé ces lignes : « Cette sorte d'*Esprit Astral*, — observons le mot, — occupe un milieu entre l'homme et l'ange. Il y a chez eux *des mariages*, *des naissances* et *des morts*. Ils *représentent* en quelque sorte les hommes ; et leurs apparitions individuelles font voir souvent à nos semblables un double de leur personne, créé comme pour leur correspondre. » *Letters on Demonology and Witchcraft*, triste ouvrage de Walter Scott, homme de parti pris sur ce sujet. Liv. V, p. 164.

Ce double est le Sosie spirituel que révèlent tant de phénomènes de l'ordre magnético-magique. La mystique diabolique de tous les peuples est remplie de son histoire.

des suppositions d'enfants : cas pendable, en vérité, s'il était possible de pendre les démons, pour qui ce crime est un jeu.

En effet, s'il existe des êtres auxquels le démon *paraît* donner naturellement le jour, et sans être leur véritable père, une autre croyance, contre laquelle ne se heurte aucune impossibilité, veut que *de fausses mères* aient tenu de sa générosité maligne des enfants qu'elles n'avaient point conçus, des étrangers à leur sang qu'elles se figuraient être un fruit véritable de leurs entrailles! Tel est le genre de déception que le célèbre religieux Sprenger, commissionné par le pape Innocent VIII, décrit, en nous initiant au sens du nom de Vechsel-Kind, que les nations allemandes donnent à ces fruits de la ruse et du mensonge.

Le démon, c'est-à-dire le plus subtil et le plus rapide des prestidigitateurs, enlève donc à la tendresse maternelle certains enfants qui disparaissent à tout jamais, et sans que le mot de cette lugubre énigme se soit laissé saisir. Doué de cette puissance et de cette vélocité d'éclair dont les preuves se sont multipliées dans nos pages, il les transporte auprès de femmes travaillées par son art, et qui croient à la réalité de leur grossesse; grossesse purement imaginaire, néanmoins, et phénomène de ballonnage dont le magnétisme a produit naguère, jusque *sous nos yeux*, le spectacle étrange[1]. Il ne reste plus ensuite à cet auteur de toute angoisse et de tout mal, que de faire éprouver aux malheureuses qu'il se propose de décevoir des douleurs analogues à celles de l'enfantement. L'enfant arrive au milieu de ces crises, et rien ne manque alors de ce qui doit compléter l'erreur [2].

---

[1] Nous nous en fîmes le narrateur dans le neuvième chapitre de *la Magie au dix-neuvième siècle*.
[2] Voir une ou deux pages plus bas, sur ces fausses grossesses magnétiques, Mesmer, Dupotet, Regazzoni, etc. « *Interdum* mulieribus, subtractis propriis filiis et pueris, alieni a dæmonibus supponuntur, et hi quidem pueri campsores in Alemanico et Vechsel-Kind nuncu-

Voilà quelles opinions régnèrent en des pays où la connaissance des œuvres singulièrement variées du démon était presque tombée dans le domaine du vulgaire. Nous espérons que l'on nous saura gré de traduire littéralement sur ce point les paroles et la foi de l'une des autorités les plus compétentes de la fin du quinzième siècle.

Ulrich Molitor converse et dialogue avec l'archiduc d'Autriche Sigismond, que *ses recherches officielles* ont pour objet d'éclairer et de fixer. — SIGISMOND. Mais que pensez-vous de Merlin? Car l'archiduc, voulant arrêter son esprit sur un exemple authentique ou non, choisissait la naissance de cet enchanteur, dont la publique renommée faisait honneur au démon [1].

— Je pense que ce fut un homme comme un autre, répond Ulrich Molitor, raisonnant d'après la théorie construite sur l'étude de ce dernier phénomène : *Verus homo*. Mais lorsque sa mère se figura le concevoir de la substance même d'un démon, elle fut le jouet de quelque illusion; et voici, je le suppose, de quelle sorte les choses se sont passées. Cette femme avait eu la folie de se donner au diable, et le diable, séduisant son imagination, impressionna ses sens assez vivement pour qu'elle crût à l'acte de cette maternité : *Sensus ejus præstringens, quasi eidem commisceretur*. Puis, à partir de cette époque, graduant avec art sa prestigieuse influence, il commença par lui enfler le corps; et, le temps

---

pantur. » *Malleus malef.*, p. 345, Sprenger, commissionné par le pape Innocent VIII. On les appelle vulgairement cambions, de *cambiare*, signifiant changer. De Lancre, *Inconst.*, p. 232.

[1] Merlin, que les Gallois appellent le fils de la Nonne, était, disent-ils, le fils d'un démon et d'une religieuse, ainsi que doit l'être l'Antechrist, d'après une opinion toute populaire que légitiment très-suffisamment, au point de vue de la possibilité de la conception, les leçons de M. Ducrotay de Blainville, les expériences de Spallanzani et les données de *la Religion positive* de M. Comte. Le célèbre magicien Merlin aurait vécu vers la fin du cinquième siècle.

suivant son cours, cette malheureuse eut bientôt la démarche et les allures de la véritable grossesse. Dieu, qui voulait punir le crime dont elle s'était rendue coupable contre sa loi, permit sans doute encore que le démon produisît dans son sein les mouvements ordinaires du fœtus. Enfin, lorsque le terme de la naissance arriva, les douleurs et les crises provoquées par le même artisan de la fausse grossesse accompagnèrent le moment de la fausse délivrance. Ce fut alors que le démon, usant des ressources infinies de son art, plaça près d'elle et par escamotage un enfant qu'il avait soustrait ailleurs, de telle sorte que cette femme le prit pour le fruit de sa chair. — L'ARCHIDUC. Le démon peut donc enlever à un homme son enfant, et le transporter en un autre lieu, pour en faire un enfant supposé? — MOLITOR. Oui sans doute, avec la permission de Dieu, dont la justice *punit d'une manière mystérieuse tant de crimes inconnus.* Un enfant sera d'autant plus exposé d'ailleurs à ces enlèvements, que ses parents auront négligé de le rendre enfant de Dieu par le baptême [1].

Et cette conviction de Molitor est celle que ne craint nullement d'avouer l'audacieux et cynique fondateur du protestantisme! « Souvent le diable change les enfants, afin de

---

[1] Édit. de la Bibl. de la rue Richelieu, p. 496-7. — Cette dernière croyance subsiste encore dans certains lieux, où les démons portent les noms d'Esprits follets, de bonnes gens, *good folks*, de lutins, d'*Elves*, de goblins, de fées. Elle est gravement appuyée par de doctes autorités protestantes, et boursouflée par les vaines et folles crédulités de la superstition. Voir le chap. des *Fées* dans mon liv. *Mœurs et pratiques des Démons*, 1854, édition épuisée depuis longtemps, et qui sera remplacée par une autre, fort augmentée et formant une œuvre toute nouvelle, aussitôt que ce dernier ouvrage aura paru. *Id., Letter V, on demonol. and witchcraft*, Walter Scott, London, 1830; ouvrage rempli de faits tronqués, de préjugés et de sophismes. La raison de cette variété de phénomènes incubiques, ou pseudo-incubiques, c'est, en vérité, que le démon ne se contente pas d'avoir un tour unique dans sa gibecière.

tourmenter leurs parents, » dit Luther. Le diable, ah oui ! il « couche plus souvent avec moi que Ketha, et m'a donné plus de tourments qu'elle de plaisir ». — Ketha, c'est-à-dire Catherine ; car tel était le nom de la religieuse pervertie qu'il s'était matrimonialement associée [1].

Mais laissons parler enfin sur le chapitre des fausses grossesses l'un des plus consommés adeptes du magnétisme transcendant, un de ces hommes que nul n'accusera de soutenir de ses instincts ou de sa volonté les thèses de l'Église.

Jusqu'ici, nous dit M. Dupotet, je n'ai fait que toucher « à la partie matérielle de la magie ; l'âme n'est encore mue que par ses propres forces. Tout va changer ! Une âme commandera dans un corps *qui ne sera pas le sien*, et les instruments de cette âme obéiront. »

« Dans l'un de ces cas, j'ai vu, dit-il, une magnétisée mise en contact avec une femme enceinte éprouver tous les symptômes d'une véritable grossesse. Le ventre prit, *en quelques minutes*, un volume énorme, et les cordons de la jupe se cassèrent. N'en croyant pas mes yeux, j'ai touché, j'ai palpé, il n'y avait point à s'y méprendre. Cette grossesse artificielle dura tout le temps du contact, et ne cessa que par degrés. — J'ai reproduit ce fait [2]. »

Ainsi les choses prirent-elles leur cours, si nous ne tombons dans une bien complète erreur, lorsque vint au monde Marie-Ange, la jeune fille ci-dessus décrite à titre d'immaculée, et plus dupe que dupante, j'aime à me le persuader ; mais en qui je ne saurais me résigner à voir une noblesse spirituelle plus haute que celle d'un médium de naissance.

La mère de Marie-Ange, on se le rappelle, venait de

---

[1] Luther, *Propos de table*, vol. III, p. 145-175, Paris, 7ᵉ édit., 1856. Audin, *Études sur la Réforme*.
[2] *Mag. dévoil.*, p. 172-173. — Le contact est insignifiant et ne sert qu'à tromper les ignorants. Méditer les expériences Regazzoni, faites sous mes yeux et rappelées ci-dessus.

CHAPITRE SIXIÈME.

quitter sa mère Anne, lorsque celle-ci, remontant dans la chambre de sa fille, la trouva paisiblement étendue sur un lit. Elle avait auprès d'elle un enfant non-seulement nouveau-né, mais né tout enveloppé de langes; « naissance extraordinaire, et prouvée par des témoins », ainsi que fut prouvée plus tard l'habitude prise à certaines époques, par des mains invisibles, d'habiller et de déshabiller cette jeune fille [1].

Mais bien plus étonnante encore serait la conception de cette enfant, s'il ne fallait y reconnaître une première illusion démoniaque, suivie de tant d'autres un peu plus tard. Marie-Ange, en effet, et nous le répétons, « n'avait point été conçue dans le sein de sa mère ». Immaculée, formée de limon, comme Adam, et placée par un ange dans la poitrine du curé de Lig..., elle s'était vue, au bout de huit ans, transportée dans le sein de sa mère, étrangère de tous points, jusqu'alors et depuis, à la formation de sa personne; car le même ange prenait soin de l'y nourrir [2]....

Ainsi donc l'époque actuelle nous répète le mot à mot des temps antérieurs, et rien ne change dans les allures du démon. Il flatte, il engourdit, il illusionne l'esprit et *les sens* de certaines femmes. Elles se figurent concevoir; elles ont l'intime persuasion d'avoir conçu, de porter un enfant dans leur sein dont chaque jour augmente le volume, et s'imaginent conduire à terme le fruit de leurs entrailles. La grossesse paraît suivre en elles son cours ordinaire et normal; le moment de la délivrance arrive, et, tandis que la mère putative perd tout autre sentiment que celui de la crise des couches, qui lui semblent réelles; tandis que, peut-être, elle succombe un instant sous le poids d'un sommeil ou d'une

---

[1] *Marie-Ange*, p. 20, 1864.
[2] Lire avec soin les deux opuscules sur Marie-Ange, où se succèdent ces illusions et *les faits* basés sur le témoignage. Béziers, 1863; *ibid.*, 1864.

catalepsie magnétique, l'enfant se trouve à ses côtés. Elle s'en croit et s'en dit la mère, le tour démoniaque est joué [1].

Jean-Baptiste Porta, dans le vingt-quatrième chapitre de sa *Magie naturelle*, décrivait d'un mot ces phénomènes de suprême illusion : « Souvent, nous dit-il, les femmes engendrent, avec portée humaine, des crapauds, lézards et autres bêtes semblables. Quelquefois une femme, contre espérance, paraissant enceinte, enfante des bêtes semblables à des grenouilles... » Physicien, mathématicien, docteur en médecine, naturaliste et voyageur, le gentilhomme napolitain Porta, qui naquit au milieu du seizième siècle, est le fondateur de l'Académie des secrets. Cet observateur n'était nullement un homme vulgaire, quoique, tout semblable aux savants de nos jours, il ne sût point assez se tenir en garde contre les préjugés de son siècle. Mais le phénomène que décrit Porta; mais le fait de la naissance de Marie-Ange; mais celui de ces transports et de ces suppositions d'enfants qui précèdent des grossesses semblables aux gonflements que Regazzoni suscita sous mes yeux, semblables encore à ces tuméfactions démoniaques que mentionne le rituel romain, et qui s'évanouissent en un clin d'œil, tous ces phénomènes, en un mot, sont de l'ordre démoniaque et du plus vulgaire [2] ! Rien ne fut, en effet, plus commun pour les possédés que de rendre, sous le coup des paroles flagellantes de l'exorcisme, et de vomir des objets aussi redoutables pour les parois intestinales que réfractaires à l'action des sucs digestifs [3], des clous, des verres cassés,

---

[1] *Vie de Marie-Ange*, Béziers, 1863, p. 2, 10, 11, 163, 251 ; et 1864, p. 5, 6, 20, etc., etc. Ouvrages imprimés, mais non publiés; et que l'auteur, docteur en médecine, eut la chrétienne pensée de m'adresser, ainsi que je l'explique un peu plus haut.

[2] *Rituale Rom.*, p. 419. Mechlin., 1854... Aut tumorem alicubi apparere, ibi faciat signum crucis, etc.

[3] « A Muri, au tombeau de saint Léonce, on amena une possédée, qui avait aux pieds des ulcères, d'où il sortait de la paille et

CHAPITRE SIXIÈME.

des pelotes de crins, des paquets d'aiguilles, des fragments de porcelaine, des animaux vivants, des essaims de chauves-souris, que sais-je encore ? Or, quand et comment ce prodigieux mélange s'était-il introduit dans l'estomac de ceux qui le rendaient : gens devenus suspects par leur état de possession, et que, depuis un temps considérable, les hommes les plus perspicaces gardaient à vue et tenaient sévèrement de l'œil ?

Vomir ce pot-pourri de matériaux hétérogènes, introduits dans les entrailles par une insinuation que favorisait l'insensibilité magnético-magique ; ou plutôt, *paraître vomir* ce mélange impur et railleur parvenu jusqu'à la bouche et semblant en sortir grâce à la plus insaisissable des prestidigitations, est-ce donc une chose moins difficile à concevoir, est-ce pour les acteurs ou les spectateurs de ce prestige une hallucination moins démoniaque, et d'une explication plus aisée, que de sembler rendre ou de rendre en effet un objet quelconque : pierre ou lézard, grenouille, chauve-souris ou enfant, par le canal de tout autre organe ?

Établissons d'ailleurs à titre de règle générale que les phénomènes les plus compliqués et les plus étourdissants de la magie ne se composent que de l'agglomération des éléments magiques les plus humbles, ceux que les moindres observateurs se sont vus forcés de reconnaître et d'admettre lorsque leur attention s'y trouvait provoquée ; c'est-à-dire du transport et de l'escamotage des objets, de l'insensibilité magnétique, de l'hallucination démoniaque, et de

autres choses semblables. Catherine Muller de Zug rendit une pierre qui pesait neuf livres, et un morceau de scie long d'un demi-pied et large d'une palme : les nombreux témoins qui étaient présents paraissaient à peine en croire leurs yeux. — Une autre rendit, par les yeux, des écailles de poisson et des feuilles de cerisier. Elle rendit aussi par la bouche trente-trois pierres, parmi lesquelles quelques-unes pesaient une demi-livre et d'autres jusqu'à une livre. » (*Görres*, vol. IV, p. 385 ; chap. xx, p. 510, 512 ; chap. xxxiii ; Paris, 1855.)

tant d'autres enfin, qu'il nous est inutile de rappeler. Soumettre à l'analyse cet agrégat, le décomposer, réduire chacune de ses parties à son expression la plus simple, et par cela même la plus parlante, c'est mettre toute énigme magique à la portée de toutes les intelligences; c'est rendre impossible, aux gens dont la bonne foi égale le simple bon sens, la négation du prodigieux ensemble, ou du corps bizarre dont ces parties forment les membres.

CONCLUSION.

Ainsi donc, lorsque nous terminons ce chapitre, nous voyons le cercle tracé de nos mains se refermer au point où nous l'avons vu s'ouvrir; ainsi, d'après la croyance raisonnée de l'antiquité la plus haute et du moyen âge; ainsi d'après l'expérience acquise et la foi régnante aux jours de la Renaissance; ainsi d'après l'enseignement des faits et des observateurs de l'époque où Dieu daigna nous assigner notre place, il y a des Esprits qui non-seulement travaillent et manient notre imagination, mais qui se rendent palpables sans être visibles, ou visibles sans être palpables, et que nos sens bien éveillés trouvent quelquefois palpables et visibles au même instant. Selon les temps et les lieux on les nomma dieux, demi-dieux, héros, mânes, lémures, bons et mauvais démons, âmes, forces latentes et fluidiques, ou lumière astrale, c'est-à-dire lumière des ténèbres. Et des circonstances se produisirent, ainsi qu'elles se produisent aujourd'hui même dans certaines régions de ce monde, où ces Esprits, doués du pouvoir de se donner un corps et de le quitter comme un vêtement, s'unissaient, se mariaient à des individus de la race humaine abandonnés de Dieu; race que *ses fautes volontaires* n'assujettissent que trop souvent aux sinistres et hypocrites faveurs de ses implacables ennemis.

Grâce à la fausse mais active paternité de ces Esprits, des femmes qu'ils ont séduites, ou dont ils ont travaillé les organes, exercent leur faculté naturelle de concevoir. Il leur est possible d'amener au jour l'enfant né d'une semence dérobée, d'une semence incestueuse peut-être, adultère ou infâme, mais artistement déposée dans leur sein. Ou bien encore, dupes de douloureux prestiges, il leur arrivera de s'illusionner en se figurant devenir mères d'enfants qu'il leur aura paru concevoir et mettre au jour, tandis que l'Esprit rusé qui vola ces êtres sans défense pour les jeter subrepticement sur la couche expectante de ces femmes est celui que le rituel de l'Église appelle « le ravisseur de la vie, le prince de l'homicide, la racine de tous les maux, le fomentateur de tous les vices, le séducteur des hommes, l'excitateur de toutes les douleurs, l'ennemi du genre humain, la bête, l'immonde, le père de l'inceste et du sacrilége, l'inventeur des obscénités, le maître des actes les plus détestables [1] ». Bien illogique et téméraire, en vérité, serait celui dont la verve railleuse s'étant égayée de l'idée qu'une femme peut concevoir sans *le concours direct* de l'homme, s'épanouirait de nous entendre affirmer qu'un enfant étranger a quelquefois terminé *la fausse grossesse* des imprudentes sur qui le démon s'est acquis des droits, ce fruit dérobé s'étant jeté dans leurs bras faussement maternels, par le grand maître de l'art des prestiges [2].

Enfin, quoi que puissent alléguer ou objecter et l'incré-

---

[1] *Ritual Rom.*, p. 426, 432 ; Mechlin., 1854.
[2] Que ce chapitre ne trouble la tête d'aucune femme, si par une raison que je ne suis point chargé d'apprécier, quelque femme s'aventure à le lire. Il lui suffit de conserver la grâce de Dieu pour conserver tous ses droits sur son âme et sur sa pureté. Le démon n'a de pouvoir que sur celles qui se sont faites ses esclaves par le péché ; encore le vrai repentir est-il tout-puissant, et la miséricorde de Dieu ne permet-elle que rarement à sa justice suprême, dans les temps ordinaires, de nous livrer à cet implacable et perfide ennemi.

dulité ricaneuse et la fausse science, qui, dans ses ténèbres éclairées de feux dévorants et sinistres, est à la vraie science ce que le démon est à l'ange, la croyance à la possibilité de ces faits, à leur réalité positive et reconnue, repose :

Sur le bon sens humain; sur la connaissance très-abordable et très-simple des facultés naturelles de l'homme; sur la connaissance *expérimentale* des Esprits de perdition et de leurs facultés surhumaines; sur l'opinion aussi raisonnable et raisonnée que formelle d'une multitude d'hommes de toutes conditions, dont le témoignage fut reçu tantôt à l'article de la mort, et tantôt dans le cours d'une vie de pénitence et de froides austérités; sur des faits de prestidigitation démoniaque dont les témoins surabondent aujourd'hui même, et parmi lesquels il nous sera permis de nous inscrire; sur le témoignage explicite de magiciens ou de magnétistes puissants et de spirites que nous avons vus, puis que mille autres avec ou sans nous virent à l'œuvre; sur les expériences réitérées des physiologistes, des savants les plus distingués de notre époque; sur les faits que remit au jour un Spallanzani, et que, de sa main même, il disciplina sous le joug de la science Académique; enfin, le redirons-nous, sur l'opinion aussi raisonnable et raisonnée que formelle de quelques-uns des plus hauts docteurs de l'Église [1].

[1] Voir les bulles et textes cités dans ce chapitre. — Ouvrons le second livre des *Enquétes et discussions sur la Magie* du célèbre démonologue Delrio. Étudions, du premier mot jusqu'au dernier, la quinzième question de ce traité. — Le second et le troisième axiome qu'elle y développe sont conçus dans ces termes : Potest etiam ex *hujus modi concubitu* dæmonis incubi *proles nasci.* — Axioma II.

Attamen dæmones nequeunt vi sua, et *ex propria substantia,* more animantium generare. — Axioma III.

Guillaume de Paris nous disait : Nemo dubitare potest hujus modi spiritus super omnes medicos ac physicos nosse naturam tam virilis quam muliebris seminis... et accelerationе, in sua virtute et temperantia conservare, ut sit aptum ad generandum. — Binsfeld, 220; édit. 1596.

Et voici les paroles de saint Thomas : Si tamen et de coïtu dæmo-

Et la croyance à la fécondité des alliances incubiques « n'est pas seulement celle de saint Thomas, l'ange de l'école, celle de saint Bonaventure, de Scot, de Gabriel Richard, de Guillaume de Paris, de Medina..., car toute l'école des théologiens la soutient et la partage : *tota schola theologorum in eamdem sententiam abierunt!* Philosophes et physiciens, ceux-ci ne découvrirent dans ce phénomène aucune absurdité contre laquelle la philosophie eût le droit de s'inscrire; théologiens de haute distinction, ceux-là comprirent que de tels faits étaient d'accord avec la puissance et la subtilité des démons; il leur fut évident que rien ne se rencontre dans une telle doctrine que le théologien ou le philosophe se puisse permettre de réprouver [1] ».

Quels que soient donc les railleries et les dédains de ces maîtres incrédules qui ne sauraient faire entendre leur parole sans s'être grisés de leur ignorance ou de leur sottise, un fait énorme est indubitable, et le voici : c'est que les théologiens transcendants de la scolastique, armés de *leur puissante philosophie,* n'ignoraient aucune de ces lois relatives à la génération dont on pourrait se figurer que les expériences de Spallanzani ont enrichi notre époque, et que tant de savants modernes ignorent ou semblent ignorer encore.

nium aliqui interdum nascantur, hoc non est per semen *ab eis* decisum, aut *a corporibus assumptis*, sed per semen alicujus hominis ad hoc acceptum ; utpote quod idem dæmon qui est succubus ad virum fiat incubus ad mulierem, ut Augustinus dicit. — (*De Trinit.*, t. III, cap. VIII-IX·) — Ut sic ille qui nascitur non sit filius dæmonis, sed hominis illius cujus semen est acceptum. — (Saint Thomas, *Sum.*, I, q. 51, III. — De Lancre cite en outre, sur ce sujet, un second passage de saint Thomas, chap. VIII du *Genes. Inconst.*, 233, édit. 1613.)

Et non-seulement la femme, mais la vierge même peut aussi concevoir et enfanter, ainsi que les vierges mères promises au monde par l'illustre maître de M. Littré, par le grand fondateur du positivisme : His consentaneum est posse dæmones efficere ut virgo mente et corpore permanens concipiat, non tamen sine virili semine. Probatur quia potest, etc. (*Ibid.*, Delrio, questio 15, p. 86 ; Lugduni, 1608.)

[1] *Ibid.*, l'évêque Binsfeld ; id., 1596, p. 220-221 de *Conf. Mal.*

Il est donc tout simple que l'un des plus savants de nos papes, que Benoît XIV, le contemporain de Voltaire, n'ait point hésité, dans sa sagesse, à consigner ces phénomènes et ces explications vraiment doctorales, dans l'un de ses magnifiques ouvrages[1]. Il est donc tout naturel que, du haut de la chaire pontificale, un de ses prédécesseurs ait laissé tomber ces paroles solennelles, adressées à la chrétienté tout entière : « Nous avons appris qu'un grand nombre de personnes de l'un et de l'autre sexe, oubliant le soin de leur salut et s'écartant de la foi catholique, se livraient au vice immonde avec des démons incubes et des démons succubes : — *cum dæmonibus incubis ac succubis abuti* — que par leurs enchantements, leurs conjurations, leurs sortiléges, elles faisaient périr les fruits de la femme, les fruits des animaux, les fruits de la terre et des arbres, etc., etc. ; causant aux hommes, aux femmes et aux bêtes d'affreuses douleurs, empêchant les hommes d'engendrer, les femmes de concevoir, et prévenant chez les époux toute possibilité d'union : *virosque ne uxoribus, et mulieres ne viris actus conjugales valeant reddere, impedire,* etc., etc.[2] »

La plupart des éminents docteurs de l'Église, parmi lesquels de remarquables philosophes et de grands saints, professent donc la foi la plus sérieuse non-seulement aux alliances, mais aux conceptions incubiques et aux naissances résultant de cette *médiation* paternelle entre l'homme et la

---

[1] Facile quidem, alii tamen tum concubitum, tum generationem fieri posse, et factam fuisse existimant, quodam modo novo et inusitato... ipsæ genuerunt et ex proprio semine, et ex seminibus hominum quæ... receptabantur a succubis, et in uteros earum quæ se illis subdebant immittebantur, ea celeritate ut genitivus non dissiparetur. (Benoît XIV, *De servor. Dei beat.* lib. IV, cap. III, § 3.)

[2] *Bulle* d'Innocent VIII... Datum Romæ, apud S. Petrum, an. 1484, Non. decembr., pontificatus nostri primo. (Voir toutes les bulles et extrav. des papes sur les œuvres de la magie et de la sorcellerie. J'en ai cité quelques-unes.)

femme. Doués d'une ténacité d'observation que guide leur inaltérable amour du vrai, ces hommes de génie, ne craignons point de le redire, expliquent le mystère et le mécanisme de ce phénomène en termes si didactiques, qu'on les prendrait volontiers pour des disciples de Spallanzani, que, peut-être, leurs lumières ont remis sur la voie de cette vérité perdue.

Et tandis que la plupart des docteurs de nos jours ignorent, de la plus crasse et honteuse ignorance, la science de Dieu, celle des Esprits et des âmes, ou la pneumatologie, telle que l'enseignent la théologie catholique et la philosophie orthodoxe, nos docteurs du moyen âge admettent et reconnaissent le phénomène moins difficile encore à saisir des suppositions démoniaques d'enfants, et les fausses grossesses semblables à ces tuméfactions dont les doigts magnético-spirites de MM. Dupotet et Regazzoni nous créent si rapidement la merveille.

Que dire enfin, et c'est là le point sur lequel, auprès des catholiques, il nous faut sans cesse revenir, que dire lorsque, du haut de la chaire pontificale, la papauté elle-même reconnaît et proclame, en termes aussi précis que positifs, le fait des relations incubiques entre la race humaine et les Esprits de perdition? Que dire lorsque, alarmée *du règne de ce fléau,* que le spiritisme nous ramène, nous l'entendons jeter, au milieu du troupeau des fidèles, le cri de vigilance et d'effroi qui les prémunit contre les horreurs de ce crime?

Voilà bien, et les termes ne sauraient être plus clairs, voilà ce que proclament et ce que professent ceux qui sont à juste titre nos maîtres en fait de raison, de religion et de foi. Que si rien ne trouble notre bon sens, laquelle des deux choses suivantes aurons-nous donc aujourd'hui le plus à craindre? Sera-ce que notre foi monte et se maintienne en toutes choses au niveau de la croyance de l'Église?

Sera-ce que *notre sagesse* nous défende, *à titre d'excès,* de monter si haut[1] ?

Car, à côté des certitudes historiques et des enseignements de la science profane, nous venons d'entendre retentir une profession de foi qui les corrobore : celle de la papauté. Ce langage doctoral d'un souverain pontife a dominé tous les bruits dissidents. Rome a fermement accentué sa parole; donc, la question doit être tranchée : *Roma locuta est, causa finita est.*

Eh quoi ! le pape serait-il donc pour nous une infaillible autorité ? — Oui, sans doute, *en matière de foi.* Comment, même au simple point de vue de la raison, voudrions-nous qu'il en fût autrement? Oui, le pape, vicaire du divin Médiateur, et médiateur indispensable lui-même entre Dieu et l'homme, entre l'Église visible et son chef invisible, ne peut être qu'un chef clairvoyant, sûr, infaillible ! Oui, l'infaillibilité doit briller en tête des prérogatives du souverain pontife de la catholicité; car Dieu, sans doute, ne voulut point sevrer le grand prêtre de la loi chrétienne des dons que le grand prêtre d'Israël puisait au propitiatoire, c'est-à-dire à l'arche d'alliance (Caphoret); Dieu ne verse pas en lui moins de lumières surnaturelles que n'en versait en celui-ci le langage merveilleux et prophétique de l'Urim et du Thummim[2]! Non, Dieu ne put lui promettre de l'inspirer de son esprit pour le tromper, et le laisser si fort au-dessous du grand prêtre de la loi de Moïse. — La raison le dit et le veut, et, plus ma vie s'avance, plus l'expérience me découvre le fond des choses, plus mon œil contemple les efforts et les conjurations des ennemis visibles et invisibles de l'Église, c'est-à-dire des vrais ennemis de la civilisation, ardents à révolu-

---

[1] L'Église reconnaît et professe une multitude de vérités dont elle *ne nous impose point* la croyance d'une manière *formelle.*

[2] Voir ci-dessus, premier chap., troisième division, p. 30.

tionner le monde en déracinant toute vérité, en ébranlant, en faisant trembler *la terre souveraine* sur laquelle reposent les pieds du chef de la catholicité, plus ma conviction s'accroît et se fortifie que cette infaillibilité papale doit être un dogme non moins philosophique que religieux; plus ma raison proteste qu'elle est, pour la paix du monde et pour la vie de l'Église, une nécessité suprême et impérieuse.

Peut-être donc sera-ce un assez piquant hors-d'œuvre de *la question incubique* que d'exposer, *à propos de cette infaillibilité qui la sanctionne,* le langage d'un grand docteur à qui l'Église doit deux remarquables sermons sur les démons et leur puissance; docteur dont j'honore le magnifique génie, mais sans honorer ses erreurs; docteur enfin que la bouche du public nomme en croyant nommer un des plus formidables adversaires de cette divine prérogative de la papauté. Écoutons.

Entre l'évêque de Tournay, vrai schismatique, et Bossuet lui-même eut lieu, dans l'assemblée de l'an 1682, une controverse des plus curieuses, et Fénelon s'en constitue le narrateur. — Le Siége apostolique peut fort bien embrasser l'hérésie, s'écrie l'évêque de Tournay. — L'hérésie? Quoi? le pape, parce qu'il n'est point infaillible, cesserait-il d'être indéfectible dans sa foi? réplique Bossuet. — Ah! si vous ne vous hâtez de soutenir ce que je soutiens, monseigneur de Meaux, vous voilà perdu; bon gré, mal gré, vous établissez, de votre bouche même, l'infaillibilité romaine. — Quoi que vous disiez, monseigneur de Tournay, la foi de saint Pierre ne doit jamais défaillir dans son siége. Comment nier une chose si formellement prouvée par les promesses de l'Évangile et la tradition tout entière? — Mais si vous m'amenez à ce point, et s'il en est ainsi, monseigneur de Meaux, vous arrivez forcément vous-même à reconnaître *l'absolue infaillibilité* de Rome; vous nous avouerez alors que tous les décrets qui émanent du Siége apostolique sont *absolument irréformables* et fondés sur *une autorité infaillible*... Eh quoi, donc ! il vous plairait d'arranger que la foi de ce Siége est indéfectible, et que, malgré cette indéfectibilité, ses jugements ne sont point infaillibles ?.... Je dis, moi, tout simplement, que le Saint-Siége peut tomber dans l'hérésie, ma proposition est une et simple, et je me garde bien de soutenir à la fois les deux contraires : je n'oserais faire marcher d'accord deux propositions dont l'une est la ruine de l'autre.

Et Bossuet, démontrant avec le nerf de sa logique l'indéfectibilité du Saint-Siége, renversait du même coup l'erreur de son adversaire, émerveillé de tant de force et de faiblesse, et l'erreur qu'il venait d'établir lui-même contre l'infaillibilité papale !

« O prodige tout à fait incroyable ! s'écria l'évêque de Tournay. Comment croyez-vous possible qu'un homme qui ne peut manquer d'avoir la vraie foi puisse se tromper en exposant cette vraie foi, qu'il ne peut manquer d'avoir ! »

Fénelon nous déclare tenir de la bouche même de Bossuet cette controverse, dont nous ne donnons que la substance. Il la termine par ces paroles :

L'évêque de Tournay établit *la majeure;* l'évêque de Meaux soutient *la mineure;* et moi, je tire la conclusion, la conclusion inévitable ! — L'indéfectibilité de la foi n'est autre chose, disait M*gr de Tournay,* que ce que l'on appelle ailleurs l'infaillibilité. — Or, répondait *Bossuet,* aucun catholique ne peut nier cette indéfectibilité. — Donc, *disons-nous,* nul catholique ne peut nier cette prérogative, que Dieu a promise au Saint-Siége, et que les uns appellent indéfectibilité, tandis que les autres la nomment infaillibilité.

Nous disons comme Fénelon, ajoute M*gr* de Ségur, à qui

CHAPITRE SIXIÈME.

j'emprunte cette page [1]. Et, dès lors, si la parole des papes est la stabilité dans la foi, la vérité de mon langage sur les unions incubiques, sur les énormités que commettent et encouragent au milieu de nous les Esprits incubes ou succubes, cesse d'être *contestable* pour des catholiques sensés.

On ne déraisonne point assez vigoureusement au milieu de nous pour vouloir que le bras de Dieu se soit graduellement raccourci; que la puissance des Esprits, ministres de ses vengeances ou de ses miséricordes, ait été chaque jour s'amoindrissant, et que le mal, dont l'ignoble souillure infestait l'Europe, ainsi que le proclame ouvertement la bouche du pape Innocent VIII, devienne un mal impossible, parce que, depuis ce pontife, trois ou quatre siècles auraient ajouté le nombre de leurs années à l'âge que comptait alors le monde. Les moins humbles d'entre nous se résigneront certainement à penser que Dieu, que l'infiniment sage, peut, à la rigueur et sans leur demander conseil, permettre l'introduction ou la réapparition sur ce globe d'un fléau dont notre intelligence ne saisirait point, de prime abord, la convenance ou la nécessité; que, s'il en est ainsi, la thèse par nous soutenue a gain de cause, hélas! Et, dès lors, d'un bout à l'autre du monde civilisé, le cri d'alarme serait poussé : Garde à vous, gens honnêtes! garde à vos âmes et à vos corps! gare les agents du spiritisme ou de la magie! gare les assauts des Esprits immondes! Car l'assaut moral, s'il n'est repoussé, peut conduire en droite et courte ligne à l'assaut matériel et brutal; assaut que peut-être accompagnerait une irrésistible puissance de voluptés et de charmes,

---

[1] *Le Souverain Pontife*, par Mgr de Ségur, Paris, lib. de Saint-Joseph. Tolra et Haton, 68, rue Bonaparte. P. 216 à 222. — Livre utile à la plupart des fidèles, et *précieux* pour les ecclésiastiques.

prélude du plus cruel esclavage et des plus inexprimables dégoûts !

Garde à nous donc !

Et mon cri n'est que le résultat de *la conclusion morale* de ce chapitre. En effet, nous y avons lu, et toutes les pages de nos livres sur la magie ont redit que non-seulement un pacte *formel*, mais que le plus *implicite* des pactes, celui que notre attention demi-distraite ou notre conscience faussée dissimule le plus habilement à nos propres yeux, *nous engage* avec le démon, parce qu'il porte une atteinte volontaire à notre liberté.

Que si donc nous permettons à cet agent de malice et de haine de nous lier par le plus léger fil, nous voyons ce fil grossir d'une crue rapide entre ses mains ; il y devient bientôt un câble, à l'aide duquel il nous garrotte et nous assujettit.

Or, le but constant où sa perfidie, qui nous attaque d'avant et d'arrière, nous allèche et nous pousse, c'est celui vers lequel nous précipite le plus universel et irrésistible entraînement de notre nature : le plaisir sensuel, les voluptés délicates et raffinées, puis grossières et ignobles. Car, dès que l'Esprit du mal a placé sur le terrain de cette pente, lubréfiée par son art, celui qui s'est aventuré dans les voies de la magie, malheur à cet imprudent, malheur à ce téméraire !... il le tient et le domine ; il le chasse de haut en bas comme le vent chasse la paille ; il le pénètre et travaille ses sens et sa volonté de telle sorte qu'il y engendre la plus complète et maudite des perversions. Retournant et mettant à l'envers les appétits et les sympathies de sa victime, il ne lui laisse bientôt plus de goût et de charmes que pour la fange des vices les plus contraires à la nature ; les aspirations de l'homme pythonisé, sabbatisé, deviennent alors pour l'homme honnête un objet de stupeur.

CHAPITRE SIXIÈME.

L'alliance incubique, sous quelque forme attrayante ou ignoble qu'elle se présente, est un de ces vices monstrueux que je signale, et, si quelque grâce particulière du Ciel ne fond sur notre âme pour y dissoudre ou pour y briser les liens du pacte primitif, ces épouvantables unions, qui peut-être nous ont séduits dans le principe sous les dehors angéliques les plus suaves, cessent de nous terrifier et de nous inspirer une salutaire horreur. Elles deviennent un besoin de notre nature dénaturée.

— Tel est le mot de l'énigme des plus dégoûtantes, des plus immondes et incroyables abominations du sabbat !

Oui certes, et nous croyons devoir le crier sur les toits, car les saintes Écritures nous annoncent des jours contre lesquels nombre d'évêques et de docteurs ont pensé qu'il est sage de commencer à se prémunir ; oui, les plus authentiques procès de la sorcellerie, ceux dont nul juge d'instruction, nul magistrat moderne ne saurait nier ou infirmer la valeur, si peu qu'un sens philosophique gouverne et guide sa pensée ; tous ces procès, disons-nous, constatent les décadences successives et inouïes de l'homme dans le mal, aussitôt qu'une fois il a livré sa personne à celui qui en est le Prince.

Se livrer d'une volonté formelle et froidement scélérate, voilà chose rare, et nous le savons. Mais se livrer par mollesse et par désœuvrement ; se livrer en cédant aux désirs d'une ambitieuse et frivole curiosité ; se livrer par entraînement, par respect humain, par lâcheté, tandis que *la raison* impose à l'homme, qui doit vivre en présence de Dieu, la loi de mesurer et de méditer la portée de tous ses actes, c'est là ce que l'expérience de chaque jour ne nous représente, hélas ! que comme un fait bien vulgaire.

Et l'étude, la pratique de *certaines choses occultes*, auxquelles il est difficile de donner un nom lorsqu'on ne les nomme point du nom de magie, mais que, pour le moment, les bouches peu concordantes du public appellent niaiseries, bagatelles, expériences, art, science, religion, que sais-je? l'étude de ces choses, disons-nous, les notions, les résultats contradictoires qui semblent en sortir, les ressources attrayantes, les moyens de puissance dont elles nous prodiguent les offres; les jeux mêmes et les plaisanteries qu'elles mêlent ou permettent de mêler aux pratiques du sein desquelles s'épanouissent les promesses et les vérités d'un nouvel évangile; voilà qui nous conduit sûrement à ce but de perdition, à cette livraison de soi-même, à cette ruine. L'entraînement, hélas! y semble devenir irrésistible et la pente abrupte, quoique l'inventeur et le fauteur de ces artifices, perçant la voûte de ses cryptes et sortant à demi de l'ombre dans laquelle il s'était effacé, commence à se laisser entrevoir çà et là sous des dehors trop rapprochés de sa véritable nature pour rendre difficile à l'œil qui consent à s'ouvrir, et dont la maladive irritation ne repousse point la lumière comme un venin, de le discerner et de le nommer.

Mais grâce à la cécité prodigieuse dont le phénomène se multiplie autour de nous; grâce à cette accélération de mouvement démoniaque qu'il devient si ridicule de nier, nous devons voir, et mieux vaudrait dire nous voyons déjà les mystiques et insaisissables agents de l'art que revivifia Mesmer assumer sans trop de mystères le rôle d'agents d'un spiritisme bâtard, qui place et son origine et son but dans la matière, ne caressant le christianisme que d'une langue ardente à tuer la divinité du Christ et de l'Église. Nous les voyons conduire leurs gens avec une facilité croissante aux pratiques maudites de Dieu, et punies dans tous les siècles par la législation des peuples policés. Nous les voyons, enfin, pousser et faire aboutir l'élite de leurs prosélytes à ces termes funestes et lamentables: révolte contre l'Église, révolte contre les lois religieuses et sociales; révolte contre les lois de la famille et de la nature, c'est-à-dire, en un mot, révolte contre Dieu, contre le prochain, contre soi-même; c'est-à-dire encore et partout démence satanique de l'orgueil, recrudescence maniaque de complots contre le monde social, vices demi-occultes et ignobles, folies sans nombre, et suicides !

Et, pour le moment, la langue qui parle, ce n'est point la nôtre ; c'est celle d'une effroyable et irréfutable statistique, dont les chiffres s'accumulant retentissent à la fois dans les deux mondes.

Les maux qu'elle accuse ont suivi ce cri sauvage du magnétisme abdiquant, nous voulons dire opérant sa transformation spirite dans les bras des médiums : « Heureux ceux qui meurent d'une mort que l'Église réprouve; tout ce qu'il y a de généreux se tue, on a envie de se tuer [1]. »

Un inévitable renversement du sens moral; la mort de l'âme, engourdie dans un calme béat, et souvent, déjà, des désordres ignobles, sataniques, préludes d'une fin précoce et terrible, voilà donc en définitive, et dans ces jours d'universelle épidémie, ce qui menace et attend quiconque s'aventure hors des voies fortement tracées de la conscience et de *la science licite;* quiconque s'engage dans le dédale des arts équivoques et scabreux que voilent les ombres à demi dissipées de l'occultisme, sous quelque forme et sous quelque nom que se dérobe le malfaiteur suprême, l'homicide par excellence, celui que sa sourde et inassouvissable rage a rendu l'âme secrète et le fauteur de toute doctrine et de tout acte hostiles à l'Église du Christ. Au chrétien donc, à l'homme prudent et honnête, de ne s'aventurer jamais sur un terrain qui le tente, avant de s'être assuré d'abord si le

---

[1] Dupotet, *Sur l'enseignement phil. du magnét.*, p. 107, 119. — D'Orient, vol. III, p. 49-50.

soleil dont s'éclaire l'Église y tombe d'aplomb; avant de savoir s'il le pénètre et le vivifie de ses rayons, s'il le baigne et l'inonde de sa lumière.

NOTE FINALE

SE RAPPORTANT A M. LITTRÉ, p. 422.

Si M. Littré voulait aller jusqu'au bout de sa pensée, il s'apercevrait que ses principes vont jusqu'à détruire non-seulement la métaphysique, mais toute philosophie, y compris la sienne. Si en effet l'esprit humain ne doit rien admettre que les faits constatés et les lois démontrées, il n'y a rien, absolument rien, en dehors des sciences positives elles-mêmes, qui sont précisément l'assemblage de ces faits et de ces lois. Il y aura donc une physique, une chimie, une zoologie, mais point de philosophie. Réunissez en un certain nombre de traités toutes les vérités constatées dans chacune de ces sciences, vous aurez la science en général, qui ne sera que la collection des sciences particulières. Est-ce ainsi que vous l'entendez? Non, sans doute; *vous voulez*, vous croyez *avoir une philosophie*. Or, cette philosophie, *si elle est quelque chose*, contient nécessairement des idées qui dépassent le domaine de la démonstration positive, des généralisations plus ou moins sujettes à conjectures ou à contestations, en un mot des théories, et même une théorie générale embrassant toutes les théories. Encore une fois, si elle ne contient rien de semblable, elle n'est rien. Or les savants distinguent, dans chaque ordre de sciences, les théories des vérités constatées et démontrées. Les théories ne leur sont que des moyens et des échafaudages qu'ils abandonnent à la liberté des interprétations. Que diront-ils donc d'une théorie générale qui embrasserait toutes ces théories conjecturales? Pour eux, tout cela, c'est de la métaphysique. Que M. Littré veuille bien interroger la plupart des savants, et il verra que sa propre philosophie leur est une chose aussi conjecturale et aussi arbitraire que le sont à ses yeux les théories des métaphysiciens. Si positif qu'on soit, on passera toujours pour un métaphysicien, c'est-à-dire pour un chimérique, à l'égard de quelques-uns. En un mot, la philosophie positive se décompose en deux éléments hétérogènes : des considérations philosophiques qui ne sont point positives, et des notions positives qui ne sont point philosophiques.

La philosophie positive obéit, comme toute philosophie, à cette tendance qui nous fait chercher en toute chose le général, et qui, de généralités en généralités, nous conduit à la plus haute généralité possible. Or, d'où peut nous venir ce besoin d'une généralité toujours de plus en plus grande, s'il n'y a pas dans l'esprit humain une idée qui dépasse tous les phénomènes possibles? Ce penchant vers la généralité n'aurait-il pas sa source dans une idée d'absolu, inconsciente d'elle-même? Et lorsque M. Littré rejette l'hypothèse d'un absolu transcendant, et nous représente la nature comme un tout complet se suffisant à soi-même, que fait-il donc autre chose que de transporter l'idée d'absolu de Dieu à la nature, et comment une telle vue pourrait-elle se disculper d'être une vue métaphysique?

Le positivisme a donc une métaphysique, mais inconsciente. Voici comment on peut s'expliquer l'origine d'une telle philosophie. Il est des esprits qui ont été élevés et nourris dans les sciences exactes et positives, et qui cependant éprouvent une sorte d'instinct philosophique. Ils ne peuvent satisfaire cet instinct qu'avec les éléments qu'ils ont à leur portée. Ignorants des sciences psychologiques, n'ayant étudié que par le dehors la métaphysique, ils combattront donc la métaphysique et la psychologie. Ils croiront avoir fondé une science positive, tandis qu'ils n'ont fait qu'une métaphysique incomplète et mutilée. Ils s'attribuent l'autorité et l'infaillibilité qui appartiennent aux sciences proprement dites, aux sciences d'expérience et de calcul; mais cette autorité leur manque, car leurs idées, si défectueuses qu'elles soient, sont de la même famille que celles qu'ils attaquent. De là la faiblesse de leur situation, de là la dispersion inévitable de leurs idées, dont les unes retourneront aux sciences positives, d'où elles sont issues, et les autres iront retrouver la science philosophique, à laquelle elles appartiennent [1].

[1] *La crise philosophique et les idées spiritualistes, le Positivisme et l'idéalisme.* (*Revue des Deux-Mondes*, numéro du 1er août 1864; par M. Paul Janet, de l'Institut, p. 727, etc.)

Note relative au chapitre BILOCATION.

Nous ne connaissons point les propriétés de la matière. Peut-être, si nous les connaissions, trouverions-nous encore un autre moyen de nous expliquer le phénomène de la bilocation. Mais nous évitons de nous lancer dans des considérations qui ne soient pas à la portée de tout lecteur. A plus tard, s'il y a lieu.

FIN.

TABLE DES MATIÈRES.

Lettres et avis. 1

Causerie avec le lecteur. — Au congrès de Malines. — Reprise et progrès de la Magie. — Les savants et l'Eglise devant la magie. — Sans le démon, prince de la magie, le Rédempteur est sans raison d'être. — Mais comment faire adopter à la science le surnaturel, le miracle, le mystère? — Merveilleux fragment du R. P. Félix, qui s'est chargé de ce soin. — Excuse des savants incroyants, condamnés à ramer une galère qui conduit au port la vérité. — Exemple magnifique, et raison de ne point voir le démon partout. — Mais en temps de spiritisme, l'exception cesse d'être une rareté. — Le spiritisme peint par lui-même ; succès et doctrine. — Il mine le monde ; ses conséquences morales. Quel châtiment terrible il attire sur les peuples. . IX

CHAPITRE PREMIER.

PREMIÈRE DIVISION.

Un mot sur la magie, dès qu'il en est parlé après le déluge. — Papyrus retrouvés, ou chapitre d'histoire confirmant la Bible à l'endroit des plaies de l'Égypte, et constatant la foi des peuples anciens à la magie. — Les fléaux. — « Les enchantements sont pour le peuple de Moïse comme son pain. » — L'engloutissement de Pharaon et de son armée. — Moïse magicien est irrésistible. — Papyrus Sallier et Anastasi. — Passage du livre de la Sagesse confirmatif de l'Exode et des papyrus égyptiens. — Sabbat des éléments et des bêtes, ouverture des abîmes de l'enfer. — La magie digne de risée ; déchaînement épouvantable des agents de la magie. 1

DEUXIÈME DIVISION.

L'existence de la magie est un des premiers faits que nous apprennent les premières histoires et les plus antiques traditions des peuples. Son premier nom pouvait être celui que ses nouveaux adeptes lui donnent aujourd'hui : le spiritisme. — Le spiritisme magique est enseigné par les esprits. — Occasions et origine, malheurs résultant de ce crime. — Culte de la pierre et de l'arbre-dieu ; la pierre figure Dieu, elle est le Christ, et Beth-el, Jacob et Luza ; on y offre le sacrifice eucharistique, et on y adore la trinité dans l'unité. — La synagogue frappe la pierre, et sous ses coups sort la source d'eau vive. — Elle remplace au besoin l'arche sainte ou *oraculaire*. — Elle a sept yeux ou *sept esprits*. — Importance de la pierre devant les Écritures et l'Église. — Le Christ est cette pierre que l'antiquité Gréco-Romaine, Celte ou Américaine imite en l'appelant du même nom : Bétyle, Both-al ou Théo-cali, etc., etc. 14

TROISIÈME DIVISION.

Pluralité des dieux-esprits ou démons. — Ces esprits-dieux imitent en tous lieux le beth-el israélite, qui, *habité* par eux, est dit beth-aven, ou maison du mensonge. — Ils semblent s'incarner dans la pierre. — Pausanias et Tacite nous disent que, par une raison mystique, les plus anciens dieux étaient des pierres. — Ce culte envahit l'Europe et l'Asie, les Indes et l'Amérique, où la pierre était venue d'Égypte. — La pierre étant dieu, et les astres dieux, on la voit tom ber d'en haut sous forme d'étoile filante, et on se dit que ces aérolithes sont les dieux-astres : le culte de la pierre vivante s'unit de la sorte au culte des astres, c'est-à-dire au sabéisme. — Phénomènes d'immenses aérolithes, dont les unes tombent et les autres remontent. — La plus petite peut représenter le plus grand dieu. — Jurer par Jupiter-pierre est le plus redoutable des serments. — Jupiter étant pierre, voilà pourquoi Saturne croit le dévorer en dévorant un caillou. — Cette même pierre qu'il avala se voit près de Delphes. — Ces beth-el, ou bétyles, sont des pierres prophétiques ; elles ont quelquefois le don de la parole. — La pierre sidérite donnée par Apollon prédit la chute de Troie. — Moyens insultants de forcer la pierre à prophétiser. — La pierre, en Amérique, recueille dans sa substance l'âme du mourant qui la serre de ses lèvres. — Quelquefois le dieu de la pierre apparaît. — Hommes saisis et sacrifiés sur elle par des invisibles. — On allume des torches pour l'honorer. — Les capitulaires de Charlemagne témoignent du même usage dans les Gaules. — Ces pierres beth-aven tiennent non-seulement du beth-el, mais des autres pierres oraculaires, telles que l'urim, le thummim, etc., par lesquelles Israël se gouvernait, les dieux de ces pierres étant les singes de Dieu. — L'Égypte avait ces mêmes pierres consultantes. — La coupe divinatoire de Joseph et magie divine 22

QUATRIÈME DIVISION.

La pierre-ointe ou Christ ; ses formes impudiques. — Christ et Messie signifiant oint, la pierre israélite, qui est le Christ, reçoit l'onction caractéristique. — Toute pierre dieu-démoniaque recevra donc l'onction d'huile ou de sang. Exemple : la pierre-Jupiter que Saturne avala, etc., etc. — Mais les dieux sont générateurs, l'homme, poussé par leurs immondes inspirations, donnera donc pour forme aux dieux-pierres celle des organes générateurs ; il les fera phallus et ctéis ou yoni-lingam. — Cette forme de la pierre-dieu devient la clef des mystères orgiaques et des lubricités du sabbat. — Les dieux-lumières du sabéisme et ces dieux nature-naturante ne font plus qu'un. — L'homme finit par faire les dieux à son image. — Métamorphoses des dieux progressant de la pierre brute et atteignant les formes grecques les plus exquises. 33

CINQUIÈME DIVISION.

L'arbre Beth-el ou spirite s'unissant à la pierre divine. — L'arbre qui ombrageait la pierre-dieu et la source sacrée devient dieu, parle, prophétise. — L'arbre de Mambré. — Jupiter-pierre est le Jupiter-chêne des Pélasges Chananéens. — Le chêne-Jupiter Celtique ; le chêne-trinité de Romové, etc. Ces dieux-végétaux sont oints du sang des sacrifices. — Leur bois parle, fût-il mort : le navire *Argo*. — Ils sont dieux-arbres, dieux-pierres et pierres phallus-ctéis. — Malheur à qui les insulte ! — Le soldat romain les redoute chez les Gaulois. — En Chine, ils tuent qui les offense ; immunité du chrétien. Droit divin d'après l'arbre et la pierre, qui consacrent le représentant de Dieu, le souverain. — Pierres du sacre et arbres-pouvoir. — Ces dieux communiquent par attouchement le droit de souveraineté. — Si la pierre de Scone ne se fait pas entendre, le prince est tenu pour réprouvé. — Le coupable n'est crucifié ou justicié que sur un chêne ; le chêne-dieu ou justicier devient le chêne de justice ou le chêne seigneurial de la féodalité. 37

SIXIÈME DIVISION.

Le faux beth-el, la pierre bétyle, est dieu-lumière, générateur et serpent. — Dès l'origine des temps le culte du serpent se mêle à celui des dieux-lumières ou Lucifers. — Jupiter-soleil est pierre à forme impudique, arbre, et serpent. — Divinité du serpent sur toute la terre. — Les Phéniciens l'appellent *le plus spirite* des animaux : il parle, prophétise, fait le bien, est un implacable génie. — Son rôle dans les mystères. — Les ophites, ou sectaires du serpent, lui font consacrer leur cène. — Les dieux-serpents sont partout dieux-arbres ou pierres, et le plus souvent à formes obscènes. — Le serpent et les immigrations chananéo-africaines dans l'antique Amérique; épisode. — Les hommes-serpents; initiation de ces hommes de même race, trous de serpents ou de couleuvres. — Les géants de l'Ecriture étaient dits serpents. — Ainsi se disent leurs fils de sang et de mœurs, parvenus de l'Afrique en Amérique. — Les rois en Chaldée, en Égypte, au Mexique, au Pérou, etc., etc., sont soleils et serpents. — Les prêtres celto-phéniciens du druidisme, etc., etc., représentant leurs dieux, sont serpents; ils se disent serpents-architectes et magiciens. — Les pierres-dieux et leurs temples sont soleils et serpents. — Le dessin de leurs temples est celui de l'arbre-dieu ou du soleil, traversé par le serpent. — Carn-ac de Thèbes et de Bretagne signifiant montagne du serpent. — Ma visite au Dracontium ou temple du serpent de Stone-Henge; description. — Les dracontia. — Les saints évangélisateurs exterminant les serpents ou dragons. — Les adorateurs des temples dédiés au soleil (ou à Lucifer) et au serpent, adorent la pierre-dieu ou spirite, et le prêtre s'y appelle serpent. — Origine du plan de ces temples. — Le temple du soleil-serpent à Stone-Henge se nomme encore le bal des géants.. 45

SEPTIÈME DIVISION.

Les statues animées remplaçant les pierres animées. — Croyance vulgaire et croyance des philosophes sanctionnées par l'aréopage; un dieu habite les statues. — Peu importe la forme et la valeur artistique de la forme donnée par le ciseau à la pierre; l'art sacré lui donne intelligence, mouvement et puissance. — L'historien du paganisme agonisant et de l'Église, Eusèbe, établit que les dieux-démons, ou spirites, se cachent dans les statues. — Hermès Trismégiste, le prince des magiciens, et saint Augustin exposent ces faits. — Champollion sur l'authenticité d'Hermès. — Une bulle de Sixte-Quint, etc., reconnaît à la magie le pouvoir de lier les esprits à la matière. — Cette animation de la matière explique celle des dieux-fétiches, oignons, navets, chats ou crocodiles de l'Égypte. — Mot de saint Athanase. — Statues agissantes et parlantes, et autorités dans l'ancien et dans le nouveau monde. — Ces dieux s'échappent; on les enchaîne comme des chiens de garde. — Langage de saint Cyprien et d'autres Pères de l'Église. — La raison baissant dans la mesure où baisse la foi, on cessa de croire à ces prodiges renouvelés de nos jours. — Rappel des mêmes phénomènes dans la ligne d'ordre divin. — Les esprits qui inspirent et transportent ces blocs ou simulacres sont ceux qui inspirent nos médiums, qui voyagent à notre profit quand notre âme semble quitter notre corps pour voyager, et qui *transportent au besoin nos corps* dans l'espace........ 64

CHAPITRE DEUXIÈME.

Transport aérien des corps, voyage des âmes, pérégrinations animiques; double présence de l'homme, bicorporéité, bilocation, etc., etc.

PREMIÈRE DIVISION.

L'âme peut-elle, sans que la vie se brise, se séparer du corps? — Opinions. Autorités. Raison. Exemples. — Magnifique épisode de Timarque dans l'antre de Trophonius. — Trésors contenus dans cet épisode. — L'âme d'Hermodore se sépare de son corps et voyage. Erreur : l'âme ne quitte point le corps; elle lâche à son génie un lien qui l'attache à elle; celui-ci revient, la renseigne, et l'âme semble avoir voyagé; ainsi pense-t-on du temps de Socrate! — Bodin et sa sorcière; il est moins près de la vérité. — Olaüs Magnus du concile de Trente, et les Finlandais ou Lapons à âme voyageuse. Bodin et les deux âmes humaines. Il suit la Kabbale. — Glanvil, erreur. — Docteurs : Delrio, de Lancre, etc.; expérience et vérité. — Faits que me rapporte le P. Palgrave, ancien officier de cipayes, missionnaire dans l'Arabie-Heureuse, etc. — Le monde magnético-spirite moderne; faits récents : le docteur Cuyler; ce qu'il voit; faits objectifs : son chien enlevé; l'âme de sa cousine demandée, etc. — Vision animique, l'âme de Marthe, évoquée loin de son corps, ouvre une fenêtre, parle, et lance un chien à dix pieds de distance. — Sir Robert Bruce. — Le vaisseau de Québec; un naufragé écrit dans le vaisseau avant d'y aborder. Résumé des faits. — Le célèbre médecin Jean Wier s'accorde avec Ulric Molitor pour l'explication de ces phénomènes. — L'explication de ces deux docteurs est la vérité. 79

DEUXIÈME DIVISION.

La bilocation ou la double présence, et la translation aérienne des corps.

Qu'est-ce que la bilocation? Définition. Exemples. — *Saint François Xavier* du P. Bouhours, ouvrage favori du grand Condé. — Accord de la raison avec la foi expliquant ce fait. — Raison de quelques exemples extraits de Görres, et réfutation. — Exemple de saint Alphonse de Liguori. — Deux exemples offerts par deux illustrations contemporaines : *Marie d'Agréda*, par dom Guéranger, et *Martin Porrès*, par le R. P. Ventura; faits inouïs, comble du merveilleux. — Tacite et Vespasien. — Faits étranges et contemporains adoptés par les spirites. — Les spirites les attribuent à la bicorporéité et à un dédoublement animique. — Transport aérien des corps. — Exemple énorme et preuves à l'appui, c'est-à-dire transports *successifs* de la maison de Nazareth, où s'accomplit l'incarnation du Sauveur, aujourd'hui dite *santa casa* de Lorette. — Détails. — Conclusion générale tirée de ce fait; possibilité de ces transports, et par qui. — Pluie de pierres, grêle de monnaie obéissant à la parole, et transportée on ne sait d'où; procès-verbal en notre possession. — Présence ou absence d'un corps constatée par les yeux et par la raison, mais impossible à démontrer au moment où elle est positive. — Un grand nombre de faits de double présence ou de bilocation ne s'expliquent que par le va-et-vient prestidigitatoire opéré par les esprits, sinon par les fantômes qu'ils créent à notre image. —

Corps célestes emportés dans l'espace par les anges; leur inimaginable vélocité. — Conclusion. 104

CHAPITRE TROISIÈME.
Effet des armes sur les Esprits et répercussion.

Le spectre, ou l'âme prétendue fluidique, que frappe une arme, peut-elle se replier dans le corps avec l'élasticité d'un ressort, pour y photographier ses blessures? — L'âme d'Homère, son corps et son simulacre parlant. — Les fantômes, ou les esprits, semblent craindre les armes et les coups; raison de cette crainte. — Sort de l'invraisemblable devant les sages de ce monde. — Le docte Psellus et le démon de sa belle-sœur, que dompte une pointe d'épée. — Doctrine magique expliquant le fait; sa fausseté. — Opinion de P. Thyrée. — L'expérience se trouve d'accord avec la théologie. — Poésie et croyance du Nord : l'archange Michel fend Satan d'un coup d'épée, et Fingal perce de son fer l'esprit de Loda. — Bodin; un des esprits qui *tombent avec la foudre* est chassé par le moulinet d'une épée. — L'archevêque Olaüs et son récit; ces phénomènes, se mêlant à ceux de la bilocation et de la répercussion, y jettent quelque jour. — Longue étude d'un fait de répercussion faite par nous, et précédée de faits similaires authentiques. — Le tambour de Tedworth. — Jane Brooks traversant la muraille. — Juliane Cox et sa jambe. — Note sur M. de Saulcy. — Nagualisme et répercussion, Mexique. — Universalité du phénomène. — Glanvil et la force vitale, dans les faits de Mohra; erreur perfide. — Görres; même erreur poussée à son comble. — Ce qui peut être. — Fait de *répercussion vampirique;* or point d'âme ni d'imagination dans les cadavres! — La question posée de nouveau. — Quels esprits craignent les armes. — Solution au point de vue de l'expérience et de la raison. — Conclusion. —. Note finale. Comment s'arrange un Limousin pour prendre au piége les mauvais esprits, ou traditions campagnardes. 144

CHAPITRE QUATRIÈME.
Les vampiristes.

Le vampire est-il un être réel? — Vampire magnétique vivant; le Dr Kerner. — Vampires magiques et cadavériques; incroyables et indubitables exemples. — Manifestations vampiriques, annonces de peste. — Un érudit bénédictin et son illogisme. — Les vampires-cadavres et les vampires-spectres. — Moyen singulier de venir à bout de ces cadavres ambulants et redoutables; exceptions. — Tout vivant auquel ils font signe de venir, meurt. — Leurs promenades revêtus de leurs habits. — Jugement en forme et supplice des vampires; ils se raillent du supplice. — Faits modernes. — Une secte spirite et le vampirisme. — D'après elle il y a catalepsie chez celui que l'on dit mort; son corps fluidique s'attache aux vivants, suce leur sang et rapporte au corps cataleptisé sa nourriture. — Examen de la théorie devant les faits. — M. Piérart plus logique que le bénédictin, mais son erreur. — Goût vampirique des âmes suspectes; ce goût tournant à l'alcool et pourquoi chez les âmes d'un château que visite le médium Home. — Le vampirisme d'après les médecins aliénistes. — Réponse, vérité, *conclusion* 191

CHAPITRE CINQUIÈME.

Transfiguration, hauts phénomènes optiques, lycanthropie et zoomorphisme, c'est-à-dire changement d'hommes en loups, en bêtes, etc. Fascinations visuelles, métamorphoses, aorasies, invisibilité.

PREMIÈRE DIVISION.

La lycanthropie.—Les négateurs. Auxiliaires inattendus : M. Maury, etc. — M. le Dr Brierre de Boismont, exemples. — M. Bourquelot, exemples : la science moderne dit la lycanthropie folie. — M. l'abbé L...; effets de la science moderne ou académique. — La corne de licorne et ceux qui osent croire. — M. F. de Rougemont, magiciens, lycanthropes antédiluviens. — Bodin ; dépravation du goût des lycanthropes anthropophages, semblables aux sorciers chananéens. —Lycanthropie naturelle ; de Lancre ; *idem,* surnaturelle et réelle. — — Étude sur Nabuchodonosor ; les Syriens et Élisée. — Sainte Rose de Lima, etc., et la contre-partie démoniaque. — Simon le Mage. — Apollon de Tyane et le vieillard chien. — Remi ; sorcières. — Femme-jument et saint Macaire donnant à ce mode de fascination une cause d'optique morale. — Si ces phénomènes ont été de tous les temps, ils sont de tous les lieux. Exemples majeurs : l'Amérique, les naguals, etc. — Ce pouvoir est le même que celui dont use le démon quand il anime les statues ou se revêt de mille formes de monstres. — Exemples 206

DEUXIÈME DIVISION.

Lycanthropie.

Explication philosophique et incroyable de Cicéron. — Explication magique analogue dans Eliphas. — Dupotet, explication par le magnétisme animal. — Explication historique et mythologique de C. Crowe. — Croyance universelle. — Explication par un art perdu. Exemples divers.—Explications de théologie païenne.— Les prêtres revêtaient les formes de leur dieu, le dieu aidant, et les donnaient à d'autres. Exemples : les druidesses de Séna. — Étude sur Circé. — Pouvoir que justifient, chacun d'un mot, saint Paul et Tertullien. — Saint Augustin : Diomède et les oiseaux, Præstantius. — Explication. — *Idem,* saint Thomas et docteurs. — Fernel, illustre médecin, etc. ; science religieuse et bon sens. — Le Loyer et Virgile ; de Lancre et Costadau ; récits et explications. — L'Écriture sainte et l'hostie consacrée nous expliquent le loup-garou. — Raison pourquoi Dieu permet ces illusions : elles ne sont qu'un jeu pour les démons. — Concours de témoignages établissant ces faits. — Conclusion. 240

CHAPITRE SIXIÈME.

L'incube : commerce conjugal entre des Esprits qui se rendent tangibles et la race humaine.

PREMIÈRE DIVISION.

Universalité, raison, et ténacité de cette croyance dans l'antiquité. — Si des esprits savent se former un corps, peuvent-ils en user pour les fins de l'incube ? — Assentiment universel des chrétiens et de leurs ennemis. — Dès les époques les plus reculées, des hommes privilégiés naissent de l'alliance des dieux avec les mortels. —

Exemples positifs et dogmatiques. — Homère, Hérodote, Porphyre, Eusèbe.... — Questions : Est-ce sans cause que les dieux veulent être Phallus-Ctéis, ou organes générateurs?.— Est-ce sans raison que tant de races et tant d'hommes, dans le paganisme, ne peuvent voir leurs semblables dans tant d'autres hommes et tant d'autres races ? — Soins des peuples et du sacerdoce d'entretenir ce commerce sacré entre l'homme et le ciel. — Temples et couches. — Lois de Rome dictées à Numa par la nymphe et déesse Egérie qui « le recevoit à mari ». — Abus de cette croyance sous Tibère; Pauline. — Abus plus éclatant au quatrième siècle, dans la grande ville d'Alexandrie. — Après même qu'on a cessé de croire à l'immortalité de l'âme, on continue de croire au commerce des dieux et des déesses, des faunes et des nymphes... avec la race humaine. . 274

DEUXIÈME DIVISION.

L'Incube tel que nous l'entendons. — Les Esprits se revêtant d'un corps pour nous tenter et nous souiller. — Volupté, piége universel. — Céder au démon, en magie, conduit à l'incube. — Chutes incroyables et vainement maudites. — Singe du Dieu qui est l'époux des âmes, le démon veut être à sa façon l'époux de ses privilégiés. — Pères de l'Eglise; exemples. — Olaüs ; — Ulric Molitor à l'empereur Sigismond, de Lancre, Glanvil ; particularité remarquable de *la force,* sens de ce mot. — Ces faits incubiques sont une hallucination : réponse. — L'Ephialte, le cauchemar, l'incube naturel, exemples; énormité des théories; le Dr Calmeil singulièrement appuyé de dom Calmet. — Revenir à la doctrine que légitime l'expérience. — Costadau, saint Liguori, Benoît XIV. — Pourquoi ces témérités pontificales, et cette conservation de vérités immondes? — Réponse. . . 288

TROISIÈME DIVISION.

Faits modernes. — Phénomènes préparatoires destinés à donner l'intelligence de ceux de l'incube.

Amours spirituelles à signes sensibles. — L'honorable et savant M. de Caudemberg et la sainte Vierge. — Une amie céleste et les baisers. — Réflexions sur ces caresses invisibles mais sensibles, et sur des théologiens approbateurs. — Marie Ange et son très-honorable docteur en médecine. — Prodiges de sa conception; gestation antérieure à la gestation de la mère; autres prodiges que celui de sa naissance. — Nature de ces prodiges. — Cette grande sainte est-elle un médium, c'est-à-dire une sainte de l'Église spirite ou démoniaque? — Signes et discernement. — Comment un invisible peut-il introduire à flots entre ses lèvres le sirop divin que goûtent et savourent les assistants ? — Conclusion à tirer de ces caresses publiques à physionomie INCUBIQUE. 349

QUATRIÈME DIVISION.

L'incube moderne. — Suite.

Le médium Home. — Jupes gonflées et tirées; baleine de crinoline violemment arrachée sous une femme assise. — Femmes touchées à la fois; faits authentiques, gracieux ou cruels, et d'où résulte la possibilité de l'incube. — Magie, exemple. — Magnétisme : M. X... ne peut plus magnétiser une femme quelconque sans qu'un même esprit, inconnu de cette femme, lui apparaisse et l'insulte. — Le capitaine X... perdant la liberté de ses actes. — Les tables : M. Benezet y sent la vie. — Élève d'école savante s'y essayant, perdant la liberté de ses actes, et mourant de marasme. — Spiritisme tabulaire. Le major hollandais Révius : esprits tabulaires et immondes attaquant les hommes et les femmes; réflexions. — Autres exemples. — Nuance aboutissant au *vampirisme* incubique. — Incube spontané : fait de longue durée écrit sous la dictée de Mgr ***. — Autres exemples. — Bilocation incubique, Loudun. — Cadavres incubiques. — Gens vivants, rebuts d'hôpitaux, formés en machine incubique. — Utiles réflexions. — Expériences Dupotet, ou preuves de la lycanthropie incubique. — Comment l'Esprit méchant, immonde et trompeur, illusionne ceux qui croient caresser l'amour. — Miracles épouvantables d'hallucinations incubiques. — Preuves. — Dieu tout seul ne veut point nous suffire contre l'illusion ; exemple : la communion incubique. — La Chine et l'incube épidémique. 348

CINQUIÈME DIVISION.

Une race de métis peut-elle naître de l'union des Esprits avec l'espèce humaine?

Les esprits, les démons, peuvent-ils enfanter ? — Le succube, non; l'incube, oui ; mais comment et avec quelles restrictions ? — Serrarius, etc. — Le démon, prince de la mort et grand *pénurien*, ne peut donner la vie, mais les apparences ne sont point la réalité. — Les anges d'ailleurs ne peuvent se composer qu'un corps inorganique ; mais vous, femmes, une fois encore, garde à vous, et pourquoi. — Abrégé de ce que le démon peut faire en elles. — L'expérience des anciens idolâtres, et leur science physiologique sur ce point, égalaient-elles celle des théologiens du moyen âge que nous exposons, et celle de la science moderne ? — Le magnétiste Regazzoni. — Les savants Muller et Spallanzani ; expériences modernes qui démontrent la possibilité physique des conceptions incubiques. — Exemples. . . 394

SIXIÈME DIVISION.

L'incube et la religion positiviste.

Progrès anticatholiques. — L'une des écoles qui préparent et brassent l'avenir, ou la religion positive. — Philosophie positive. — M. Comte, son fondateur, et M. Littré. — Note sur l'Ecole polytechnique. — M. Littré, le fauteuil académique, et Mgr d'Orléans. — Cette doctrine nous semble préparer le règne philosophique de l'incube. — La révolution française est catholico-féodale ; il nous faut une révolution complète dans les doctrines et dépassant beaucoup l'athéisme, qui n'est point une émancipation véritable ; le maître et sa doctrine régénératrice dans ses rapports avec l'acte de la génération et les fécondations incubiques. — L'éducation grecque et romaine devant les positivistes ; facilité énoncée par eux de saper ce mauvais arbre qui produit de si mauvais fruit. — Rôle de la femme d'après M. Comte. Sa réhabilitation ; plus de divorce ni de secondes noces. — Le principal office féminin sera indépendant de toute fonction propagatrice. — La vierge mère, phénomène réalisant le perfectionnement humain. — Comment ce prodige apparent ne se peut expliquer que par les fécondations artificielles et incubiques. — L'auteur de la doctrine positiviste est prophète ou médium à son insu. — Comment sa doctrine se rallie à celle du spiritisme, qu'elle semble détruire, et comment cette union produit le plus invincible matérialisme. — Création d'une race d'hommes effrayante et Titanique, due aux inspirateurs de cette doctrine. — Danger de méconnaître cette possibilité, ou les signes entre lesquels figure cette doctrine. — Appel sur nos erreurs possibles à l'homme actuel de M. Littré. — Note sur M. Littré ; ses travaux, et rapport d'une accusation relative au *Dictionnaire médical* de Nysten. 417

SEPTIÈME DIVISION.
Enfants produits par l'entremise de l'incube.

Vérités et préjugés. — La qualité maudite de ces enfants possédés dès le germe est chose naturelle. — Quelques-uns des plus célèbres : Apollonius, Luther, etc. — Danger de s'illusionner sur ce point, et de trop attribuer au démon. — Les Romains appelaient *conserentes* les génies impurs qui s'unissent avec la femme pour produire, ce qui signifie semant avec elle. — La magie moderne reconnaît l'influence de l'incube sur la femme, et son action modificatrice sur l'enfant conçu. 440

HUITIÈME DIVISION.
L'incube, suppositions démoniaques d'enfants.

Fausses grossesses, ou phénomènes magnético-magiques de ballonnage, trompant la femme elle-même. — Le démon provoque en elle des crises douloureuses; il use de sa vélocité prestidigitatrice pour placer à côté d'elle un enfant trouvé ou volé, et la femme croit à sa maternité. — Les fausses grossesses magnétiques ou magiques. — Regazzoni, Dupotet, le *Rituel romain*. — Faux accouchements de pierres, de bêtes, d'objets redoutables aux intestins. — Comment ce phénomène explique celui des suppositions démoniaques d'enfants. — Analyser et décomposer les phénomènes magiques, c'est en faciliter l'intelligence. — Conclusion et résumé du chapitre. — Digression sur l'infaillibilité du chef de l'Église, à propos de l'incube, et débats curieux : l'évêque schismatique de Cambrai, Bossuet, Fénelon, Mgr de Ségur. — Coup d'œil sur les épidémies sataniques et leur sens. — Conclusion morale et avertissement. 448

FIN DE LA TABLE DES MATIÈRES.

www.ingramcontent.com/pod-product-compliance
Lightning Source LLC
Chambersburg PA
CBHW051125230426
43670CB00007B/674